工商管理优秀教材译丛

管理学系列 ——▶

项目管理

第7版

[美] 杰克·吉多（Jack Gido）
吉姆·克莱门斯（Jim Clements） 著
罗斯·贝克（Rose Baker）

Project Management
(Seventh Edition)

张金成　杨坤 译

清华大学出版社
北京

北京市版权局著作权合同登记号 图字：01-2017-8427

Successful Project Management，Seventh Edition
Jack Gido，Jim Clements，and Rose Baker
Copyright © 2018，2015 Cengage Learning

Original edition published by Cengage Learning. All rights reserved. 本书原版由圣智学习出版公司出版。版权所有，盗印必究。

Tsinghua University Press is authorized by Cengage Learning to publish and distribute exclusively this simplified Chinese edition. This edition is authorized for sale in the People's Republic of China only (excluding Hong Kong，Macao SAR and Taiwan). Unauthorized export of this edition is a violation of the Copyright Act. No part of this publication may be reproduced or distributed by any means，or stored in a database or retrieval system，without the prior written permission of the publisher.

本书简体字翻译版由圣智学习出版公司授权清华大学出版社独家出版发行。此版本仅限在中华人民共和国境内（不包括中国香港、澳门特别行政区及中国台湾）销售。未经授权的本书出口将被视为违反版权法的行为。未经出版者预先书面许可，不得以任何方式复制或发行本书的任何部分。

本书封面贴有 Cengage Learning 防伪标签，无标签者不得销售。
版权所有，侵权必究。举报：010-62782989，beiqinquan@tup.tsinghua.edu.cn。

图书在版编目(CIP)数据

项目管理：第7版/（美）杰克·吉多（Jack Gido），（美）吉姆·克莱门斯（Jim Clements），（美）罗斯·贝克（Rose Baker）著；张金成，杨坤译—北京：清华大学出版社，2024.2
（工商管理优秀教材译丛. 管理学系列）
书名原文：Successful Project Management
ISBN 978-7-302-63599-4

Ⅰ.①项… Ⅱ.①杰… ②吉… ③罗… ④张… ⑤杨… Ⅲ.①项目管理—教材 Ⅳ.①F224.5

中国国家版本馆 CIP 数据核字(2023)第 092797 号

责任编辑：高晓蔚
封面设计：何凤霞
责任校对：宋玉莲
责任印制：丛怀宇

出版发行：清华大学出版社
    网　　址：https://www.tup.com.cn，https://www.wqxuetang.com
    地　　址：北京清华大学学研大厦A座　　邮　编：100084
    社 总 机：010-83470000　　邮　购：010-62786544
    投稿与读者服务：010-62776969，c-service@tup.tsinghua.edu.cn
    质量反馈：010-62772015，zhiliang@tup.tsinghua.edu.cn
印 装 者：北京联兴盛业印刷股份有限公司
经　　销：全国新华书店
开　　本：185mm×260mm　　印　张：25.75　　插　页：2　　字　数：593千字
版　　次：2024年3月第1版　　印　次：2024年3月第1次印刷
定　　价：79.00元

产品编号：075710-01

前 言

项目管理（第7版）
Project Management

有些人怀疑事情的发生，有些人任凭事情发生，有些人促成事情发生。

我们希望本书可以帮助你愉快、兴奋、成功地学会项目管理。同时，这将有助于你通过努力促成事情发生！

愿你所做的事情令你愉快、满意、成功。

杰克·吉多（Jack Gido）
吉姆·克莱门斯（Jim Clements）
罗斯·贝克（Rose Baker）

我们的方法

我们不能简单地把项目管理理解为把工作任务分派给人们，然后幻想他们会取得一个预期结果。事实上，许多本来可以很成功的项目往往因为这类想当然的方法而导致失败。人们要靠扎实的知识和过硬的本领成功地在项目环境中工作并实现目标。本书就是为使读者获得上述知识和技能而写的。本书通过解释概念、技能，并用大量事例来说明如何技术性地运用这些知识和技能来使读者掌握项目管理。

尽管本书的重点是实践，这也是读者想在项目环境中成长、提高所必备的技能，但本书没有忽略有目的性的学习，即鼓励读者对项目管理原理进行认真思考并在现实生活中加以应用。这些知识来自多年的项目管理实践、项目管理教学以及广泛的相关文献。

本书读者对象为大学本科生、工商管理硕士（MBA）、工程管理硕士（MEM），以及实际项目工作人员和其他感兴趣的读者。本书在设计编排上旨在向读者传授必备的技能，使他们能卓有成效地进行项目管理工作，并对他们完成相关项目产生直接的影响。本书为读者准备了可以实际转化和应用的知识，并将知识和技能传授给所有将致力于项目管理的人员。因此，本书内容适合应用于工商业方面的终身学习培训项目，也就是培养和训练员工在多方面和交叉职能团队中获得成功，并使学员在实际工作中具备开拓能力。

本书的目标读者是所有项目相关人员，而不仅仅是项目经理。配备有良好甚至杰出项目经理的项目也有可能不很成功，因为项目成功必须要求所有相关人员的全力付出。项目团队——所有为项目工作的人员，必须具备相应的知识和技能，以便在项目环境中一起有效地工作。一个人不可能通过读书而成为项目经理。项目经理首先要是一个有效的项目团队成员。学习本书可为人们成为一个有效的项目团队成员奠定基础，进而激发他们的潜力，进而胜任管理项目和团队的工作要求。

本书语言通俗易懂，简洁明了，尽量避免使用技术性术语。读者在学习本书内容的过程中将逐步掌握项目管理的专门术语。书中用到的数学方法尽量保持简单易懂,没有应用复杂的数学理论或算法来说明进度安排技术,也没有使用高技术性项目作为例子。过于技术性的方法会给那些对高等数学及技术背景知识缺乏了解的初学者造成障碍。书中列举了大量基于日常实践项目的简明事例。例如,实际应用包括进行一项市场调查、创建一个信息系统、组织一个小镇节日庆典活动等。

这一版主要变动如下。

- 修改了部分章节中一些概念和内容,以支持美国项目管理协会(PMI)制定的《项目管理知识体系指南》(《PMBOK 指南》)第 6 版中的项目管理知识领域,详见表 0-1。

表 0-1 PMBOK 项目管理知识领域与本书的章节安排

章节	PMBOK 项目管理知识领域								
	集成	范围	时间	成本	质量	人力资源	沟通	风险	采购	利益相关者
第 1 章 项目管理概念	√									√
第 2 章 项目的识别与选择	√								√	
第 3 章 提出解决方案									√	
第 4 章 项目范围、质量、责任和活动顺序的确定	√	√	√		√	√				
第 5 章 进度安排	√		√			√				
第 6 章 资源利用			√			√				
第 7 章 确定成本、预算和挣值	√			√						
第 8 章 风险管理								√		
第 9 章 结束项目	√								√	
第 10 章 项目经理	√					√				√
第 11 章 项目团队						√				
第 12 章 项目沟通及文件记录	√						√			√
第 13 章 项目组织的类型	√					√				

- 更换了各章中的"现实世界中的项目管理"短文,新换的时新短文讨论了全世界的许多项目管理应用和涉及的许多产业部门。
- 基于 Microsoft Project 2016,加强和更新了在第 4 章到第 7 章中的软件项目附录(Microsoft Project Appendix),其中包括详细的介绍和大量的屏幕截图。
- 对一些章进行了少许的编辑修改,以支持《PMBOK 指南》中的项目管理知识领域,并在这些章中提供了一些一致性的概念和术语。
- 更新了附录 B——项目管理网站。
- 更新了附录 C——全球项目管理协会。

突出特点

本书有许多突出的特点,可以帮助读者强化学习效果,牢固掌握技能。

1. 以《PMBOK 指南》为基础

本书各章节的概念都支持《PMBOK 指南》中的项目管理知识领域。

2. 学习目标

每章开头的学习目标帮助读者预先了解学习本章后能够掌握的知识。

3. 真实的背景资料

每章包含现实世界的项目管理案例来说明该章内容。这些背景资料既能强化该章的概念,又能激发读者的讨论和对将要学习内容的兴趣。

4. 事例及应用

实际的事例及应用会经常混合出现在本书的各个章节中,以强化相关的概念。

5. 巩固所学

伴随本书内容,有许多为巩固所学而设计的练习,确保读者掌握关键概念,不忽略基础知识。这些练习具有积极的强化学习作用,并可作为学习本书的指导。

6. 关键的成功要素

每章都有一个简明的列表,列出那些项目经理和团队成员需要知道的、有助于项目成功的关键要素。

7. 本章概要

每章开头都列出了该章涵盖的关键知识的概要,这些概要既表明教学期望,又能让读者在短时间内了解本章内容。

8. 图表

书中应用了大量的图表来说明重要概念的应用和项目管理工具。

9. 本章小结

每章结尾都对这一章有关内容进行简要总结,这也是对每章核心概念的最终概括。

10. 思考题

每章有思考题,用来测验,并应用本章中的有关概念支持学习成果,加强理解与记忆。

11. 上网练习

每章都有上网练习,要求读者在互联网上查找各种项目管理课题在现实世界应用的信息并总结自己的发现。

12. 案例分析

章末的案例分析为项目成员或团队进行实际的工作分析提供了认真思考的真实场景。多样化的案例形式使所有读者都可能与提出的问题相关。这些案例生动活泼,能激发热烈的讨论。通过对案例不同角度的讨论,参与者可以拓展思维,成功地在实际工作中处理意见不同的局面。这样,读者也就对团队工作的实质有了较深入的理解。

13. 微软项目管理软件(Micosoft Project 2016)

第 4~7 章的附录包含了 Micosoft Project 2016 的使用和应用,以及详细的介绍和大量的屏幕截图示例。

本书结构

本书由13章组成，其中第1章为有关项目管理概念的开篇基础，其余12章分为3篇。

第1篇"项目启动"，讨论、识别并选择项目，开发项目需求建议书。

第2篇"项目计划、执行与控制"，包含项目范围、质量、责任、活动顺序，进度，资源利用，成本、预算、挣值、风险管理，结束项目。

第3篇"人员：项目成功的关键"，讨论项目经理、项目团队、项目工作中的冲突以及项目沟通和文件记录、项目组织的类型等内容。

具体安排如下。

第1章介绍项目管理概念，包括项目的定义、特征、范围、质量、进度、预算、资源、风险、客户满意度的约束，由开始、计划、实施、结束构成的项目生命周期，项目的监控与变化，项目管理的定义和项目管理的几个阶段，利益相关者参与，全球项目管理的影响，项目管理协会，项目管理的益处。本章的概念支持《PMBOK指南》所涉及的项目管理知识领域中的项目集成管理、利益相关者管理。

第1篇"项目启动"，讨论项目的识别、选择和提出项目建议书，包含以下两章。

第2章，项目的识别与选择，包含了项目的识别、选择、批准和外包。同样讨论了项目的章程。本章的概念支持《PMBOK指南》所涉及的项目管理知识领域的两个部分：项目集成管理和项目采购管理。

第3章，提出解决方案，讨论如何与客户和合作者建立有效的联系、营销战略、投标决策、制定可获胜的申请书、申请书准备过程、定价策略、申请书评估、合同类型和预测申请书成功率。本章的概念支持《PMBOK指南》所涉及的项目管理知识领域：项目采购管理。

第2篇"项目计划、执行与控制"，涵盖项目管理的技术和工具，包含以下6章。

第4章，项目范围、质量、责任和活动顺序的确定，它包括明确项目目标、准备项目范围文档、理解质量计划的重要性、创建工作分解结构、准备工作要素责任分配模型、确定具体活动、制作网络图。本章的概念支持《PMBOK指南》所涉及的项目管理知识领域：项目集成、范围、质量和时间管理。

第5章，进度安排，包括估计活动资源与活动工期、为每一项活动计算最早和最迟起止日期、确定时差、明确活动的关键路径，本章还解释了项目控制过程，包括监视和控制项目进展、实际进度绩效对项目进度计划的影响、项目进度计划更新、控制项目进度以及敏捷项目管理的方法。这一章还包括一个关于计算活动工期的特别附录。本章的概念支持《PMBOK指南》中的3个项目管理知识领域：项目集成、资源和时间管理。

第6章，资源配置，包括在制订网络计划和项目计划时考虑资源约束、准备一份资源需求计划、平衡项目一定时期内的资源利用、在可用资源有限的情况下确定最短项目计划。本章的概念支持《PMBOK指南》中的两个项目管理知识领域：项目时间和资源管理。

第7章，确定成本、预算和挣值，包括评估活动成本、制定分阶段预算、累计实际成本、确定已完工工作的挣值、分析成本绩效、进行项目完工成本估计、控制成本的方法以及管理现金流。这一章也包括一个关于时间—成本平衡法的特别附录。本章的概念支持《PMBOK 指南》中两个项目管理知识领域：项目集成和成本管理。

第 8 章，风险管理，包含识别和分类风险，以及识别它们的潜在影响、评定风险发生的可能性和影响的程度、区分风险的优先次序、制订风险应对计划、创建风险评估矩阵及风险监测。本章的概念支持《PMBOK 指南》中的项目管理知识领域：项目风险管理。

第 4~8 章包括了几个跨越多个章节的案例学习。这些案例应用了在这些章节中讨论的概念和工具。例子和案例的学习从第 4 章开始，在第 5~8 章延续给出。第 4~7 章还包括关于 Microsoft Project 的特别附录，以一个多章集成案例阐明如何操作和应用 Microsoft Project。

第 2 篇的最后一章是第 9 章，结束项目，讨论项目收尾阶段该采取的行动、内部项目后评价、经验教训文件编制，以及学习和交流的重要性、组织和归档项目文件、获得客户反馈、项目的提前中止。本章的概念支持《PMBOK 指南》中的两个项目管理知识领域：项目集成管理和项目采购管理。

第 3 篇"人员：项目成功的关键"，聚焦于人在项目中的重要性，包括以下 4 章。

第 10 章，项目经理，讨论项目经理的职责、成功管理项目所需的技能、项目经理能力的开发方式、有效授权的方法，以及项目经理如何管理和控制项目变更。本章的概念支持《PMBOK 指南》中的 3 个项目管理知识领域：项目集成、资源和时间管理。

第 11 章，项目团队，包括项目团队的形成及发展、项目启动会议、有效团队、团队组建、评估团队多样性、道德行为、项目进程中冲突的来源及冲突处理方法、问题解决、头脑风暴和有效的时间管理。本章的内容支持《PMBOK 指南》中的项目管理知识领域：项目资源管理。

第 12 章，项目沟通及文件记录，包括有效的口头与书面沟通的重要性及增强个人沟通的建议、有效聆听、项目会议类型和有效召开会议的建议、正式的项目陈述及对成功陈述的建议、项目报告和准备有效报告的建议、追踪项目文件的变化、制订项目沟通计划，以及协作沟通工具。本章的概念支持《PMBOK 指南》中的 4 个项目管理知识领域：项目沟通管理、项目集成管理、项目资源管理和项目时间管理。

第 13 章，项目组织的类型，解释职能型、项目型和矩阵型组织结构的特征、优点和缺点，以及讨论项目管理办公室的角色。本章的概念支持《PMBOK 指南》中的两个项目管理知识领域：项目集成管理和项目资源管理。

目 录

项目管理(第7版)
Project Management

第1章 项目管理概念 ·· 1
    1.1 项目特征 ·· 3
    1.2 平衡项目约束 ·· 5
    1.3 项目生命周期 ·· 7
    1.4 项目管理过程 ·· 11
    1.5 利益相关者参与 ·· 16
    1.6 全球项目管理 ·· 17
    1.7 项目管理组织 ·· 19
    1.8 项目管理的益处 ·· 19
    本章小结 ·· 21
    思考题 ·· 22
    上网练习 ·· 23
    案例分析1 一个非营利性组织 ·· 23
    案例分析2 一个小型超市的电子商务 ·· 24
    参考文献 ·· 26

第1篇 项 目 启 动

第2章 项目的识别与选择 ·· 29
    2.1 项目识别 ·· 30
    2.2 项目选择 ·· 32
    2.3 项目章程 ·· 34
    2.4 准备需求建议书 ·· 38
    2.5 征集申请书 ·· 43
    本章小结 ·· 46
    思考题 ·· 47
    上网练习 ·· 47
    案例分析1 一个中型制药公司 ·· 47

  案例分析 2　交通改善 ·· 49

  参考文献 ··· 51

第 3 章　提出解决方案 ··· 53

  3.1　与客户和合作者建立良好关系 ··· 55

  3.2　RFP 或申请书前的营销战略 ·· 57

  3.3　投标决策 ··· 58

  3.4　编写成功的申请书 ··· 60

  3.5　准备申请书 ·· 62

  3.6　申请书内容 ·· 62

  3.7　定价策略 ··· 67

  3.8　简要的项目申请书 ··· 68

  3.9　提交申请书及后续行动 ··· 70

  3.10　客户评估申请书 ··· 71

  3.11　合同类型 ·· 72

  3.12　合同条款 ·· 74

  3.13　评估申请书的效果 ··· 75

  本章小结 ··· 77

  思考题 ·· 79

  上网练习 ··· 79

  案例分析 1　医药信息系统 ·· 79

  案例分析 2　在中国新建生产工厂 ·· 81

  参考文献 ··· 83

第 2 篇　项目计划、执行与控制

第 4 章　项目范围、质量、责任和活动顺序的确定 ·· 87

  4.1　建立项目目标 ··· 89

  4.2　确定项目范围 ··· 90

  4.3　质量计划 ··· 94

  4.4　创建工作分解结构 ··· 95

  4.5　分配责任 ··· 98

  4.6　界定活动 ··· 99

  4.7　活动排序 ··· 101

  4.8　信息系统开发计划 ··· 107

  4.9　项目管理信息系统 ··· 112

  本章小结 ··· 113

思考题 ··· 114
　　上网练习 ··· 115
　　案例分析1　一个非营利性医学研究中心 ·· 115
　　案例分析2　婚礼 ·· 116
　　参考文献 ··· 118
　　附录4A　微软项目管理软件系统（Microsoft Project）（1）····················· 119

第5章　进度安排 ··· 124
　5.1　估计活动资源 ··· 126
　5.2　活动工期估计 ··· 127
　5.3　确立项目开工和完工时间 ··· 130
　5.4　制定项目进度 ··· 130
　5.5　项目控制过程 ··· 142
　5.6　实际进度完成情况的影响 ··· 144
　5.7　项目变更融入进度 ··· 145
　5.8　更新项目进度 ··· 146
　5.9　进度控制 ··· 148
　5.10　为信息系统开发项目安排进度 ·· 151
　5.11　项目管理信息系统 ·· 159
　5.12　敏捷项目管理 ·· 160
　本章小结 ··· 163
　思考题 ··· 165
　上网练习 ··· 166
　案例分析1　一个非营利性医学研究中心 ·· 167
　案例分析2　婚礼 ·· 167
　参考文献 ··· 168
　附录5A　基于概率的活动工期 ··· 169
　附录5B　微软项目管理软件系统（Microsoft Project）（2）····················· 177

第6章　资源利用 ··· 184
　6.1　资源约束计划 ··· 185
　6.2　资源需求计划 ··· 186
　6.3　资源平衡 ··· 189
　6.4　资源约束进度安排 ··· 190
　6.5　信息系统开发的资源要求 ··· 194
　6.6　项目管理信息系统 ··· 197
　本章小结 ··· 198
　思考题 ··· 199

上网练习 ··· 199
案例分析 1　一个非营利性医学研究中心 ····················· 200
案例分析 2　婚礼 ·· 200
参考文献 ·· 200
附录 6A　微软项目管理软件系统(Microsoft Project)(3) ········ 201

第 7 章　确定成本、预算和挣值 ···································· 207

7.1　项目成本估计 ·· 209
7.2　项目预算 ·· 211
7.3　确定实际成本 ·· 214
7.4　确定已完成工作的价值 ····································· 217
7.5　成本绩效分析 ·· 219
7.6　完工预算 ·· 221
7.7　成本控制 ·· 222
7.8　控制现金流 ··· 224
7.9　信息系统开发的成本估计 ·································· 225
7.10　项目管理信息系统 ··· 227
本章小结 ·· 228
思考题 ··· 230
上网练习 ·· 231
案例分析 1　一个非营利性医学研究中心 ····················· 231
案例分析 2　婚礼 ·· 232
参考文献 ·· 232
附录 7A　时间—成本平衡法 ······································ 233
附录 7B　微软项目管理软件系统(Microsoft Project)(4) ········ 236

第 8 章　风险管理 ··· 246

8.1　风险识别 ·· 248
8.2　风险评估 ·· 250
8.3　风险应对计划 ·· 250
8.4　风险监控 ·· 251
8.5　信息系统开发项目的风险管理 ····························· 253
本章小结 ·· 255
思考题 ··· 255
上网练习 ·· 255
案例分析 1　一个非营利性医疗研究中心 ····················· 256
案例分析 2　婚礼 ·· 256
案例分析 3　学生筹款项目 ······································· 256

第 9 章　结束项目 · 258

9.1　项目结束活动 · 259
9.2　客户反馈 · 264
9.3　提前结束项目 · 266
本章小结 · 268
思考题 · 269
上网练习 · 269
案例分析 1　工厂扩建项目 · 269
案例分析 2　市场调研报告项目 · 271
参考文献 · 273

第 3 篇　人员：项目成功的关键

第 10 章　项目经理 · 277

10.1　项目经理的职责 · 279
10.2　项目经理的技能 · 280
10.3　培养项目经理所需要的能力 · 290
10.4　授权 · 292
10.5　管理变更 · 295
本章小结 · 300
思考题 · 301
上网练习 · 302
案例分析 1　科德沃公司 · 302
案例分析 2　ICS 公司 · 303

第 11 章　项目团队 · 307

11.1　获取项目团队 · 309
11.2　项目团队的发展及其有效性 · 310
11.3　项目启动会议 · 314
11.4　有效的项目团队 · 315
11.5　道德行为 · 327
11.6　项目工作中的冲突 · 329
11.7　解决问题 · 332
11.8　管理时间 · 335
本章小结 · 338
思考题 · 339
上网练习 · 340

案例分析 1　团队效能 …………………………………………… 340
　　案例分析 2　新团队成员 …………………………………………… 342
　　参考文献 …………………………………………………………… 345

第 12 章　项目沟通及文件记录 …………………………………… 347

　12.1　人员沟通 …………………………………………………… 349
　12.2　有效聆听 …………………………………………………… 351
　12.3　会议 ………………………………………………………… 352
　12.4　讲演 ………………………………………………………… 359
　12.5　报告 ………………………………………………………… 361
　12.6　项目文件及变更控制 ……………………………………… 364
　12.7　项目沟通计划 ……………………………………………… 365
　12.8　与利益相关者沟通 ………………………………………… 367
　12.9　协作沟通工具 ……………………………………………… 367
　　本章小结 …………………………………………………………… 370
　　思考题 ……………………………………………………………… 372
　　上网练习 …………………………………………………………… 372
　　案例分析 1　办公室沟通 …………………………………………… 373
　　案例分析 2　国际沟通 ……………………………………………… 374

第 13 章　项目组织的类型 ………………………………………… 378

　13.1　职能型组织 ………………………………………………… 380
　13.2　项目型组织 ………………………………………………… 382
　13.3　矩阵型组织 ………………………………………………… 383
　13.4　优缺点分析 ………………………………………………… 387
　　本章小结 …………………………………………………………… 390
　　思考题 ……………………………………………………………… 391
　　上网练习 …………………………………………………………… 392
　　案例分析 1　多项目 ………………………………………………… 392
　　案例分析 2　组织产品开发 ………………………………………… 395

第 1 章

项目管理概念

本章内容支持《PMBOK 指南》中的如下项目管理知识领域：
- 项目集成管理
- 项目利益相关者管理

现实世界中的项目管理

项目成功的文化管理

提及"文化"这个词，能使人们联想到很多相关的含义，如职场文化、不同的公司文化，或者不同的国家文化。文化是区分不同群组人的一种思想方式。一个组织的文化创新是其新思想、风险和失败的支撑，组织行为和态度均受文化影响。诸如权利维护、集体主义和人文导向等行动都可以用来定义不同的文化，而不同的文化都会影响一个项目经理关于管理一个项目和项目团队成员所做出的决策。

那么，你认为文化实践对项目成功有什么影响呢？

Drew 是某公司的项目管理经理，他管理着澳大利亚、加拿大、芬兰和韩国四个国家的团队，其中每个团队通过在线视频、电话、电子邮件，有时也通过区域会议与他以及公司总部团队进行互动。

作为职业发展的一部分，Drew 参加了一届关于理解多样化和文化的培训，主要学习公司创新文化及其与权利维护、集体主义和人文导向之间的关系。此项目中的一个模型表明，跨文化管理可能受管理实践和其他管理因素的影响，创新活动经常包括比赛项目、对提出新思想的激励以及金钱和非金钱的奖赏。培训资料展示了一些既具有高创新文化，又有高水平分析能力和高问题解决能力工人的公司案例。Drew 希望去鼓舞他的团队和得到关于创新文化的更多支持，从而提高在项目团队中解决问题或避免问题的效率。

作为培训的一个结果，培训中实施了一个对每个国家的团队关于权利维护、集体主义和人文导向的调研。调研结果表明，这三个因素与公司创新文化的改革最具有相关性。

Drew 在培训期间曾对三个因素的每一个进行了学习和了解。他发现，权利维护与对主动行为的鼓励和对绩效的奖赏有联系；集体主义者对他们的群组或组织中的其他人表示骄傲、忠诚和相互凝聚；人文导向者往往鼓励或报答那些公平、宽容慷慨和仁爱善良的人。

调研结果表明，四个国家的团队相互之间存在差异：澳大利亚和芬兰的团队在权利维护方面分别得到最高和最低得分；韩国和芬兰的团队在集体主义方面分别得到最高和最低分；而在人文导向方面加拿大团队得分最高，澳大利亚的得分最低。

基于这些得分，Drew 进行了关于做什么的决策，对澳大利亚的团队给予优胜者更多的授权和另外一些金钱、非金钱激励，之所以用这种方式来激发公司的创新文化，是因为那些在他们的社会关系中具有维权观念的人更喜欢这种实践。因为提供物质奖赏对低维权主义者不完全适用，所以他对芬兰团队主要提供非金钱奖励。而韩国团队在集体主义方面的得分高，他们在团队成功和个人成功上更关注和强化前者，所以他对韩国团队采用高授权方式。鉴于高人文导向者不像低人文导向者那样看重自我强化、权力和物质拥有，所以他对于加拿大团队选用了对韩国团队所采用的方式。借助团队另外一些反馈，他还发现：加强分析和实践更加适用于高团队集体主义、高维权和低人文导向的组织。

Drew 的研究工作给人的启示是：要增加项目成功的潜在可能性，一个公司的文化应该与所在国的文化相适应。他所体验到的那些成功因素，也是任何一个项目经理可能体验的成功因素，他所应用的技术，读者将从本书中逐渐学习获得。

资料来源：Based on information from Unger, B. B., Rank, J. J., & Gemünden, H. H. (2014). Corporate innovation culture and dimensions of project portfolio success: The moderating role of national culture. Project Management Journal, 45(6), 38-57.

本章概要

本章概括介绍项目管理的有关概念。你将了解以下内容：
- 项目的含义和特征；
- 项目管理中的关键约束条件；
- 项目生命周期；
- 项目管理的含义；
- 项目管理过程所包含的步骤；
- 利益相关者识别与义务；
- 全球项目管理的含义；
- 项目管理机构；
- 项目管理的益处。

学习目标

学习本章后，读者将能够：
- 定义什么是项目；
- 列出并讨论一个项目的特征；
- 解释什么是项目目标；
- 定义什么是项目的供应能力；
- 举出项目的例子；

- 讨论项目的制约因素；
- 描述项目生命周期的阶段；
- 定义和运用项目管理；
- 讨论计划过程的步骤；
- 确定执行过程的三个要素；
- 建立利益相关者记录；
- 讨论利益相关者义务；
- 讨论全球项目管理的一些含义；
- 讨论项目管理机构；
- 列出项目管理技术的益处。

1.1 项目特征

项目(project)就是以一套独特而相互联系的任务为前提，有效地利用资源，为实现一个特定的目标所做的努力。下面的特征将有助于理解项目这个定义。

(1) 项目有一个明确界定的目标(objective)——确定将要完成什么。项目是项目团队要生产和交付的有形的最终产品。项目的目标通常使用最终产品或可交付物、进度计划和成本等指标来界定。它需要在一个确定的时间和预算内完成项目的工作范围和生产可交付物。例如，一个项目的目标可能是在 10 个月内用 200 万美元的预算把一种便携式新炊具投放市场。

项目的目标也可以包括期望将从执行项目中获得的收益或者收入的陈述。这也是为什么要实施项目的原因。例如，一个以开发新产品为目标的项目可能会以在一年内卖出的所有新产品的数量为目标，或者以一个特定的市场份额增加的百分比为目标。此时项目目标就可能是在 10 个月内用 200 万美元的预算把一种便携式新炊具投放市场来增加 3% 的市场份额。在这种情况下，增加的市场份额所带来的收入直到新产品开发项目完成一段时间后也不一定能确切地知道。另一个项目的例子是开展一些活动来为特殊目的募集基金，如糖尿病研究，此时活动的期望收益是募集一定数量的资金，如 20 万美元。在这样的情况下，项目的完成——开展募集基金的活动——能够达成收益目标。

(2) 项目的执行要通过完成一系列相互关联的任务或活动——许多不重复的任务以一定的顺序完成，以便达到项目目标。

(3) 项目需运用各种资源来执行任务。资源可能包括不同的人力、组织、设备、原材料和工具等。例如，像做一次非常复杂的外科手术这样的项目将涉及特殊技术的医生、护士、麻醉医师、外科设备、监测仪器、假体设备或者移植器官和特殊的操作工具等。

(4) 项目有具体的时间计划或有限的生命周期。它有开始时间和目标必须实现的到期时间。例如，整修一所小学可能必须在 6 月 20 日至 8 月 20 日期间完成。

(5) 项目可能是独一无二的、一次性的努力。某些项目，如设计和修建空间站就是独一无二的,因为以前从未尝试过。另外一些项目,如开发一种新产品、建一幢楼、筹划一次婚礼,则因其特定的需求而成为独一无二的。例如,婚礼可能是一个简单而随便的场合,邀请许多朋友来教堂而已,或许它也可能是一次精心筹划的场面宏大的活动。

(6) 每个项目都有赞助商或者客户。赞助商/客户(customer)是为达成目标而提供必要资金的实体,它可能是某个人或组织,或由两个以上的人或组织构成的团队。当承约商建一座定制的房子时,房主就是资助这一项目的客户。当一家公司从政府那里获得资金,开发一种处理放射性原料的自动化设备时,政府机构就是赞助商。当某家公司的董事会向由其雇员组成的团队提供资金以升级公司的管理信息系统时,董事会则是项目的赞助商。在这里"顾客"这个术语具有更广泛的含义,不仅包括目标资助人(公司管理层),而且包括其他利益相关者,如那些信息系统的最终用户。管理项目的人员和项目团队必须成功地完成项目目标,以使项目赞助商和项目最终产品——一套升级的信息系统令人满意。

(7) 最后,项目包含一定的不确定性。一个项目开始前,应当在一定的假定和估计的基础上准备一份计划。用文件记录这些假定是很重要的,因为它们会影响项目工作范围、进度计划和预算的生成。项目就是基于一套独特的任务和每项任务耗用时间的估计、各种资源和这些资源的能力及可用性的估计以及与这些资源相关的成本估计。这些假定和估计结合在一起就产生了一定程度的不确定性,它将影响项目目标的成功实现。例如,项目范围可能在预定日期实现,但是最终成本可能会由于最初低估了某些资源的成本而比预计成本高得多。在项目进行中,一些假定将会改进或被实际资料所取代。例如,一旦公司年度报告的概念设计定型了,完全详细的设计和打印所需的时间与工作量将更准确地予以估计。

下面是一些项目的例子:
- 安排一个演出活动
- 开发和推行一种新产品
- 为移动商务开发一套应用程序
- 策划一场婚礼
- 进行工厂的现代化改造
- 设计和实施一个计算机系统
- 把地下室改装成一间起居室
- 发行一种新的一美元硬币
- 组织和主持一次会议
- 设计并制作说明书
- 对污染地区开展环境清洁工作
- 组织一次中学同学聚会
- 建设一个购物中心
- 给事故的受害者实施一系列外科手术
- 组织一场社团庆典活动
- 合并两家制造厂
- 灾后重建一座城市

- 主持一个有 20 位亲戚参加的晚宴
- 给中学生设计一次企业实习活动
- 建一座木制房屋

 ## 1.2　平衡项目约束

项目目标的成功实现通常受很多因素制约,如工作范围、质量、进度、预算、资源、风险、客户满意度和利益相关者支持(见图 1-1)。

项目范围(project scope)即为使客户满意而必须做的所有工作。要使客户满意,交付物(deliverables)(有形产品或是提供的其他东西)须满足项目开始时所指定的验收标准与要求。例如,经承约商与客户协商,项目范围可能包括清理地面、建造房屋和美化环境等。或者一项在工厂里安装新的高速特定自动设备的项目可能包括:设计、建造、安装设备、检测设备,以保证它满足验收标准;训练工人们操作和维护设备;提供所有的技术和设备操作文档。

项目质量期望必须从项目一开始就定义出来。项目工作范围必须在一个优质的服务过程中完成并且满足众多的要求。例如,在一个建房子的项目中,顾客希望建筑手艺是高质量的,并且所有的材料都满足性能要求。工作是都完成了,但却留下了难以开关的窗户、泄漏的旋塞或者堆满了碎石乱瓦。顾客

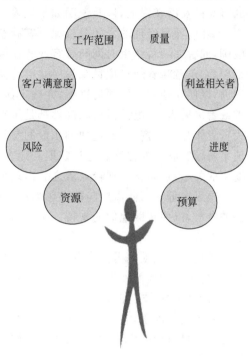

图 1-1　制约项目成功的因素

是不会满意的,而且可能导致付款纠纷或者法律纠纷。一些机制,如标准、检查、审计等必须到位,以确保质量期望在整个项目中被满足,而不仅仅在项目结束时被检查,因为项目结束时检查可能既高成本又难以纠正。所有的项目可交付物应该有定量的验收标准。

项目进度计划(schedule)是每项工作或活动开始和结束的具体时间表。项目目标通常根据客户与执行项目的个人或组织商定的具体日期来规定项目范围必须完成的时间。项目进度应该指明一些特定活动必须开始和结束的时间,以保证项目的完成日期(例如,一座新的桥梁何时将要开放交通,或者一个新产品必须在某个工业博览会上推出的时间)。

项目预算(budget)是投资者或者客户同意为可接受的项目交付物支付资金的数额,项目预算是基于各类项目实施所需资源而估计出来的花费。它可能包括将为项目工作的人力工资、物料、设备、工具的租金,以及分包商费用或者做一些项目任务的咨询所需的费用。例如,对于一个婚礼项目,预算将包括用于花朵、礼服、承办酒席的人、蛋糕、豪华轿车的租金以及录像师、接收设备等这些事项的估计开支。

不同种类的资源(resource)会用来实施项目任务、生产项目提供物和完成项目目标。资

源包括人、材料、设备、工具等。人力资源包括拥有特殊专业或者技巧的人。某种数量、类型、特殊专业的资源会在整个项目过程中的某个特定时间段内来使用。同样地,特殊设备可能在一个项目的某个部分才需要,例如在建造新的办公楼前,需要特殊设备来挖掘土地。项目的资源需求必须在资源需要的时间段内和可获得的资源的种类和数量之间进行匹配。

总会有不利的风险(risk)影响完成项目目标。例如,运用一项最新技术来设计一个信息系统可能产生新技术不像预期那样有效的风险,或者一个新的制药产品不能得到管理部门的批准那样的风险。必须制订风险管理计划来确定并且评估潜在风险、风险发生的可能性及潜在影响,以及说明如果风险发生了该如何应对这些风险。

最终,项目经理的责任是确保顾客满意。这不单单是在预算和进度计划内完成项目范围,或者在项目结束时询问顾客或者投资者他们是否满意。也不仅仅意味着满足顾客期望,它还意味着通过项目来发展并维持完美的工作关系。它需要不断与顾客或投资者沟通,以便让他们了解项目进展,并确定他们是否对项目的期望有所变化。定期的计划需求或者进展报告、电话讨论和邮件都是用来完成这种交流的有效途径。顾客满意需要把投资者作为项目搭档,通过他们积极的参与来获得成功的项目结果。项目经理需要不断地了解顾客满意的程度。通过定期和顾客或投资者进行沟通,项目经理既表现出对顾客期望的关心,也防止了项目完成之后出现令人惊讶的不满。

项目经理和团队需要与能够影响项目或被项目影响的利益相关者建立关系并吸引他们的参与,以便获取他们的支持。关于利益相关者的参与和义务的进一步讨论,请看本章的1.5节。

成功地完成项目需要在预算和某个时间框架内完成项目范围,同时,要管理资源的使用,满足质量的性能和管理风险——当确保顾客或投资者的满意度和处理利益相关者问题并获取他们的支持时这是必须要做的。在项目实施过程中,项目有时难以有效平衡或者扭曲了这些因素,它们常常相互制约并且可能危害项目目标的完成,如图1-1所示。为了确保项目目标的完成,在项目开始工作前制订出一份计划是很重要的,这比直接开展工作要好得多。缺少计划,降低了在预算和进度计划内成功完成项目范围的可能性。

项目一旦开始,意外情况可能危及项目目标中有关工作范围、成本和进度计划的成功完成。这包括:

- 某些原材料的价格可能会高于最初的估计。
- 险恶的气候可能会导致工期延误。
- 为了满足性能规格和政府检测需求的要求,可能需要对一个新的、复杂的医疗设备进行再设计和改造。
- 一个航空控制系统的关键组件被推迟了几个月才交付。
- 当开挖一个新建筑的基坑时发现了环境污染物。
- 一个关键的有着独特技术知识的项目团队成员决定退休,导致关键的专业知识出现了缺口。

上面例子中的任何一个都可以影响项目范围、质量、进度、预算、资源、风险、顾客满意度和利益相关者支持(或者单个影响这些因素)的平衡,危及项目目标的成功完成。项目经理面临的挑战就是不仅要不断地通过项目管理来平衡这些因素,而且如果当它们要发生时要防止、预测和应对这些状况的发生。良好的计划和沟通有利于防止问题产生,以及当问题产生时最小化其对实现项目目标的影响。因此,项目经理必须在计划和沟通上积极主动,领导项目团队以保持这些制约因素相互之间的平衡并且实现目标。

巩固所学

1. 项目有哪些特征?
2. 举出三个日常生活中你曾参与过的项目。
3. 制约项目目标实现的八个因素是什么?

 1.3　项目生命周期

通常项目的生命周期有四个阶段:识别需求、提出解决方案、执行项目、结束项目。图 1-2 显示了这四个阶段以及每个阶段的投入力量和时间耗用情况。在项目生命周期的各个阶段,相关联的投入力量水平将会依据具体的项目而变化。项目生命周期在长度上可能以几周至几年来变化,这也根据项目的内容、复杂度和大小而决定。

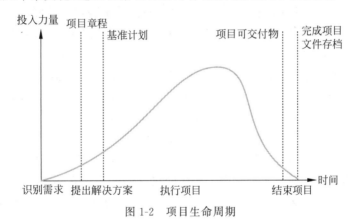

图 1-2　项目生命周期

在识别需求阶段会选定将要实施的项目。一个被称为项目章程的文档意味着一个项目的正式批准和立项。提出解决方案阶段包括定义项目范围、确定资源、制订进度和预算、识别风险,所有这些内容构成了为实施项目工作而制订的基准计划。在执行项目阶段,主要是执行项目计划,实施工作任务来生产所有的项目可交付物和完成项目计划。在这个阶段,要监测和控制项目进程来确保工作在进度和预算内予以完成,确保项目范围完全根据性能要求而全部完成,并确保所有的可交付物满足验收标准。同样地,如果需要的话,任何变更都需要文件来证明、支持,并添加到一个更新的基准计划里。在项目结束阶段,要进行项目评估,确认获得的经验教训并用文件记录下来,以助于将来项目的顺利完成。这些项目文件都要有组织地进行分类存档。

1.3.1　启动

项目生命周期的第一阶段包括对需求、问题或机会的确认,并促使客户授权项目以便满足已确认的需求或解决问题。当投资者——希望提供资金来使需求得到满足的人或组织，确认有需求时，项目就可以开始进行了。例如，一个公司可能需要在其制造过程中降低较高的废金属比，这些废金属会使其生产成本更高，生产时间也长于其竞争对手的生产时间。又比如一个高人口增长的团体需要建一个新的学校。在一些情况下，将花费几个月的时间来清楚地定义需求、收集数据和定义项目目标，如医院的管理层想为本医院雇员的孩子就近建造一个日护理中心，作为医院的一项战略来吸引并雇用员工。然而，这会花一些时间来收集与需求有关的数据和分析不同的实现需求的方法。最重要的是确认正确的需求，是要提供一个就近的护理中心，还是为医院雇员的孩子提供护理？"就近"是需求必不可少的组成部分吗？

项目需求常常被确定为组织战略计划的进程中的一部分。项目是一种实施特定战略或行动计划原理的表现，这些特定战略或行动包括建造一座离岸的风力农场，在发展中国家开展一个营养救助计划，在南美建设一个新的设施，或者进行一个全公司范围的在线培训。组织有很多他们喜欢从事的项目，但是他们可能受限于可获得的资金数量。尽管某个人可能除了他的房子以外还需要一辆新车，想有一个持续两周的旅行，但是他可能没有钱去做所有这些事情。因此，组织必须有一个过程来挑选哪个项目可以完成。一旦选定了项目，他们会正式地用一个被称为"项目章程"的文件来表示正式立项。章程包括项目的基本原理或者理由、项目目标和期望收益、正常情况下的需求和环境，如授权使用的基金数量、需要的完成日期、主要的可交付物和需要的评审和支持以及一些关键假设。

如果组织决定使用额外的资源（承包人）来实施项目，组织就需要准备一份被称为"需求建议书"的文档。通过需求建议书，投资者或顾客可以要求承包人提交其如何在成本约束和进度计划下实现需求的建议书。需要一座新房子的顾客可能会花时间确认对房子的要求——大小、风格、房间数、地点、能承受的最高价格及入住日期。顾客可能会写下这些要求，要求几个承包人提供房子建造计划和花费估计。一个已经确认需要为新的食物生产开展多层面广告活动的公司可能会以需求建议书的方式把它的需求写成书面文件，并把文件分别送给几家广告公司。广告公司将给公司提交建议。公司将评估所给出的建议，挑选广告公司（承包人）来做广告活动（项目）并且与那家公司签署协议或者合同。

1.3.2 计划

在开始项目之前，项目团队或者承包人必须用足够的时间来恰当地计划项目。计划安排是必要的。计划表明了如何在预算和进度计划内完成项目范围。尝试去实施一个没有计划的项目就像尝试去进行没有事先阅读说明书的后庭烤肉。认为计划是不必要的或浪费时间的人们事后总是需要寻找时间来重做事情。计划工作和实施计划工作都是很重要的，否则将产生混乱和失望，项目失败的风险将会更高。一旦项目得到授权，或者和外部的承包者签署合约，项目生命周期的下一个阶段将是对如何完成项目的计划进行细化。计划包括决定需要做什么（范围、可交付物），如何做（活动、环节），谁去做（资源、责任），做多久（工期、进度计划），将花费多少（预算）以及它的风险有多大。计划工作的结果是得到一份基准计划，这份计划就是在项目章程或者合约内在需求和限制下来完成项目的路线图。

花时间来制订一份深思熟虑的计划是成功完成任何项目的关键。因为在项目开始之前没有可行的基准计划,很多项目超过了预算,错过了完成日期,或者仅仅部分地满足了技术上的性能要求。让参与实施项目的人们也参与计划工作是很重要的,因为经常是他们最知道哪些细节活动需要去做。此外,通过参与计划工作,这些人会更致力于根据计划来完成项目。参与实际上带来了某种承诺。

1.3.3 执行

项目生命周期的第三阶段是执行解决方案。一旦制订了基准计划,工作就可以开始了。由项目经理统帅的项目团队将执行计划并开展活动来产出所有的可交付物,并且来完成项目目标。项目活动的步伐将随着增加更多和更多种类的执行项目任务所需的资源而加快。在项目开展期间,将会用到不同类型的资源。例如,有关设计并建造一幢办公楼的项目,首先要由几个建筑师和工程师制订一个建楼计划。然后,随着建设工程的开展,大量增加所需资源,包括铁匠、木匠、电工、油漆工等等。项目在建筑完工之后投入将减低,少数其他工人将负责完成美化环境的工作和最后的内部装修。

此阶段将最终实现项目目标,使客户满意于整个工作高质量地在预算内按时完成。例如,如果一个承约商已经完成了个性化自动系统的设计和安装,并且系统顺利通过了运行测试,客户也接受了此自动系统;或是公司内部的项目团队已按管理层的要求完成了项目,把公司的两个设备合而为一,那么,第三个阶段也就完成了。

当执行项目工作时,监测和控制项目工作的进程以确保一切按计划进行且将完成项目目标,这是很有必要的。它包括了测量实际的进程、根据基准计划与计划进程相比较。为了测量实际的进程,需要跟踪哪些任务已经开始和完成、它们是何时开始和完成的、已完成的活动的挣值(这个概念后面还有详细介绍)是多少、项目交付物是否满足期望的质量水平、已经花费了多少等。在项目期间的任何时候,如果实际进程与计划进程比较,显示出项目落后于计划、超出预算或是没有达到技术要求,就必须立即采取纠正措施,以使项目回复到正常轨道。

在决定实施修正活动之前,有必要认真评价一些可替代活动,以保证所采用的修正活动能够把项目恢复到预定的范围、进度和预算目标之内。要知道增加资源以弥补时间延误并回复到计划内,这种举措可能会导致开支超出预算。如果项目失控太多,既想完成项目目标而又不牺牲工作范围、预算、进度或是质量,这种纠正措施很难找到。有效控制项目的关键,是及时地定期在执行项目阶段监测实际进程,并与计划进程相比较,如有必要,则立即采取纠正措施。希望不必采取纠正措施,问题会自行消失的想法是幼稚的。越早确定问题并改正越好。基于实际进程,为项目的完成进行计划、预测和预算的工作是可以做到的。如果这些参数超出了项目目标的限制,必须马上采取纠正措施。

在项目工作执行期间,很可能会发生变更。重要的是,管理和控制变更,以最小化任何对成功完成项目目标的负面影响。需要建立一个变更控制系统来显示变更是如何记录、批准和沟通的。投资者或顾客与项目经理或承包商之间,以及项目经理与项目团队之间关于变更控制的方法必须达成一致。这些程序应通过项目经理与投资商或顾客,以及项目经理与项目团队之间的沟通来解决。如果变更只是口头同意而不是书面批准,且变更的迹象没有在工作范围、预算或者进度上有所体现,那必然会有问题。在不知道是否需要花费额外工作时间的情况下就随便认同额外的工作,对此项目团队成员应该小心谨慎一些。如果顾客不同意为额外工作付钱,那承包商就必须负担额外的成本,且面临着特定任务或项目的成本超支的风险。

一些变化可能看似微小,但还有一些则会严重影响项目工作范围、预算或进度计划。在粉刷前决定改变房间的颜色是小的变化。在承包商已经为单层房子搭起框架后再决定要两层房子,这就是大的变化了,将肯定会增加成本,也有可能延迟完成日期。

变更一旦确定,就可能对完成项目目标产生影响。普遍来说,在项目中发现变化越迟,对完成该项目目标的影响越大。最有可能受到影响的方面是项目预算和竣工日期。当已经完成的工作需要被推翻来满足要求的变化时,尤其如此。例如,在墙和天花板都完成后,改变新办公大楼的水暖或者电线是非常昂贵的,因为墙和天花板都要被撕扯下来,然后才能安装新的东西。然而,如果在项目中早一点做这样的改变——例如,当大楼仍在设计时——进行这种变更将更容易且花费更少。可以改变图纸,从而水暖管线和电线可以在第一时间就安装正确。

项目经理、项目团队、承包商或者投资商/顾客都有可能发起变更。一些变化可能必须冒先前定义的风险,例如一个新的产品开发没有满足确定的监测标准,这意味着要开始额外的重新设计工作。

当决定必须采取纠正措施或变更时,就必须决定如何更新基准计划。这些决定经常意味着要权衡时间、成本、工作范围和质量。例如,减少一个活动的时间可能需要增加成本来为更多的资源付钱,或需要减少任务的工作范围(以及可能不满足顾客的技术需要)。同样,减少项目成本可能需要使用比原始计划更低质量的材料。一旦决定了采取什么行为,它们就必须要包括在进度计划和预算内。因此需要修订进度计划和预算,以此来决定计划的纠正措施或变更是否还在可接受的进度计划和预算内。如果没有,必须要做进一步修订,直到制订出可接受的、修订的基准计划。

当投资者或顾客对完成了的项目目标感到满意,需求得到满足,且接受了项目的可交付物时,项目生命周期的执行项目阶段也就结束了。

1.3.4 结束项目

项目生命周期的最后阶段是结束项目。结束项目的过程涉及不同的行为,包括汇总并且计算最终的付款数额,评估和确认职员的绩效,开展项目后评估及其后续投资经济效益分析研究,将获得的经验教训以文件形式记录下来并且将项目文件存档。

项目组织应该确保适当的项目文件及其副本得到适当的组织、归档并存档,那样的话以后需要使用时它们可以很容易地被检索和找到。例如,当需要制订一份进度计划并估计该计划所需的花费时,参考一些已完成项目的实际花费和进度计划信息会很有帮助。

这个阶段的一项重要任务是评估项目的绩效。项目团队应该确认获得的经验并为将来的项目提高绩效而提出建议。为了有利于这些信息的使用,应建立一个知识管理系统。这一系统应包括并且容易检索和获得以往的经验教训,是一个获取之前项目信息的知识库。

反馈控制还要求从投资人或顾客那里获得信息,来确定是否已达到项目的预期效益,以及来评定顾客的满意水平,任何这些信息都对未来和这位或其他顾客的商业关系有所裨益。

> **巩固所学**
>
> 4. 将项目生命周期的各阶段与如下描述相对应：
>   第一阶段_____
>   第二阶段_____
>   第三阶段_____
>   第四阶段_____
>   A. 提出解决方案　　　B. 执行项目　　　C. 识别需求　　　D. 结束项目
> 5. 项目是用一份名为_____的文档来授权的。
> 6. 提出计划阶段的结果是_____。
> 7. 在执行项目阶段,项目计划是_____来产出所有的_____并且来完成_____。

1.4　项目管理过程

项目管理就是计划、组织、协调、领导并控制资源来完成项目目标。项目管理过程首先是制订计划,然后按计划工作。教练可能会花好几小时来为一次比赛准备计划,然后由团队成员执行这些计划,以尽力达到目标——胜利。相似地,项目管理包括两个主要的职能:首先制订计划,然后执行计划以实现项目目标。

一旦投资者颁布了项目章程来授权开展一个项目,管理项目时所付出的前端努力,必须是集中精力建立一个基准计划,为在预算之内按时完成项目范围提供一份路线图。项目目标规定了要完成什么。计划进程决定了需要做什么(范围、可交付物),如何做(活动、环节),谁去做(资源、责任),做多久(持续性、进度计划),花费多少(预算)。这一计划工作包括以下步骤:

(1) 定义项目目标。此定义必须在出资方或客户与执行项目的组织之间达成一致。

(2) 定义工作范围。必须准备项目范围文档。它应该包括顾客需求,定义主要工作或者要素,并提供可交付物的清单和相关的可以用来区别工作和满足性能的可交付物的验收标准。

(3) 创建工作分解结构。把项目工作范围一步步细分为大的"部分"或工作包(work packages)。虽然从总体来看,大项目令人无从着手,但有一个克服的方法,就是再大的工作量也可以进行分解。工作分解结构(work breakdown structure,WBS)就是在项目运行期间,项目团队实现目标的工作单元或项目等级树。工作分解结构通常针对每一个工作包确认组织或个人的责任。图1-3是一个工作分解结构的例子。

(4) 指派责任。对工作分解结构中的每个工作项目负责的个人或组织必须加以确认,以便确认项目团队里谁为每个工作包和任何相关可交付物的绩效负有责任和负责执行。例如,图1-3表明了谁对每个工作项目负有责任。

(5) 定义具体活动。评审每个在工作分解结构中的工作包和制定一份细致的活动名单,活动需要为每个工作包而执行,且为了产出任何所需要的交付物。

(6) 为活动排序。创建一个显示所需要的活动排序,以及显示完成项目目标的那些细致活动相互依赖关系的网络图。图1-4是网络图的一个例子。

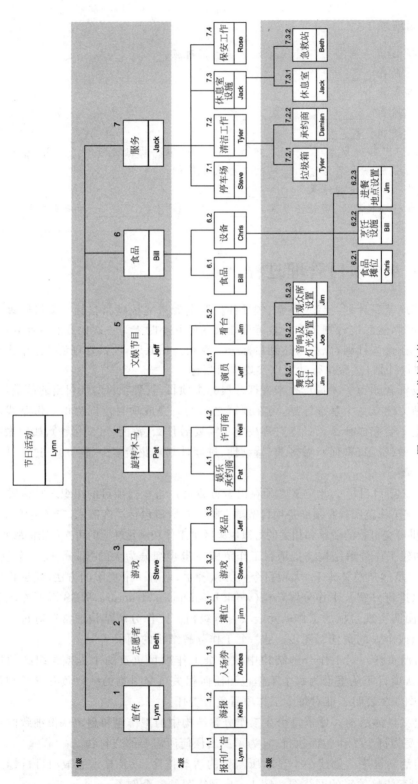

图 1-3　工作分解结构

第 1 章 项目管理概念

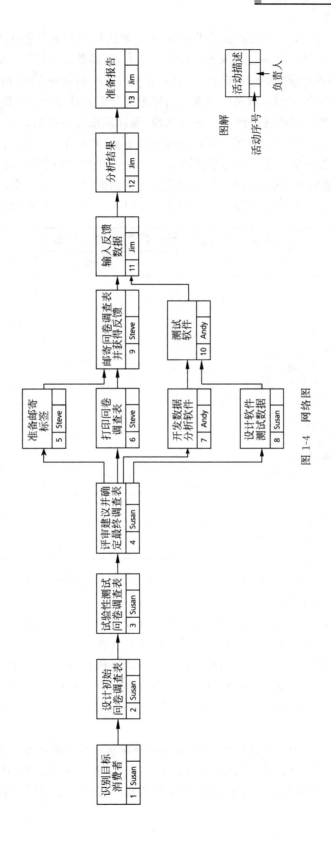

图 1-4 网络图

(7) 估计活动资源。决定资源的类型,例如需要执行每个活动的技能或者专业知识、每种所需资源的数量。资源包括人力、材料、设备等,这都是在执行每个活动时所需要的。估计资源必须考虑每种资源的可获得性,是否它是内在的还是外在的(例如分包商),并考虑在项目运作期间可获得的数量。指派一名特定的员工来对每个活动负责。

(8) 时间估计。以评估提供的资源为基础,预计完成每一项活动需花多长时间。也有必要确定一下每项活动需要用到哪些资源及其用量,才能在预定工期内完成该活动。

(9) 制订项目进度计划。以每个活动的估计时间和在网络图中活动顺序的逻辑关系为基础,制订完整的项目进度计划,其中包括每个活动何时开始和结束,每个为在规定日期内完成项目的活动的开始和结束日期的截止时间。表 1-1 是项目进度计划的例子。

表 1-1 项目进度计划:顾客市场研究项目

	活动	负责人	工期估计	最早		最迟		总时差
				开始时间	结束时间	开始时间	结束时间	
1	识别目标消费者	Susan	3	0	3	−8	5	−8
2	设计初始问卷调查表	Susan	10	3	13	−5	5	−8
3	试验性测试问卷调查表	Susan	20	13	33	5	25	−8
4	评审建议并确定最终调查表	Susan	5	33	38	25	30	−8
5	准备邮寄标签	Steve	2	38	40	38	40	0
6	打印问卷调查表	Steve	10	38	40	30	40	−8
7	开发数据分析软件	Andy	12	38	50	88	100	50
8	设计软件测试数据	Susan	2	38	40	98	100	60
9	邮寄问卷调查表并获得反馈	Steve	65	48	113	40	105	−8
10	测试软件	Andy	5	50	55	100	105	50
11	输入反馈数据	Jim	7	113	120	105	112	−8
12	分析结果	Jim	8	120	128	112	120	−8
13	准备报告	Jim	10	128	138	120	130	−8

(10) 为每项活动做成本估算。成本依每项活动所需的资源类型、数量以及合适的劳动力成本率或每种资源的单位成本而定。

(11) 决定预算。汇集每项活动的成本估计可生成项目的总预算。同样,工作分解结构中的工作包的预算可以通过汇集每个工作包的每个细节活动的成本估计而决定。其他成本,例如项目或者组织的行政、间接的开销也应该包括在预算中,并恰当地分配到每个活动或工作包中。一旦确定了所有项目或每个工作包的总预算,需要制定各时间段的预算,来为项目或以工作进度计划为基础制定的工作包分配预算。图 1-5 是时间段项目预算的例子。

一旦确定了项目的进度计划和预算,就必须决定项目是否能在要求的时间内、拨付的资金以及可获得资源下完成。如果不能,必须对项目工作范围、活动资源、时间估计或资源分配进行调整,直到制订出可实现的、现实的基准计划和按时且在预算内完成项目工作范围的路线图。

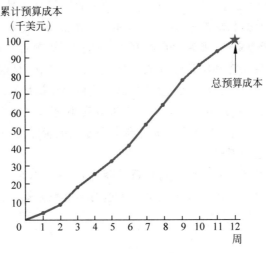

图 1-5　基于时间段的项目成本

计划过程的成果就是基准计划。投入一定的时间来做一个考虑周全的计划,这对任何项目的成功完成都是至关重要的。许多项目超出了预算,延误了完成期限,或是仅仅部分达到了要求,都是因为在项目开始前没有制订一个可行的基准计划。

项目的基准计划可以用图示或表格的形式来显示从项目开始到结束的每一个时间段(星期、月)的有关信息。计划将在第 4 至 7 章讨论和解释。相关信息应当包括:

- 每项活动的开始与结束日期;
- 在各个时间段内所需的各种资源的数量;
- 各个时间段的预算和从项目开始的各个时间段的累计预算。

一旦建立了基准计划就必须执行。这包括按计划执行工作、监测并控制工作和管理变更,以使项目工作在预算之内、按进度、让顾客满意地得到完成。它包括以下要素:

1. 执行工作。基准计划中的所有活动,就像网络图中描述的那样,必须根据项目进度计划和技术规定来执行。所有的可交付物必须生产出来并满足验收标准。完成这一切需要项目团队的协作,包括外部资源和定期与所有的利益相关者(包括投资者或顾客)沟通,以保证达到他们的期望。

2. 监测和控制进程。当执行项目工作时,监测和控制进程以确保一切按计划进行,这是很有必要的。测量实际的进程,并与计划进程相比较也是有必要的。在项目期间的任何时候,如果实际进程与计划进程的比较显示出项目落后于计划、超出预算或是没有达到技术要求,就必须立即采取纠正措施,以使项目在限定的项目目标、工作范围、进度和预算下回复到正常轨道。要知道增加资源以弥补时间延误并回复到计划内,这种举措可能会导致开支超出预算。如果项目失控太多,既想完成项目目标而又不牺牲工作范围、预算、进度或是质量,这种纠正措施很难找到。有效控制项目的关键,是及时地定期监测实际进程,并与计划进程相比较,如有必要,则立即采取纠正措施。希望不必采取纠正措施,问题会自行消失的想法是幼稚的。基于实际进程,有可能为项目的完成进行计划、预测和预算,一旦发现参数超出了项目目标的限制,必须马上采取纠正措施。

3. 控制变化。在项目工作执行期间,变化发生的原因是多种多样的,如一些活动比预期更久完成,需要资源时却得不到,材料成本比预料的多,或者某些风险发生了等等。项目经理、承包商或者投资商/顾客也可能基于新的信息或项目复审的结果,要求项目工作范围进行变化。如果顾客和项目经理或者分包商同意变化,且双方都意识到了变化对范围、进度计划、预算、项目目标完成的影响,那么这种变化就是好的。重要的是管理和控制变化,来使任何对成功完成项目目标的负面影响最小化。需要建立一个变化控制系统来规定如何对变化进行记录、批准和沟通。所有利益相关者需要一致同意这样一个系统,并且把它与所有项目参与者进行沟通。

不先建立一个基准计划就试图执行项目是莽撞的,这就像在没有行车图、旅行计划和预算的情况下就开始旅行一样。你可能会在中途的某个地方就不得不停下来——因为没有钱了或是天色已晚。

> **巩固所学**
>
> 8. 项目管理过程首先是_____;然后按_____来开展那项_____。
> 9. 项目_____必须在_____和将_____的组织之间达成一致。

1.5 利益相关者参与

利益相关者是可能被一个项目影响或影响项目的相关个人或团体,如:顾客/赞助商;项目团队,包括项目经理、分包商和咨询商;最终用户或顾客;项目的拥护者。除了顾客/赞助商和包括分包商和供应商的团队之外,利益相关者还可能是一些组织,或者是一些支持或反对以及对项目的潜在影响希望得到通告的人所组成的群体。

各种项目利益相关者的例子包括:

将要使用一个新电子健康记录系统的某医药业务实体的工作人员;

将被一条新高速公路影响的社群或邻居;

邻近一个新的大卖场的一些小零售店;

关注一个新化学设施的环境和安全影响的请愿团体;

建议或咨询人群,例如为在一个儿童护理中心的新游戏场设计提供投入和建议的儿童的父母们,或为一个急诊室的再设计和扩建提供投入和建议的急诊室工作人员;

政府管理机构,这些机构关心法规的执行、药制品实验,或举办公共座谈会来征集市民对某种类型项目的评论。

在项目生命周期中尽可能早地确认项目的利益相关者是很重要的。项目赞助商可能在项目章程审批阶段确认一些特别的利益相关者,此外,项目可以通过询问或与项目团队共同开展头脑风暴来认定利益相关者,或者也可以建立咨询小组来对项目或项目的一部分提供投入和指导。为了有助于对潜在利益相关者的确认,项目经理也可以与诸如社会团体组织、非营利组织、专业组织或地方政府官员等组织建立网络联系。尽可能早地确认潜在利益相关者,可以避免后来的意外事件,例如某个组织发现某个项目的一个特殊问题,如果这个组织没有提前得到相关信息或被忽视,这可能造成对抗形势,因而很难建立一种相互信任的关系。

一旦潜在的利益相关者被确认后,就应建立一个清单,该清单应包括联系信息、角色、兴趣或利益期望、任何的知识技术问题以及对每个利益相关者的潜在影响,这样一个文件有时也被称为利益相关者注册(或登记册)。在项目进行过程中,关于利益相关者的信息可能改变,也可能需要确认新的利益相关者。利益相关者注册是保持所有利益相关者信息的加强和更新的一个方便的工具。

项目经理和团队需要与每一个利益相关者建立符合他们特别兴趣或利益的关系。项目团队需要提前积极主动地与利益相关者接触和联系,听取他们的兴趣、需求、期望和关心,而不是被动地等他们上门,进而做出一种防御辩护式的反应。良好的关系是建立在信任和尊重的基础上,而信任和尊重又是建立在诚实、伦理和敢于承诺的基础上,项目团队要欢迎利益相关者的建议和投入、参与、讨论和争论,这将为项目赢得支持。利益相关者的关心应该尽早地正面和及时地得以处理,而不是对抗、拖延、忽视和忘记。项目经理需要为每个利益相关者提供正规的双向沟通机会,而不是等到问题和关心被确认时才沟通。项目经理和团队需要的是倾听、头脑开放、细心和专业行为,而不是主宰讨论、过度反应、趋于自卫或者情感失控。在许多情况下,每个利益相关者应该单独去对待,因为其中每一个都存在其独特的兴趣和关心,因此不要把所有利益相关者当作一个群体而不加区分地对待。

需要建立一个关于被确认的利益相关者的特殊问题、关心或询问的问题日志(issue Log),这样就可以使项目经理、项目团队和赞助商/顾客对问题进行及时处理,从而保证不会因为忘记或丢失而不做出随后的适当处理和反应。因此项目应该保持问题记录的随时更新,使其能随时指明哪些问题已得到处理和重新解决、哪些是新增问题以及哪些是可能需要进一步商讨而重新解决的有争议问题。提供对问题的清晰解释是很重要的,这样就可以使利益相关者了解问题决策的原因和合理性,即使他们可能不同意。

利益相关者的参与和支持对项目的成功执行和项目目标的实现是至关重要的。正规和公开的沟通、信任、尊重、头脑开放以及具有正能量的双赢态度是成功的利益相关者参与的关键因素。

巩固所学
10. 利益相关者参与成功的关键是什么?

1.6 全球项目管理

全球化很独特地把管理项目的范围扩大了,也改变了项目的动态。如果项目参与者没有意识到他们可能遇到多元不同的文化和多样化的经济交易形式,其不利后果将会影响到项目的收入,增添项目的复杂性。例如,可能有一个项目合同需要外包出去,要雇佣原住民劳工来执行特定的项目任务,让所在国供应商提供工程材料,在项目预算中以客户所在国家的货币支付工资和材料等。项目本身牵涉的外部因素、项目或者顾客组织都可以使项目处在动态和不稳定的环境之中,诱生一些风险因素,并影响项目的成功。这样的影响因素包括:

- 通货膨胀率和汇率;
- 国家特定的工作法律和规则,例如每天的工作小时数、假期和宗教惯例;
- 在多元化国家有企业和设备的合资公司和合伙企业;
- 国家间的政治关系;
- 高技术劳动力的需求和可获得性。

大型国际性事件,例如奥林匹克运动会或在一场自然灾难后重建一个区域,需要多层次的项目团队。全球项目是多国的、多层次的,参与者来自不同的国家,说着不同的语言。这些方面可能会产生交流、团队发展和项目绩效的障碍。

全球项目管理需要额外的能力。对于项目经理和团队来说,拥有外国语言技巧和其他国家及其文化、地理、世界历史和国际经济(如通货膨胀率、汇率、出口/进口交易等)方面的知识和了解是很有用的。拥有对不同项目参与者(项目团队、顾客、分包商和供应者)国家的文化和习俗(用餐时间、眼神接触、男人和女人所扮演的不同角色、裙子尺寸、宗教行为、权利界限、沟通礼仪等等)和礼节(例如,在一些国家里坐着时将腿交叉被认为是侮辱,摆手或触摸异性是无礼的)的认知和理解也是必需的。知道不同国家,特别是顾客的国家或者项目交付完成的那个国家的项目参与者所处的地理政治环境也很重要。

尽管远离数千里,但技术使项目参与者仅仅通过鼠标就可以进行联络。这也有助于减少不同项目参与者所在地时间区域差异对项目沟通的影响。一种在多层次项目团队中促进交流的方法是,利用可以翻译不同项目参与者语言的邮件和文档的软件。

全球化和互联网已经为公司带来了新的机会,这可以在更多来自全球相互竞争的参与者从事众多项目的工作和在全球的供应商中购买材料与服务这些方面得到体现。

文化认知和敏感性不仅重要,而且对于成功的也是必需的全球项目管理相互依赖。学习和理解其他项目参与者的文化和习俗展示了尊重,建立了信任,有助于建设有效率的项目团队,并且对于全球项目管理的成功也很关键。

建议参看第11章有关团队多样性的部分和第12章协作交流工具的部分,以及附录C的全球项目管理组织的列表。

巩固所学

11. _____ 和敏感性不仅重要,而且对于成功的 _____ 项目管理也是 _____ 的。

1.7 项目管理组织

项目管理协会(PMI)是第一个为从事项目管理职业的人们以及想要从这个职位收获更多的个人开办的全球性非营利组织。PMI建立于1969年,拥有来自超过200个国家的将近500 000名成员,和来自超过90个国家的280份期刊。此外,该组织还有30多个在线联系社区,人们可以在特定的感兴趣的主题下开展交流合作。

PMI出版了《项目管理知识体系指南》,这本书提供了项目管理概念、练习和技术的应用进展和指南的框架。它也创建了《PMI道德准则》(PMI Code of Ethics)和《专业行为》(Professional Conduct),这两本书建立了专业行为的标准和期望。

PMI还提供了有机会获得各种项目管理学科凭据的认证计划。全世界约750 000人是PMI的资质持有者。其他关于该项目管理协会的信息可以通过 http://www.pmi.org 网站来查找。

全球也有很多其他项目管理组织。附录C提供了一份将近60个这样的组织名单。它们的网站地址可以在本书的学生资源网站中找到。

1.8 项目管理的益处

采用项目管理技术的最终益处,是拥有了满意的客户——不论是自己项目的客户(如改造自己的地下室),还是执行由客户付酬的项目的企业(承约商)。在预算内高质量地按时完成全部项目范围将会给人带来极大的满足感。对于承约商来说,这会促成将来与该客户再次发生业务联系,或是获得由该客户所推荐的新客户的生意。

"嘿!客户是最重要的,那我呢?我从中得到了什么好处?"如果你是项目经理,你将会有一种领导了一个成功项目的满足感。这也会增加你作为一个项目经理的知名度,使你拥有扩展职业的机会。如果你是一个成功地完成了一个项目的团队成员,你会觉得在这个获胜的团队里工作很愉快;你不仅对项目的成功做出了贡献,而且在工作中扩展了知识,提高了技术。如果你继续做个体承约商,你将可能在未来的更复杂的项目中做出更大的成绩。如果你对最终项目管理感兴趣,你将能够承担额外的项目责任。当项目成功时,每个人都成功了!

现实世界中的项目管理

项目管理生产力提升的作用前景

在由占世界贸易额80%的来自全球39个国家组成的经济合作与开发组织中,中小型企业比例高达70%至90%。在澳大利亚,中小型企业的比例超过90%,它们雇用了劳动人员的独大多数。

大量研究表明,运用项目管理技术可使许多组织受益,有些企业尝受到不断的项目成功和另外一些明显的相关投资回报。澳大利亚统计研究局的一个团队,想要了解影响中小企业及其成功的与项目管理相关的一些特点和因素,为了回答这个问题,该团队搜集了一个五年时间段的数据。

一个令人振奋的结果表明有15%的企业运用了项目管理技术,而运用项目管理技术的企业比没有用项目管理技术的企业有更高的生产力提升。尽管这是一个好的结果,但该研究局认为这并不是一个充分的依据来支持项目管理能导致高生产力的断言,他们需要对所收集的数据做更多的检验,以便决定项目管理技术是否比与工程、科学与研究、IT专业、工厂与机械运营、营销和金融等相关的技术更加重要。

进一步检验所发现的第一个结果是,生产力提升原因中大约有68.9%源自项目管理技术、科学与研究、IT专业、贸易、营销和金融;第二个所发现的结果是,有69.4%的生产力提升是由于项目管理技术、科学与研究、IT专业、工厂和机械运营、营销和金融。

关于以上两个结果的进一步分析表明,企业组织通常在营销上的花费占其预算的10%或更高一些。研究局团队对如果把营销和项目管理的预算进行平衡将会发生什么进行了分析计算,他们确定,项目管理对提升生产力是一个可行的选择。另外一些分析工作还发现,当把调研中反映它们的生产力得到了提高和反映它们的生产力保持稳定的企业进行比较时,结论是,那些在核心业务流程运用项目管理的企业更能够提高生产力。分析最后认定,用项目管理比用IT专业、市场营销技术、科学与研究技术和金融技术对提高生产力有更大的影响。

从研究结果中发现的证据还表明,对项目管理的投资,比对一般企业管理的投资对改进企业生产力具有更大的潜力,因此,建议性的结论是,企业应该雇用少量的MBA毕业生而多雇用一些具有同等学力或经验的项目管理人员。

资料来源:Based on information from Pollack, J. J., & Adler, D. D. (2014). Does project management affect business productivity? Evidence from Australian small to medium enterprises. Project Management Journal,45(6),17-24.

 关键的成功要素

- 计划和沟通对于成功的项目管理是重要的。它们能防止问题产生,或者在问题产生时使问题对实现项目目标的影响最小化。
- 项目开始以前花时间建立一个考虑周全的计划,对于任何项目的成功都是必要的。
- 一个项目必须有一个将要完成的明确界定的目标,它根据最终产品或可交付物、进度计划、预算及客户满意来定义。
- 把赞助商或客户作为一个合作伙伴,通过客户在项目整个过程中的积极参与来获得成功。
- 要使客户满意,就要同客户随时沟通,使客户知晓进度情况,以便决定是否需要改变期望。
- 有效控制项目的关键在于,及时、定期监测实际进程,并与计划进程相比较,如有必要,则立即采取纠正措施。

- 项目结束以后,应该评估一下项目绩效。如果未来执行一个相似项目的话,则可知晓能够改进哪些方面。应该从客户和项目团队处得到反馈。
- 尽早地确认、联络利益相关者并建立关系,以便获取他们的支持。
- 学习并且理解其他项目参与者的文化和习俗将显现出对不同文化和习俗尊重的态度,有助于建立信任,有助于建设有效的项目团队,并且对于成功的全球项目管理也是重要的。

本章小结

项目就是以一套独特的、相互联系的任务为前提,有效地利用资源,为实现一个特定的目标所做的努力。它在最终产品、可交付物、进度计划和预算方面都有明确界定的目标。项目也有相互依赖的任务,用不同的资源,有特定的时间框架,项目是一个独特的一次性的努力,有投资者或顾客,具有不确定性。成功地完成项目目标受很多因素制约,包括工作范围、质量、工作进程、预算、资源、风险、顾客满意和利益相关者支持。

项目生命周期包括四个阶段:启动、计划、执行和结束项目。在启动阶段,确定和选择项目,并通过项目章程文件进行授权。计划阶段包括了定义项目工作范围、确定资源、开发工作计划和预算、识别风险,所有这些都组成了完成项目工作的基准计划。在执行项目阶段,项目计划得到执行,工作任务予以实施来生产所有的项目可交付物和完成项目目标。在这期间,需监测和控制项目进程来确保工作保持在进度和预算内。工作范围根据规格要求圆满完成,所有可交付物满足了验收标准。任何变更都需要文件记载、批准和纳入修正过的基准计划里。结束项目阶段,将实施项目评估、确定习得的经验并记载下来,有助于改善未来的项目绩效,并将其存档。

项目管理是计划、组织、协作、领导和控制资源来完成项目目标。项目管理进程包括两个主要功能:首先建立计划,然后执行计划以完成项目目标。计划进程包括以下步骤:建立项目目标,定义工作范围,创建工作分解结构,分配责任,定义特定的活动,将活动排序,估计活动资源,估计活动工期,开发项目进度计划,估计成本,决定预算。执行进程包括三个要素:实施工作,监测和控制进程,控制变更。

全球化改变了项目的动态,且增加了某种复杂度——如果项目参与者不知道他们可能遇到文化差异和多国经济交易,则会影响项目收益。项目本身的外部因素,或者项目或顾客组织,在项目生命周期中可能导致一种动态的不稳定的环境,引发风险,影响项目的成功。全球项目是多国的、多语言的,参与者来自不同国家,说着不同的语言。尽管有几千公里的距离,技术(例如,电脑、网络)可以使项目参与者通过鼠标点击就可以联络。全球项目管理需要更多的能力。文化认知和敏感性对于全球项目管理的成功不仅重要,更是必要的。学习和理解其他项目参与者文化和习俗展示了尊重,建立了信任,有助于开发有效率的项目团队,并且对于全球项目管理的成功也是关键的。

项目利益相关者是可能被项目影响或影响项目的相关个人或团体。他们可能是支持或反对或因为项目的潜在影响而希望不断得到通告的组织、群体或个人。尽可能早地确认在一个项目生命周期中的利益相关者是很重要的。项目经理和团队应该建立一个包括关键联系信息、角色或关于兴趣利益的特殊事项、期望、任何知识问题，以及每个利益相关者潜在影响范围等内容的利益相关者清单或注册。项目经理和团队需要与每一个利益相关者建立符合他们特别兴趣和利益的关系。利益相关者参与和支持对项目的成功执行和项目目标的实现至关重要，正规和公开的沟通、信任、尊重、头脑开放以及积极的双赢态度是成功的利益相关者参与的关键因素。

项目管理协会是第一个项目管理专业实践者的全球性非营利协会。它出版了《项目管理知识体系指南》(《PMBOK 指南》)，这本书提供了项目管理概念、练习和技术的应用进展和指南的框架。

采用项目管理技术的最终收益是拥有满意的客户——不论你是自己项目的客户，还是执行由客户付酬的项目的企业（承约商）。在预算内高质量地按时完成全部项目工作范围，将会给人带来极大的满足感。

思考题

1. 给"项目"下个定义。
2. 给"项目目标"这一术语下定义，并举例说明。
3. 举例说明在某个项目中会用到的一些资源。
4. 客户在项目生命周期中扮演的是什么角色？为什么使顾客满意很重要？
5. 项目可能会包含哪些方面的不确定性？为什么？
6. 给"工作范围""进度计划""成本"和"客户满意度"分别下定义。为什么把它们当作约束因素？
7. 列举并描述项目生命周期的主要阶段。
8. 列举并描述建立一个基准计划所需的步骤。
9. 为什么经理必须监控项目的进程？如果项目没按计划进行，应当采取什么措施？
10. 考虑一个与你相关联的项目，确定其利益相关者以及各自所有的"赌注"或利害关系。
11. 描述全球项目如何比在仅仅一个国家里实施项目会更复杂。这些元素如何影响成功的全球项目的收益？
12. 列举采用项目管理技术的益处。
13. 思考一下你目前正在参与的或你最近已经完成的项目。
 (1) 描述一下目标、工作范围、进度计划、成本和其他假定条件。
 (2) 你处于项目生命周期中的哪个位置？
 (3) 这个项目有一个基准计划吗？如果有，描述一下；如果没有，创建一个。
 (4) 你或别人在监控项目进程吗？如果是，你怎样做的？如果不是，你应该怎样开始监控活动？
 (5) 描述一下一些可能危及项目成功的意料之外的情况。
 (6) 描述一下项目的预期收益。

 上网练习

1. 用你最喜欢的搜索引擎,搜索"项目管理"(project management),包括相关视频。在你搜索时不要忘了看视频,有许多视频与项目管理过程相关,在线上或网址上有一些可供使用的技术。在你搜索结果中找出至少五个链接站点,确定每个站点的网址。描述一下这五个网址中每一个网址中所包含的大概内容。

2. 做几个额外的网上查询。在"项目管理"这个词后,增加一些在这一章中曾列出的关键词,如查询"项目管理目标"(objectives)、"项目管理生命周期"(life cycle)、"项目管理过程"(process)、"项目管理工作分解结构"(work breakdown structures),等等。你都找到了些什么?

3. 自从1969年成立以来,美国项目管理协会(Project Management Institute,PMI)在全球已有来自200多个国家的50多万名会员。PMI位于宾夕法尼亚州(Pennsylvania),是项目管理领域领先的非营利性专业组织。它制定项目管理的标准、召开专家研讨会、制定教育培训课程。它还有一个专业证书的认证程序,同时经营着项目管理方面的杂志 *Project Management Journal* 和 *PM Network*。它可以查看有关学会成员、认证、教育培训及出版物的信息,描述成为一个学会成员的益处。如果你感兴趣的话,可在线申请成为会员(学生等级是可以达到的)。

4. PMI的文章存在于全世界。搜索PMI全球会议和事件,描述你找到了什么,其中包括即将召开的国际性会议。你也可以搜索以获得当地PMI文章的链接。在当地打印出PMI文章的信息。此外,搜索资源的链接,浏览虚拟图书馆、研究成果、出版物和标准链接。PM Network 在线、PMI日报和项目管理期刊是PMI所发表的项目管理信息的很好的来源。选择一篇你感兴趣的文章,通过图书馆查阅或者在线阅读写一篇总结。

5. ExecutivePlanet 网站提供了与全球贸易有关的商务礼仪、服装和协议的有价值的秘诀。去该组织的网站搜索三个不同国家的商务文化指南。总结三个国家各自的有关礼仪和服饰的关键点。

 案例分析1　一个非营利性组织

在一个地方院校,负责食品采购并供应给需求者的学生社团服务组织的官员们正在举行2月会议,坐在会议室的有该组织总裁贝丝(Beth Smith)、副总裁罗丝玛丽(Rosemary Olsen)和志愿者协理史蒂夫(Steve Andrews)。贝丝宣布:"我们的资金快花光了,但食品库的需求却一直在增加,我们需要想办法解决怎么才能够获得更多的资金。"

"我们需要设立一个资金筹集项目。"罗丝玛丽反映道。

史蒂夫建议:"我们是否可以向市政府询问,他们能不能增加对我们的资金发放?"

"他们资金也很吃紧,他们甚至可能消减明年分配给我们的额度。"贝丝回答说。

"今年我们需要多少额度?"罗丝玛丽问道。

"大约10 000美元,"贝丝边回答边继续说,"大约在两个月内,我们就会开始需要这

些资金。"

"除了钱之外,我们还需要很多事情,我们需要更多的志愿者、更多的存贮空间和更多的食品捐赠者。"史蒂夫说。

罗丝玛丽兴奋地接道:"好啊,我想我们可以把所有这些作为资金筹集项目的一部分,这将是很有趣的!"

贝丝说:"这个项目正在成形,但我们将不可能按时完成。"

罗丝玛丽接道:"我们会想办法将其按时完成,我们总是能做到的。"

史蒂夫问:"我们需要的是一个项目吗?我们下一年准备做什么——是另外一个项目吗?"他接着说:"此外,我们正处于想尽一切方法获得志愿者的艰难时刻,也许我们需要想一想,如何进行低资金运营?比如,如何还能得到更多的食品捐赠,从而避免不得不去购买那么多的食品?"

罗丝玛丽插话说:"好主意!你可以做些工作,同时我们也努力去筹集资金,我们不放过任何机会,要把每块石头翻个身!"

"时间到了,"贝丝打断对话并且最后说,"这个意见非常好,但是我们只有有限的资金和志愿者,并且面临增长的需求,我们现在必须做一些事情,以免两个月内被迫关门停业。我想大家都赞成,我们需要进行某种类型的创新,但是我不能确认大家都在目标上很一致。"

 案例问题

1. 已被识别的需求是什么?
2. 项目目标是什么?
3. 对将被实施的项目应该做什么相关假定(如果有的话)?
4. 与项目相关的风险是什么?

 小组活动

在你的社区联系一个当地非营利组织,告诉其官员,你对了解他们的运营很感兴趣。请他们描述一个当前正在执行的项目,说明项目的目标、约束和资源是什么。

如果可能,让你的团队花几个小时投入项目,通过这个过程,你将根据需要提供帮助,并与此同时了解一个真实的项目。准备一份报告,对项目进行总结并说明你从体验中学到了什么。

案例分析2 一个小型超市的电子商务

马特(Matt)和格蕾丝(Grace)在一个郊区小镇拥有一个小型超市。该镇居住着大量趋于年长的居民。由于位置偏僻,不存在来自大经销店的竞争,一个有大约1500名学生的小私立文科学院也位居此城镇。

"我想我们的商店需要一个应用程序(App)和一个网站(website)。"马特告诉格蕾丝。

"为什么?"格蕾丝问道。

"每个人都有一个 App,这是未来的潮流!"马特回答说。

"我仍不清楚,马特,在我们的 App 和网站中将有些什么?"格蕾丝问。

"嗯,一件事是我们可能要有一张由你和我站在前面的咱们超市的照片。"马特说。

"还有什么?"格蕾丝问。

马特答道:"啊,可能是人们能通过 App 或网站查找和订购货物。呀!那些学院的孩子们可能把它想得很好,他们可以在所有的时间内使用手机,这可以扩大我们的经营。他们将会从我们的店购买食品,而不是总吃从山姆的分店送来的烤馅饼和汉堡包,那些居住在老年人住宅的人们也将用它,我听说他们正在学习怎么使用计算机、手机等,而且我们甚至可以设立送货服务。"

"等一下,"格蕾丝打断马特的话并接着说,"那些学院的学生是在晚上我们关门好久的任何时间得到山姆分店的食品,但是我认为那些年长的居民更喜欢外出,他们有一辆车可以每天把他们中一些人送来购物,但通常每个人买的东西很少,他们将怎样通过 App 和网站为订购的物品付款?我并非思想保守,但是我不确信网站对我们的小超市有多大意义。马特,我们将努力去完成什么?"

"格蕾丝,我刚才给你解释过,它是所有行业正在运营的方式,我们要么与时共进,要么被淘汰。"马特回答说。

"这些与上周末你在大瀑布参加的商会会议的事项有关吗?在那里你曾提到有些咨询人员谈到了电子商务等事。"格蕾丝问道。

"是的,"马特答道,"我想我要给他们打个电话,请他们来此顺访并告诉我想要什么"。

"马特,所有这些将需要多少花费?"格蕾丝问,并接着说,"我想我们需要多考虑一些,你知道今年夏天我们可能不得不铺设停车场地。"

马特回答说:"不必担心,一切都可以办到。请相信我,我们的生意发展得如此之快,它将很快收回成本。此外,电子商务的事不可能花费太多,这个顾问可能许久以来一直做此类项目,很有经验。"

案例问题

1. 已识别的需求是什么?
2. 什么是项目的目标?
3. 在与顾问交谈之前,马特和格蕾丝应该做什么?
4. 顾问应该告诉马特和格蕾丝什么?

小组活动

选两个课程参与者在全班面前以此案例为蓝本表演 Matt 与格蕾丝。然后把课程参与者分成 3 个或 4 个组来讨论案例问题。每个小组必须选一个发言人向全班讲述小组讨论结果。

任选活动

让课程参与的每个人联系一个网上在线的企业,询问是什么导致企业做此决定,项目是否满足了他们最初的期望。

参考文献

Alderton, M. (2016). The next atomic age. PM Network, 30(2), 38-43.

Burba, D. (2016). The Chinese factor. PM Network, 30(3), 58-67.

Cox, F. (2016). The hidden success factor. PM Network, 30(2), 26-27.

Davies, A., Dodgson, M., & Gann, D. (2016). Dynamic capabilities in complex projects: The case of London Heathrow Terminal 5. Project Management Journal, 47(2), 26-46.

Fernandes, G. G., Ward, S. S., & Araújo, M. M. (2014). Developing a framework for embedding useful project management improvement initiatives in organizations. Project Management Journal, 45(4), 81-108.

Gale, S. F. (2016). For the people. PM Network, 30(3), 30-35.

Gemünden, H. G. (2014). Project management as a behavioral discipline and as driver of productivity and innovations. Project Management Journal, 45(6), 2-6.

Hicks, J. (2016). Special service. PM Network, 30(3), 26.

Hunsberger, K. (2016). Nigeria. PM Network, 30(1), 54-61.

Laursen, M., & Svejvig, P. (2016). Taking stock of project value creation: A structured literature review with future directions for research and practice. International Journal of Project Management, 34(4), 736-747.

O Brochta, M. (2016). Why project ethics matter. PM Network, 30(1), 29.

Pollack, J. J., & Adler, D. D. (2014). Does project management affect business productivity? Evidence from Australian small to medium enterprises. Project Management Journal, 45(6), 17-24.

Project Management Institute. (2017). A guide to the project management body of knowledge(PMBOK® Guide)(6th ed.). Newtown Square, PA: Author.

Project Management Institute, Inc. (2017). Retrieved from http://www.pmi.org.

Unger, B. B., Rank, J. J., & Gemünden, H. H. (2014). Corporate innovation culture and dimensions of project portfolio success: The moderating role of national culture. Project Management Journal, 45(6), 38-57.

Williams, T. (2016). Identifying success factors in construction projects: A case study. Project Management Journal, 47(1), 97-112.

第1篇 项目启动

第2章 项目的识别与选择

第3章 提出解决方案

本篇各章中的概念支持《PMBOK 指南》中的下列项目管理知识领域：
- 项目集成管理（第2章）；
- 项目采购管理（第2章、第3章）

项目生命周期的启动阶段涉及需求识别、问题或机会，其结果可能是出资人或赞助商授权一个项目来处理所确认的需求或解决相关的问题。出资人或赞助商是指愿意提供资金以满足需求的人或组织。一旦出资人识别确认了需求，一些项目就开始启动了。项目需求常常被认为是一个组织战略计划过程的一部分。组织可能想要进行许多项目，但它们有可能受到可利用资金数量的限制，因此，组织需要使用一个项目选择过程。一旦项目被选定，组织就会用一个被称为项目章程的文件正式批准这些项目。如果组织决定用外部资源（承包商）来执行项目，它就将准备一个被称为需求建议书的文件。有兴趣的承包商就会向顾客（出资人或组织）递交建议书，然后顾客来决定哪个承包商参与执行该项目并与所选定的承包商签订一个协议（合同）。

第 2 章

项目的识别与选择

本章内容支持《PMBOK 指南》中的如下项目管理知识领域：
- 项目集成管理
- 项目采购管理

现实世界中的项目管理

单团队战略的实施

2004 年启动的"建设未来学校"(BSF)项目，其项目目标包括建设新学校和翻修现有学校，从而使得英国的每一所中学都是新建的或翻新的。其计划是设计新的学习空间，采用最新技术，以满足 21 世纪的教育标准。

对于要么新建要么翻修的 300 多个建筑，必须采用流水型的实施过程。在项目的总设计中有不同类型的实施方法，新建学校将允许私有金融混合并以公私合伙的形式实施，而翻修则需要传统的实施方法。在整个英国，各区域的需求建议是：不管是区域内的新学校还是翻修学校，都要以长期合同进行工程实施。政府对项目的监督致使对单个学校采用多投标和多合同的形式是无效率或无效益的。

Sewell 集团是被授予项目合同的公司之一。它是一个有 140 年历史的公司，位于赫尔(Hull)市。这个区域集团很小，足以使该市的利益相关者很好地参与，而该集团紧密联系的社团却足够大，便于成功完成区域工作所需小规模项目的实施。扁平组织的一个好处是项目经理相互认识，而且有助于把许多项目团队连成单个有凝聚力的组织团队，以交付为中心而不是以系统和工艺流程为中心，每个员工都能有一个超越他们传统角色的绩效协议，而且能够让利益相关者更多地参与。

Sewell 集团不仅要完成其区域工作和公私合伙，集团还必须完成供应商工作，具有凝聚力的单团队理念贯穿于整个公司，并尽早地把顾客和利益相关者的参加包括进来，从而与建设团队建立紧密的关系。

项目的一个重要方面是发布广告并选择一个在文化(或理念)上与公司以及学校建筑的最终用户保持一致的建筑师。建筑师与研究团队一起工作来从管理者、项目团队、分包商和利益相关者那里收集信息，以确保项目的关键绩效表征的最优设计和完成。

为了努力扩充和发挥公司的关系和紧密合作的文化，Sewell集团的单组织团队在战略实施过程中首先着眼于本地。所选择的分包商被邀请参加战略实施会议、特定的现场指导会议和后投标会议，以此手段和方式来制定单团队战略。在项目推进中，分包商也被邀请参与，其他一些工作都在本地现场完成。

一个具有新建或翻修后多于300个建筑物这样复杂程度的项目，依赖于与一些公司长期合作关系的建立，这些公司必须有管理大型项目的经验，而且能够获取能满足利益相关者需求的供应商和分包商。Sewell集团采用了读者将在本章学到的一些关键技术，这些技术包括项目的识别、项目的优先顺序与选择、项目章程的制订以及需求建议的征集。单一组织团队的建立帮助集团获得了成功，因为他们的项目团队与管理者、供应商、承包商以及利益相关者共同工作，大家在一个相互信任和相互承诺的氛围中来共同开发满足21世纪教育标准的学习环境。

资料来源：Williams, T. (2016). Identifying success factors in construction projects: A case study. *Project Management Journal*, 47(1), 97-112.

本章概要

本章讨论了项目生命周期中的启动阶段。你将了解以下内容：
- 识别需求和选择项目；
- 项目章程；
- 通过制定需求建议书外包项目；
- 征求建议过程。

学习目标

学习本章后，读者将能够：
- 讨论项目是如何确认的；
- 解释项目如何得以优先选择；
- 识别和描述项目章程的至少八个要素；
- 准备一份项目章程；
- 准备一份需求建议书。

2.1　项目识别

启动阶段是项目生命周期的最初阶段。它开始于需求、问题或机会的识别，并导致项目得到确认来满足需求。项目可以通过不同途径来得到确认：在一个组织的战略计划中；作为其正常商业运作的一部分；应对突发事件，或者是一组人决定通过开展项目来满足特殊需求的结果。

商业战略受市场机会、竞争和技术驱动。例如,可能出现了某种市场机会来开发一个为学龄前儿童定制的新型教育产品,或者一家与竞争对手相比失去了市场份额的公司,为了将应用最新的技术和受更多顾客喜爱这两个特点合并起来,也许需要一个项目来重新设计它的产品。一些商业公司可能看到在亚洲其产品面临飞速增长的市场,因此它立项在印度建造一座工厂来满足产品的需求。非营利组织或者联盟也可以通过制定战略来更新他们的使命。基于其成员的一份调查,一个国家组织可能需要开展一个项目来发展它新的网站,以便更好地为其成员服务。医疗性质的基金会可能希望在特殊的国家开展项目来建立诊所,以满足关键的健康治疗需求。

项目也可能用于公司日常运作或者维修方面的需求。例如,一家商业公司需要减少它的开支并确认项目来巩固它在几个地点的办公地方。为了降低违反新的政府规章的风险,一家公司立项来安装一个新的废水处理装置。

也有这样的情况存在,即当出现意料不到的事件时,引发了项目的开展,如地震导致桥梁坍塌,这就需要建造一座新的桥梁。其他情况还包括,如果一场大火摧毁了一所小学,就需要立项来解决如何继续为学生提供知识和修建新的学校。

在某种情况下,一些志愿者可能聚到一起并决定他们要为一个特殊原因而开展某个项目,例如可能是为了当地的银行获得利益,或者为了组织一个节日庆典来庆祝城镇的周年纪念日而募集资金。

项目通过不同的组织以不同的方式而得到确认。清晰地定义需求是很重要的。这可能需要收集关于需求或是机会的数据来帮助做出项目是否继续进行的决定。例如,如果一家公司需要改变生产流程手工设备的设计来为新产品设备留出空间,手工制造经理可能简单地要求其中一个主管把意见聚在一起,这个意见将重新配置生产流程。或者如果一家商业企业想要为其产品打开一个市场,它可能先要进行市场评估和调查。努力把需求定期化是很重要的,这样做可以帮助评估一个项目的预期收益是否超出花费或者评估执行一个项目的结果。权衡了预期收益与改进的大小,组织就可以确定为改进现状所需的项目预算了。例如,如果一家企业估计,把废品率从5%降到1%,每年就能节约10万美元,它可能会很乐意地为一套新的自动生产设备而一次性投资20万美元,这样,在经过两年的运作后,企业就可获益。然而,企业可能不愿意花50万美元解决这个问题。企业可能只拥有有限的可利用资金,因此,通常想把资金投在可能会提供最大的投资回报或总体收益的项目上。

经常会有这种情况,公司已经识别出了几种需求,但是只有有限的资金和人力来实施项目,无法使所有这些需求都得到满足。在这种情况下,公司必须经历一个决策过程,以选出能给自己带来最大收益的需求。

巩固所学

1. 项目生命周期的初始阶段开始于_____、_____或_____的识别。

2.2 项目选择

项目选择包括评估潜在的项目，然后决定哪一个项目应该接下来去开展。每个机会的收益和结果、优势和劣势、增加值和减少值都需要认定和评估。定量或定性，有形或无形的评估都可以。定量的收益可以利用财务指标来衡量，如销售额的增长或者成本的降低。它们也可以表现为无形收益，如提高公司的形象或者员工士气。另外，每个机会都应有量化的结果，如完成项目所需的成本，或者当项目正在进行时对产量的影响。而一些结果也可能不是具体的，如法律壁垒或者某一特殊维权团体的反应。

项目选择有以下几步：

（1）制定一套评估机会的标准。这些标准可能包含定性和定量的因素。例如，如果一家制药公司正在考虑开发和引入几种新产品的机会，可能会按照如下标准来评估每一个机会：

- 与公司目标的一致性；
- 预期销量；
- 市场份额的增长；
- 新市场的确立；
- 预期零售价格；
- 需要的投资额；
- 预计单位制造成本；
- 技术发展的需要；
- 投资回报率；
- 人力资源的影响；
- 公众的反应；
- 竞争对手的反应；
- 预期的时间进程；
- 管制审批；
- 风险。

有时，机会和需求并不是一回事，就好像一些备选的新产品，它们可能差别很大，而且都在争取一家公司有限的资金：一个也许是在工厂修建新的车间，另一个是建一个新的信息系统，而第三个则要开发一种新产品去替代已经过时、销售已经快速下滑的产品。

（2）列出每个机会所基于的假设。例如，如果想修建一个用来全天照顾公司员工的孩子和老年亲属的护理中心，一个假设可能是公司要能得到一笔银行贷款。

（3）收集每个机会的数据和信息，确保做出一个正确的项目选择决定。例如，必须收集一些与每一个机会有关的基本财务估计，如估计的项目收入和实施与运营成本。这些成本也许可以用特定的基于数学的财务模型来分析，这样它们就能够以一个统一的基础进行比较。这可能包括一整套财务或经济模型分析方法，用来计算直接回报、贴现的现金流、净现值、内部回报率、投资回报率，或者与每一个考虑中的机会有关的生命周期成本。

除了收集确实的数据以外,也许还必须获得一些与每个机会有关的其他信息,如这个机会将会影响到的各种利益相关者的信息。根据不同的情况,这些利益相关者可能是雇员、顾客或者社区居民。收集这些信息的方法包括调查问卷、专题讨论小组、访谈或者对已有报告的分析。举例来说,如果想向市场投放几种配制好的食品,也许就应该采用中心组法来确定顾客的需求和偏好。在修建护理中心的例子中,就值得做一个有关雇员的调查问卷,确定有多少人使用该护理中心照顾孩子和老年亲属、需要照顾的时间(全天、两个班次或者放学前后)、孩子的年龄及老年亲属的健康照顾需求,等等。

(4) 对照标准评估每一个项目。一旦收集、分析和总结了针对每个潜在项目机会的所有的数据和信息,这些资料就应该提交给那些负责评估的人。参与评估和选择决策的人数较多是比较有利的,因为能得到各种观点和看法。参与评估和选择的团队或委员会中的每个成员都应有不同的背景和经验,并应用到决策过程中去。他们中的一些可能来自市场部,对消费者偏好很了解;一些来自财务部,熟知产品成本和公司的财务状况;一些来自生产部,了解生产流程及设备需要做哪些改进;一些人来自研发部,知道要研发多少种新的技术;一些人来自人力资源部,知道机会对劳动力或者社区可能带来的影响。

虽然在项目选择及优先顺序上达成团队的一致要花较长的时间,同时面临较大的压力,但是与只由一个人做出决定相比,却很可能得到一个高质量的决策。另外,人们也更容易接受这样的决策。

开展评估和选择过程的一个方法就是通过评估和选择委员会的会议制定一套评估标准,也可以制定某种类型的评分体系(如高—中—低、1~5、1~10),根据每项标准给每一个项目机会打分。然后,每个委员会成员都应该得到已经收集、分析和总结的所有数据和信息。在整个委员会碰面前,每个成员都应根据评价标准独立分析每一个机会的收益和结果、优势和劣势。这样就能确保每一个成员在全体委员碰面前已经进行了细致的考虑。

建议制作一个项目评价表,列出评价标准,旁边能够填写评语,并可在一个小空格中针对每个标准打分。评价和选择委员会的每个成员都应在全体委员会成员开会以前完成对每一个机会的评价表。表 2-1 是一份项目评价选择表的例子,它恰当地从众多相似的项目中比较和选择合适的那一个,例如如果公司为它的三条家用电器生产线决定选择三个潜在产品开发项目中的一个,你将选择在表 2-1 中的三个潜在产品开发项目的哪一个?当潜在的项目不同时,因为每一个项目的评价标准可能不同,这样的一个表格可能没有用,并且很难确定一套恰当的评价所有潜在产品的标准。以下的例子将试图确定评估和比较不同项目的共同标准,如:一个营销活动,一个生产控制系统,装修公司办公室,一个网站,建立一个新的仓库,一个新的医药产品的开发。

在多数情况下,项目选择将综合考虑定量评估的结果和每个成员基于其经验所直觉到的价值。尽管最终决定还是由公司的所有者、总裁或者部门主管来做,但有一个充分考虑的评估过程和选择程序以及一个全面的评估委员会,将大大增加做出能够带来最大总体收益的最好决策的机会。

一旦做出项目选择的决定,下一步就要为投资者准备项目章程来授权,以使项目得以进行。如果已经决定项目工作必须外包给承包商或顾问而不是运用组织者自己的内部资源,那么就需要准备一份需求建议书来从潜在承包商中征求建议。

表 2-1　项目评估选择表

评估标准	项目 A	项目 B	项目 C
投资(美元)	700 000 美元	2 100 000 美元	1 200 000 美元
投资报酬率	9.1%	18.3%	11.5%
上市时机	10 个月	16 个月	12 个月
增加市场份额	2%	5%	3%
风险	低	高	中
成功概率	高	中	高

评论：

项目 A：主要的竞争者已经有了相同的产品并且降低了价格。

项目 B：新的技术可能不如期望那么好。

项目 C：产品特征可能在国际市场不被接受。

巩固所学

2. 项目选择包括_____潜在项目，然后_____哪一个项目应该接下来去_____。

3. 项目选择过程的四个步骤是什么？

2.3　项目章程

　　一旦项目被选定，项目会用"项目章程"这样的文档来正式授权。项目章程有时称为"项目授权"或"项目启动文档"。在这份文档中，投资人批准开展项目并提供项目所需的资金。项目章程也总结了关键条件和项目的参数，并建立了制订实施项目的具体基准计划的架构。章程的内容和格式不是标准化的，可根据公司或组织的不同而不同。它通常包括以下许多元素：

　　(1) 项目标题应该简洁并带给人们一种能呈现项目最终结果的感觉，如，完成顾客关系管理系统，或者安装风力农场来支持欧洲的生物工艺设备的能量需求。如果存在机密性或所有权竞争的信息担忧，公司可能给项目一个一般的标题，例如生产能力扩展，或者政府的军事机构为了安全原因可能被称为项目 824 号。

　　(2) 建议书总结了项目的需求和理由。它可能会参考之前的文件来阐述选择项目的理由。

　　(3) 说明书提供了项目较高层次的一些描述。它可能包括主要任务或工作元素，或者项目阶段，或者甚至是描述主要工作元素的初步工作分解结构的说明。为了开发并推出一款新的食物产品，主要工作元素可能包括概念生成、可行性评估、要素选择、基本规划、原型开发、最终规划、生产样品、检测市场、最终再成型、生产、市场支持、培训、分配和物流。项目章程可能引用其他更多细节的文档，这些文档提供关键性能要求和以往的研究。

　　(4) 目标指的是要完成什么——最终产品或可交付物的描述。它可以暗示项目授权资金的数量和期望的完成时间(一个特定的日期或者以周、月等为单位的时间长度)。例如目标可能是在 8 个月里耗资不超过 10 万美元而推出一个新的网站。

(5) 成功标准或预期利润暗示了由完成项目而得到的收入或者期望的收益数额。它们描述和定义了与测量项目成功有关的投资者的预期。例如,在推出产品 12 个月内完成 50 万单位的销售量,病人在急诊室里等候的时间减少 40%,每年风力农场安装后能量的耗费减少 50%,或者在新的诊所开放后的第一年里控制 1 万起诊所里发生的事件。

(6) 资金暗示了投资人资助项目的资金综述。有时资金会根据项目的进程在不同阶段里分别支付。例如,项目可能会有 200 万美金的授权,其中 50 万在基本设计这个第一阶段发放。后续阶段的资金将以满意的过程和优先级别为基础再行支付。

(7) 主要交付物是在项目绩效完成过程中期望产出的主要的最终产品或者项目,例如新动物园的概念梗概、一个网站、一个在摩托车制造工厂的生产系统工作流程的仿制、每年报告的照片或者最终测试、电子医疗记录系统,或者一个宣传片。

(8) 验收标准描述了每个投资人将用来评审主要可交付物的定量标准。每个可交付物满足了某个绩效需求,并且以投资人认可这些交付物确实正确地得到完成并满足其需求为基础。例如,一个新的生产线将在一个 30 天的接收检测时段中完成 99% 的正常运行时间,一个信息系统将在没有任何退化的响应时间内处理高达每秒 1 万起的交易,或者一个检测市场的手册不超过 400 个单词,且为五年级阅读理解水平。

(9) 里程碑计划是一张在项目时间进度表中关键事件完成的目标日期或时间的清单。为了建设一座新的办公建筑,主要的里程碑和它们的目标完成时间可能是:

基准计划	第 1 个月
建筑概念	第 2 个月
基本设计和规格	第 4 个月
订购提前期长的物品	第 5 个月
最终设计绩效	第 8 个月
完成挖掘和地基	第 10 个月
完成钢制品和水泥工作	第 14 个月
完整的外部	第 16 个月
完整的使用	第 18 个月
完整的内部	第 20 个月
完成景观美化	第 21 个月
完成陈设	第 22 个月
搬入	第 24 个月

一些里程碑是被细分入阶段里的。例如,一个开发和建造网站的项目可能有如下为了完成每个阶段的里程碑目标:

第一阶段	基本设计	3 月 31 日
第二阶段	细节设计	6 月 30 日
第三阶段	建设网站	8 月 31 日
第四阶段	检测和接收	9 月 15 日

(10) 关键假设包括以其为基础的项目基本原理或者理由,例如新的医疗设备将获得管理机构的批准。或者假设应与项目资源有关,例如公司将能支持利润率 5% 或更低的在建项目的金融。

(11) 限制包括如下内容：不干扰现时的工作流程来完成项目的需求,或者因为组织没有适宜的专业或能力来单靠使用自己的员工完成项目而实施项目外包的必要性。另一个限制可能是某个项目团队队员必须获得特定水平的政府忠诚调查来从事项目中的某个秘密部分。

(12) 主要风险确认了任何投资人认为有可能会影响成功完成项目目标,而且其发生的可能性高或潜在影响程度高的风险。举个例子,如果一个项目需要应用一些以前没有使用过的技术元素,那它不能发挥应有作用,并因为重新设计而导致进度推迟和项目额外的花费,甚至造成项目终止的风险会很大。

(13) 审批要求定义了项目经理的授权限制,例如所有采购订单的批准或者超过 2.5 万美金的分包合同需要董事或主管的批准。审批要求可能也应用于项目从一个阶段能否进行到下一个阶段。举个例子,第一阶段完成后,外部承包商必须向投资人的执行委员会描述第一阶段的结果,并在开始项目第二阶段工作前获得委员会的批准。

(14) 项目经理是在组织中已经确认为项目管理者的个人。项目经理的最初工作是组织一个核心团队来做项目计划。如果项目将外包给额外的资源(承包商),那么投资人的项目经理将准备需求建议书。对于投资人来说,在项目生命周期的启动阶段过早地确认项目经理并不是不寻常的,项目经理要参与准备项目章程。

(15) 报告要求指明了项目现状报告和评审的频率和内容。例如,项目经理必须每月给投资人提供书面现状报告,或者每个季度和投资人有现状评审见面会。

(16) 赞助商专员是赞助商指定的并以赞助商的名义行事的人。这个人是项目经理将会与之沟通并对其做出解释的人。投资人可能也会授权他停止接受项目可交付物的活动。如果一个公司的董事会投资 1 000 万元在一个项目上来完成一个新的金融报告系统,董事会可能任命公司的首席信息官成为它的指定者来代表董事会监督项目。项目经理将可能与这个人就项目事务打交道。

(17) 签字批准和日期暗示了投资人已经正式地授权了该项目。根据项目的资金数额、风险程度,或者组织的报告结构,签字的可能是公司的总裁、市场总监,或者信息技术部门的经理,或者签字可能是由非营利组织的行政管理层或政府代表处秘书来完成。批准日期是很重要的,因为当开始为了在目标日期前完成关键里程碑时,要参考这个日期。

项目章程是一份重要的文档。它不仅授权开展项目,而且为项目经理和团队提供了关键情况和工作结构的参数,以此来制订一份更详细的基准计划以实施项目。

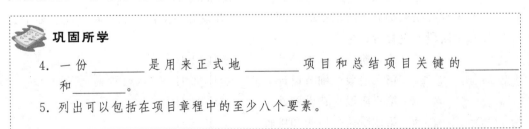

巩固所学

4. 一份 _____ 是用来正式地 _____ 项目和总结项目关键的 _____ 和 _____。

5. 列出可以包括在项目章程中的至少八个要素。

以下是一个项目章程的例子。

项目章程

项目标题：创建 ASTRA 公司网上大学

目标：目前 ASTRA 公司为它的员工提供了在教室里面对面的教育和训练项目。来自南美的六个分公司和欧洲的五个分公司的雇员已经被要求网上训练。这个项目目标是创造 ASTRA 公司网上大学，为雇员提供网上教育和培训。

描述：ASTRA 将发出需求建议书，选择一个外部承包商来设计、开发、交付和评估 20 门课程的网络环境，这 20 门课程被确认为是广大 ASTRA 公司员工所需要的关键信息。ASTRA 公司已经从目前公司培训的面对面课程目录中确定了 20 门课程。课程的语言为英语。可在网上获得的六门课程的反馈将包括整个三个月试点时段的可达性、对同步及不同步经验的需求及影响。在六门课程的试点结束时，承包商将向 ASTRA 人力资源副董事长提供一份书面报告，其中包括对可达性、训练经验和成效的评估以及建议修改的结果演示。余下的 14 个课程将在初始结论试点后在网上获得。在 6 个月、9 个月和第一年的培训总结后的 1 个月，承包商将发布报名和课程评估的报告。

目标：在 25 个月内设计、开发、交付和评估 20 门在线课程，设计、开发和评估的预算 50 万美元，第一年授课的预算是 37.5 万美元。

成功标准或预期收益：预期课程的实现可以在第一年里减少 26% 的 20 门课程的传达信息的成本，对所有在试用期的新雇员提供训练，且对其他雇员可进行每年一次的重新考核。

资金：授权于该项目的资金数量为 50 万美元，用于这 20 门课的设计、开发和评估，授课按每个招收学生 25 美元学费进行预算。预计报名为 15 000 人（5 门课，每门课 3 000 雇名员报名）

主要可交付物：承包商设计、开发、交付和评估 20 门网上课程，提供书面季度报告，且在初始试行后一直提供技术支持。

验收标准：网上培训环境将满足 ASTRA 标准。培训为全英文进行。ASTRA 公司的人力资源副董事长已经最终批准所有的课程。

里程碑计划：在与承包商签署合同完毕后的时间里，关键里程碑事件的项目时间表如下：

1. 项目基准计划准备　　　　　1 个月
2. 6 门试点课程设计　　　　　3 个月
3. 6 门试点课程开发　　　　　7 个月
4. 评估设计　　　　　　　　　7 个月
5. 开始 6 门试点课程　　　　　8 个月
6. 剩下的 14 门试点课程设计　10 个月
7. 完成 6 门试点课程的评估　　11 个月
8. 余下的 14 门课程的开发　　 12 个月
9. 开始余下的课程　　　　　　12 个月

10. 所有课程评估　　　　　　18 个月
11. 所有课程评估　　　　　　21 个月
12. 完成第一年培训　　　　　24 个月
13. 完成最后所有课程评估　　25 个月

关键假设：承包商将通过 ASTRA 公司信息系统用课程管理系统开发和测试。

限制因素：课程必须包含在由 ASTRA 挑选所开发的课程中。恰当的教学策略将被用来在网络环境中传达信息。ASTRA 课程管理系统包含了 Web 2.0 的技术、测验机制、日历系统、视频能力和参与活动检测。

主要风险：承包商必须签署保密协议，在 20 门课程里不能泄露任何所有权信息来避免暴露 ASTRA 公司已经开发的有竞争力的程序和做法。

批准需求：在里程碑事件中和活动开始前，所有的课程需得到 ASTRA 的人力资源副董事长批准。

项目经理：Marie Kerba 是 ASTRA 指派的项目经理，她对项目负责。她是 ASTRA 与承包商的联络点，并且将审查承包商的绩效。

报告要求：在语言传授前的一个星期，ASTRA 项目管理经理必须准备好书面报告并向 ASTRA 的人力资源副董事长提交电子版报告稿。语言传授可采用远程电子传播技术。

授权人：Ida Trayna，人力资源副董事长，日期：6 月 1 日。

请注意：并非所有的项目都使用项目章程，有些不是在商业环境下的非正式项目，可能不适用于项目章程，例如一个住房改造项目、一次婚礼、组织一次社团活动或者对一个自然灾害的应对等。

2.4　准备需求建议书

当某些组织不具有相应专业或团队能力去计划和实施一个项目或是一个项目主要部分的时候，它们就会把项目工作外包给一个外部承约商。需求建议书（request for proposal，RFP）是由赞助商/顾客所准备的一个文件，它确认项目需求，并被用以征询做此项目的潜在承约商的建议。需求建议书（RFP）包括所建议的方法、进度以及达到项目需求和完成项目范围的预算。

一份好的需求建议书能让承约商或项目团队明确客户的期望，以便能准备一份全面的申请书，以可行的价格满足客户的需求。例如，一份只简单地要求承约商提交盖一幢房子的需求建议书是不够具体的。承约商因为没有得到要盖哪种房子的信息，可能无法准备申请书（或称建议书）。一份需求建议书应当是全面的，能提供足够详细的信息，以使承约商或项目团队能针对顾客的需要相应地准备一份最优的申请书。

下面是给外部承约商起草一份正式的需求建议书的一些指导方针：

（1）需求建议书必须说明项目目标（project objective）或目的，包括任何可能对承约商有用的理性信息或背景信息，以便承约商可以准备相应的建议书。

（2）需求建议书必须提供工作说明书（statement of work，SOW）。工作说明书涉及项目的范围,要概括指出要求承约商或项目团队执行的任务或工作单元。例如,如果需求建议书是要盖一座房子,承约商就要知道他的工作是设计并盖好房子,还是按照客户的设计建造房子,或是还要完成地下室并铺好地毯。如果客户需要一个销售手册,需求建议书必须说明承约商是仅仅设计手册,还是设计、印刷并把它邮寄出去。

(3) 需求建议书中必须包含客户要求(customer requirements),定义好规格和属性。客户要求包括大小、数量、颜色、重量、速度,以及其他承约商提出的解决方案所必须满足的物理参数和操作参数。

例如,对于销售手册,要求可能是三折的可直接回邮的信封,双色打印在卡片纸上,印刷批量为 10 000 个。而盖房要求可能包括总计约 3 000 平方英尺的面积,共四间卧室、两间浴室、一间双车车库、中央空调和壁炉。

有些要求会提到绩效问题。如果需求建议书是针对自动结账和收款系统的,绩效要求可能包括:每天能办理 12 000 次交易的功能和其他特定的功能,如某个客户的多联发票,或者在开出第一张发票的 30 天内没有收到付款,就会自动生成第二张发票等功能。

客户也可把这些绩效要求作为验收标准。

(4) 需求建议书中应当说明客户期望承约商或项目团队提供什么样的交付物。交付物是承约商要提供的实体内容。以手册为例,唯一的交付物可能是 10 000 份手册。以结账和收款系统为例,可能希望承约商提供硬件(计算机)、软件(磁盘和一些印刷品)、操作手册和培训课程。交付物也可能包括客户要求承约商提供的定期进度报告或终期报告。

(5) 需求建议书应当列明客户根据自己的需求用来作为判断项目交付物是否完成的验收标准。例如,在顾客接收自动结账和收款系统并且支付相应款项之前,项目承约商会针对该系统的验收标准,向顾客证明它能够满足操作需要,从而获得顾客应付的款项。

(6) 需求建议书中应当列明任何应由客户提供的物品。例如,需求建议书中可以说明客户将提供用于手册上的公司标志。如果需求建议书是针对一套测试电路板的自动设备,它或许会说明在设备交给客户之前,客户需向承约商提供一定数量的电路板,用于生产期间的设备测试。

(7) 需求建议书中可能要说明需客户审批的内容。例如,需要建造房屋的客户在施工开始前可能想要评审和确认建房计划,想印制手册的客户在印刷开始前可能想要评审手册的编排。

(8) 某些需求建议书会提到客户想使用的合同类型。合同可以是按固定价格订立的,这样,不论承约商的实际成本是多少,客户都按既定的数目付款(承约商承担亏损的风险)。或者,合同还可以视时间、原材料而定,在这种情况下,不管实际成本是多少,客户都会向承约商如数支付报酬。例如,如果需求建议书是针对改建地下室的,需求建议书可能会声明,客户将按所耗费的时间和原材料成本付酬。

(9) 需求建议书可能会表明客户想用的付款方式。例如,印刷手册的客户可能打算在项目末期一次性付款。相反,建造房屋的客户可能会把付款安排具体化,在达到一定的阶段性成果时以总价格的一定百分比付款,如地基完成付 25%,框架完成再付 25%,等等,直到整个项目完成为止。

(10)需求建议书应当表明项目完成所要求的进度计划。项目需求建议书可以只简单地表述房子必须在 6 个月内完成,也可以包括更详细的时间进度。例如,结账和付款系统必须首先进行设计和开发,在项目开始的 4 个月内要举行设计评审会议;然后,系统必须在设计评审的 4 个月内安装和测试;最后,承约商必须在系统安装后的一个月内提供所有的系统文件和操作培训。除了说明项目的完成日期之外,需求建议书还可能指明项目期间一些关键里程碑的日期。

(11)需求建议书应当指导并说明承约商申请书的格式和内容。如果客户想要在几个承约商之间比较、评价申请书,就应在格式与内容上达成一致,这样才可公平地进行评估。关于申请书的说明可以包括:一个必要的提纲或目录,最多页数,对成本使用详细记录的具体要求,甚至包括字体大小和页边距。

(12)需求建议书应当指出客户希望潜在承约商提交申请书的最后期限。客户想要在一定的日期前收到所有的申请书,以便能同时进行比较、评价。例如,客户可能会要求潜在承约商在正式颁布需求建议书后 30 天内提交申请书。客户通常会在需求建议书中指出,如超过预定日期,提交的任何申请书都将不予接受,因为放宽某些承约商准备申请书的时间是不公平的。

(13)需求建议书可能会包括评价标准。客户将用它来评价相互竞争的承约商的申请书,以便从中选择一个来执行项目。此标准可能会包括以下内容:

(a)承约商从事类似项目的经验。承约商多长时间以前曾做过类似的项目?他们是在预算内并且按时完成的吗?客户满意吗?

(b)承约商提出的技术方法。使用哪种类型、结构的计算机硬件?数据库的设计方法是什么?使用哪种软件语言来建立管理信息系统?

(c)进度计划。承约商能否遵循所要求的进度计划?

(d)成本。如果估算是基于时间和原材料而进行的,成本合理吗?有遗漏项目吗?是否看起来承约商提交了一份低成本预算,但在项目进行中会增加成本而导致最终的成本远远超出原始估算?

(14)需求建议书中很少透露客户愿为此项目支付的成本。通常,客户希望承约商提交的申请书能够以最合理的成本满足需求建议书中所列的要求。然而在某些情况下,客户暗示一下大致的费用数额是很有用处的。例如,在需求建议书中说明建房的总体费用大约是 30 万美元。这样,承约商就会提交与预算资金水平相适应的申请书,而不是提交远远超出客户的负担能力的建房计划。否则,很可能所有承约商提交的申请书中的价格都大大超出客户的可拨付资金,失望的客户不得不要求所有的承约商以稍便宜一些的建房成本再次提交申请书。

表 2-2 是一份需求建议书的实例。读者也可通过网络搜索"需求建议书"浏览更多实例。

表 2-2　需求建议书

日期：2月1日

有关人员：

AJACKS 信息服务公司向承约商征求建议书，这些承约商要具备对全国性制造公司的技术信息需求进行市场调查的相关经验。项目目标是：
- 确定全国性制造公司对技术信息的需求。
- 提议用什么样的方法促使这类公司购买和使用 AJACKS 的信息服务。

项目必须向 AJACKS 信息服务公司提供足够的信息以决定：
- 未来的信息产品或服务。
- 向客户交付这些产品或服务的最佳方法。

本需求建议书的有关内容应被视为机密信息。

1. 工作表述

承约商应执行下列任务：

任务 1　识别制造公司对技术信息的需求

对全国性制造公司进行调查，以确定它们对外部（相对于公司内部而言）技术信息的具体需求。最终评价应当能够确定这些公司需要哪些特定类型的技术信息，以及对每种所需信息的需求频率的大小。

任务 2　确定促使企业购买和使用 AJACKS 信息服务的最佳方法

调查应当包括这些公司对最有效的直接或间接市场营销方法的感知识别，这些方法将影响公司对购买和使用特定的服务和产品及特别信息服务所做出的决定。

2. 要求

调查应确定全国性制造公司需要哪些具体类型的技术信息，以及所需的每种信息的需求频率的大小。

调查应识别出制造公司使用的那些技术信息的现有来源，它们的使用频率，公司对于每种来源的价值（收益、成本、精确度、及时性）的评价如何。这个调查应该能够掌控当前这些公司获取信息的各种途径。应调查清楚这些公司目前用于获得各种技术信息所花费的资金（公司内部和外部费用）的平均标准和变动范围。

此评价必须提供足够的细节，使 AJACKS 信息服务公司能够进行面向需求的产品规划。因此，它必须包括：①公司最常需要的信息内容；②公司使用信息的申请；获得和利用信息的负责人（职称、技术水平）；公司获得各种信息的渠道。

AJACKS 信息服务公司致力于开发和交付用户（制造公司）所重视的产品和服务。为此，承约商必须提供如下信息：哪些公司（用规模大小、所在行业、地点或其他重要因素加以区别）可能从信息产品和服务中获益最大，或者代表着这类产品和服务的最佳市场。

承约商应确定各种技术信息市场的大小，并且确定这类信息的价格、及时性、精确度和交付机制市场敏感度。

调查方法应当包括专题小组访谈和邮寄调查。

专题小组访谈应当按照主要的制造行业和跨行业公司的规模（大型、中型、小型）来划分。

基于小组访谈的结果，应当开发一套邮寄调查问卷的样稿，并对一些具有代表性的公司进行预先实验。这套调查工具和文件要在进行充分的预先实验之后再行定稿。

承约商应当提供一份按行业和公司规模分层的抽样设计方案，样本应该是制造公司的总体，样本量要大到能使每个层次的调查结果的置信水平达到 90%。

3. 交付物

（1）必须准备一份详细的关于任务 1 的结果报告，识别和分析所有回复者的成果。对于每个行业，按公司大小提供详细的分析。承约商必须准备 20 份这样的报告。用于分析调查回复者的资料库必须以适当的表格形式递交，以备 AJACKS 信息服务公司进一步分析。

（2）基于任务 1 和任务 2 的分析，提供一份有关最有效的方法和相关成本的建议的详细报告，并以让制造公司购买和使用这样的服务为目的，向制造公司宣传技术信息服务，讨论不同部门、不同规模的企业所采用的方法的区别。承约商必须提供一个电子版本并复制 20 份。

（3）有关项目进程的书面报告必须在每月的 15 号和 30 号传真给 AJACKS 信息服务公司。报告应简明扼要，把重点放在与承约商的原计划和进度表相对应的进程上。报告应当涵盖各项活动、取得的重大成果、下个月的计划、正面临的或预测到的障碍、花费的时间与金钱。对于落后于进度计划的工作项目，应当提供一份计划，使项目能在原进度计划和预算内完成。

4. 验收标准

为了赢得 AJACKS 信息服务公司的认可，第三点里（1）（2）条中提到的报告、所有交付物，必须包括第 2 点中提到的所有信息、要求。如同在下文第 10 点付款方式中陈述的那样，直到 AJACKS 公司对包含所有需要的信息、支持数据并且符合格式的所有报告都感到满意的时候，才会支付最后的款项。

5. AJACKS 信息服务公司提供的支持

AJACKS 将向承约商提供目前的信息服务及产品的详细资料以及现有顾客的统计信息。

6. 审批要求

在实施调查工作以前，承约商必须获得 AJACKS 对最终调查工具的认可。

7. 合同类型

合同采用固定价格的形式，适用于所有承约商为满足本需求建议书的要求拟开展的工作。

8. 截止日期

承约商必须最迟在 2 月 28 日以前向 AJACKS 信息服务公司提交 5 份建议书。

9. 时间表

AJACKS 信息服务公司希望在 3 月 30 日以前选中一家承约商。这个项目的期限是 6 个月，从 5 月 1 日到 10 月 30 日。第 3 点第（1）条中所有的交付物必须在 9 月 30 日以前提供给 AJACKS。第 3 点第（2）条中所有的交付物必须在 10 月 15 日以前提供给 AJACKS。

10. 付款方式

AJACKS 信息服务公司将按照下面的时间表付款给承约商：

- 当 AJACKS 对最后调查工具认可之后，交付约定总额的 20％；
- 当 AJACKS 接受了第 3 点第（1）条中所有的交付物后，交付 35％；
- 当 AJACKS 接受了第 3 点第（2）条中所有的交付物后，交付 35％；
- 当 AJACKS 信息服务公司对项目的圆满完工表示满意，并且承约商已履行了全部合同义务时再支付剩余的 10％。

11. 申请书内容

承约商的申请书至少包括如下内容。

（1）方法。要阐明承约商已清楚地理解了需求建议书和对承约商的期望。而且，应对承约商执行项目的方法进行详细叙述，对每项任务及如何完成该项任务进行详细描述。

（2）交付物。对承约商将要提供的每一份交付物的描述。

（3）进度计划。画出条形图或网络图，列明每周要执行的详细任务的时间表，以便能在要求的项目完成期限内完成项目。

（4）经验。叙述一下承约商最近执行过的相似项目，包括客户姓名、地址和电话号码。

（5）人事安排。列出将被指派于项目工作的具体人员的姓名和详细简历，特别是他们在类似项目中的经历。

（6）成本。必须说明总固定成本，并通过一份详细的工作时间分解和每个被指派于项目的员工的小时工资率来验证。此外，还要有按开支细目列出所有直接费用清单。

12. 申请书评价标准

AJACKS 信息服务公司将按照下述标准评价所有承约商的申请书。

（1）方法（30％）。承约商进行有关调查和分析结果的一整套方法。

（2）经验（30％）。承约商和指派从事项目工作的人员执行类似项目的经验。

（3）成本（30％）。承约商申请书中所列的固定成本。

（4）进度计划（10％）。为了在要求的项目完工期限内完成项目，承约商应提出详细而全面的工期说明。

 巩固所学

6．一个需求建议书的目的是什么？

7．可能包括在一个需求建议书中的元素是哪些？

 ## 2.5 征集申请书

一旦准备好了需求建议书，客户就会通知相应的潜在承约商，需求建议书已经出台了，可以开始准备提交申请书了。客户进行此项工作的一个方法是提前选出一组承约商，给他们每人送一份需求建议书。例如,某客户已经准备好了设计和建造一台定制的自动测试设备的需求建议书,他可能会把需求建议书送给几家专门制造这种设备的著名公司(承约商)。另一种征求潜在承约商的方法就是在一些网站上或商业报纸上做广告,声明需求建议书已准备好,并说明有兴趣的承约商如何获得需求建议书。例如,联邦政府就曾在《商业企业日报》(Commerce Business Daily)上为其需求建议书做过广告。

商业性的客户和承约商均把需求建议书或申请书视为一种竞争过程。客户不要只向一个或几家承约商提供信息,而应把信息提供给所有感兴趣的承约商。因此,在申请书的提交阶段,客户不得回答个别承约商的问题,以避免引起不公平竞争。企业或政府客户可以召开一个招标会议,解释一下需求建议书并回答感兴趣的承约商所提出的问题。

我们应当重复说明一下最后一个注意事项,并不是所有的项目生命周期都包括书面需求建议书的准备和后续的承约商申请,有时可以从界定需要做什么而直接进入项目生命周期的执行阶段,这样就跳过了需求建议书和申请书两个步骤。例如,当公司决定发起和执行一个项目以满足一定的需求或解决特定的问题时,公司可能会用自己的人员和项目团队而不是用外部承约商。或者,当一组志愿者决定演出一场全县范围内的、持续一周的艺术节时,志愿者可能会选择自己做所有的工作。当一个事故受害者要做一系列的恢复手术时,一个外科医生小组先要决定需做些什么,然后计划并执行一系列需跨越几年时间的手术。在所有这些例子里,制定需求建议书或来自承约商的申请这两个步骤就不宜照搬。

还有一些项目,它们并不是在正式的需求建议书中写出具体要求,而是通过沟通与几个提供者或供应者(承约商)进行交流。例如,在计划一场婚礼时,新郎和新娘可能会限定他们的一些要求,如接待、宴会、鲜花或别的事项,然后寻找并选择最能与他们的要求和预算相称的供应者。

尽管有些项目可能是非商业化和非正式的,但它们都开始于对需求、问题或机会的识别。然后,客户要就实现目标定义工作范围(书面或口头)、要求、预算和进度计划。

> **巩固所学**
>
> 8. 小心不要只给 _____ 中的一些提供 _____ ,而是提供给所有感兴趣的 _____ ,因为那将给他们中的一些提供 _____ 。

现实世界中的项目管理

安全观念可作为选择承包商的标准吗?

建筑项目潜在风险。建筑工地有大型设备、移动部件、推卸土方和高地等。在中国,建筑行业造成严重事故的死亡人数多于采煤等其他行业;从世界范围看,建筑行业也是一个具有最高行业伤亡比例的行业。

事实上，有一些具有管理特色的公司，它们发生安全事故的次数较少，并且较行业工伤的死亡率低。相关人员对承担中国高铁项目建设的几个建筑公司的项目安全进行了考察，他们考察的方面是：谁在安全上是成功的？谁因为行业工伤和死亡率高而是失败的？

A 公司得到授权来开发中国高铁的一个地段，尽管该公司和其项目团队强调要避免事故，并且引用了行业健康与安全的条例，但在项目执行阶段还是出现了死亡事件。对项目团队与管理层互动的评估表明，管理层的诺言与下层人员的行动并不一致。评估确认，安全的概念没有传播到项目团队，建筑经理缺乏对安全的领导。行业伤亡的损失是严重的，它降低了项目的成功率。如果一个公司在一个项目中经历了过多的行业伤亡，这个项目可能就进行不下去了。

B 公司和 C 公司也被授权为承包商来执行高铁的建设项目。报告表明这两个公司在执行有类似风险的任务时，比别的公司都有较少的行业工伤和死亡数。失败和成功有什么不同？为什么这两个公司安全问题较少？

为了回答上述这些问题，相关人员对包括 A、B、C 在内的 7 个公司进行了安全实践的检测。检测发现那些有较少行业伤亡的公司表现出一些社会特点，包括：利他主义、安全核心价值沟通、支持有安全工作习惯的员工、对安全事故及时反应和负责，而且能对安全实践进行识别和确认。行业伤亡较少的公司的项目经理培训注重具有以上社会特点的行为。业主公司的团队以及具有较低伤亡事故的承包商公司的团队保持了与团队成员和利益相关者的有效沟通。项目经理和组织领导层都能对双方团队和利益相关者的需要和需求及时做出反应。

安全观念可以作为选择承包商的标准因素，在需求建议书中，应该提出通过安全领导避免事故的措施以及安全文化的标准。安全领导的所有方面都会影响安全工作实践，拥有起模范作用和超凡领导力的项目团队对项目安全有着广泛的影响。关于安全的目标应该列入项目的范围和需求之中。

资料来源：Wu, C., Wang, F., Zou, P. X. W., & Fang, D. (2016). How Safety Leadership Works Among Owners, Contractors and Subcontractors in Construction Projects. *International Journal of Project Management*, 34(5), 789-805.

关键的成功要素

- 在准备需求建议书以前必须清楚地定义需求。
- 当从众多需求或机会中选择一个项目时，要通过比较项目成本和可能的结果，选出能提供最大收益的项目。
- 有一个充分周详的评估和选择程序及一个全面的评估委员会，将会增加做出最好的项目选择决策的机会。
- 建立量化的项目成功标准以及预期的收益。
- 一个好的需求建议书将使承约商和项目团队充分理解客户的期望，这样他们就能准备一个全面的申请书来满足客户的需求。
- 需求建议书应包括工作说明书、客户需求、期望的交付物和客户评估申请书的标准。

- 一份需求建议书应该提供承约商建议的格式和内容的说明，让客户能在所有的建议中做一个一致公平的比较和评估。
- 客户不能故意向某些承约商提供额外的信息，因为那样将造成这些承约商在准备计划书的时候具有不公平的竞争优势。

 本章小结

  项目生命周期的启动阶段从识别需求、问题或机会开始，是为了更好地确认项目需求。项目可以通过多种途径来识别：在一个组织进行战略规划的过程中，作为组织日常业务运作的一部分对突发情况的应对，或是一个团体为了某个特定需求决定开展一个项目。

  可能会出现这种情况，即识别出了几个或许多需求，但只有有限的资金或资源可以利用。在这样的情况下，组织必须经过决策，优先选择会带来最大收益的项目。

  项目选择就是评估潜在的项目，然后决定它们当中的哪一个将被作为选择对象来执行。项目选择的步骤是：制定一套评估项目的标准，列出实现每一个项目的假设，收集每个项目的数据和信息，根据标准评估每一个项目。建立一个考虑周详的评估和选择程序、一个全面的评估委员会，将大大增加做出最终能够带来最大收益的决策的机会。

  一旦选择了一个项目，就需要用一份项目章程文件将项目正式授权，项目章程有时也称之为项目授权或是项目启动文档。在这份文件中，赞助商提供继续开展项目的审批证据并承诺提供项目资金。项目章程也必须概括项目的关键条件和参数，建立详细的进行项目的基准计划的框架。

  在某些情况下，一个组织不具备计划并组织实施一个项目的专业知识和工作人员的能力，因此它会决定将项目交给一个外部承约商。需求建议书是一份由赞助商/顾客准备的文件，它定义项目的需求并被用以征询潜在承约商的相关建议，此文件包括所建议的方法、进度以及达到该项目需求和完成项目工作范围的预算。一份优秀的需求建议书能让承约商或项目团队明白客户期望什么，以便能让它们准备一份以可行的价格满足客户要求的申请书。

  需求建议书可能会包括工作说明书和客户对有关物理参数与操作参数的要求，如大小、数量、颜色、重量和速度，客户期望承约商提供的交付物，任何需由客户提供的物品的清单，任何需由客户进行的审批，客户想要使用的合同类型，支付条款，完成项目的进度要求，对承约商申请书的格式和内容的指导说明，客户希望潜在的承约商提交申请书的最后期限，评价申请书的标准等。

  一旦需求建议书准备妥当，客户就可以通知相应的潜在承约商索取需求建议书并提交申请书。商业性的客户和承约商均把需求建议书或申请书看作竞争的过程。客户不要仅把信息提供给一个或几个承约商，而是提供给所有感兴趣的承约商。

  并不是所有的项目生命周期都包括书面需求建议书的准备和后续的来自承约商的申请书，在有些情况下可以直接从项目确认和选择的启动阶段跨越到项目生命周期的计划和执行阶段。

思考题

1. 为什么进行全面而详细的需求识别很重要?
2. 描述一下你在日常生活中进行需求识别的情境。
3. 为什么在开始工作以前选择正确的项目很重要?
4. 当有很多项目可供选择时,描述一下公司应该如何权衡取舍。
5. 当你接到一个没有项目章程的项目的时候,你会用项目章程的哪些元素来帮助你计划这个项目?为什么?
6. 给出企业需要制定需求建议书的例子。
7. 给出个人需要制定需求建议书的例子。
8. 为什么企业将执行解决方案的预期收益进行量化很重要?
9. 工作说明书应当包括哪些内容?
10. 客户要求意味着什么?为什么要求必须是精确的?
11. 为什么需求建议书中应当载明项目期间所需的审批内容?试举例说明。
12. 为什么客户要在需求建议书中指导承约商按照标准的格式提交申请书?
13. 为一个现实生活中的项目制定一份需求建议书,例如,美化办公楼附近的地面,为你的房屋搭建一个平台或是组织一次大型的毕业庆典。创造性地描述你的需要,生成一份具有独特创意的需求建议书。

 ## 上网练习

为了回答下列问题,用你喜欢的搜索引擎搜索一下需求建议书。

1. 依据搜索的结果,找出已经在网上登出的需求建议书。制定该需求建议书的是哪家公司?它们希望完成什么样的项目?
2. 依据你在本章中所学的内容,评价一下这份需求建议书的有效性。讨论这份需求建议书的优点和缺点,需求建议书中有没有应该包含却被漏掉的内容。
3. 下载该建议书,依据在本章学到的内容进行修改,标出你修改过的部分。说明你在什么地方的修改使需求建议书比原先的要好?
4. 登录一个能提供制定需求建议书建议的网站。把该网站的内容与本章内容进行比较。
5. 找出并描述至少三个能帮助你制订计划的软件包。如果可能的话,至少下载其中的一个演示文本。

 ## 案例分析1 一个中型制药公司

詹妮弗·查尔兹(Jennifer Childs)是一个中型制药公司的业主和总裁,该公司在世界上八个国家有其销售部或制造工厂。在一个10月干部会议上,她告诉她的管理人员本年度公司所期望的利润要比预期的利润高出200万美元,她说她将把这部分钱再投资于公司内部增加销售或消减成本的项目资助。她要求她的三个主要管理者共同制定一份潜在项目优先顺序的单子,然后向她当面"推销"他们的意见。她提醒他们三个人不要设想每人能得到同额的项目资助,她还表示,如果某个项目最合适,她将把所有资助都投入到这个项目之中。

朱莉·陈(Julie Chen)是产品开发经理,她有一个科学家团队正在开发一种新处方药,此项目已花费了超出期望的时间。朱莉担心,有些大公司也正在开发类似的处方药,这些公司有可能把此药首先推向市场;而自己的团队一直还没做出任何突破,有些试验也没有产生期望的结果。她知道这是一个危险的项目,但又不能把它立即停下来;她又知道和确信,公司的长期成长依赖于这个能够向全球销售的新药品。在干部会议上,朱莉尽力对该开发项目的进度表示乐观,但她心里明白,詹妮弗已经变得没有耐心了,她的同事们也相信,最初试验若达不到所承诺的水平,詹妮弗就会终结此项目。朱莉希望用所追加的资助来加速此开发项目,她将从一个大公司雇用一位备受尊重的科学家,并且购买更复杂的实验室设备。

泰勒·里普根(Tyler Ripken)是公司最大和最老的一个工厂的生产经理,他到该公司仅有六个月。他最初的观察发现,公司的生产流程非常没有效率,他认为这是因为当近年内随着公司成长而增加产量时,生产计划极差。泰勒希望组成几个团队在工厂进行更好的设备布局,他认为这样就可以增加工厂的产能,同时也能消减成本。当泰勒把这些想法告诉他的几个监管人员时,他们提醒泰勒,当詹妮弗的父亲经营此公司时,詹妮弗当时担任生产经理,她负责完成了这个工厂的布局设计,他们还说,詹妮弗不喜欢使用员工团队,她认为生产员工是被雇来干活的,她希望她的管理人员才是提出和执行新创意的成员。

杰夫·马修斯(Jeff Matthews)是负责公司计算机和信息系统以及会计的运营经理。杰夫认为公司的计算机系统已经过时,随着公司在世界一些区域的业务成长,老旧的计算机设备已经不能处理这样大的交易量。他确信新技术系统可以对顾客订单进行更好的跟踪,可以减少顾客抱怨,还可以随时发出收据,从而改进现金流。杰夫运营部门的员工常对老旧的计算机系统说玩笑话,并对杰夫施加压力去买新设备。但詹妮弗过去曾对杰夫说过,她对只是为了具有最现代设备,尤其是在现有系统运转正常的情况而花钱买新计算机不感兴趣。她曾建议杰夫去寻找和雇用外部服务来进行会计运作,从而消减自己的人员。杰夫希望利用当年的超出利润来买新计算机,并雇用一位计算机程序员来更新在新计算机上运行的软件。他觉得这样做是值得的。

在詹妮弗10月干部会议之后,营销经理乔·桑切特(Joe Samchet)被詹妮弗办公室叫停。乔说他虽然没有被告知来提供关于超出利润的项目意见,但他的意见是詹妮弗应该忘掉这个项目的胡闹,而应该给他一大笔预算来在另外几个国家雇佣销售代表。他告诉詹妮弗说:"这样就可以比任何别的事更快地增加销售额。此外这也是你父亲最想做的事。"乔还继续表达了他对其他三个经理关于建立项目优先顺序的反对意见,他希望如果詹妮弗看到他们三位意见不够一致的话,她也许应该给他资助来雇佣另外一些销售代表。

案例问题

1. 詹妮弗将应该如何做出她的决策?
2. 她需要收集另外哪些资料或数据?
3. 她应该要求别人以建议书的形式具体地提出什么?
4. 你认为詹妮弗用这200万美元应做些什么?在解释你的回答时,要强调朱莉、泰勒、杰夫和乔每个人的立场和关注点。

小组活动

选择五名课程参加者分别扮演案例中的五人。在詹妮弗和乔离开教室的情况下,最好在其余课程参加者面前,由朱莉、泰勒和杰夫的扮演者举行会议来讨论他们各自所提出的项目,并制定将向詹妮弗"销售"的项目优先顺序单。

在詹妮弗和乔回到教室之后,最好在全班面前开始五人的角色扮演,见到詹妮弗和乔后,朱莉、泰勒和杰夫分别尽力在项目优先顺序单上推销自己,而乔则促销他的提议。

讨论:发生了什么?每个扮演者处于什么地位?怎样做出最后决策?最后的决策是什么?

案例分析 2 交通改善

波尔克(Polk)县是美国某州最大的县,但它又是人口最稀少的县之一。在完全山地型的地域内有一些湖泊和森林,这就为当地许多居民和旅游参观点提供了钓鱼和打猎的场所,但冬天可能是十分难忍的。当地人口的平均年龄和超过65岁的人口比例均高于美国的全国性统计比例。

县城 Mainville 位于该县的东边,它有 15 000 人口,是该县最大的城镇。Mainville 的大多数人是在为医院、县城学校系统和县政府工作,或者在远处于县城边界的约翰大超市工作。位于县城西南部的州立妇女保护协会是超市的最大雇主。

该县由一个三人理事会治理,当前的三个委员是托马斯(Thomas)、理查森(Richardson)和哈罗德(Harold)。他们都是来自县城的边远地区。他们在为理事会服务时只得到很微薄的薪水,他们每周一次去县城,在县办公楼开全体委员会。托马斯和哈罗德已经退休,理查森居住在该县的西边,他是西边相邻县 Yolde 面粉厂的领班。

JR 是该县运输部的监管,他住在县城。运输部的绝大部分预算是用于漫长冬天的道路打扫和积雪的盐化以及少许的维护。直到大约五年之前,当 Mainville 镇长和州议员乔(Joe Schmvoz)去世时,县运输部得到了由州政府发放的一笔特殊的资助。当时 JR 在县运输部前任监管乔手下工作,并逐渐成为乔的好朋友。过了几年,乔重新被选而且获得了参议院资历,并被指名为运输委员会主席,利用其权位,乔每年都能确保 Polk 县会得到足够的资助。但 Polk 县新的议员代表关注的是该县的经济发展,而不是运输。

没有了特别的州资助,县里道路逐渐地被破坏,有好几个关键项目需要完成,例如去约翰大超市的通道、Elk 山路和县 1045 公路的桥梁。鉴于预算的紧缺,JR 担心这些项目中无一可以完成。县董事会委员将不愿意提升税收,但他们有可能从其他部门的预算中拨款花在这些项目上,对此,董事会将在他们的11月15日预算会上做出最后决定。

JR正在与他的夏季实习生扎卡里(Zachary)一起工作,扎卡里是一个县城居民,他们在8月15日之前,要在一起对每一个项目相关信息进行收集。扎卡里当年秋天要在州立大学开始其高年级的民用工程专业学习。JR担心他不能至少为其中一个项目提交一份好的提案,如果这样的话,董事会委员就可能不对任何一个项目进行资助,令他非常焦虑的是这三个项目只能等死。

扎卡里问JR:"为什么委员们不能正当地给你所有这三个项目的资助?"

JR回答说:"我希望它就那么简单,即他们不想提高税收,甚至如果他们想提高税收,但我们是一个贫穷县,人们可能没有钱来交纳更多的税款;此外他们也考虑运输部以外的其他部门的预算,我确信县里的其他部门也都想得到更多的资金。"

JR接着讲:"扎卡里,我正在希望你在大学所学到的知识能够帮助你把我需要的东西——三个项目的优先排序和支持每个项目的信息汇总在一起。我知道,董事会的委员们将要询问许多问题,我需要去准备。如果我们幸运的话,委员们将批准我们推荐的项目;如果我们讲不出好故事来帮助他们决策,他们就可能有争议或形成僵局而做不出决策,那我们就得不到任何一个项目的资金。对!我想这将给你一个接受在大学得不到的不同教育的机会。为什么我们不可以在下几周聚一聚呢?届时你可以把你将如何处理和应付这种局势的意见告诉我。这可能是比你想象更大的工作,我希望你把下两个月的时间全部投入在此项工作上,这是非常重要的,我希望你把此工作彻底做好。"

扎卡里把将与JR会面相聚时所提供的关于三个项目的以下信息汇总在一起。他发现他与每个项目都有个人关联。

第一个项目是约翰大超市的通道。这是在右边山脚下的双道公路,行驶在一个方向的汽车很难看到相反方向行驶的汽车,直至它们到达山脊。这就使汽车左拐进入超市和从停车场出来变得很困难,已经出现了多起事故。就在一个月之前,扎卡里高中的一个最好的朋友佩格就在这里严重受伤,事故的起因是当她正在等待向左进入超市通道时而被后面的装卸卡车撞击造成的。

从超市开张后的三年之内,在这条上行使的车辆一直在增加。在过去的董事会委员会议上有几起事故曾被提请关注,但委员们只是说人们应该小心。JR曾经去找超市的经理,请求他帮助出资来加宽路面,增加一个弯道或安装车辆指示灯,从而改善道路,经理回答说:"约翰大超市一直是县里的一个很好的社团组织,因为它提供和增加了工作。保持低廉的价格、让老年居民享受折扣、拿出销售收入的一定比例捐献给慈善事业并且为县里提供资助。我们很少赢利,而如果我们不能盈利,集团总部就会把它关闭,许多人就会失去他们的工作。"经理只对JR关于公路安全的问题表示同情。

扎卡里还了解到因为县里没有其他超市,许多人要到此超市买东西,另外董事会委员妻子托马斯就在超市打工。

第二个项目是加宽和修理位于该县西北部的Elk山路。许多冬天造成路面的损坏,形成大片的、很深的路面坑洼。县里失业人数的增加,造成当地伐木工的增加,他们使用此路从Elk山向一些小面粉厂,也包括邻县的Ye Olde Saw面粉厂拉原木;多年缺乏维修,再加重型卡车的碾压,使路面更快地受损。两位委员托马斯和理查森都已经看到了此路的损坏状况,因为他们常由此路去 Elk 山上打猎和钓鱼,他们也从使用此路的朋友中不断听到抱怨。

扎卡里从个人的体验中已经了解到该山路有多么糟糕。上个星期因为汽车的托架已经生锈,他去修理汽车消声器和尾管,当他把车开上 Elk 山路时,他的车几乎被一个比他的小轿车大许多的一辆大卡车所逼侧翻,他的车被挤到了路边。当扎卡里的车底蹭到一个大的路面坑洼时,低悬的尾管和消声器都被划破。

第三个项目是 1045 号县道,它是通向位于该县西南部的州立修正协会的主道。在监狱附近有一座跨越克罗基特河的桥,这座桥在四年前州政府视察中最后被勉强通过。每年春季冬雪融化时,这座桥就有被克罗基特河水淹没的危险,如果桥被水淹或禁止通行,多数在监狱工作的人员就不得不多走大约 15 英里的弯路。

董事会委员托马斯在去年的会议曾建议说:"让我们等着桥被淹吧,那时州政府就有可能拨款到县里来修一座新桥。此外,那些在监狱的工作人员比起依赖固定收入的退休人员挣的钱要高出很多。"听到此话,女儿在监狱当惩教官的委员哈罗德非常气愤,因而与托马斯在会上大吵起来。

扎卡里的兄弟也是监狱的一名惩教官,他曾对扎卡里说:"克罗基特河的倒塌或被水淹只是一个时间问题,我发誓我过桥时桥是抖动的。我希望在桥梁倒塌的那一刻,我和我的女友(委员哈罗德的女儿)都不在桥上。"

案例问题

1. 扎卡里应该用什么标准来评估项目?
2. 他应该做何假设?
3. 他应该另外收集什么样的数据和信息?
4. 在他用评估标准对每个项目评估之后,他应该怎样决定这三个项目的优先顺序?

小组活动

请每位课程参与者单独回答第一个案例问题,然后把学员分成三个或四个组来讨论。每个小组选定一个发言人在全班面前表述各小组的答案。

参考文献

Badewi, A. (2016). The impact of project management(PM) and benefits management(BM) practices on project success: Towards developing a project benefits governance framework. *International Journal of Project Management*, 34(4), 761-778.

Cilli, M., Parnell, G. S., Cloutier, R., & Zigh, T. (2015). A systems engineering perspective on the revised defense acquisition system. *Systems Engineering*, 18(6), 584-603.

Garland, D. (2016). *Request for proposal RP014-16: Provide executive search firm services for information technology positions*. Gwinnett County, GA: Department of Financial Services Purchasing Division. Retrieved from https://www.gwinnettcounty.com/static/upload/bid/735829/RP014-16%

20INV. pdf.

Gransberg, D. D. (2016). Comparing construction manager-general contractor and federal early contractor involvement project delivery methods. *Transportation Research Record Journal of the Transportation Research Board*, 2573. doi: 10.3141/2573-03.

Hobbs, B., & Besner, C. (2016). Projects with internal vs. external customers: An empirical investigation of variation in practice. *International Journal of Project Management*, 34(4), 675-687.

Kossova, T., & Sheluntcova, M. (2016). Evaluating performance of public sector projects in Russia: The choice of a social discount rate. *International Journal of Project Management*, 34(3), 403-411.

Laine, T., Korhonen, T., & Martinsuo, M. (2016). Managing program impacts in new product development: An exploratory case study on overcoming uncertainties. *International Journal of Project Management*, 34(4), 717-733.

Project Management Institute. (2017). *A guide to the project management body of knowledge (PMBOK® Guide)* (6th ed.). Newtown Square, PA: Author.

Rabadi, A. (2016). The Red Sea Dead Sea desalination project at Aqaba. *Desalination and Water Treatment*. doi: 10.1080/19443994.2016.1157991.

Rajbhoj, A., & Saxena, K. (2016). Early experience with systems dynamics modeling for organizational decision making. *2nd Modeling Symposium (ModSym 2016) colocated with ISEC 2016*. Goa, India: ModSym.

Sarmento, J. M., & Renneboog, L. (2016). Anatomy of public-private partnerships: their creation, financing and renegotiations. *International Journal of Managing Projects in Business*, 9(1), 94-122.

Schachter, D. (2004). How to manage the RFP process. *Information Outlook*, 8(11), 10-12.

Tilk, D. (2016). The new sponsor. *PM Network*, 30(1), 22-23.

Williams, T. (2016). Identifying success factors in construction projects: A case study. *Project Management Journal*, 47(1), 97-112.

Wu, C., Wang, F., Zou, P. X. W., & Fang, D. (2016). How safety leadership works among owners, contractors and subcontractors in construction projects. *International Journal of Project Management*, 34(5), 789-805.

第 3 章

提出解决方案

本章内容支持《PMBOK 指南》中的如下项目管理知识领域：
- 项目采购管理

现实世界中的项目管理

零碳建筑的设计建造方案需求

美国国家可再生资源实验室(NREL)与美国能源部(DOE)计划在美国科罗拉多州建设一座国家标杆级的既美观又高效能的科研支持设施大楼。使用固定承包价格且设计建设一体化的合同更有利于甲方寻求符合要求且报价详细的提案。投标方案报出的初步建设成本应经济合理地对使用生命周期内的成本进行预测，目标是建设成为零碳建筑并获得美国绿色建筑协会能源和环境设计评级体系的铂金评级。对该建筑在全面投入使用后的能源需求预期为每年每立方英尺应低于 2.5 万 BTU(英热单位)。

该建筑除了要符合能源之星标准外，还应能容纳 800 名美国国家可再生能源实验室及能源部的工作人员，具备约 220 000 平方英尺的使用空间。空间上还要划分为具备私密性的特殊使用空间和共享工作空间，在建筑设计上应有利于使用者优化工作效率、提升创新能力，并有利于吸引未来的人力资源。该设计旨在展现先进的节能技术、高效的控制与环境绩效在建筑中的完美整合。

竞标分为两个阶段进行。第一阶段，投标者需要参加两次一对一的会议，针对科研支持设施的相关要求提供由项目目标清单定义的计划工作范围及相关价格标书。项目范围清单包括三个级别的设计目标：关键目标、必需实现的目标及可能实现的目标。在这一阶段，还将用预先制定的评估标准来评估投标者的概念设计方式、初步设计成本和费用预算。若在这一阶段竞标失败，落选者将获得一笔 20 万美金的津贴以弥补为参与设计解决方案而消耗的时间。但若未参与完整的第一阶段竞标过程则不能获得此项津贴。

在竞标的第二阶段，成功通过阶段一的竞标者将获得与美国国家可再生能源实验室及能源部的工作人员合作制订初步设计提案的分包合同。最终的提案应包含：固定价格、含有工程项目清单的由可交付成果定义的实际工作范围、依据规划单位清单计划的占用人数和初步设计文件。如果进入第二阶段的竞标者无法和美国国家可再生能源实验室及能源部就初步设计的开发建设达成共识并签订分包合同，则该竞标者也可得到同第一阶段落选的竞标者一样的20万美元外加等同于初步设计固定价格金额的一半数目的津贴，以弥补其开发设计提案所消耗的时间和精力。

设计方案包含了一些具体的内容，如小企业的分包合同、符合市场行情的工资薪酬、建筑材料的供应来源、防火防盗保护措施相关的内容以及房屋结构和地面维护等。这座高标准建筑的设计提案颇为复杂。作为一名项目经理，你需要具备完成如这项工程一样复杂的建设项目或其他工作的潜力。抛开项目规模或是提案要求的复杂程度不谈，要与业主沟通工作交付物的范围、项目的管理方式以及特定时间框架内的工作成本问题，掌握关键提案要素是非常必要的。

资料来源：Based on information from Zhao, X., Pan, W., & Lu, W.（2016）. Business model innovation for delivering zero carbon buildings. Sustainable Cities and Society. doi：10.1016/j.scs.2016.03.013 and NREL-Research Support Facilities.（2008）. Appendix A, conceptual documents. Solicitation no. RFJ-8-77550. Retrieved from http://www.nrel.gov/sustainable_nrel/pdfs/rsf_rfp_conceptual_docs.pdf

本章概要

本章主要涉及承约商根据客户的RFP（需求建议书）制定提案的相关内容。

提案是指其内容涵盖为达到项目要求及完成项目范围而拟定的办法、时间进度安排及项目预算的文件。当客户选定承约商来完成项目时，双方就会签订合同。

在许多情况下，制定RFP（需求建议书）并不涉及外部承包商。假定公司管理层认为需要开发新的营销材料（手册、录像带、网站、目标线上或电视广告、CD小样、软件样盘）或是需要重新规划办公室布局，管理层可能会要求公司的某个人或内部小组准备提案书，提案书中应当注明活动内容、需要的公司资源、资源成本是多少、需要的工期等。一旦提案书准备完毕，管理层就可以依此决策是否推动该项目，或者在项目过程中做进一步修改。一旦决定推动项目进行，就进入到项目生命周期的计划和实施阶段——为项目创建一份详细的计划并且依照计划实施，直至完成项目目标。

对某些项目而言，既没有需求说明书也没有实际提案；在识别需求之后，就直接进入了项目生命周期的策划和执行阶段。诸如此类的例子有：一两个人就能自行完成的项目，如将自家的地下室改造为起居室；或是通过志愿者团体完成的项目，如组织一个募捐活动。

本章中你将了解以下内容：
- 与客户和合作者建立良好的关系；
- 申请书营销战略；
- 就是否投标做出决策；
- 编制能中标的申请书；

- 申请书准备过程；
- 申请书可能包括的要素；
- 定价策略；
- 客户对申请书的评价；
- 客户和承约商之间的合同类型；
- 评审申请书的效果。

学习目标

学习本章后，读者将能够：

- 与客户和合作者建立良好关系；
- 决定是否对 RFP 进行投标；
- 编制能中标的申请书；
- 为申请书制定一个公平合理的价格；
- 商议客户如何评估申请书；
- 解释合同类型、各种条款和条件；
- 评审申请书的效果。

3.1 与客户和合作者建立良好关系

客户与合作单位愿意与他们认识并信任的人合作。

客户关系为成功的筹措资金和签约机会建立了基础。建立客户关系需要积极主动并善于理解他人。在很多方面，这是一个保持联系的"运动"。它需要走出办公室并进行面对面的交流，而不是通过电子信息或是电话交流就能够有效地加以解决的。例如，你正为一个房屋建造项目选择承约商，你会仅仅通过电子信息或是电话交流就做出决策吗？很可能不是。你会想与承约商进行面对面交流。

承约商需要通过个人人际交往与潜在客户组织中的人员建立关系。建立客户关系要求承约商成为良好的聆听者与学习者。当你与客户交流的时候，你需要提出问题并仔细聆听。讨论与他们有关的事，而不是关于自己的。相比于滔滔不绝，通过聆听你会学到更多的东西。要在不冒犯他人的情况下尽可能多地获取客户的个人信息，包括他们的家乡、职业、从前的工作任务、他们可能在哪里念的大学、他们的兴趣爱好、他们的家庭，等等。寻找你们之间可能拥有的共同点：是否来自相同城市或拥有共同爱好（运动、园艺、书籍、相似年龄的小孩，等等），或是否曾在同一个大学念书？你可以将这些信息储存起来，以利于将来的交流。可以通过表述你的个人兴趣或询问一些个人问题来开始一段对话，例如："你女儿的足球队比赛成绩如何？"或者"您母亲髋关节手术后康复得如何？"如果你真正表露出兴趣，他们会因为你还记得这些事情而对你印象深刻或感到高兴。无论是公事还是私事，要让客户感觉良好，要对他们的困境表示感同身受，要寻找恭喜或安慰他们的机会。

如果他们刚刚结婚、生了小孩或是家中刚举办丧礼,寄给他们手写的卡片。如果你知道客户有某些个人或商业兴趣,例如爬山、收集古董、了解美国内战或是关注电子媒体、生物燃料等技术,将你看到的相关文章寄给他们,同时附上写着"我想你也许会对这个感兴趣"的手写卡片,这样的私人联系是很特别并受欢迎的。当然发送带有文章的网站链接的电子信息也是一个不错的做法。

应维持与潜在客户的日常联系,而不应当仅仅在有投资机会或者是在他们将要发布RFP的时候才想起来联系。每当你造访客户所在的城市时,提前预约一顿午饭,或只是去客户的办公室问声好都是不错的做法。如果你临时拜访,客户刚好没有空,那么你就留下名片和便条,以表示你曾经来过。在午饭或会面的过程中,不要只谈论公事,也要讨论你们之间的共同兴趣,如运动、电影、最近的休假、最近发生的大事件,等等。然而,你需要避免谈论一些话题,如能够引起强烈歧义的政治问题,除非你对客户的见解有更好的了解。

在接触过程中,不要只关注于获得潜在合同的机会。如果你过多谈论业务或者总是过问潜在的RFP或投资机会,客户会觉得你只是在从他那里打听消息。当谈论到公事的时候,仔细聆听并理解客户的需要,并且判断自己或者公司能否帮助客户公司达成目标。在与客户会面之后,对客户抽出时间进行会面要表达一下谢意。你也可以之后发一个简短的电子讯息来表达谢意。为客户的需求提供任何他可能需要的帮助和信息,或者诚挚地邀请客户回访自己或公司,为继续进行对话和发展更强的客户关系敞开大门。

建立信任是发展一段有效而成功的客户或合作伙伴关系的核心。促进客户关系的一个方法是守信、可靠并及时回应客户。如果你告诉客户会在周末前将特定信息发给他,那么一定要确保你做到。做出现实可行的承诺,并予以兑现。

道德行为对于建立与客户及合作者之间的信任也是非常必要的。没有什么比做出令客户认为不道德的事更能破坏客户关系。在与客户及合作者的会面中,不要令客户觉得你在逃避一些东西或令他觉得你行事阴暗卑劣,不要夸大或扭曲事实,要公正并总是做正确的事情。不要多管闲事或试图从他们那里打探内部或机密信息。例如,不要向客户打探刚刚批给竞争者的新合同的详细预算。同样地,如果你的客户向你询问机密信息,你应该告诉他你不能泄露信息;他会因此敬佩你的诚实和真实,这也会建立起客户对你的信任。不要通过八卦、谣言或是道听途说传递消息,并且还告诉客户这是机密信息并要求其保密。因为你正在要求他做一件你自己都做不到的事(即保守秘密),你会因此失去客户对你的信任。不要对其他人或公司做出负面评价,即使是你的客户也对他们有负面评论;避免卷入疯狂竞争中。当在电梯、楼梯间、休息室和餐厅时,要注意谈话和打电话时的内容;你永远都不会知道周围可能会有谁偷听到了你说的话。

第一印象对于建立一个持久而富有成效的客户关系是非常关键的。并应在后续的联系和讨论中保持直接的眼神交流和积极的、友好的、礼貌的、可敬的以及专业的举止行为。在与客户讨论的时候,控制你的情绪、保持委婉,不要与客户对抗是非常重要的。不要做出你可能会后悔的下意识反应。最好能够睡前思考一下矛盾问题,在第二天给出一个更加深思熟虑的决定。学着掌控与客户间的对话,知道何时保持沉默、何时不做出回应、何时发表自己的意见(或是不要过早发表意见)以及何时改变对话的主题。如果你在客户结束发表自己的评论之前,过早表达了自己的意见,你的意见可能与客户将要发表的评论完全不相同。在开玩笑或做出评论,或是对玩笑和评论做出回应的时候,要格外小心和敏感,以防说出不恰当的话。例如,涉及宗教徒、残疾人的玩笑或异性的下流玩笑很可能造成与客户之间的不睦,甚至终止这段客户关系,使你的公司失去将来与这个客户合作的商业机会。避免粗言秽语、俚语和行话。所以在发表言论前多想想,因为你无法收回说出去的话。

在与客户和合作者的接触中,保持一种积极和勇往直前的态度。不要消极,而是仔细考虑为什么这些事不起作用、为什么不能完成,相反,要试着去提出有创意的可行方案。客户想要跟能够解决问题的人合作,而不是那些只是认识他们的人。

信誉是建立在行动的基础上的。不要只是说你可以做到,你要以行动来证明。多做一些事,多做一些努力,就能够获得超出预期的成果。

永远将客户放在第一位。要让客户对与承约商一同成功完成项目充满信心,包括与客户良好的合作关系、帮助客户完成目标等。

通常的建议是,不要只依靠与客户或合作者公司中仅仅一个人之间的关系,更应该同一些核心人员建立良好的关系,因为某些核心人物可能会离开,另一些核心人物会变得更有影响力。

建立有效而成功的客户关系需要时间和努力,不是一朝一夕可以完成的。

巩固所学

1. _____为成功的筹措资金和签约机会建立了基础。
2. 建立客户关系需要_____并_____。
3. 建立_____是发展一段_____而成功的_____的核心。
4. 建立有效而成功的客户关系需要_____和_____。

3.2 RFP 或申请书前的营销战略

想要针对企业或政府的 RFP 制定出有获胜把握的申请书的承约商,不应当等到客户发出正式的征求后才提出申请,而是要在潜在客户准备提出 RFP 之前就与其建立联系。

承约商应当与老客户、当前客户保持密切的联系,并且主动与潜在客户建立联系。在这些联系中,承约商应当帮助客户识别有可能从项目的执行中获得收益的领域,并且指明需求、问题或机会所在。与潜在客户的密切合作,会使承约商处于一种有利的地位:当客户发出申请书时,该承约商最终将会被选为执行该项目的承约商。熟知客户需求、要求和期望的承约商,将会针对客户的 RFP,准备一份重点突出的申请书。承约商所做的这些 RFP 或申请书前的努力,就是市场营销或业务开发工作,对于客户而言是零成本的。当承约商回应客户的 RFP 并被选为执行该项目的承约商时,之前的这些努力带给承约商的回报就显现出来了。

在 RFP 或申请书前的活动期间，承约商应尽可能多地了解客户的需求、问题和决策过程。承约商应向客户询问与已识别的需求和问题有关的信息、资料、文件。承约商可能会相应建立一些申请前的概念或方法，把它们呈递给客户或是让客户进行评论。得到客户对其概念的反应后，承约商就能够理解并明确客户所希望的是什么，从而在客户心目中树立起负责任的良好印象。承约商也可邀请客户去参观自己之前完成的与当前顾客需求相似的成功项目，这样的访问有助于提高承约商的声望。

在某些情况下，承约商可能会主动准备一份客户没有要求的申请书并提交给客户。如果客户确信此申请书将会以合理的成本解决其需求和问题，他可能就会简单地与承约商协商合同来实施这一项目，这样就省去了 RFP 的准备阶段和一系列复杂的竞标过程。在 RFP 或申请书前做好市场营销工作，承约商也许能从客户那里直接得到合同而不必与其他承约商竞争。

不论目标是要赢得具有竞争力的 RFP，还是从客户那获得不需竞争即可直接签订的合同，承约商在 RFP 或申请书前所做的努力都是非常重要的，都是为最终赢得合同、执行项目打好基础。

巩固所学

5. 承约商要在潜在客户_____就与其建立联系。
6. 在需求建议书或申请书前成功地进行前期营销的好处是什么？

3.3 投标决策

因为开发和准备申请书是要花费时间并且消耗成本的，所以对提交申请书、回复 RFP 感兴趣的承约商必须讲求实际，对中标的可能性要有切合实际的估计。承约商对于是否准备申请的评估，被称为投标与否决策。承约商在是否投标的决策过程中可能会考虑的因素有如下几个。

1. 竞争

还有哪些承约商会提交申请以回复 RFP？这些承约商是否有竞争优势，这些优势来源于其 RFP 前的市场营销工作，还是来源于他们以前的工作的良好表现且在客户中的声望高？

2. 风险

项目有失败的风险吗？是来自技术方面还是资金方面？例如，是否在开发符合客户要求的集成电路技术的可行性方面存在不确定性？客户是否想要承约商提交基于固定价格合同的申请书，而申请的项目需要付出的研究与开发努力在技术上却只有 50% 的成功可能性？

3. 任务

申请项目与承约商的经营目标一致吗？例如，如果承约商的经营内容是开发和实施在商业领域应用的自动化系统,像会计系统、订单跟踪系统或财务报告系统,那么,为制药公司开发用来监测、测试、把控化学过程的自动化系统则不在承约商的经营范围之内。

4. 扩展业务的机会

申请项目会给承约商提供扩展和强化其能力的机会吗？例如,如果承约商一直都是向个体食品市场提供自动的库存控制系统,现在有一个 RFP,要为拥有 10 家连锁店的超市提供整合的库存控制系统,它可能会给承约商提供一个扩展其能力和把生意扩大到更大的客户群体中的机会。

5. 客户的声望

承约商是否曾成功地为同一客户完成过项目,还是有什么问题曾使客户不满意？承约商曾在该客户的 RFP 投标中失败过吗？

6. 资金保障

客户真有资金用于这个项目吗？或者,客户只是在"试探一下"——虽然尚未确定是否投资于此项目,但却发出 RFP？客户可能是出于好意,却很不切实际地发出了 RFP,因为他预期董事会将批准投资。然而,如果公司出现资金困难,即使已经收到了来自感兴趣的承约商提交的申请书,董事会也可能无限期地推迟项目。承约商开展良好的 RFP 前的市场营销工作将有助于确定项目的可行性。承约商不应把时间浪费在回应不可能获得投资的 RFP 上。

7. 申请书所需资源

是否有合适的资源来准备一份高质量的申请书？仅仅准备申请书是不够的,应当准备的是高质量的申请书,这是制胜的绝对必要的前提。准备一份高质量的申请书,承约商必须有适当的人力资源来开展工作。如果承约商组织内没有合适的资源来准备高质量的申请书,承约商就应当做出安排,尽量获取其他资源,以确保制定出最可行的申请书。承约商不应当仅仅为了应付申请书提交而用不适当的资源去做准备。提交低质量的申请书可能给客户留下不好的印象,会降低承约商以后与该客户签订合同的可能性。

8. 项目所需资源

如果中标,能够得到合适的资源来执行项目吗？承约商需要确保能从组织内部找到合适的人选来承担项目工作。假如在合同签订后,承约商又发现工作团队必须重组,而不是采用原计划人员,这样,成功完成项目的概率就会降低。结果可能是失望的客户不会再给承约商合作的机会。如果承约商无法确定是否拥有足够的资源来执行项目,就需要制订一个计划,以确保能够获得成功执行项目所需的资源(例如,雇用新职工,或让分包商负责一部分工作,或与其他承约商达成合作伙伴关系)。

承约商要实事求是地评价自己准备申请书的能力以及成功签订合同的可能性。申请书挑选过程的竞争很激烈——客户将从那些相互竞争的申请书中选出一个获胜者。对于承约商来说,只有赢得合同,而不是仅仅提交了申请书就算是成功了。提交一些失败的申请书回复 RFP 会损害承约商的声誉。所以,即使投标经常是正确的做法,但是否投标 RFP,有时的确是承约商最难以做出的决定。

表 3-1 是一份承约商在决定是否投标回应 RFP 时可能会用到的清单示例。承约商组织内部的决策人员可以利用这样的清单来达成意见的统一。表 3-1 的清单表明了来自

某个培训咨询公司的主要人物达成的一致意见。它总结了他们对是否投标于 ACE 制造公司的 RFP 所进行的审议,该 RFP 要求为位于全国 7 个不同地点的工厂的员工进行大量的管理培训。你认为他们应当向 ACE 提交申请书吗?

表 3-1 投标与否清单

项目名称:管理培训计划

客　　户:ACE 制造有限公司　　到期日:5 月 31 日

每个因素都按高(H)、中(M)、低(L)计分

因　　素	分　数	备　　注
1. 竞争	H	ACE 的培训项目过去多由当地大学提供。
2. 风险	L	RFP 中的要求要定义明确。
3. 与本企业业务的一致性	H	培训是本企业的经营项目。
4. 扩展业务的机会	H	某些任务要求举行视频会议,本企业尚无举行视频会议的先例。
5. 在客户那里的声望	L	以前从未给 ACE 公司做过培训。
6. 资金保障	H	ACE 公司为培训备有预算资金。
7. 申请书所需资源	M	Lynn 不得不重新安排假期活动。为了完成申请书,可能要一直工作到将士纪念日(Memorial Day)那个周末以后。
8. 项目所需资源	M	为完成几个具体的专题项目而不得不另外雇用其他分包商。

本企业的优势及独特能力:
- 有良好的管理培训的记录——有许多回头客。
- 在第二轮和第三轮的行动计划中比当地大学更具灵活性,能更好地满足培训要求。

本企业的弱势:
- 本企业的大部分客户都属于服务性行业,如医院,而 ACE 公司属于制造业。
- ACE 公司总裁是当地大学的毕业生,并且是该大学很大的捐助者。

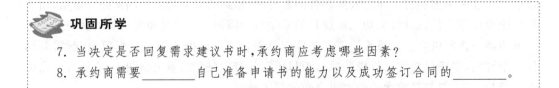

巩固所学

7. 当决定是否回复需求建议书时,承约商应考虑哪些因素?
8. 承约商需要_____自己准备申请书的能力以及成功签订合同的_____。

3.4　编写成功的申请书

申请过程是一个竞争的过程,记住这一点是很重要的。客户用 RFP 来向承约商征求竞争性的申请书。因此,每一个承约商都必须记住,他的申请书将要与其他承约商的申请书竞争,被客户选中的才是获胜者。仅仅提交一份满足客户 RFP 中工作说明书和要求的

申请书,是无法保证承约方最后获胜的。可能会有许多申请书符合要求,或所有的都符合要求,而客户只挑选其中的一个,前提当然是它能提供最大的价值。

申请书是一份营销性质的文件,而不是技术报告。在申请书中承约商必须使客户确信,承约商:
- 理解客户的需求;
- 有能力执行申请的项目;
- 能向客户提供最大化的价值;
- 是满足需求或解决问题的最佳选择;
- 将利用以前相关项目的成功经验;
- 将非常专业地工作;
- 将获得预期的成果;
- 将在预算内按进度完成项目;
- 能使客户满意

在申请书中,承约商必须突出其不同于其他竞争者的独特因素。承约商在申请书中必须强调,如果客户选择自己来执行项目必将可以从中获益。

主要合作者与分包商都能够对承约商的专业知识进行补充。识别并选择合适的合作者或分包商来完成项目中的特定关键工作,能使承约商更有竞争力。特别是选择那些拥有项目所必需的特殊技能、拥有极高的信誉或是在客户那里已经拥有良好信用度的组织。

申请书应当以简明扼要的方式表达,而不应是冗长拖沓的。应当用客户熟悉的术语,并避免使用缩写词、首字母缩略词、行话和客户可能不知道、不理解的其他词语。可以在有可能的地方使用简单的插图和表格来辅助表达,但避免使用过分复杂的图表;几个简单的图表可能比一个复杂的图表更易理解。当表述观点或提出方法、概念时,应当有逻辑理论基础、论据或数据来支撑。申请书在回应客户 RFP 中列出的要求时,必须明确而具体。笼统的书面申请将使客户质疑承约商是否真正理解了客户的需求和完成方式。例如,如果客户在 RFP 中的一个要求是,设计出的专业化机器应当每分钟生产 20 个零件,那么,如果承约商的申请书说明"设计出的机器将实际上每分钟生产出 20 个零件",比说明"机器每分钟将能生产出最大的数量"更令人信服。客户将对后者产生怀疑,因为"最大量"也许会小于每分钟 20 个零件。

最后,申请书必须是实事求是的。在客户看来,申请书必须在申请工作范围、成本和进度计划方面使客户满意。许诺过多或过于乐观的申请书不足以令人信服,并且再次使人产生怀疑:承约商是否真的理解需要做什么和怎样去做。

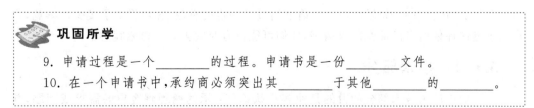
巩固所学

9. 申请过程是一个_____的过程。申请书是一份_____文件。

10. 在一个申请书中,承约商必须突出其_____于其他_____的_____。

3.5 准备申请书

准备申请书的工作可以是一个人就能胜任的简单任务,也可能是需要组织中的一个小组与一些具备各种专长和技术的人员共同合作的资源密集型活动。在设计和打印年度报告这样一个简单的例子中,一个经验丰富的商业打印人员(承约商)在满足了客户的有关要求后,可能会在很短的时间内就生成一份申请书,而不用其他人的协助。然而,如果是政府机构发出的数百万美元项目的 RFP,要求设计和建立一个新的地区性的快速运输系统,参与投标的承约商都可能不得不组织一组人员、分包商或是合作伙伴来协助准备申请书。在这种情况下,承约商可以任命一位申请书经理,由他来协调申请小组的工作,以确保在 RFP 的规定日期前生成一份一致而全面的申请书。

对于很大的项目,做出一份全面的申请书可以看作是大项目中的一个小项目:项目经理需要与申请书小组通过会议来确定在客户规定日期前完成申请书的进度计划。进度计划应当包括每个成员在起草申请书中所负责部分的完成日期、与申请小组中相关成员进行审议的日期、申请书最终完成的日期。进度计划还必须留出承约商组织内部的管理层进行评价和批准的时间,也必须留出图表的说明、打印、复印的时间,以及把申请书邮寄给客户的时间。

针对一项大规模技术项目的 RFP 而制定的申请书可能是很多册文件,包括机械制图和几百页的文稿。而且,这种申请书还经常必须在 RFP 颁布后的 30 天内完成!投标于这种大项目的承约商通常要做 RFP 前的营销工作,所以在客户正式颁布 RFP 前,他们可能就有了一个申请书草案了。在这种情况下,30 天的回复期内,承约商可能会首先修正与客户要求不一致的要求,然后用剩下的所有时间来"包装"一份一流的专业申请书。

客户不会承担承约商准备申请书的费用。承约商会把它当作商业运作中正常的营销费用,期待着能赢得合同,再从中获利。

如上文所述,申请书是一个营销文件,不是技术报告。它可能是几本或几册,包括上百页的内容、图解和列表。申请书应当列出足够的细节,使客户相信承约商将带来最佳的收益。然而,如果申请书过分详细,客户可能不愿去看,而且也会无谓地增加承约商准备申请书的成本。

 ## 3.6 申请书内容

申请书经常被设计成三个部分:技术、管理和成本。对于大型的申请书,这三个部分可能是三个独立的册子。承约商申请书的详细程度取决于项目的复杂程度和 RFP 的内容。有些 RFP 会声明,如果承约商申请书超过了一定的页数,客户将不予接受。毕竟,客户急于迅速评估所有已提交的申请书,他们可能没有时间去看长篇累牍的申请书。

3.6.1 技术部分

承约商申请书技术部分的目的是使客户认识到:承约商理解客户的需求或问题,并且能够提供风险最低且收益最大的解决方案。技术部分应当包括以下内容。

1. 理解需求

承约商应当用自己的方式来阐述他对客户的问题或需求的理解,而不应仅仅重述客户的 RFP 中提出的问题。技术部分的内容必须让客户知道,承约商完全理解需要解决的问题及提出的需求,并且为技术部分的后面内容打下了提出解决方案的基础。承约商可能会用陈述或表格的形式来描述客户当前的状况。例如,如果问题在于制造工艺的高废品率,承约商可能要绘出客户目前的制造工艺的流程图,以表明废品大都出现在哪一步,以及此状况可能引起的其他问题,如生产瓶颈。客户将更有信心与这样的承约商一起工作,因为他们能真正了解客户的问题所在。

2. 提出方法或解决方案

一些问题本身会产生一种特定的解决方案,如改造一间大办公室,使它能容下比现在多 10% 的人。然而,有些问题可能不需要。

有的问题可能需要在一个具体方案被详细描述前就把分析与开发任务当作建议项目的一部分来执行。在这种情况下,承约商的申请书必须描述在建立解决方案过程中用到的某些特定的方法或方法论。例如,如果 RFP 是针对一种用来测试由高级原料制成的、具有复杂形状产品的某些特性的专业非接触检测系统,那么客户期望承约商把这样的系统设计作为申请书的一部分是不现实的,更确切地说,这样的工程设计和开发应当作为项目的一部分来执行。然而,在申请书中,承约商必须使客户相信:所提出的设计、开发和建立系统的方法是富有逻辑性的、切合实际的,这样做将更有助于满足客户的要求。

技术部分可能包括以下内容:

(1) 描述将如何收集、分析和评价有关问题的数据和信息;

(2) 描述将使用什么方法来评估备选方案或进一步提出解决方案,这部分可能会对承约商将用于或已经在类似项目中用过的实验、测试、实物模型或计算机模型进行讨论;

(3) 提出方案或方法的基本原理,这种基本原理可能建立在以前承约商进行过的实验、承约商解决类似问题的经验或承约商用来解决问题的专利技术的基础之上;

(4) 确认提出的方法或解决方案能够满足客户在 RFP 中所陈述的各种功能上、操作上或性能方面的要求。例如,日护理中心设计和建造的 RFP 中会声明,一些装置必须在一个特定的高度,以适用于不足 48 英尺高的儿童,那么申请书就必须表明承约商会满足这个要求。如果没有满足客户的全部要求,就会引起客户的怀疑,从而降低承约商获得合同的概率,特别是当竞争对手的申请书中声明他们将满足所有要求的时候。

如果承约商不能满足客户的某些特定要求,应当在申请书中阐明这一事实。特定需求的变动被当作例外事件(exception)。针对每一个例外事件,承约商应当解释为什么要求是不恰当的或为什么不能满足要求,并提出替换选择。虽然承约商应当避免对客户的要求提出异议,但在某些情况下却是适宜的。例如,如果客户要求为办公大楼安装电热系统,承约商可能会表示异议,并且在申请书中提出,天然气供暖系统的安装成本与运行费用对于客户来说更低廉。然而,客户可能会有非常充分的理由要求采用电热系统而不考虑费用,并驳回提出异议的申请书。

3. 客户的收益

承约商应当表明所提方案或方法如何能使客户受益，并说明完成项目的成功标准或预期成果。收益可能是数量上的或质量上的，还可能包括成本的节约、加工时间的减少、库存的减少、更好的客户服务、废品残品率或出错率的降低、提高安全状况、更及时地提供信息和维修成本的减少。申请书的这一部分应当使客户确信，与竞争对手的申请书相比，这份申请书中提出的方案更具价值。

3.6.2 管理部分

承约商申请书中管理部分的目的是使客户确信，承约商能做好项目所涉及的工作，并且达成预期结果。管理部分应当包括以下内容。

1. 主要任务描述

承约商应当界定为完成项目要执行的主要任务，并且提供每个主要任务所包括内容的简要描述。承约商不应仅仅重述在客户 RFP 中所包括的工作要求。申请书也不需要纳入冗长的详细活动清单，这种活动清单应放在赢得合同后，在项目周期的详细计划阶段生成。

2. 交付物

承约商应当提交一份交付物清单(有形的产品及物品)，这些交付物应当在项目期间提供，如报告、图表、手册和设备。

3. 项目进度计划

承约商应当提供完成项目所要执行的主要任务的进度计划。进度计划必须表明承约商能在 RFP 所规定的期限内完成项目。任务进度计划可以用下面其中一种方式给出：标有预计的开始和结束日期的任务清单；被称作甘特图(Gantt chart)的条形图，用时间轴上的水平长条来代表每项任务的估计工期；也可以用网络图，将任务以图解的形式给出，显示出任务之间的次序及相互依存性。

除了主要任务，进度计划可能还包括别的关键事件的日期，如重要的评审会议、客户审批活动及一些交付物的完成，如进程报告、概念草图、图纸、手册或设备。

4. 项目组织

承约商应当描述如何组织工作和资源，以便执行项目。对于将涉及众多人员、分包商和合作单位的大型工程，使用组织结构图是比较适合的方法，将主要项目功能和负责每项功能的人员标示出来。也应当附上主要负责人的简历以便客户了解他们的相关专业经验和资历，以使客户确信项目会成功。承约商还可以使用责任矩阵来代替组织结构图或作为补充材料添加，用它来列明主要的项目任务和负责每项任务的执行人员、组织或分包商的名称。

5. 相关经验

为了使客户确信承约商能做好项目，应当提供一份曾执行过的相似项目清单。承约商应当简洁地描述过去的每个项目，并解释说明从那些项目中得来的经验将怎样有助于成功地执行这次申请的项目。承约商也应当向客户展示曾完成项目的合同总价，以便向客户传达有完成投标规模项目的实力这样的信息。如果承约商所有的相关经验都是不超过两万美元的项目,那么其赢得一百万美元合同的可能性就不会很高。对于以前的类似项目,承约商也可列出客户可联系的人员的名称、职衔、联系方式,以便目前的客户能从他们哪里获知承约商的工作表现。也可附上曾服务过的满意顾客的介绍信。如果承约商有良好表现的记录,那么这种信息将特别有用。

此外,如果项目需要被外包给合作者或分包商,这些组织的相关经验、这些组织被选为项目团队成员的原因、组织的核心成员的简历这些信息也应该标明。

6. 设备和工具

一些项目会要求承约商说明使用的或能获得的特殊设备或材料,如高性能的计算机、专用软件、生产设备或测试工具。在这种情况下,承约商可能要提供他自己的一系列设备和特殊工具相关的信息,以便使客户确信其拥有必备的资源。

3.6.3 成本部分

承约商申请书成本部分的目的是使客户确信,承约商就申请项目所提出的价格是切合实际的、合情合理的。客户通常会要求承约方提供各项成本要素的成本明细表。然而在某些情况下,客户可能只想知道项目总成本的底线,一些客户也想看看可选择项目的成本。例如,一对夫妇要求几个承约商提交建房申请书,可能就会寻找总成本与可选择项目的成本(如园林绿化、露天平台、建成的地下室、室内游泳池和庭院围栏)。

成本部分通常包括承约商估算的以下几个要素的报表。

1. 劳动力

这部分给出了预计在项目中工作的各级人员的劳务成本估算。它可能包括针对每个人或每个等级的人员(如高级工程师、设计师、机械师、程序员、电工或油漆匠)进行估算的小时数和小时工资率。估算的工时必须是符合实际的:如果它们太高或有太多"水分",总估算成本就可能高出客户愿意支付的成本;相反,如果估算工时太低,承约商就可能在这个项目上亏损。小时工资率通常基于每个人的年薪或每个等级的平均年薪,加上一定百分比的职工附加福利(健康保险、退休金等)的额外报酬,然后,这些薪水除以一年中的正常工作小时数(如每周40小时,乘以52周,总共2 080小时),以此决定每人或每个等级的小时工资率。

2. 原材料

这部分会给出承约商需要为执行项目而购买的原材料的成本。例如,装修项目的原材料成本可能包括木材、新窗户、电力设备、管件设备和地毯的成本。

3. 设备

有些项目会将必须购买的设备作为项目的一个部分。设备可以包括电脑和机器。例如,一个建造诊所的项目必须包括购买各种种类的医疗设备,或者一个升级生产设备的项目可能包括购买新的生产设备,或是一个新的办公室可能需要购买新的家具。

4. 设施

某些项目可能需要给项目团队提供特殊设施或是额外的空间,用于安保、储存原材料,或是建造、组合以及测试项目产出物。如果需要这些特殊设施,那么租赁的预计成本也要被算进来。

5. 分包商和顾问

当承约商不具备完成某些项目任务的专长或资源时，他们可能会雇用分包商和顾问来执行这些任务。例如，把教堂地下室改造为日托中心的项目，承约商可能要雇用分包商来清理石棉，雇用顾问提供与日托中心相关的州立规章和法令的建议。承约商通常要求分包商和顾问提交有关工作范围和任务成本的申请书，然后把这些成本加进项目的总成本中。

6. 差旅费

如果在项目中需要出差，那就应当包括机票、住宿和伙食等费用。承约商首先必须估算一下出差的次数和时长。例如，如果客户是华盛顿特区的政府机构，而承约商在加利福尼亚，那么就应把出差前往华盛顿参加客户评审会议的相关成本考虑在内。

7. 文档

有些客户想要承约商分别阐明与项目文件交付物有关的成本，例如，可能会是印刷手册、制图、报表的成本，或是制作录像带和DVD的成本。

8. 营运成本

承约商将给上述7项条款的费用附上一个百分比，以涵盖正常的营运费用——商业运作的间接成本（indirect costs），如保险、折旧、会计成本、总管理成本、市场营销成本和人力资源成本。当然，在非正式项目中，如志愿者组织的城市庆典中，类似的成本就不适用了。

9. 增长额

大型项目可能得花几年的时间才能完成，承约商必须把项目期间原材料价格与工资率的上涨等因素造成的成本增加考虑进来。例如，对于一个三年期的项目，承约商就要预计在项目的后两年中工资每年都会增长3%。如果同样的项目要求承约商在第三年时购买大多数的原材料，那么在购买这些原材料时，现有的原材料成本预算可能就需要增加一定的百分比，以补偿原材料的预计增长成本。

10. 储备金

意外开支准备金或管理储备金，是承约商为项目期间可能发生的意外而索要的额度，包括在项目范围划定初期工作内容的遗漏及因为首次没有成功而需重复执行的一些任务（再设计），或是为发生可能性或影响力较高的风险准备的开支。

11. 利润

上述10项条款都是成本。承约商应把成本加总，然后加上一个数额作为预期利润。总成本加上利润就是承约商为申请这个项目的报价。

如果可能的话，让每项工作的主要负责人来预估相关费用是比较好的方法。这样不仅获得了这个人的认可，也避免了让同一个人来预估整个项目费用而产生的偏差。在其他情况下，承约商会指定某些经验丰富的人来估算某些特定项目组或种类的工作成本。如果一个承约商曾经做过相似的项目，并且保有各个项目的实际成本的记录，这些历史数据就能够作为当前项目预估成本的参考依据。

成本估算必须是合理且可信的。它们不需要太过"保险"而包括每一项可能发生或出错的事情的应急资金。如果成本估算太过保守，项目价格可能会远远超过客户上限或高过竞争者。另一方面，如果估计成本太过乐观，当某些意外情况发生时，承约商很有可能亏本（在固定价格合同情况下），或面临向客户要求额外资金解决问题的尴尬场面。

>
> **巩固所学**
> 11. 申请书应涉及三个主题或包含三个部分,它们是什么?
> 12. 申请书的技术部分的目的是什么?
> 13. 申请书的管理部分的目的是什么?
> 14. 申请书成本部分的目的是什么?
> 15. 申请书所包含的三个部分各包括哪些要素?

 ## 3.7 定价策略

当承约商准备申请书时,他们通常要与其他承约商竞争才能赢得合同。因此,他们必须谨慎,不能报价过高,否则客户会选择其他定价低的承约商。然而,承约商又必须同样小心地避免低估申请项目资金,否则,不但挣不到钱还可能亏损,或者不得不找客户追加预算,那将是很尴尬的,并且会损害承约商的声誉。

承约商在决定申请项目的定价(报价)时,必须考虑以下因素。

1. 成本预算的可信度

承约商确信申请项目的总成本是全面而精确的吗?承约商应当仔细考察项目并详细地估计成本,而不是草草估计了事。应以最近的相似项目为依据,或由原材料成本预算、目前的价格表、目录或报价单等方面计算成本,请有经验的人或专家帮忙评估工作成本也是值得推荐的做法。总之,成本估算得越详细越好。

2. 风险

如果项目中涉及没有先例的工作,例如研发控制某种疾病的新药,那么在定价时就需要预留较大金额的管理或应急储备金。

3. 项目对承约商的重要性

当项目对承约商很重要时,可能会降低定价。有可能承约商正处于乐意接受低价格的境况中。例如某一承约商目前手中没有项目可做,除非接到新的合同,否则就要裁员。在这种情况下,它可能会通过降低利润来增加赢得合同的概率,以避免裁员。还有可能,投标项目能够为承约商提供拓展能力或扩展业务至新领域的机会,这种情况下承约商也很可能会降低定价,例如只做过改造项目的建筑承约商,想要负责建设整体建筑物的项目,那么他会为了进入市场和建立声誉而降低利润。

4. 客户预算

掌握客户预算价格信息的承约商,其报价不应超过这个价格。这正是需要 RFP 前的市场营销工作发挥重要作用的地方。通过帮助潜在客户识别需求或帮助客户估算项目的各项成本,承约商就帮助客户确定了项目预算。如果客户发布了召集承约商投标的 RFP(且没有公开项目预算信息),那么,拥有"情报"信息的承约商比没有做过相似工作的承约商更具备竞争优势。

5. 竞争

如果有很多承约商都打算回复客户的 RFP，提交申请书；或者许多承约商都急于找到新项目，那就意味着要报出一个利润较低的价格，以便增加赢得合同的机会。

巩固所学

16. 在为申请的项目定价时，承约商需要考虑哪些因素？

3.8 简要的项目申请书

那些通过 RFP 外包给承约商的大型、复杂、耗费上百万美元的项目，需要承约商准备并提交一份全面的申请书，这份申请书可能会很长且很详细，并包含前面小节（申请书内容）中提到的信息。然而，很多规模略小或略简单的项目不需要这么复杂的申请书。在某些情况下，承约商甚至可能在客户准备 RFP 之前就主动提交申请书。在以上两种情况下，一份计划或基础性的申请书可能更合适或已经足够了。这样的一份申请书至少需要包括以下元素。

1. 用户需求阐述

这部分需要清晰描述承约商对客户需求或问题的理解，以及要包含相关支持需求的参考信息和数据。例如，如果客户由于拓展业务的需求，要在某个地区新开一家零售店，承约商可能需要提供这类零售店的新兴趋势的参考数据以及零售店所在地区的人口统计数据。这些数据能够向客户表明，承约商已经针对客户的需求在收集背景资料方面做出了努力。在申请书的这个部分，承约商应该将客户的现状或机会予以量化，以建立一个衡量项目成功与否的基准。

2. 假设

有时客户可能不会提供具体的信息来定义他们的需求，可能某个条款表达得模糊不清，甚至对于承约商认为对项目至关重要的问题都未提及。在这些情况下，承约商恰当的做法是做出任何可能对项目的范围、进度或成本产生影响的假设。比如假设客户可能接受将所有工作站的用户使用界面从现在的键盘升级到触屏技术，又比如假设在休息日完成办公室空间的重置工作以最小化其对正常工作时间、工作流程的影响。将各种可能的假设列出清单也是承约商能提高申请书竞争力的一个方法。

3. 项目范围

这个部分需要描述承约商满足客户需要以及解决问题的途径，具体列出承约商要完成哪些工作任务，以及说明整个项目过程中承约商希望客户如何参与项目。这是申请书的重要部分，需要足够详细，以向顾客表明承约商提出了一个经过深思熟虑的可行、实际、有效的方法。这个部分还需要突出承约商解决方案的独特之处，并指出客户会如何从中受益。比如，承约商提出使用一项设计独特的技术或运用专有的材料以显著降低新系统生命周期的成本，或者是承约商提出会如何利用过去五年的相似项目成功经验来完成项目。

4. 交付物

承约商必须列明完成项目的过程中将提供给客户的所有有形产品或物品。根据不同的项目，这些产品包括进度报告、概念设计、样品或模型、规格、报告、操作手册、影像、说明书、网页、数据库、硬件、建筑物、家具、车辆、设备等。承约商应该确保所有的交付物将会按照客户标准、建筑规范、工业标准等来完成，并且符合客户的验收标准。承约商对于交付物的描述越具体、越量化，就越显示出它在完成客户的项目目标上的能力与信心。

5. 资源

这个部分描述了承约商以及所有主要的外包商、顾问、供应商将在项目中运用的各类专业知识和技能。这个部分为承约商提供了另一个展示自己独一无二的竞争优势的机会，比如突出表明分配到这个项目的具体人员颇具口碑的专业知识或经验。其他需要提及的资源包括独特的设备，如制造原件的高精度生产设备，或是一个专有的满足所需验收测试环境要求的试验室，或是一个专有的环境测试室来执行必要的验收测试。申请书的这个部分非常重要，因为通过这个部分，承约商能说服客户相信他们拥有能成功完成项目的合适资源以及项目管理手段，并且通过及时和开放的沟通，以及避免出现令人不快的意外，建立一个良好的工作关系。

6. 时间计划表

这个部分应该包括一系列的里程碑事件，包括这些事件的目标日期以及整个项目的周期。这个部分越详细，客户就越容易看到一个深思熟虑的计划。通过网络图或条形图的形式提供进度计划，能够提高客户对承约商是否有能力掌控项目以及提供符合要求的交付物的信心。

7. 价格

承约商需要给出执行这个项目的最低价格。就说服客户对于承约商即将要做的工作而言，这个价格是公平且合理的，也是非常重要的。其重点应该放在能够创造的价值有多大，而不是这个价格有多低、多便宜。比如说，承约商应该描述能够为项目增加哪些独一无二的价值。

有时承约商可能针对客户的基本需求提供一些备选方案或选择，因此每一个方案都会提供给客户一个价格来考虑。一个典型的备选方案的例子是，提高建筑物的结构强度以降低日后增加楼层的成本。

8. 风险

如果承约商已经考虑到了发生概率高或是会带来很大潜在影响的风险，承约商应当向客户指出这些风险。这将向客户显示承约商比较富有经验，会较为现实地开展项目并且努力避免出现意外。比如，客户想要建立一个幼儿看护中心，如果所选地点的表土之下是由很多大岩石构成的，那就很有可能需要加深地基的挖掘，或者会影响到排水，从而影响项目的成本。再比如，客户的需求是运用项目中现有的软件语言来升级它的信息系统，这就很有可能使系统报废，需要更多的花费来维护信息系统或者聘请会使用这套过时软件的人员。

9. 预计收益

这是申请书的一个重要部分，因为承约商可以将前面各个部分的信息整合在一起，来统一说明这份申请书能为客户带来的量化收益。这些量化的收益可以是投资收益、回报、节约成本、生产率的提高、处理时间的节省、更快市场推广速度，等等。这是运用积极的方式来概括申请书的完美方法，可以强调承约商申请书的独特之处，并指出客户选择该承约商执行项目将会获得的定性及定量收益。

申请书的关键应该是其所含内容的质量——清晰、简洁并具有说服力，而不是数量或是申请书的页数。很多简化的项目申请书只有 4—8 页，通常少于 20 页。附上附录是比较合适的做法，例如将要参与项目的主要人员的简历、成本估计的相关细节或是一系列过去的相关项目以及相关的参考资料都以附录的形式附上。

巩固所学

17. 申请书的关键应该是所含内容的＿＿＿＿＿＿，而不是＿＿＿＿＿＿页数。

3.9 提交申请书及后续行动

客户的 RFP 通常会注明提交申请书的截止日期，以及申请书接收人的姓名和联系方式。有些客户要求承约商提供电子申请书和/或几份复印件，因为申请书要经过公司内各有关方面人员的审查和评估。从客户的角度来看，让承约商印出必要的份数，既容易又省钱。大项目尤其如此，申请书可能有几百页长，包括大量的图样或彩色图表。政府机构对按时提交申请书要求十分严格，晚交的申请书不予考虑——这样，承约商的努力就白费了。有些承约商不采用邮寄的方式，而是亲自递交申请书以确保申请书按时送达。另一些承约商则通过不同的快递公司递送两套申请书，以确保至少有一套按时到达目的地。对于耗费数百万美元的项目，或是在 RFP 前的市场调查和申请书的准备上花费数千小时的项目，承约商通常会采取这类谨慎措施。客户也可以要求承约商提供电子版本的申请书，这种方法可以同时节约客户和投标承约商用在印刷、邮寄和分发上面的时间和成本。

承约商在提交申请书之后，仍然要积极采取确认行动。承约商应当给客户打电话，以确认客户是否收到了申请书。几天后，承约商应当与客户再次联系，询问客户是否对申请书的任何内容存有疑问或需要澄清。应当以专业化的方式采取后续行动，给客户留下一个好的印象。如果承约商显得过分积极，客户则可能认为承约商试图影响申请书评估过程。承约商必须要考虑，别的承约商在提交了申请书之后，是否仍与客户积极保持后续跟进，以及积极到什么程度。

工业客户和政府客户（尤其是政府客户），通常不会理睬承约商这些有所企图的后续联系，因为只有这样，才能做到公平竞争，避免对申请书评估过程产生影响。这类客户将会主动进行必要的沟通联系。联系通常以书面表格的形式进行，表中有一系列需要作答的特定问题，或者还会要求个别承约商澄清有关问题。承约商的书面答复必须在一定的期限内完成。

巩固所学

18. 即使在提交申请书之后,承约商也必须持续_____。

3.10 客户评估申请书

客户会以许多不同的方式评估承约商的申请书。有些客户首先依据各申请书的报价做选择,例如,仅仅选出三个价格最低的申请书,然后再进一步评估。而另一些客户则首先排除那些高于他们预算价格的申请书,或排除那些在技术部分不能满足需求建议书中提出的要求的申请书。其他客户,特别是大型项目的客户,会建立一个申请书评估小组,用计分卡决定是否每一份申请书都满足需求建议书中的所有要求,并且依事先定义的评价标准来评定申请书。

表3-2就是一张申请书评估计分卡,AJACKS信息服务公司用它来评估由承约商提交的申请书。此卡是对Galaxy市场调查公司的申请书所做的评估,该公司是向AJACKS提交申请书的五家承约商之一。客户申请书评估小组中的每一位成员,对每一家承约商的申请书,都要完成这样一张计分卡。然后评估小组就会参考这些记分卡给出的结果,以达成意见的统一并选出一家承约商。计分卡并不是评估申请书、选出获胜者的唯一途

表3-2 申请书评估计分卡

AJACKS信息服务公司
申请书评估

项目名称:制造商的技术信息需求
承 约 商:Galaxy市场调查公司

所有标准都按从1(低)到10(高)的等级打分

评价标准	权重A	计分B	得分A×B	备注
1. 方法	30	4	120	很肤浅的方法论的叙述
2. 经验	30	3	90	与制造公司的来往经验很少
3. 价格	30	9	270	详细说明最低投标价格
4. 进度计划	10	5	50	进度计划过于乐观
总计	100		530	

此申请书的优势:
- 是所接到的申请书中价格最低的,表明Galaxy的工作人员的薪水相对别的申请公司的人员来说是较低的

对此申请书的顾虑:
- Galaxy可能并没有完全理解要求
- 预算中的低薪水可能正反映出Galaxy计划使用的工作人员不太有经验
- 乐观的完成项目的进度计划(3个月)可能表明Galaxy没有完全理解工作范围

径。它通常仅作为一种决策过程的数据输入而已。

客户有时会先评估申请书的技术和管理部分,而暂不考虑成本部分。那些在技术管理部分的审查中获得高分的,才会进一步评估其成本部分。客户在决定哪一份申请书最有价值时,更看重技术、管理部分而不是成本部分。

客户用来评估承约商申请书的一些标准如下:
- 遵从客户在需求建议书中提出的要求和工作表述。
- 承约商对客户的问题与需求的理解。
- 承约商提出的解决问题的方法的合理性与可行性。
- 承约商具有类似项目的经验与成功经历。
- 负责项目工作的主要人员的经验。
- 管理能力,包括承约商计划和控制项目,以确保工作在预算内按时完成的能力。
- 承约商进度计划是否切合实际。进度计划是否切实地考虑了承约商可用于项目的资源?进度计划是否符合需求建议书中所要求的进度计划?进度计划是否足够详细?
- 价格。客户不仅会评估承约商的项目总成本,还会评估申请书成本部分的明细成本。客户关心的是承约商所提出价格的合理性、现实性与完善性。承约商所用的成本评估方法是正确的吗?对于项目类型来说,劳动时间、工人等级及工资率都合适吗?有遗漏的地方吗?客户想确信的是,承约商是否为了赢得项目而低估价格,而且,如果项目的实际成本超出预计成本,承约商可能会向客户索要额外的资金。故意低估价格的承约商被认为是不道德的,或许还是不合法的。

在某些情况下,特别是当客户接到许多申请书时,申请书评估过程最终将产生一份被评估为可接受且有价值的申请书短名单。然后,客户很有可能要求这些承约商中的某一个口头介绍申请书。这是承约商使客户确信自己的申请书将提供最佳价值的最后机会。客户也可能要求这些承约商提交一份项目最终报价(Best And Final Offer,BAFO)。这也给承约商一个降低价格、争取赢得合同的最后机会。然而,客户通常会要求承约商提供一份阐明降低成本理论依据的书面材料,以确保承约商降低成本的做法是合理的。承约商有可能会审查项目的负责人,决定某些任务由工资率较低的人员完成,或是决定取消或合并某些差旅费以降低成本。

一旦客户选中了承约商,将会发出通知。如果合同谈判成功,该承约商就是最终的获胜者。

 ## 3.11 合同类型

仅仅被选为获胜者,并不意味着承约商就可以开始工作了。在执行项目前,客户与承约商之间必须签订合同——这是项目生命周期第二阶段的最后一步。

合同是一种工具,能够便于客户与承约商之间的沟通,达成确保项目成功的共识与期望。合同是承约商与客户之间的协议,承约商同意提供产品或服务(交付物),作为回报,客户则付给承约商一定的酬金。合同必须清楚地表述期望承约商提供的交付物。例如,合同将载明，项目成果要符合一定的规格或是必须提供特定的文件。合同也必须载明客户须付款给承约商的条款。有两个基本的合同类型：固定价格合同和成本补偿合同。

3.11.1 固定价格合同

在固定价格合同（fixed-price contract）中，客户与承约商就所申请的工作达成一致的价格。除非客户与承约商均同意变更合同，否则价格就保持不变。这种类型的合同对于客户来说风险较低，因为不管项目实际耗费了承约商多少成本，客户都不必支付高于固定价格的部分。然而，对于承约商来说，固定价格合同的风险则较高，因为如果完成项目的实际成本高于原计划成本，承约商只能赚到比预计要低的利润，甚至会亏损。

投标于一个固定价格项目的承约商必须进行精确和完善的成本估计，并将充足的应急成本包括在内。然而，承约商又必须小心，以免报价过高，否则别的承约商将会以低价格胜出。

固定价格合同最适于经过清楚界定的和低风险的项目。例如，建造一个标准式样的房屋的项目，或客户已经提供了有关格式、内容、图片、颜色、页数、备份数等详细规定的手册设计和制作项目。

3.11.2 成本补偿合同

在成本补偿合同（cost-reimbursement contract）中，客户同意补偿承约商实际花费的所有成本（劳动力、原材料等），再加上一定的协商利润，而并不预先规定数额。这种类型的合同对客户来说风险较高，因为承约商的花费有可能会超过预计数额。例如，一项汽车修理服务先提出了修理传动系统的预算，但是最后交出的账单却高于原始预算。在成本补偿合同中，客户通常会要求承约商在整个项目过程中定期地将实际费用与原始预算进行比较，然后预测完工成本，并将其与原始报价相比较。这样，当项目出现超过原始预算的迹象时，客户就可以采取纠正措施。这种合同对于承约商来说风险较低，因为全部成本都由客户补偿。承约商在这种合同中不可能出现亏损。然而，如果承约商的成本确实超过了原始预算，承约商的名誉就会遭受损失，从而又会降低承约商在未来赢得合同的机会。

成本补偿合同最适于风险高的项目。例如，手术中辅助性的机器人设备的开发或是用来清洁被污染地区环境的机器人设备的开发。

> **巩固所学**
>
> 19. 承约商投标于一个固定价格合同必须进行_____和_____的成本估计，并将充足的_____成本包括在内。
> 20. 根据客户与承约商对于相关合同类型的风险大小，在方框内填入"低"或"高"。
>
> | | 客　户 | 承约商 |
> |---|---|---|
> | 固定价格合同 | | |
> | 成本补偿合同 | | |

3.12 合同条款

下面是可能在项目合同中涉及的一些条款。

1. 谎报成本

指出承约商夸大项目中所耗费的时间和成本的行为是不合法的。

2. 成本超支或进度计划延迟的明示

在某些情况下，承约商必须立刻通知客户任何实际成本或预期成本的超支或进度计划的延迟，并提交原因及纠正措施的书面计划，以使成本回到预算内来或进度计划回到正常轨道上来。

3. 分包商审批

在雇用分包商执行项目任务之前，应当指出何时承约商需要从客户那里提前获得许可。

4. 客户提供的设备或信息

列出表格注明客户在项目过程中何时应向承约商提供哪些所需设施和资料。这项条款保护了承约商的利益，避免由于客户没有及时提供设备、信息、零部件或其他东西而导致进度计划的延误。

5. 专利

此项条款涉及可能在执行项目时产生的专利所有权问题。

6. 专有信息的透露

此项条款禁止任何一方向他方透露有关该项目的情况，或把另一方在该项目中的机密信息、技术或程序用做其他用途。

7. 国际化考虑

此项条款指明了针对外国客户需要做出的变通。为外国客户执行项目的合同或是部分项目在国外执行的合同，可能会要求承约商做一些适当的变通，例如：

- 注意特定的假日和工作习惯；
- 客户所在国的物价水平，以及合同中涉及的劳动力或原材料的成本在该国的比较价格；
- 用客户的语言文字提交项目文件，如手册、说明、培训资料及报告。

8. 终止理由

说明在哪些情况下客户可以终止项目，如出现承约商无作为的情况时。

9. 付款方式

阐明客户的付款方式。付款方式有：

- 每月付款，以承约商的实际成本为基础；
- 每月或每季度等额付款，以项目进度计划的期望工期为基础；
- 在承约商完成预定里程碑工程节点时或客户收到特定可交付成果时，按合同总额的百分比向承约商付款；
- 在项目完成时一次性付款。

有时,如当承约商需要在项目初期购买大量原材料和物资时,客户将在合同开始时就支付第一期款项。

10. 奖金或罚款

有些合同有奖金条款,如果客户提前或按高于客户要求的标准完成项目,客户据此发放奖金。另一方面,有些合同有罚款条款,如果项目到期没有完成或没有满足客户要求,客户就将减少付款额。有的罚款额很高,例如,如果超过了要求的项目完成日期,每周罚合同总额的1%,最高数额可达10%。迟于计划10周就会使承约商的利润消失,导致亏损。

11. 变更

此项条款包括提出、批准并执行有关项目范围或进度计划的变更程序。变更可能由客户发起或是由承约商提出。有些变更是价格上的必要变更(增加和减少);另外一些则可能不是。在项目进行中提出任何变更之前,必须生成相关文件并经过客户同意。客户通常让承约商提供一个价格预算,并附上可能会影响进度计划的潜在因素,以便提出变更要求。之后,他们才允许承约商进行变更。如果承约商不经过客户同意,或是仅仅获得客户组织中的非权威人士的口头赞同就做出变更,承约商就面临着变更活动得不到偿付的风险。

3.13 评估申请书的效果

承约商可以通过其申请书被采纳的次数以及被采纳的申请书所带来的收益来衡量申请书的效果。经常使用的一种衡量方法叫作"赢得比例",即承约商提交的申请书中最终与客户达成协议的份数或金额的占比。这个数据是指在一个特定时间之内,承约商被采用的申请书与所有向客户提交的申请书的比例。另一个计算赢得比例的方法是计算在一定时间之内,承约商被采纳的申请书赢得的收益与所有向各类客户提交的申请书能够带来的收益之间的比例。前一种方法将所有的申请书看作等价,而后一种方法将能够带来较大收益的申请书看得比较重要。比如,假设在一个月之内,一个承约商向四个不同的客户提交了四份申请书,分别价值120 000美元、50 000美元、250 000美元、80 000美元,但是,只有其中价值250 000美元的申请书被客户采纳了,承约商按提交申请书数量的方法计算得到的赢得比例是0.25或25%(1/4),但是通过收益计算得到的赢得比例为50%(250 000美元/500 000美元)。

某些承约商的做法是面向尽可能多的RFP提交申请书,期待他们最终能够赢得一定比例的RFP。他们的原则是,如果不提交申请书,那他们根本就没有一次赢得RFP的机会。但是通过提交更多的申请书,他们增加了赢得更多合同的机会。另外一些承约商在选择申请书时更有选择性,他们只在认为自己有超过平均机会赢得合同的时候才会提交申请书。这些承约商在回应RFP的时候,对是否投标经过了严肃的考虑,从而提交较少的申请书,但能够获得较高的赢得比例。

巩固所学

21. 经常被使用衡量申请书的一种方法是_____。

现实世界中的项目管理

战略性的思考和计划以应对变化

ICF 国际（ICF Internchinal）为全球组织提供技术解决方案和专业性服务。大约 20 年前，ICF 国际的工作人员曾与美国联邦机构合作为美国联邦政府开发网络安全服务。为了满足政府和相关机构对网络安全的需求制定了一套战略方案，以便从一线员工、客户以及三方研究中获取关于网络威胁的宏观见解。ICF 国际认同一线员工的智慧，并将他们的智慧融入项目投标和项目中。

为了给项目制定正确的战略，也为了适应当时技术发展方面的变化，ICF 国际的员工就市场、技术和预期提出了一系列问题。ICF 国际在华盛顿特区的一位高级副总裁安迪·罗宾逊（Andy Robinson）提出了如下问题："我们的市场将在哪里？短期和长期看来，我们会感受到哪些方面的影响？在未来，科技会如何发挥不同的或者更大的作用？我们的客户对未来有何种期望？要如何通过创新来改变增值方式？"

安迪通过多种渠道的资源来研究解决方案并积极应对以上提出的问题。在结合了客户提供的信息后，制定出一套融合了组织愿景以及与网络安全相关和不断变化格局的强有力的战略提案。

对于安迪和 ICF 国际来说，幸运的是，他们关注到了其工作的环境。很快，关于合同签订方式的联邦政策发生了改变。一些没有那么敏感的公司，成了通过联邦机构寻求竞争性合同签订这一风险的受害者。

为了适应合同签订方面的变化并降低风险，ICF 国际转而与小企业合作，并成了小企业的主要合同供应商。他们还特别设立了一个办公室，以获取政府相关的合同。这两个措施都起到了很好的效果：他们获得了一些未曾服务过的新客户的合同。

安迪建议提案的制定人员要问一问，"哪些因素会影响到组织，他们应对不断变化的环境的愿景是什么？"并认真听取回答，将这些想法纳入战略之中，并且做出改变，这些对于顺应趋势做出调整并将变化融入项目提案来说都是必要的。如不能听取并囊括这些回答，可能会导致公司经历 ICF 国际的竞争对手遇到的同样灾难。

资料来源：Based on information from Robinson, A. (2016). The right direction. PM Network, 30(3), 25.

关键的成功要素

- 客户和合作者更倾向与他们认识并信任的人合作。建立良好的合作关系能够提供成功的筹措资金和签约机会。
- 建立信任是与客户和合作者建立有效成功关系的关键。
- 给客户的第一印象对于建立一个持续和富有成效的关系非常重要。

- RFP 或申请书前的努力对于建立最终从客户处赢得合同的基础很重要。
- 不应当等到客户发出正式的 RFP 时才开始制订申请书,而是在潜在的客户准备提出 RFP 之前就与其建立联系。
- 与潜在客户建立紧密的联系,能使承约商在竞标过程中处于比较有利的位置。在 RFP 或申请书前的活动期间,承约商应尽可能多地了解客户的需求、问题及决策过程。
- 熟知客户需求、要求和期望有助于准备一份重点突出的申请书。
- 要实事求是地评价企业自身准备一份高质量的申请书的能力及赢得合同的可能性。仅仅准备一份申请书是不够的,申请书必须具备过硬的质量才能赢得合同。
- 申请书是一份推销文件,而不是技术报告。应该以简明扼要的方式写出,应运用客户熟知的术语。
- 在申请书中强调不同于竞争者的独特因素是很重要的。
- 申请书必须实事求是。许诺过多或者过于乐观,难以令人信服,使客户怀疑承约商是否真的理解应该做什么和怎么做。
- 当投标一个固定价格的项目时,承约商必须建立精确且完善的成本估计,并把所有的应急成本都计算在内。

本章小结

感兴趣的承约商制定申请书以对客户的需求建议书做出应答。当客户决定选择某个承约商执行项目后,客户和承约商之间将会签订合同。

客户和合作者组织更倾向于与他们认识和信任的人合作。建立良好的关系有利于赢得成功的投资和签约机会。建立关系需要承约商的主动行动。建立信任是与客户和合作者建立有效成功关系的关键。道德行为在处理客户关系时对于建立信任也是至关重要的。给客户的第一印象对于建立一个持续和富有成效的客户关系十分重要。建立有效而成功的客户关系需要时间和努力。

承约商应当远在客户准备提出 RFP 之前就与潜在的客户接触。承约商也应当与老客户、目前的客户保持密切联系,并积极与潜在的新客户接触。在接触时,承约商应当帮助客户认知可能从针对需求、问题或机遇而开展的项目中获得哪些收益。这些在 RFP 或申请书前开展的工作,对最终从客户那儿赢得合同是很重要的。

因为开发和准备一份申请书是要花费时间和精力的,所以对回复 RFP 感兴趣的承约商必须切合实际地考虑中标的可能性。评价是否进行申请书的准备工作,也称为是否投标决策。在是否投标决策中,承约商可能考虑的因素包括竞争强度、风险、自己的业务范围、拓展能力的机会、在客户心目中的声誉、客户资金的拨付、申请书和项目所用资源的可得性。

应该牢记,申请过程是一个竞争的过程;申请书是一份推销文件,应以简明扼要的方式写出。在申请书中,承约商必须强调其区别于竞争对手的独特因素。承约商的申请书也要强调,如果客户选择该承约商执行项目,客户将会得到哪些好处。客户将选择最有希望带来最佳价值的承约商。

申请书经常分为三个部分：技术、管理和成本部分。技术部分的目标是使客户确信承约商理解其需求或问题，并能提出风险最低、收益最大的解决方案。技术部分应当阐明对问题的理解、解决方案或途径，以及能给客户带来的收益。管理部分的目标是使客户确信，承约商能够做好项目工作，并且收到预期效果。管理部分包括对工作任务的描述、交付物清单、项目进度计划、项目组织的描述、相关经验的列举，以及承约商拥有的特定设备和器具。成本部分的目标是使客户确信，承约商申请书中的价格是切合实际、合情合理的。成本部分通常包括承约商对某些要素的估计成本的制表，如劳动力、原材料、分包商和顾问、设备和设施的租金、差旅费、文档、一般管理费、物价上涨、应急费用、奖金或利润等方面的成本。

承约商通常要与别的承约商竞争才能赢得合同。因此，在确定申请书的价格时，他们必须要考虑成本估计的可信度、项目风险、项目对承约商的重要性、客户的预算和竞争问题。

很多规模较小或简单的项目不需要一份很长的申请书。在某些情况下，承约商很可能在客户给出 RFP 之前就主动提交一份申请书。在这两种情况下，一份简单而基础性的申请书可能更合适或已经足够了。这样的一份申请书需要包括以下元素：客户需求阐述、假设、项目范围、交付物、资源、进度表、价格、风险以及预计收益。申请书的重点应该是这些内容的质量——清晰、简洁并令人信服，而不是数量或是申请书的页数。

客户会以多种方式评估承约商的申请书。有时会首先评估技术和管理部分，而暂不考虑成本部分。那些在技术、管理审查中获得高分者，其成本才会被评估。客户在决定哪一份申请书最有价值时，更看重技术、管理部分而不是成本部分。客户用来评估承约商申请书的标准有：申请书与客户对工作的描述的符合度，承约商对客户问题与需求的理解，承约商提出解决问题的方法的合理性与可行性，承约商具有类似项目的经验与成功经历，该项目的主要负责人的经验，承约商计划与控制项目的能力，承约商的进度计划及价格的现实性。

一旦客户选出了获胜的承约商，他就会发出通知。合同谈判成功后，该承约商就是获胜者。合同是承约商与客户之间的协议。承约商提供产品或服务（交付物），作为回报，客户付给承约商一定的酬金。

有两个基本的合同类型：固定价格合同和成本补偿合同。在固定价格合同中，客户与承约商就所要做的工作达成一致的价格，价格保持不变，除非客户与承约商协商同意改变。这种类型的合同对于客户来说是低风险的，对承约商来说则是高风险的。在成本补偿合同中，客户同意补偿承约商实际花费的所有成本（劳动力、原材料等），再加上协议利润，并不规定具体数额。这种类型的合同对客户来说是高风险的，因为承约商的实际成本很有可能会超过所提出的价格；而对承约商来说是低风险的。

合同可能涉及各类条款，如谎报成本、成本超支或进度计划延迟的明示、分包商审批、客户提供的设备或信息、专利、专有信息的透露、国际化考虑、终止理由、付款方式、奖金或罚款及变更程序。

承约商通过申请书被客户采纳的次数或者被采纳的申请书所带来的收益的数额来衡

量申请书的效果。经常被运用的一个衡量方法是赢得比例。

思考题

1. 描述为什么与客户和合作者建立关系十分重要,如何建立关系。
2. 描述什么是建议书/申请书的前期活动,为什么承约商要进行营销。
3. 讨论为什么承约商要进行是否投标决策,以及影响决策的因素。分别举一个承约商应该投标以及不应该投标的例子。
4. 定义申请书和描述申请书的目的,并列举申请书的三个主要组成部分及每个部分的目的和要素。
5. 当承约商确定申请书报价时,应考虑哪些因素?为什么这并不是件容易完成的任务?
6. 提交申请书之后,承约商应该和客户联系吗?为什么?
7. 客户如何评估申请书?他们会考虑哪些因素?
8. 低价的申请书总是会被选中吗?为什么?举例说明。
9. 描述两个不同类型的合同,说明它们的适用情况和与之相对应的风险。
10. 举例说明合同中可能会出现的各类条款。
11. 描述进行申请书效果衡量的两个方法。
12. 针对在第2章章末第13个思考题提到的RFP,编制一份完善的申请书。

上网练习

为了回答下列问题,先用你喜欢的搜索引擎搜索一下需求建议书(RFP)。

1. 根据搜索的结果,找出一份已经在网上登出的申请书样本。它是哪个公司制订的?要完成什么样的项目目标?
2. 根据你在本章所学的知识评价一下这份申请书的有效性。讨论这份申请书的优点和缺点,申请书中有没有应该包含却被漏掉的内容?
3. 下载该申请书,根据在这章所学的知识对它进行修改。标出你修改过的部分,你修改过的哪些地方使申请书比原先的要好?
4. 登录一个能提供制定申请书建议的网站,把该网站内容与本章的内容比较一下。
5. 找出并描述至少三个能帮助你制定一份有效申请书的软件包。这些软件包有什么特色?如果可能的话,至少下载其中的一个演示文本。

案例分析1 医药信息系统

玛吉·普里斯曼(Maggie Pressman)、保罗·科尔德伯格(Paul Goldberg)和史蒂夫·扬布拉德(Steve Youngblood)合伙开办了他们自己的咨询公司,专门为医生设计和安装计算机上的信息系统。这种系统一般会包括患者记录、处方、账单和医疗保险的处理进程。有些情况下，客户方的医生已有手动记录的系统，并希望将其转为电脑系统；在另外一些情况下，医生已有电脑系统，而需要升级或更新。

在大多数情况下，咨询公司会购买必要的硬件和一些打包的软件。他们会根据医生独特的需求来定制他们自己的软件，然后安装好完整的系统。他们也会提供相应的培训。根据所需硬件的数量，这类项目的费用大多在 10 000 美元到 40 000 美元之间。大部分医院会愿意支付这笔开销，而不是再聘请一位人员来保持更新这些不断增加的文书。

豪泽（Houser）医生是保罗曾经服务过的一名顾客，她离开了私人诊所，加入了一家大的地区性医疗机构。该机构在这一地区分布有 6 处办公室，每家办公室平均有 8 位医生。其中两家办公室还设有药房。该机构一共雇佣了 200 位员工。豪泽医生联系到保罗，询问他的咨询公司是否有兴趣为该医疗机构在这一地区的办公室信息系统升级投一份申请书。这一项目将包括把 6 处办公室和两处药店整合到一个系统中，另外，最后还会单独聘请一位专业人员来监督信息系统的运作。该机构的每家办公室目前分别使用自己独立的系统。

保罗从豪泽医生那里了解到，有些医生也有病人在大型咨询公司工作，他们认为这些公司也可以完成这一项目。豪泽医生表示该机构已经组织了一个代表着 6 处办公室和两间药房的团队，他们在采购经理的帮助下，已经准备了一份需求建议书，而两周后就是申请书的提交期限。两周前，需求建议书就已经向那些大型咨询公司发布了，他们已经在制定申请书了。采购经理对保罗的咨询公司并不熟悉，所以他当时没有收到需求建议书。

豪泽医生告诉保罗，她很抱歉无法为他提供更多信息，因为不像其他一些医生，她之前没有参与在此事之中。其他医生在需求建议书发布前就已经和他们在大型咨询公司工作的病人讨论过此事的想法。豪泽医生说，如果保罗对这个项目有兴趣并且能在两周内完成建议书的话，她会让采购经理把需求建议书发给他。

"好的，"保罗回答道，"我下午就开车过去拿需求建议书！"他问她是否知道该医疗机构为这个项目分配了多少资金，豪泽医生的回答是否定的。保罗拿到需求建议书后复印给了玛吉和史蒂夫。在和他们会面时，保罗对这个项目抱有极大热情。他告诉他们，"如果我们能做这个项目，那我们就能进入到一个全新的商业舞台。""这就是我们一直等待的重大突破！"他激动地说道。

玛吉抱怨起来："这个项目来得不是时候，我目前手中有正在进行的三个项目，并且客户都催促尽快完成。实际上，其中一个客户已经有些不太满意了。他说如果我两周内不能完成申请书的话，他就不想要这份申请书了，而且也不会把我们推荐给其他客户了。我现在每天工作 16 个小时来保持进度。我已经非常疲惫了。保罗，我同意你的想法，这是个绝佳的机会，但恐怕我没法投入时间来做这个申请书了。"

史蒂夫大声问道："准备申请书是一件事，但我们能不能做好这个项目？我觉得我们三个人有足够的专业技术来做这样的一个项目，但这真的是一个大项目，而且我们还要同时维护其他客户。"

保罗回答道："我们可以再雇一些人，我有些朋友可能会想要做兼职工作。我们能做到的！如果我们不去追求这样的项目，就始终只会是一家小公司，每个人每天都要为了生计工作 12 个小时。而且为这些个人办公室做的小项目是无法永远持续的。总有一天他们会全部实现电脑化办公,那我们就失业了。我们提交一份申请书有什么可损失的呢?如果我们不提交的话,我们就一点机会都没有了!"

案例问题

1. 为什么这个团队没有和其他大型咨询公司同一时间拿到需求建议书?
2. 为什么这个团队会被考虑为提交申请书的候选人之一?
3. 请制定一份是否投标的清单,来帮助他们决定是否要提交申请书。
4. 玛吉、保罗和史蒂夫应该如何做?请针对这三位团队成员各自的担忧来解释你对这个问题的回答。

小组活动

将课程参与者分成三人或四人的小组,讨论此案例,并决定这家咨询公司是否应该提交申请书。每个小组必须给出支持决定的原因。让每个小组选出一位发言人来向全班展示小组的决定及决定的原因。

案例分析 2 在中国新建生产工厂

欧米茄联合工业公司(Omega Consolidated Industries)的董事会在1月15日的会议上决定在中国新建一处生产工厂,并批准了最多1.8亿美元的建造和启动资金。董事会希望新的工厂在设计和建造的承约商选定之后的两年内完工。欧米茄是一家全球性的企业,其总部设在伦敦。

董事会要求欧米茄的总裁优诺(I. M. Uno)指派一个团队,来制定需求建议书,并征集设计和建造工厂的承约商的申请书,其中要包括建造所有的生产设备、办公室以及一套综合信息系统。该团队还将负责监督选定承约商的工作,以确保承约商能满足所有合同中的要求和性能规格。

优诺小姐为她的管理团队选择了四位成员:
- 阿丽莎·鲁滨孙(Alysha Robinson),她将担任新工厂的工厂经理
- 吉姆·斯图尔特(Jim Stewart),首席财务官
- 奥尔加·弗雷德里克(Olga Frederick),工程副总裁
- 威利·哈克特(Willie Hackett),采购经理

该团队推选阿丽莎为负责人。至4月30日,他们制定出一份详尽的需求建议书,其中包括:
- 说明了承约商必须完成的主要任务,以及关于工厂的生产能力的性能要求;
- 要求承约商必须在签订合同后的24个月内完成项目;
- 评估建议书的标准:

相关经验	30 分
成本	30 分
进度计划	30 分

创新设计　　　　　　　　30 分
- 该合同将为固定价格合同。

该需求说明书没有说明欧米茄公司将会给该项目划拨多少资金。

5月15日,该团队在各种贸易类出版物和网站上发布了需求建议书,并要求感兴趣的承约商于6月30日前提交申请书。

6月30日,欧米茄的团队收到了三份建议书:

1. 来自美国的J&J公司提交了一份需1.5亿美元的申请书,但申请书中说他们需要30个月来完成项目。

2. 来自爱尔兰的罗贝丝建筑公司提交了一份需1.75亿美元的申请书。他们曾为欧米茄公司建造过几处工厂,而且其管理层觉得自己与优诺小姐、吉姆·斯图尔特以及奥尔加·弗雷德里克的前任职员有良好的关系。其中奥尔加·弗雷德里克的前任职员刚离开了欧米茄公司不久,他成了欧米茄公司的竞争对手公司的总裁,其公司也在考虑在中国建立工厂。

3. 来自澳大利亚的袋鼠建筑师与工程师公司提交了一份需2亿美元的申请书。尽管袋鼠公司从未为欧米茄公司做过项目,但他们是世界上最大的承约商之一,设计和建造过许多种类的工厂,并且在建造获奖展品工厂和创新型概念上有着良好的声誉。例如"绿色"环境友好型设计就是其创新的概念。他们曾为欧米茄公司的几家竞争对手建造过工厂。

该团队因只收到了三份建议书而感到沮丧,他们本来期望至少能收到八份申请书。

7月5日,该团队收到了来自中国的亚洲总承包公司的第四份申请书,该申请书报价1.6亿美元。他们曾为其他全球性企业在中国建造过多处工厂,并且他们表示自己掌握非常深入的中国境内可靠分包商信息,这正是建设工厂所必需的。建议书中还承诺他们可以在20个月内完成项目。

该团队定于7月15日开会讨论这些申请书,并以小组的形式用评估标准给每份建议书打分。小组的每位成员都有两周的时间来独立研读每份建议书,并对每份建议书给出个人评价。但他们一致约定,不会在7月15日开会前独自给申请书打分。

在7月15日的会议上,阿丽莎开场说道:"我喜欢袋鼠公司的申请书,因为它将提供给我们一个最先进的工厂方案。"

吉姆打断她说道:"他们的建议书的报价远超过董事会批准的项目金额,我觉得我们不应再考虑他们申请书,在我看来他们已经出局了。"

阿丽莎回答道:"尽管他们的建议书需要比董事会原先批准之外更多的资金,但我有自信能说服I.M.优诺以及董事会来批准这部分额外资金。"

吉姆说:"我喜欢罗贝丝公司提供的建议书。我在欧米茄任职的这30年里,我们和他们合作过多次,而且他们的申请书的报价正好差不多是董事会批准的金额。我认识很多在罗贝丝的人。"

奥尔加提道:"我来欧米茄的时间不到一年,但我自己查阅过以前罗贝丝为欧米茄做的项目的最终报告,并发现罗贝丝在大多数项目上没有跟上申请书指定的进度计划,还有他们的一些建造系统根本无法满足性能要求。"她又继续说道:"我还对罗贝丝公司和我的前任职员之间的持续关系感到担忧,他现在已经是我们一家主要竞争对手的总裁了,而且如果他们也选择了罗贝丝来建造他们在中国的工厂,那么其中的潜在利益冲突也是我所担心的。他们可能会把我们的一些专有工艺用于设计竞争对手的工厂。我认为选择他们太冒险了。"

她继续说道:"我认为应该认真考虑亚洲总承包公司的申请书,尽管他错过了截止日期。"

威利辩解道:"我强烈反对这一点,这样对于其他三家来说是不公平的。"

奥尔加回答道:"我们的职责是选出能够提供最大价值的承约商,而不是要考虑迟交了几天这样呆板的规则,谁在乎呢?另外,他们说可以在20个月内完成项目,这比其他几家承约商的方案都要快。这就意味着我们可以早一些让工厂满负荷运转起来,也就是可以更快地让我们的产品出厂,更早实现销售额的增加和产生现金流,从而让我们的投资有更好的回报。"

在每个人的初始评论后,阿丽莎说道:"好的,我想我们得通过评价标准来给这四份申请书打分了。"

奥尔加大声说道:"我想她说了是四份申请书,而不是三份。我们可别陷入官僚主义的游戏里去了,我们要做的是非常重大的决定。"

I. M. 优诺期待在7月31日前得到团队为她推荐的承约商,这样她就可以做好准备并在8月15日的会议上向董事会进行报告。

案例问题

1. 当6月30日该团队仅收到了三份申请书时,有什么事是他们可以做的吗?

2. 该团队是否应该将亚洲总承包公司的申请书纳入考虑?为什么应该?或是为什么不应该?

3. 7月15日的会议上,在每人分享了各自的观点后,该小组应如何继续进行这一会议?是否应有其他后续举措?

4. 选择承约商的决策过程可以如何改进?对于董事会、I. M. 优诺、阿丽莎或是该小组来说,还可以有什么不同的做法吗?

小组活动

将课程参与者分成三人或四人的小组,讨论此案例,并决定应选择哪家承约商来设计建造中国的新工厂。每个小组必须给出支持结论的理由。让每个小组选出一位发言人来向全班展示小组的决定及决定的原因。

参考文献

Ballesteros-Pérez, P., Skitmore, M., Pellicer, E., & Gutiérrez-Bahamondes, J. H. (2016). Improving the estimation of probability of bidder participation in procurement auctions. International Journal of Project Management, 34(2), 158-172.

Cerebelli, J. (2016). Effective and efficient implementation of alternative project delivery methods: Best practice white paper. Retrieved from http://drum.lib.umd.edu/handle/1903/17438. doi: 10.13016/M27J0B.

Constantino, F., Di Gravio, G., & Nonino, F. (2015). Project selection in project portfolio management: An artificial neural network model based on critical success factors. International Journal of Project Management, 33(8), 1744-1754.

De Clerck, D., & Demeulemeester, E. (2016). An ex ante bidding model to assess the incentive creation capability of a public-private partnership pipeline. International Journal of Project Management, 34(1), 117-131.

Görög, M. (2016). Market positions as perceived by project-based organisations in the typical project business segment. International Journal of Project Management, 34(2), 187-201.

Hector, M., Lewis, T. M., & Petersen, A. (2016). Factors affecting the choice of construction project delivery in developing oil and gas economies. Architectural Engineering and Design Management, 12(3), 170-188.

Liu, T., Wang, Y., & Wilkinson, S. (2016). Identifying critical factors affecting the effectiveness and efficiency of tendering processes in Public-Private Partnerships (PPPs): A comparative analysis of Australia and China. International Journal of Project Management, 34(4), 701-716.

Loosemore, M. (2016). Social procurement in UK construction projects. International Journal of Project Management, 34(2), 133-144.

Naoum, S. G., & Egbu, C. (2016). Modern selection criteria for procurement methods in construction: A state-of-the-art literature review and a survey. International Journal of Managing Projects in Business, 9(2), 309-336.

NREL-Research Support Facilities. (2008). Appendix A, conceptual documents. Solicitation no. RFJ-8-77550. Retrieved from http://www.nrel.gov/sustainable_nrel/pdfs/rsf_rfp_conceptual_docs.pdf

Patanakul, P., Kwak, Y. H., Zwikael, O., & Liu, M. (2016). What impacts the performance of large-scale government projects? International Journal of Project Management, 34(3), 452-466.

Project Management Institute. (2017). A guide to the project management body of knowledge (PMBOK® Guide) (6th ed.). Newtown Square, PA: Author.

Robinson, A. (2016). The right direction. PM Network, 30(3), 25.

Zhang, S., Chan, A. P. C., Feng, Y., Duan, H., & Ke, Y. (2016). Critical review on PPP research A search from the Chinese and international journals. International Journal of Project Management, 34(4), 597-612.

Zhang, X., Bao, H., Wang, H., & Skitmore, M. (2016). A model for determining optimal project life span and concession period of BOT projects. International Journal of Project Management, 34(3), 523-532.

Zhao, X., Pan, W., & Lu, W. (2016). Business model innovation for delivering zero carbon buildings. Sustainable Cities and Society. doi: 10.1016/j.scs.2016.03.013.

第 2 篇　项目计划、执行与控制

第 4 章　项目范围、质量、责任和活动顺序的确定
第 5 章　进度安排
第 6 章　资源利用
第 7 章　确定成本、预算和挣值
第 8 章　风险管理
第 9 章　结束项目

项目管理（第 7 版）
Project Management

本篇各章中的概念支持《PMBOK 指南》中下列项目管理知识领域：

项目集成管理（第 4、5、7 章和第 9 章）；

项目范围管理（第 4 章）；

项目质量管理（第 4 章）；

项目资源管理（第 4、5、6 章）；

项目进度管理（第 4、5、6 章）；

项目成本管理（第 7 章）；

项目风险管理（第 8 章）；

项目采购管理（第 9 章）

第 2 篇的章节讨论了项目计划、执行与控制的技术和工具，以便成功地完成项目目标。项目目标决定了要完成的事情。计划决定了需要做什么，如何做，谁来做，要花多长时间，要花多少钱以及有什么风险。花时间制订一个深思熟虑的计划是成功完成项目目标的关键。制订一个详细的计划包括：（1）定义项目范围和可交付物；（2）定义执行项目所需的具体活动和责任分配；（3）确定必须完成的活动顺序；（4）估计每个活动需要的资源和持续时间；（5）开发项目进度表；（6）估算成本和确定项目预算；（7）识别、评估、监控风险并制订风险应对计划。因为在项目开始之前没有创建可行的计划，许多项目超出了它们的预算，错过了完成日期，或者只是部分地满足了它们的技术规格或质量标准。为了避免这种情况，你必须先做好计划，然后再执行计划。

在启动阶段，项目章程或者需求建议书为项目建立了框架。在计划阶段，为执行项目制订详细的基线计划。在项目的开始阶段，并不总是能够为计划目的确定所有的细节，特别是对于长时间的项目。短期工作的细节更容易确定，随着项目的进展，项目团队或承包商可以随着知道更多的信息或信息变得清晰而逐步细化计划。他们通常最了解需要做哪些具体的活动以及每个活动需要多长时间。

重要的是，参与工作的人也要参与计划工作。通过参与工作的计划，个人将会根据计划并在计划和预算范围内完成工作。同时参与也建立了承诺。

一旦制订了基线计划，就必须执行。在执行阶段，执行工作任务以生成所有项目可交付成果并实现项目目标。它包括根据计划执行工作并控制工作，从而使项目范围在计划和预算之内如期完成。在执行项目工作期间，以确保一切都按照计划进行，跟踪进度是有必要的。这包括测算实际的进展，并将其与计划的进展进行比较。在任何时候，如果项目没有按照计划进行，则必须采取纠正行动，并必须进行重新规划。有效的项目控制的关键是测算实际的进度，并将其与计划的进度进行及时和定期的比较，并立即采取任何必要的纠正措施。

Project Management

第 4 章

项目范围、质量、责任和活动顺序的确定

本章内容支持《PMBOK 指南》中的如下项目管理知识领域：
- 项目集成管理
- 项目范围管理
- 项目质量管理
- 项目资源管理
- 项目进度管理

现实世界中的项目管理

降低天气多变风险的项目范围

1954 年，黑兹尔（Hazel）飓风在加拿大造成了 10 亿美元以上的损失。2012 年，飓风桑迪（Sandy）引发的风暴，造成 2 700 万加仑海水汹涌而来，淹没了美国纽约的地铁线路。联合国降低灾害风险办公室估计，2006 年至 2016 年期间，由天气灾害造成的损失折合为 1 万亿美元，其中仅 2014 年，与天气有关的灾害事件在全球范围内超过 900 多起，共造成了 1 000 亿美元的损失。美国国家和海洋大气管理局估算，2015 年美国西部的干旱造成的损失为 10 亿美元。

因为不同的天气模式和水循环的变化，灾害以风暴、洪水和干旱的形式发生。不丹（Bhutan）经历过洪灾，巴基斯坦（Pakistan）经历过持续风暴，引发了洪灾和长期干旱。那些每 100 年才会发生一次的灾难现在预计会发生两次。

全世界范围内的项目经理在确定项目范围时都在考虑天气变化。世界银行（World Bank）交通专家安德鲁·洛索斯（Andrew Losos）提出，项目经理需要在他们的项目计划中纳入更广泛的条件，"例如，建设公路的项目通常会通过设计结构以抵御据记载的 100 年内的最大规模的洪水，项目经理甚至需要为更大的变数做好准备。"

洪水和干旱破坏了巴基斯坦（Pakistan）赖以生存的农产品，给巴基斯坦造成了很大的财政困难。巴基斯坦政府制定了教育项目，教导人们如何在屋顶和停车场安装集水罐，收集雨水和径流。巴基斯坦的新建筑计划要求将安装水存储器作为蓄水的手段之一。收

集到的雨水可用于花园或其他日常用水项目。来自沙特阿拉伯利雅得中东部慕柴尔的排水工程师 Ghulam Martaza 说:"需要进行蓄水和控制洪水的项目,需要花费很长的时间,一般需要 10 或 15 年的时间。他们正处于初期阶段。要恢复流域的水源达到盆地水平,我认为最重要的是让社会团体参与进来。大多数社会团体没有受过教育,因此水的损失很大。"

在世界其他地区,正在计划和实施能够减轻因天气多变带来的风险的项目。从 2010 年到 2015 年,世界银行在发展中国家的 330 个交通项目上花费了 303 亿美元。世界银行的这些项目和发达国家的项目都是基于风险和数据分析优先考虑的选择。一些项目是振兴老化的基础设施,其他的是新的建筑项目。

一个大型的防洪和复兴项目计划在加拿大安大略省南部的唐(Don)河下游实施。一个有新通道的多出口山谷系统,通过改造现有基础设施,预计将控制水的流向,通过扩大堰口,将水分流到远离三个自然山谷的海峡处坚固的码头。项目范围和顺序包括适应性管理技术,以便在不断变化的环境中对项目进行变更。

美国加利福尼亚萨克拉门托流域 YOLO 支流的扩建是防洪系统,它是由堤坝、堰和自然支流组成。通过收集利益相关者们(stakeholders)的信息并吸取过去项目的经验教训来确定项目的工作范围。美国加州萨克拉门托市加州水利部洪水安全信息和宣传部门的负责人达伦·孙(Darren Suen)说,当支撑项目经理们做法的假设被证明是错误的时候,他们也要准备好进行修正。在项目目标的规划过程中,孙(Suen)通过与利益相关者们进行及早及频繁的沟通策略,与利益相关者们建立信任关系。孙(Suen)评价:"这个项目对生态系统、娱乐休闲和农田都有明显的影响。"当你提议改变人们赖以生存的环境时,你必须保持决策过程的透明。清晰和一致的沟通建立了人们对组织专业知识的信任。

欧盟委员会联合研究中心的科学家们预测,未来 30 年内,欧洲特大洪水的发生率可能是现在的两倍。到 2050 年,拉丁美洲和加勒比地区在与气候有关的项目上的支出预计将占到其国内生产总值(GDP)的 1.5% 至 5% 之间。东南亚预计每年都会遭遇洪灾,对其经济状况有重大影响。预计许多项目将被计划用来帮助缓解这些预期的与天气有关的风险。每个项目都需要有一个确定的范围、质量管理计划、责任矩阵和活动顺序。

资料来源:Applebaum, M. (2016). Weather the storm. PM Network, 30(4), 62-67.

本章概要

本章将论述项目的范围文件(scope document)、质量、怎样确定哪些活动需要去做、谁将对它们负责以及在哪种情形下会开展这些活动。它描述了在安排完成项目所必须实施的工作要素和活动时使用的一些技术和工具。项目的范围确定了哪些工作需要去做以及要产出哪些交付物。然后,定义具体活动,并按照依赖关系来确定这些活动将来开展的顺序。你将了解以下内容:

- 明确项目目标;
- 准备项目范围文档;

- 理解质量计划的重要性；
- 制定工作分解结构；
- 为工作要素明确责任；
- 确定特殊活动；
- 制作网络图；
- 对于信息系统开发项目，使用系统发展生命周期的项目管理方法。

学习目标

学习本章后，你将能够：
- 明确项目目标；
- 准备项目范围文档；
- 理解质量计划的要素组成和重要性；
- 制定工作分解机构；
- 准备责任分配矩阵；
- 确定特殊活动；
- 制作网络图。

4.1 建立项目目标

计划过程是基于项目目标的，而项目目标又决定了将来要实现什么。项目目标常常是根据项目章程或需求建议书（RFP）提出的。承约商项目目标是项目小组或承约商为了达到出资者或者客户的预期利益而完成的有形产出物。项目目标通常是从产出物或者交付物、完工时间和成本等角度来确定的。它需要在计划的时间和预算内完成项目的工作范围并产出所有的交付物。它还应包括从实施项目、确认项目的成功中得到的预期利益。项目目标必须由出资者或客户以及项目执行团队或者承约商明确定义和商定。目标必须明确、可行、具体和可以度量。项目目标的实现要能被客户和承约商看到。项目目标应该包括以下要素：

- 从实施项目、确认项目的成功中得到的预期利益。这一要素明确了项目为什么值得去做。它可能包括一些动词，例如提高、扩张、减少、节约、建立等。如果可以的话这些要素还包括一些量化的测量方法，例如百分数、价钱的数量或者绝对的数字。例如：每年提高销售量5 000单位，欧洲的市场占有率扩张到60%，将外科手术后遭受感染的患者数减少到50%，捐赠者的数字增长两倍，或者将每年的花销减少到150 000美元。
- 最主要的项目最终产品或者交付物，例如可以网上购物的移动应用，全球市场的争夺，住宅区的综合设施，或者非侵权性的医学监控工具。
- 项目要求完成的日期，例如截至2012年6月30日，或者在18个月内。
- 项目完成时的预算。

项目目标的例子如下：
- 在 12 个月内以 400 000 美元为预算，通过重新配置和项目改进将手术室的数量提升 20%，将每位患者的平均等候时间降低 50%。
- 截至 5 月 31 日，以不超过 220 000 美元为限制，通过调整账单、募集和接收系统，减少应付账款至 2 000 万美元。
- 截至 9 月的最后一个周末，以 3 000 美元为预算，通过慈善晚会为饥饿人群筹集 40 000 美元善款。
- 截至 4 月 30 日，以不超过 40 000 美元为限制，通过提供网上购物服务使年销售收入翻番。
- 在 10 个月内以 200 万美元为预算，通过宣传一种新型的便携食品，将其市场占有率提升 3%。
- 截至 7 月 15 日，以不超过 40 000 美元为限制，通过印制和分发目录到学校，将今年 8 月份的销售份额比去年 8 月提高 10% 以上。
- 在 15 个月内以 320 万美元为预算，通过调整新型的过滤系统以满足改善环境的需求。
- 在 26 周内以 40 000 美元为预算，通过对客户市场的研究以获得客户偏好方面的信息。

像"建成一所房屋"一样的项目目标太模糊了，因为客户和承约商在"建成"的意义上可能有不同的看法。一个较好的目标应是："在 20 万美元的预算内，根据 10 月 15 日所定的楼层平面图和说明书，在 5 月 31 日以前建成这所房子。"说明书和平面图提供了有关承约商同意履行的项目工作范围之类的细节。因此，对于是否包括环境美化、是否铺地毯、入口门的大小、卧室要漆成的颜色、房间内照明设施的格调等问题，都不应该有任何争议，所有这一切都应在说明书中明确说明了。

项目目标在项目一开始就应是清楚而简洁的。然而，由于一些情有可原的情形或者新的信息，有时项目目标可能需要随着项目进程而有所改动。项目经理和客户必须对有关原有项目目标的所有改动达成一致意见，因为任何这样的变动都可能影响剩余的项目工作范围、完工日期和最终成本。

巩固所学

1. 项目的_____是_____，它又决定了将来要_____。
2. 项目目标通常是从_____、_____和_____等角度来确定的。

4.2 确定项目范围

项目范围确定了需要做什么事情。它是产出交付物、使出资者和客户满意、满足需求、接受标准并且完成项目目标的一项必要的工作。项目章程或需求建议书（RFP）为进一步阐述项目范围提供了一个框架。

承约商项目团队或者承约商要准备项目范围文件。它包括很多相关的项目事项,如项目许可、需求建议书(RFP)或者承约商的目的,这些都是十分详尽的。这个文件对于项目利益相关者(stakeholders)对项目范围有一个共同的理解是十分有价值的。

项目范围文件通常包括以下部分。

1. 对于项目的最终产品和其他项目交付物,客户的要求决定着它们的功能、操作、性能规范和能力。这些要求包括大小、颜色、重量或者参数(速度、正常运行时间、生产量、生产时间或者温度变化范围等)等规格。总之,在项目中这些要求必须使客户得到满足。有些客户的要求是一个有五间卧室、可以放两辆汽车的车库、一个壁炉和一个有地热系统的房子。商业安全系统的一项要求可能会是能持续八小时的电池备用电源,以防主能源供应的中断。

很多情况下,客户在项目章程或者需求建议书(RFP)中有更高的要求,这时项目团队或者承约商就要从客户或者最终使用者那里收集更多的信息以进一步确定他们的要求。这些信息是通过采访、调查或者小组讨论的方式而获得或搜集到的。在过程改进或信息系统项目中,从最终使用者那里获得需求信息是十分典型的。因为他们是最熟悉和了解这一流程或系统的,并且他们可能对改进流程或改进当前系统提出具体的要求和建议。这些要求可以包括整理好的文件,来源于报告的数据、格式或者内容的数据,或者人类因素如工作站的设计及位置。对于一项产品开发项目,例如一种新食品或者交通工具,焦点小组讨论方法常常有助于确定客户的偏好和要求。

这些要求还会包括或参考适当的技术规格、标准和规范,满足项目工作和交付物的质量和性能的要求。例如,一个建造儿童看护中心的项目,设计的要求就必须满足政府规范对于物质参数等的规格(如每个孩子的空间、卧室的数量等),而且符合当地建筑的要求(如内墙防火材料的使用、电梯的高度等)。又如内部项目小组正在为母公司收购的公司开发一个新的网站。该网站的设计要符合公司网站的技术规格以确保与母公司的其他网站的相容性、兼容性和综合性。

在项目范围文件中详细列出这些要求以使出资者和客户得以充分了解,这是十分重要的。

2. 工作描述(statement of work,SOW)决定了项目必须完成的主要任务和工作元素。工作描述还决定了项目小组和承约商要做的事情。如果工作描述不包括某些事情,那么这些事情将被假定为是不需要去做的。项目小组和承约商与出资者或者客户一起审查工作描述,这有助于满足客户的每项需求。例如,如需要训练使用者怎样操作或维护一个在项目章程或者需求建议书(RFP)中阐述不明或者模糊不清的新系统,那就需要通过工作描述来决定承约商是否提供这项训练。与此相似,如果在家庭主人的要求中没有提到是否要美化环境,即使家庭主人内心是有所要求的,但承约商的工作描述中没有要求,那么这项服务也是不用提供的。在项目范围文件中,工作部分的描述是承约商或者项目团队能够确切描述包括在项目范围中的那些事项,以及重新确认那些未被描述但很可能是客户忘记了的事项。

对于一个为客户的工厂设计、建造和安装专用的自动化高速包装的项目,在工作描述中可能会包括以下主要的工作要素:

a. 制定初步和详细的设计工作,包括准备说明书、图示、流程图和材料清单。

b. 在运送设备到客户工厂前,以及安装调试设备后,要对部件、子系统以及承约商的系统进行测试以确保设备满足客户的标准。在测试前,客户可能会要审查并批准这些测试的计划。

　　c. 召开设计评审会议,包括内部会议和与客户间的会议。在这些设计评审会议中,客户可能会初步了解或者同意对初始计划的调整。这些调整会对项目的范围、完工时间和预算产生影响。客户可能会修改合同,承约商也不得不为应对调整而修改计划,并为项目剩余部分建立新的基准计划。

　　d. 订购原材料和零件。

　　e. 装配零部件。

　　f. 软件的开发与测试。

　　g. 装配和测试硬件,包括部件的测试,将部件组装为替代零件,替代零件的测试,将替代零件组装为系统,以及完整的硬件系统的测试。

　　h. 组合硬件和软件,测试系统。客户会监控和记录测试结果看是否满足其要求。

　　i. 做好随时调整的准备,例如楼层的计划和通用的设备(电力、管道等),并确定在安装期间,客户要负责哪些部分。

　　j. 培训材料的准备(记录本、录像、计算机等),教客户如何使用和调试新设备。

　　k. 将设备运送到客户的工厂进行调试。

　　l. 对客户工厂中将要运行维护新设备的员工进行培训。

　　m. 对设备进行最终的测试以满足客户的要求。

　　而对于一个商业活动项目,主要的工作要素包括以下内容:

　　a. 宣传工作——报纸广告、海报、门票等。

　　b. 招募志愿者。

　　c. 组织策划游戏,包括管理游戏摊位和给游戏胜利者颁奖。

　　d. 签订娱乐活动的合约,获得必要的许可。

　　e. 招募演员娱乐观众,招募工人管理舞台。

　　f. 安排食物,包括自制和购买的食品,建造食物摆放台。

　　g. 组织所有支持服务,如停车、保洁、安保、客房和急救设施等。

　　3. 交付物是项目小组或者承约商在项目执行过程中或结束时提供给客户的产品。尽管关键的交付物会在项目章程或需求建议书(RFP)要求中有所描述,但它们需要在项目范围文件中被确切罗列出来。每一个交付物的详细描述都应该提供项目团队和承约商之间的协议以及他们会为客户提供什么。这有助于满足项目利益相关者(stakeholders)的预期。如果客户希望承约商提供新办公楼的三维实体模型而承约商提供的只是纸上草图,这是很令人尴尬的。不但客户不接受图纸,承约商也要花费额外的时间和费用重新制作三维模型,并且很可能拖延完工时间。这也不利于与客户发展良好的工作关系。

　　4. 对项目交付物的验收标准要进行详细的描述,而不仅仅在项目章程或需求建议书(RFP)中简单说一下。对于每一个交付物,都应将使用的量化的测量方法、参考规格、标准、编码等进行说明,这些都将成为客户认为交付物是否符合要求的基础。说明书或者标准是交付物质量的保证。在某些情况下,验收标准可以是特定的评审方法(例如抽样法)、测试规程(测试时间、使用外部实验室)、特殊的测试设备或仪器(校准的工业标准、环境舱)。一份可以量化的、详细的验收标准可以避免产生误解。例如,如果测试新产品的验收标准不明确,并且仅仅表明产品模型测试必须能够持续成功运转足够长的时间,那开发团队可能认为测试产品模型持续成功运行两天就算合格,并期望出资者满意模型的设计和规格。然而,出资者可能预期这项测试的持续成功运行周期是十天。在这种情况下,验收标准就应该这样描述:模型测试时要保证能够连续成功运行不少于十天而不仅仅是持续成功运行足够长的时间。

对于某些项目,付款条件与客户对某些特定的交付物的接受程度有关。例如,当客户审定了客户关系管理系统的细节设计,就要给承约商项目总金额的20%。

清晰、明确的验收标准对所有交付物都是十分重要的,因为它们是判定项目范围是否与客户要求和期望相符的基础。

5. 工作分解结构(WBS)。工作描述部分确定的主要工作要素和可交付成果的详细清单是创建工作分解结构的基础。它是将项目工作范围转化为产出项目交付成果的工作包的层级结构,也是一种将项目工作和交付物组织细分为更多的、可管理部分的技术。WBS为创建进一步的计划以完成整个项目建立了框架。因此,项目范围文件应包括一个以图形图表形式描述的高层次的WBS,也可以作为一张工作要素和与交付物有关的合同列表。这个WBS会为计划过程的下一步中创建更详细的WBS打下基础。

应该注意到的是,在项目开始的时候,也许不可能十分详细地明确所有的工作要求、工作项和可交付成果。这对于长期持续的项目是一个典型情况,例如一个持续多年的项目或者一个有多个阶段的项目。明确近期工作的细节相对容易些,但是随着项目的推进,或者从一个阶段过渡到另一阶段,项目团队或者承约商能够随着信息的增多逐渐地阐明详细信息。

项目范围文件对于在项目利益相关者(stakeholder)中对项目范围建立共同的理解是十分有价值的。承约商或者项目团队在项目范围文件中从出资者或者客户那里获得了许可。如果范围比客户最初预期的大,那么很可能会影响执行项目工作的预算与时间,并影响项目目标的完成。在这种情况下,客户和承约商就不得不同意增加预算,延长完工时间,缩小范围,或者是以上这些情况的组合。已获批准的项目范围文件在项目执行过程中构成了任何变更的底线。变更控制系统的建立能够确定变更是如何被记录、批准和商议的。项目团队或者承约商一定要避免项目范围蔓延,它常常使项目范围在未获得许可时就出现变化。许多项目由于未得到记录、批准或商议的额外的工作而引起范围蔓延,从而导致项目的其他工作出错或返工。关于管理部分的变更请参阅第10章,追踪文件部分的变更请参阅第12章。

 巩固所学

3. 项目范围确定了_____要完成的需求。
4. 项目范围文件包括哪些部分?
5. 项目团队一定要避免项目范围_____。

4.3 质量计划

质量计划在项目执行过程中十分重要,它能够使工作按照规格和标准来完成,并且满足交付物的验收标准。质量计划是项目中一项必要的但经常被忘记和忽视的工作。为确保依据项目交付物及其结果的质量来制订计划,而不是等到项目结束才检查出资者或者客户对于项目交付物的质量的要求和预期是否得到满足,这是十分必要的。例如,如果家庭主人要求承约商把所有屋子的内墙粉刷一遍,但是工作做得很草率而且墙皮粉刷成了条状的,屋子确实被粉刷了,但那质量就远未达到客户的要求。试想如果印刷了 20 000 份货物目录但图像却模糊不清,交付物的数量是完成了,但质量不符合要求。

为了避免出现质量问题,制订项目质量计划是十分重要的。质量计划要包括或者参考规格、工业或者政府标准(包括设计、测试、安全、建造等),以及在开展项目工作时必须遵守的准则。例如,在建设项目中,建筑设计和建筑材料应符合适当的行业标准,以及当地的建筑规范。类似地,当开发与电有关的产品时,有关安全的工业标准应该应用到项目中,并且产品的测试要与特殊的测试程序相符以确保满足安全标准。将要使用的质量标准也应在其他适当的项目文件中进行陈述或者予以参考,例如技术规格和验收标准,并且在项目开始前要与项目团队成员进行沟通。质量计划还要要求供应商提供文件,以证明提供的材料满足特定的需求。

为保证质量,项目质量计划应包括使用各种质量工具和技术的书面规程,例如审计、视察、测试、检查表等。计划还应该描述会使用哪些技术和工具以及何时使用它们。在技术方面,经常使用审计和观察手段。例如,在军事合同方面,承约商要建立武器系统,在项目期间,政府部门向承约商派驻质量代表是一个很普遍的事情,他们负责在项目进行的过程中定期审查承约商的工作。在建造房屋的例子中,会要求承约商配合当地的建筑巡查员在建造全过程的不同时间段对特定工作(如地基、框架、管道、与电有关的设施等)进行检查。如果工作没有符合要求的规范,那么承约商不得不重新做这些工作直到它们通过审查。对于某些项目,客户可能会雇佣第三方独立的实验室作为它们的代表进行测试,而不是承约商自己审查自己的工作。还有些情形,客户不打招呼直接去承约商的设备或者工作场所,随机地选择工作要素进行检查,以确定所做的工作是否符合质量标准或要求。

质量计划中还包括申请特定的质量工具和技术的程序,从而使质量得到控制。质量控制的关键是在项目的全过程及早并定期监测工作质量,将监测结果与质量标准进行比较,做出必要的改正,而不是等到所有工作都完成后才对项目质量进行检查。在粉刷房屋的例子中,如果书面质量程序中指明项目经理必须在第一间屋子粉刷后、其他屋子粉刷前就进行粉刷检查工作,那么就有可能在粉刷其他房间时改正工作方法,保证粉刷正确。这时就只有第一间房间,而不是所有房间要重新粉刷。

在项目开始时编制质量计划是极其有益的,因为它有助于避免因工作满足不了客户要求而重做所造成的额外花费和工期延迟。质量计划旨在将工作一次就做对,工作与质量标准相一致,从而避免出现质量问题,而不是依赖于审查后做额外的工作来弥补质量问题。

经常有人认为他们从来没有足够的时间能将工作一次就做对,但他们必须花费更多的时间来重新将工作做对。欲速则不达!

巩固所学

6. 为避免质量问题,需要一个_____。
7. 质量控制的关键是监测工作质量、_____和_____。

 ## 4.4 创建工作分解结构

一旦准备好项目范围文件且得到批准,计划阶段工作的下一个步骤就是创建具体的工作分解结构(WBS),它是一种交付导向的项目工作范围的层级分解,可以将项目工作范围转化为能产出项目交付物的工作包。一个易于理解的项目范围文件是重要的,因为它是创建项目工作分解结构的基础。项目范围文件从工作描述的角度说明了哪些事情需要做,而 WBS 为如何具体开展工作、生成可交付成果建立了框架结构。

创建 WBS 是一种结构化的方法,它将所有项目工作按逻辑分组,并把它们细化分解为可管理的部分,从而确保所有完成项目的工作和可交付成果都符合最初的计划。它是项目团队或承约商在项目期间要完成或产出的可交付成果最终工作细目的层级树。工作分解结构将项目分解为一个个较小的分支,可称为工作细目(work items)。任何一个分支最底层的工作细目叫作工作包(work package)。工作包包括所有具体的、与工作包相关的工作活动,需要完成它们才能产出交付物。WBS 将项目分解为一个个层级,为每一个项目范围文件中规定的具体交付物,指明了一个个工作包。WBS 常常还包括一个分解了的、标有"项目管理"的工作包,它与所有与管理项目的工作有关,例如准备进度报告,召开评审会议、计划、监控、追踪完工时间和预算等。在工作分解结构中,所有最底层工作包的完工意味着项目工作范围的完成。

可以用图形图表或者列表的方式来创建 WBS。图 4-1 是用图形图表格式为一个城镇节日庆祝活动而做的工作分解结构的实例。不是所有 WBS 的分支都必须分解为相同的等级。图 4-1 中的大多数工作包是 2 级水平,但有 4 个工作细目进一步分解为更详细的 3 级水平,1 个工作细目(志愿者一栏)的分解只限于 1 级水平。

客户市场的研究细目是另一个工作分解结构的例子,如图 4-2 所示。

决定在 WBS 中包含多少细节或多少层次的指导方针是:

- 在这个层级上,产出具体的交付物是与这个层级相关的一个工作包的产出成最终产品。例如,一个装修办公室的 WBS 可能会有一个最底层的标有"家具"的工作产品,可交付成果是安装所有新的家具或配件。工作包应包括确定家具类型和数量的具体工作活动,准备说明书,准备特定要求,审查卖主对于各种设计和价格的建议,选择卖主,运送、组装、安装家具和配件。

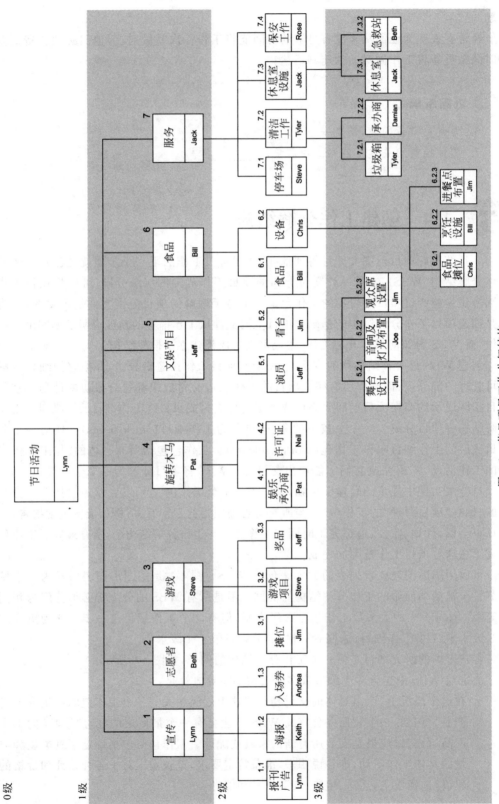

图 4-1 节日项目工作分解结构

第 4 章 项目范围、质量、责任和活动顺序的确定

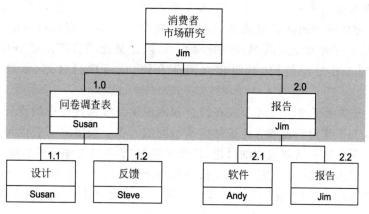

图 4-2 消费者市场调查项目的工作分解结构

- 在这个层级上,可以十分确信,定义了所有要开展的可产生可交付成果的活动,资源的类型和数量也得以决定,可以合理估计相关活动的持续性和花费。
- 在这个层级上,给单一的组织(营销传播、材料工程、人力资源、分包商等等)或者个人分配了完成工作包的责任与义务。
- 在这个层级上,项目经理想要监测和控制预算,收集实际花费的数据以及在项目执行过程中已完成工作的价值。

另一种创建 WBS 的方法是合同列表,如表 4-1 客户市场研究项目所示。这种形式适合于那些图表很大或者不便画图的大型项目。在合同列表上注意到,它还指明了与每个最底层工作包有关的预期能够完成的具体交付物。例如,工作包 1.1(设计),交付物是问卷得到批准;1.2(反馈),其交付物是收到所有完成的问卷;2.1(软件),其交付物是软件工作正常;2.2(报告),其交付物是最终的报告。

表 4-1 消费者市场调查项目工作分解列表

WBS#	描述	责任人	可交付成果
	消费者市场调查	Jim	
1.0	问卷调查表	Susan	
1.1	设计	Susan	问卷调查表得到批准
1.2	反馈	Steve	收到所有完成的问卷
2.0	报告	Jim	
2.1	软件	Andy	软件程序能正常工作
2.2	报告	Jim	形成最终报告

巩固所学

8. 工作_____结构是一个_____导向的项目_____的_____。
9. 工作_____结构为如何_____工作和生成_____建立了_____。
10. WBS 任何分支最底层的工作细目可称为_____。

对于大型复杂的项目，很难让一个人来确定所有的工作要素以及工作分解结构。因此，项目经理应该与团队关键成员一起来构建 WBS。他们应有特殊的专业技术、知识或者构建易于理解和完成的 WBS 的经验。可以让其他项目团队成员也参与构建项目范围文件和工作分解结构，以便建立团队合作、认可项目计划、承诺成功完成项目等。

通常 WBS 显示了组织或者个人在执行和完成项目细目过程中的责任分配。然而，工作分解结构与工作组织表或者组织结构是不同的。在一些情况下它也可能相同，但不总是相同的。关于这一话题的详细讨论，请参阅第 13 章项目管理组织结构。

工作分解结构为进一步创建项目工作的基线计划构建了一个框架。任何项目都没有一个理想的 WBS。不同的项目团队可能会为同一个项目创建稍微有些不相同的工作分解结构。

4.5 分配责任

责任分配矩阵（RAM，responsibility assignment matrix）决定了谁将要对工作负责。它是一种工具，可以用在工作分解结构中指派个人完成工作细目时的责任。这是一种很有用的工具，因为它强调每一项工作细目由谁负责，并表明每个人在整个项目中的角色和地位。图 4-3 是与图 4-1 中节日庆典活动项目的工作分解结构相关联的责任分配矩阵（RAM）。

责任分配矩阵（RAM）使用 P 表示某项特定工作细目的主要责任人，用 S 表示该项工作细目的次要责任人。责任分配矩阵（RAM）显示了在工作分解结构中与个人有关的每一个工作细目，以及与所有工作细目有关的每一个个人。例如，图 4-3 表明游戏摊位主要由吉姆（Jim）负责，克里斯（Chris）和乔（Joe）协助这项工作。例如，该图还显示了与乔（Joe）相关的所有工作细目。每项工作细目仅应该指派一个人作为领导或负责人。指派两个或更多人联合主管，会造成混乱并增加了一些工作没有人做的风险，因为每个人都以为其他人会做该项工作。

WBS 细目	工作细目	Andrea	Beth	Bill	Chris	Damian	Jack	Jeff	Jim	Joe	Keith	Lynn	Neil	Pat	Rose	Steve	Tyler
	节日庆典活动		S	S		S	S					P		S		S	
1	宣传	S									S	P					
1.1	报刊广告											P					
1.2	海报								P								
1.3	入场券	P	S								S						
2	志愿者名单						P			S					S		
3	游戏					S	S										P
3.1	摊位				S				P	S							
3.2	游戏项目														S	P	
3.3	奖品							P							S		

图 4-3 节日项目责任矩阵

WBS 细目	工作细目	Andrea	Beth	Bill	Chris	Damian	Jack	Jeff	Jim	Joe	Keith	Lynn	Neil	Pat	Rose	Steve	Tyler
4	旋转木马											S	P				
4.1	娱乐承办商												P			S	
4.2	许可证												P	S			
5	文娱节目							P	S	S							
5.1	演员				S			P									
5.2	看台								P	S							
5.2.1	舞台设计								P	S							
5.2.2	音响及灯光布置									P							
5.2.3	观众席设置				S				P								
6	食品	P	S														
6.1	食品	P	P											S			
6.2	设备	S		P					S								
6.2.1	食品摊位			P					S	S							
6.2.2	烹饪设施	P															
6.2.3	进餐点布置									P				S			
7	服务						P							S		S	S
7.1	停车场													P			
7.2	清洁工作				S										P		
7.2.1	垃圾箱														P		
7.2.2	承办商					P											
7.3	休息室设施	S					P										
7.3.1	休息室						P										
7.3.2	急救站	P															
7.4	保安工作					S			S					P			

注：P=主要责任；S=次要责任。

图4-3 节日项目责任矩阵(续)

巩固所学

11. 责任矩阵表明完成工作分解结构中的每项_____的责任人。

4.6 界定活动

在使用工作分解结构时，负责每个工作包的个人或者团队接下来必须确认为生产工作包的最终产品或可交付产品而需要执行的所有具体活动。活动界定还应进一步确定工作是如何进行的。一项活动(activity)，也被称为一项任务，就是需要消耗一定时间的一项明确工作，但它不一定消耗人力，例如，等待混凝土变硬需要几天时间，但不需要任何人力的投入。

对于图4-1中的工作包3.1游戏摊位，可以明确下面8项详细活动：

- 设计摊位；
- 确定材料；
- 购买材料；
- 搭建摊位；
- 粉刷摊位；
- 拆除摊位；
- 移至庆祝地点重新搭建；
- 拆卸摊位并送回仓库。

当确定了工作包中的所有详细活动时，应该将这些活动整理为一份易于理解的为产生项目可交付物和完成项目目标所需要做的所有活动的活动列表（activity list）。下一步就是在网络图中以图解方式表明完成整个项目工作范围所需的适当次序和依赖关系，以指明在项目工作范围中为产生可交付物，哪些活动需要执行和完成。需要说明的是，在项目开始的时候，也许不可能明确所有的具体活动。特别是对那些长期的项目来说。对于短期的项目来说，具体的活动更容易明确；但是随着得到越来越多的或者越来越明确的信息，项目团队可以逐步细化具体的活动。

在图 4-4 所示的客户市场研究项目的工作分解结构中，工作包中需要做的所有详细活动都需要确定。

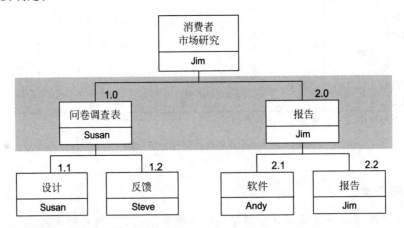

图 4-4 消费者市场研究项目的工作分解结构

巩固所学

12. 一个活动还叫作一项_____。

4.7 活动排序

网络图是在适当的排序中安排具体活动并明确其依赖关系的工具。它明确了每项活动将如何完成的顺序。

20世纪50年代,开发了两个网络规划技术:项目评审技术(PERT)和关键路径法(CPM)。从那时起,其他形式的网络规划,如优先图解法(PDM)被开发出来了。所有这些都属于网络规划技术的一般范畴,因为它们都使用网络图来显示活动的顺序和依赖关系。在过去,PERT和CPM之间存在明显的方法差异。但是今天,当大多数人提起CPM图或PERT图时,他们指的是一个通用的网络图。有关网络图的示例,参见图4-9和图4-13:用于进行消费者市场调查的项目和开发基于web的报告系统的项目。

4.7.1 网络原理

在绘制网络图时,必须了解和遵守一些基本原理。每项活动在网络图中由一个框表示,对该项活动的描述都写在框内,如下图:

活动会消耗时间,对它们的描述通常以一个动词开头。每项活动由且仅由一个框表示。此外,给每个框指定唯一的活动号。在上例中,活动"招募志愿者"给定活动号是7。

活动有依赖关系(dependent relationship),也称为优先关系,即它们以一种先后顺序联系起来,表明哪些活动在其他活动可以开始以前必须做完。连接活动框的箭线表示先后次序的方向。一项活动只有在通过箭线与它联系的所有紧前的活动完成后才能开始。

某些活动必须依次完成。例如,如下图所示,只有在"洗车"完成后,"擦车"才能开始。

有些活动可以同时进行。例如,如下图所示,"招募志愿者"和"购买材料"可以同时进行,当它们都完成之后,"搭建摊位"才能开始。同样,当"粉刷摊位"结束后,"拆除摊位"和"清理"才能开始,并可同时进行。

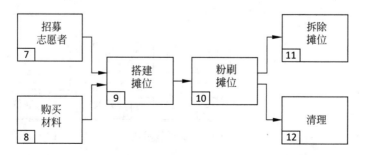

下图显示了活动之间的一个不符合逻辑的关系,叫作闭环(loop)。在绘制网络图时,把活动画在一个闭环中是不允许的,因为它描述的是不断自我重复的活动路径。

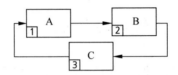

有些项目含有一整套多次重复的活动。例如,一个粉刷三个房间的项目。粉刷每一个房间都要求:①准备房间以备粉刷;②粉刷屋顶和墙;③漆贴面。假设有三个熟练工:一个做准备,一个粉刷屋顶和墙,一个漆贴面。

绘制如图 4-5 或图 4-6 中所示的项目网络图似乎是符合逻辑的。但是,图 4-5 表明所有活动必须按次序完成,这意味着在任何时候仅有一个人在工作而其他两个人在等待。另一方面,图 4-6 表明这三个房间可以同时进行,而这是不可能的,因为每种类型的活动仅有一个熟练工可用。

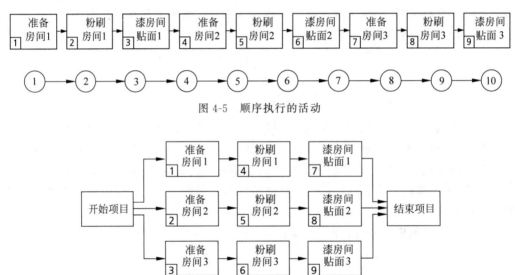

图 4-5 顺序执行的活动

图 4-6 同时进行的活动

图 4-7 是一种叫作梯形显示法(laddering)的技术,它用于显示连续多次重复的一组活动的依赖关系,并允许在尽可能短的时间内完成活动,同时充分利用现有资源。它表明

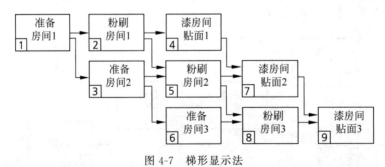

图 4-7 梯形显示法

每个熟练工在完成一个房间之后,可以开始下一个房间的工作。这种方法使项目在尽可能短的时间内得以完成,很好地利用了可用资源(熟练工)。

> **巩固所学**
> 13. 一个_____明确了每项活动将会_____完成的_____。
> 14. 网络图_____按顺序_____了具体活动并且明确它们之间的_____。

4.7.2 绘制网络图

根据活动列表和网络原理知识,你就可以绘制网络图了。首先,按逻辑优先次序开始在框里描写活动,然后用箭线连接,以表示它们之间的依赖关系,因为项目应从头到尾执行。在决定以某种顺序描写活动,以表明它们之间的依赖关系时,对于每项活动应该考虑以下三个问题:

(1) 在该活动可以开始之前,哪些活动必须及时完成?
(2) 哪些活动可以与该活动同时进行?
(3) 哪些活动只有在该活动完成后才能开始?

通过对每项活动回答这些问题,你就能绘制一个网络图,来描述完成项目工作范围所需活动之间的依赖关系和次序。

尽管为避免整个图太长或看起来不方便,有些箭头和线可能是从右至左,但整个网络图应该是从左至右的。如果网络图能够画在一张大纸上,就使整个项目一目了然了。但是,如果网络图很大,它可能会需要多张纸。在这种情况下,就有必要建立一个参考体系和一组符号来表明不同表上各项活动之间的相互关系的次序。

在开始绘制项目网络图时,不要太在意整洁。最好先画一张草图,以确保活动之间的依赖关系正确。然后,回过头来再画一份较整洁的图(或者,如果你正在用项目管理软件,就用计算机制图)。

在决定一个项目网络图应有的详细程度(根据活动数量确定)时,应考虑下列准则:

(1) 如果已经有了项目的工作分解结构,那么,必须明确每个工作包的具体活动,例如,图 4-4 表明了一个涉及消费者市场调查项目的工作分解结构和给每个工作包所定义的具体活动;

(2) 先绘制一个概括性的网络,再把它扩展成更为详细的网络图,这样做会更好。概括性网络是一个包括较少的较高层次活动的网络图,没有大量的详细的工作。在某些情况下,一个概括性网络可以一直满足整个项目的应用;

(3) 详细程度可以由某些明显的分界面或转换点来确定。

- 如果责任发生了变化,即由不同的人或组织接替此项工作,就应确定一项活动的结束和其他活动的开始。例如,如果一个人负责完成一个细目,另一个人负责包装它,那它们就应该是两个独立的活动。

- 如果作为一项活动的结果是一个有形的、可交付的产出或产品,那就必须界定一项活动的结束和其他活动的开始。产出的例子包括一份报告、一张图纸、一组设备的装运和为剧院制作的服装。就一本手册而言,草稿手册的提供必须界定为一项活动的结束;而另一项活动,可能是"批准草稿手册"将随后进行。

(4) 活动的估计工期不能比检查实际项目进度和将之与计划进度做比较的时间间隔长。例如,如果一个项目是3年期的,项目团队计划按月检查项目进度,那么网络图中不能包含预计工期长于30天的活动。如果存在估计工期长于一个月的活动,必须把它们分解成更为详细的、期限在30天或更少天数内的活动。

不管初始网络图的详细程度如何,一些活动可以随着项目进程进一步分解。认清近期(在以后几周或几个月)需要开展的活动总比认清一年后要开展的活动容易。随着项目的进展,越来越多的信息被获得或变得清楚,网络图变得复杂是很正常的。

在某些情况下,一个组织可能为不同的客户做类似的项目,这些项目的某些部分可能包括在相同的依赖关系和活动次序中相同类型的活动。如果是这样,就很有必要为项目的这部分做标准子网络。子网络作为网络图的一部分,代表了一个具体的工作包或一组有一定标准或完善的系列活动。有了标准子网络,为整个项目绘制网络图时就能省力、省时。项目中有些活动之间的逻辑关系已通过以往的实践很好地建立起来了,因此,应该为项目中的这部分制作标准子网络图。当然,这些子网络对某个特定的项目来讲,如有必要也是可以修改的。

最后,当完成整个网络图时,有必要给每一项活动(框)指定唯一的序号。

图4-8表示消费者市场调查项目的完整网络图,注意,在这些图中每项活动都添加了负责人。

网络图是一份展示所有活动是如何联系在一起以完成项目工作范围的路线图。它也是项目团队的一种交流工具,因为它表明每项活动由谁负责和他的工作是怎样与整个项目结为一体的。

 巩固所学

15. 参看图4-8:
   (1) 在"准备邮寄标签"和"打印问卷调查表"完成后,哪项活动可以开始?
   (2) 为使"输入反馈数据"开始,哪些活动此时必须完成?
16. 参看图4-8:
   (1) 为使"测试软件"开始,哪些活动此时必须完成?
   (2) 判断正误:
      一旦"打印问卷调查表"结束,"邮寄问卷调查表并获得反馈"就能立即开始。

第4章 项目范围、质量、责任和活动顺序的确定 105

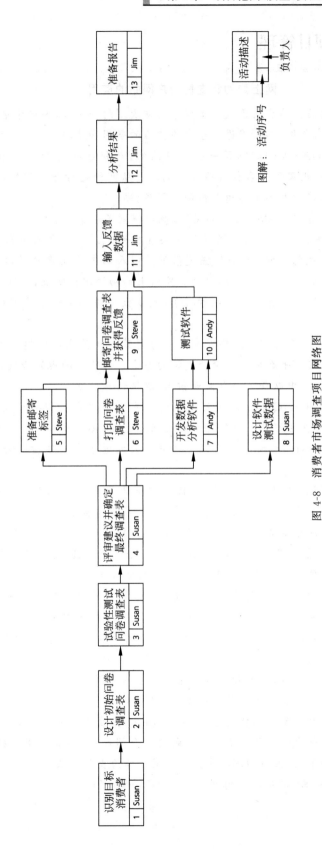

图 4-8 消费者市场调查项目网络图

现实世界中的项目管理

网上购物和支付门户网站的应用

网上购物和支付门户的应用已成电子商务总体规划的一部分,为此卡塔尔的《电子商务法》旨在加强电子商务价值链,促进电子商务流程的采用和实施。位于卡塔尔多哈的信息和通信技术部(ictQATAR)建立了一个项目团队,与利益相关者们(stakeholders)合作,为支持电子商务的框架和平台制订项目计划。要从问问题开始。他们对电子商务及其流程了解多少?他们对卡塔尔的商业惯例了解多少?

通过与利益相关者们(stakeholders)交流,他们找到了答案。

在其他国家,使用信用卡是电子商务的主要支付形式。电子平台的配置成本较高。没有建立网上购物系统的系统,安全信任度很低。以人均国内生产总值(GDP)衡量,卡塔尔被评为最富有的国家。然而,卡塔尔的公民网上购物的比例较低,通过门户网站提供网上购物选项的企业的比例也较低。在卡塔尔,大多数交易都是通过货到付款或使用借记卡进行的。

项目组决定,电子平台可以通过即时支援来为商家和相关主题问题专家们提供学习支持。计划还包括在实施平台内寻求资金支持的潜力。该项目的规划阶段用了两年时间制订了一个项目计划,其中包含了一个商业案例,以供预算批准。

在两年的规划期间,ictQATAR项目团队与中东的利益相关者们(stakeholders)会面,介绍该计划及其潜在的好处。虽然许多利益相关者(stakeholders)不支持电子商务计划,但许多利益相关者(stakeholders)看到了培育强大的电子商务环境的好处,并为成功提供了必要的资源。

项目进展收效甚微。2015年10月,项目组宣布竞争对手可以参与国内支付市场。付款选项仅通过一家本地支付提供商向借记卡开放,该提供商将三家银行与卡塔尔中央银行的QPay支付网关连接起来。2015年12月,总部位于阿联酋的支付服务提供商PayFort开始接受卡塔尔电子商务用户的借记卡支付。ictQATAR团队与卡塔尔的支付网关服务提供商遇到了技术上的困难。移动用户和基于web的用户使用有限。为了改善客户体验,ictQATAR展示了高知名度的区域性电子商务网站,作为企业和服务提供商应该开发以满足客户期望的一个例子。项目小组计划与卡塔尔中央银行举办关于有担保借记卡支付网关的好处和减少支付欺诈的研讨会,以为该项目获取更多的支持,并为开发其他电子商务网站提供信息。项目小组计划与卡塔尔中央银行举办一场研讨会,来帮助这个项目争取到更多的支持,并为开发其他电子商务网站提供信息。研讨会的主要内容是担保借记卡支付网关具有减少支付欺诈等多种好处。

项目团队希望其他主要利益相关者(stakeholders)在听取了项目优势介绍后,能够尝试为企业采用电子商务业务。研究小组注意到的一个问题是,尽管采用者接受了广泛使用的借记卡作为支付手段,但他们不接受使用信用卡作为支付选项。

资料来源:Anonymous.(2016). Set up shop. PM Network,30(3),36-37.

4.8 信息系统开发计划

由于目前信息技术的项目数量迅速增加,因此有必要在以下几章中,每章都涉及一部分有关信息系统开发的项目管理实践。信息系统(information system,IS)是一个以计算机为基础的系统,该系统接收数据输入,进行数据处理,并向用户提供有用信息。信息系统包括计算机化的订单输入系统、电子商务系统、自动应答机、开账单、工资单和存货系统。开发一个信息系统是一项富有挑战性的工作,它需要广泛的计划和控制,以便确保系统满足用户的要求,并能在预算内按时完成。

系统开发生命周期(systems development life cycle,SDLC)是项目管理的一种计划工具或方法,它常用来帮助计划、执行和控制信息系统开发项目。SDLC包括一系列在一个开发项目周期需要完成的阶段或步骤。

许多人把SDLC看作是一种典型的解决问题的方法,它包括以下几步。

(1) 问题界定。收集和分析数据,并明确界定问题和机会。界定和研究技术方面、经济方面、业务方面及其他方面的可行性因素,以便至少初步确定是否可以成功地开发和使用信息系统。

(2) 系统分析。即开发小组界定要开发系统的范围、访问潜在用户、研究现有系统(可能是手动的)和明确用户要求。

(3) 系统设计。提出几种可供选择的概念性设计,它们在较高层次上描述输入、处理、输出、硬件、软件和数据库。然后评估每一个备选方案,选择一个最好的方案来进行进一步设计和开发。

(4) 系统开发。即开发和导入实际系统。购买硬件;软件可以通过购买、定制或开发得到;数据库、输入屏幕、系统报告、电信网络、安全控制及其他特性也一并开发。

(5) 系统测试。系统内的单个组件开发完成之后,就可以开始测试了。测试包括找出逻辑错误、数据库错误、遗漏错误、安全错误,以及阻碍系统成功的其他问题。在测试完单个组件和纠正问题之后,还要对整个系统进行测试。一旦用户和开发人员确信系统正确无误,系统即可付诸实施。

(6) 系统实施。用一个新的改进系统取代现存系统,升级系统,并对用户进行培训。有几种方法可用于将一个现存系统转换为新系统,使其对用户的干扰最小化。

系统开发生命周期以系统实施作为结束。系统生命周期本身在系统完成和运行以后还会继续,要对开发过程有一个正式的评审,并继续对系统进行维护、改进和提高。

信息系统实例:ABC办公室设计公司的互联网应用开发

一家名为ABC办公室设计(ABC Office Designs)的公司拥有很多销售代表,这些代表向大公司销售办公设备。每个销售代表被分派到一个特定的州,每个州是该国四个地区之一的一部分。为使管理层能够监控每个代表、每个州和每个地区的销售数量和销售额,ABC决定建立一个基于因特网的信息系统以追踪价格、存货和竞争等情况。

公司信息系统部任命贝丝·史密斯(Beth Smith)为销售报告系统开发项目的项目经理。在员工的帮助下,贝丝找出了需要完成的所有主要任务,并建立了工作分解结构,如图4-9所示。注意,工作分解结构是根据SDLC而做的。在第1级中,主要任务是问题界

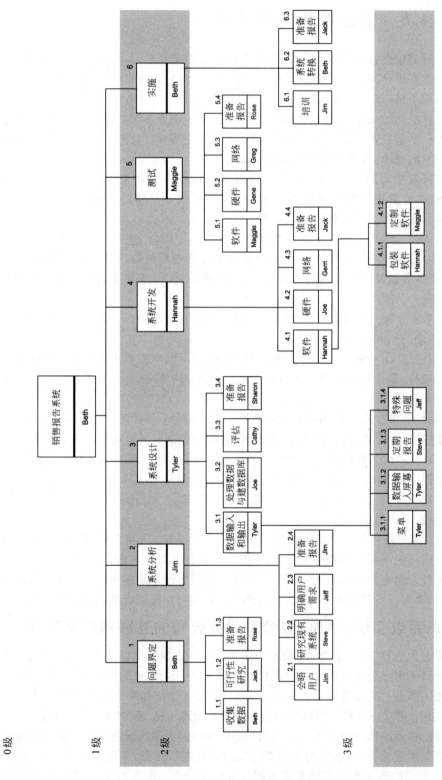

图 4-9 销售报告系统项目工作分解结构

定、分析、设计、开发、测试和实施。这些任务中的每一项再进一步分解为 2 级任务,其中一些则更进一步分解为 3 级任务。

WBS 细目	工作细目	Beth	Jim	Jack	Rose	Steve	Jeff	Tyler	Cathy	Sharon	Hannah	Joe	Gerri	Maggie	Gene	Greg
	销售报告系统	P	S					S		S				S		
1	问题界定	P		S	S											
1.1	收集数据	P	S										S			
1.2	可行性研究			P		S	S		S	S						
1.3	准备报告	S		P												
2	系统分析		P			S	S									
2.1	会晤用户		P			S					S			S		
2.2	研究现有系统				P											
2.3	明确用户要求						P									
2.4	准备报告		P													
3	系统设计							P	S	S	S					
3.1	数据输入和输出					S	S	P								
3.1.1	菜单							P								
3.1.2	数据输入屏幕	S	S					P								
3.1.3	定期报告					P	S						S			
3.1.4	特殊问题					S	P						S			
3.2	处理数据和建数据库											P			S	S
3.3	评估	S	S	S				P								
3.4	准备报告							P	S							
4	系统开发			S				P	S	S						
4.1	软件							P	S	S				S		
4.1.1	包装软件							P	S	S				S		
4.1.2	定制软件								S	S				P		
4.2	硬件				S					P						
4.3	网络											P				
4.4	准备报告			P												
5	测试				S									P	S	S
5.1	软件					S	S							P		
5.2	硬件								S	S					P	
5.3	网络							S	S							P
5.4	准备报告				P									S	S	S
6	实施	P	S	S												
6.1	培训		P								S	S				
6.2	系统转换	P									S	S				
6.3	准备报告	S	S	P												

注:P = 主要责任;S = 次要责任。

图 4-10 销售报告系统项目责任矩阵

在项目团队完成工作分解结构后,又制定了责任矩阵,如图4-10所示。注意,这张表反映了工作分解结构所示的所有活动。此外,它还表明每项任务谁负主要责任和谁负次要责任。

接下来,贝丝创建了网络图以表明任务的相互依赖性。在贝丝做这项工作之前,她和项目团队制定了一份包括所有要完成任务的一览表,把每项任务的紧前事件列在任务的右方,如表4-2所示。注意在"准备问题界定报告"可以开始之前,"收集数据"和"可行性研究"必须完成。同样,在"准备系统分析报告"可以开始之前,"研究现有系统"和"明确用户要求"都必须完成。

表 4-2 活动和紧前事件序列表

活动	紧前事件
1. 收集数据	—
2. 可行性研究	—
3. 准备问题界定报告	1,2
4. 会晤用户	3
5. 研究现有系统	3
6. 明确用户要求	4
7. 准备系统分析报告	5,6
8. 数据输入和输出	7
9. 处理数据和建数据库	7
10. 评估	8,9
11. 准备系统设计报告	10
12. 开发软件	11
13. 开发硬件	11
14. 开发网络	11
15. 准备系统开发报告	12,13,14
16. 测试软件	15
17. 测试硬件	15
18. 测试网络	15
19. 准备测试报告	16,17,18
20. 培训	19
21. 系统转换	19
22. 准备实施报告	20,21

根据此表,贝丝制作了网络图,如图4-11所示。

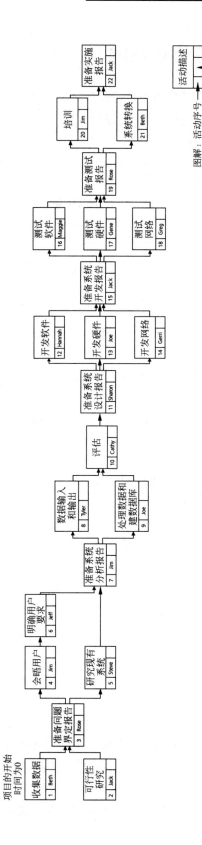

图 4-11 销售报告系统项目网络图

4.9 项目管理信息系统

目前市场上有大量价格并不昂贵的项目管理信息系统可供选择。这些系统能够帮助和支持项目经理和项目团对项目进行计划、跟踪和控制。

项目管理信息系统一般具有以下功能：

- 生成任务一览表，包括它们的预计工期。
- 建立任务之间的相互依存关系。
- 可以有不同的时间尺度，包括小时、天、星期、月和年。
- 处理某些限制，例如，某项任务在某天之前不得开始，某项任务到某一天必须开始，工会允许周末最多有两个人工作。
- 跟踪团队成员，包括跟踪他们的薪金、迄今为止在项目上的工作时间、即将到来的假日日期。
- 将公司的假日、周末和团队成员的假期归并于日历系统。
- 处理工人的轮班工作时间（早班、中班、夜班）。
- 监控和预测预算。
- 找出矛盾，例如，资源配置不当及时间的矛盾。
- 生成种类繁多的报告。
- 与其他软件应用系统，如电子数据表和数据库的衔接。
- 以不同方式整理信息，例如，按项目、团队成员或工作包来整理信息。
- 处理多个项目。
- 联机工作，并对进度、预算或人事变动迅速做出反应。
- 比较实际成本与预算成本。
- 以不同方式显示数据，包括以甘特图、网络图和条形图的形式。

书后附录 A 对项目管理信息系统进行了深入讨论。

关键的成功要素

- 给工作做计划然后按照计划工作。在项目开始以前制订一个计划是很重要的。投入相当的时间制订一个经过深思熟虑的计划，对于任何项目的成功完成都是必要的。
- 参与能建立起承诺。通过对计划工作的参与，个人将承诺努力按照计划完成工作。
- 项目的目标必须明确，并且在客户和执行项目的组织之间达成一致。要能从最终产品或可交付物、完工时间和预算的角度确定和完成项目目标。
- 项目范围文件对项目利益相关者之间在项目范围内建立相互理解和达成共识具有重要的价值。
- 在项目开始时建立质量计划极其有益，因为它有助于避免工作和可交付物由于未满足质量要求和客户期望而导致的返工所造成的花费增加、工期延长等情况。
- 质量控制的关键是在项目的全过程定期监测其质量，而不是等到工作结束后才进行质量检测。
- 网络图是项目团队交流的工具，因为它表明谁对活动负责以及每个人的工作如何才能符合项目要求。

 本章小结

　　计划过程是基于项目目标的，它决定了什么是要完成的任务。项目目标通常从最终产品、交付物、完工时间和预算等角度来确定。它要求在特定的时间和预算内完成工作和完成所有交付物。它还应该包括预期利润，从而确定实施项目的结果以及项目是否成功。

　　项目范围决定了都要做哪些事情。它确定了为产出项目交付物以满足出资者和客户要求、验收标准、实现项目目标所要开展的全部工作。项目范围文件通常包括客户要求、工作描述、交付物、验收标准和工作分解结构。工作范围文件对项目利益相关者（stakeholders）达成对项目范围的共同理解具有重要的价值。承约商或者项目团队正是从项目范围文件中得到利益相关者（stakeholders）或者客户的许可。

　　质量计划在项目执行过程中十分重要，它能够使工作按照规格和标准来完成，并且满足交付物的验收标准。质量计划要包括或者参考一些规格参数、工业或者政府标准，以及在项目执行过程中涉及的法规。为了保证质量，项目质量计划应包括使用各种质量工具和技术的规程。质量控制的关键是在项目的全过程尽早并定期监测工作质量，与质量标准进行比较，做出必要的改正，而不是等到所有工作都完成后才对项目质量进行检查。在项目开始时编制质量计划是极其有益的，因为它有助于避免由于工作或可交付物不能满足客户要求和期望求而返工所造成的额外花费和工期延迟。

　　工作分解结构（WBS）是项目工作的层级分解。它可以将项目工作范围转化为能产生项目交付物的工作包。WBS 为如何开展工作建立了框架。工作分解结构（WBS）是一种将组织所有项目工作和交付物汇集成一组并把它们细分为可供管理的部分的一种结构化方法。这有助于确保项目计划中所有工作和交付物都包含在项目基线计划中。

　　责任分配矩阵（RAM）决定了谁将会对工作负责。它可用于在工作分解结构中指派某个人负责完成某个工作细目，同时也显示了与每个人有关的工作细目。

　　使用工作分解结构时，个人或者团队的对于每一个工作包的责任必须确认所有执行工作包中最终细目和可交付物的具体活动。活动还会进一步确定了工作是如何进行的。

　　网络图是安排活动的适当次序和相互关系的一种工具。它确定了活动的顺序。网络图堪称一份能展示所有活动如何联系在一起以完成项目工作范围的路线图。它也是项目团队的一种交流工具，因为它表明每项活动由谁负责，以及每人的工作是怎样与整个项目结为一体的。

　　项目计划是开发信息系统（IS）至关重要的一项活动。系统开发生命周期（SDLC）是项目计划的工具或方法，常用于帮助计划、执行和控制信息系统开发项目。SDLC 由一系列阶段或步骤组成：问题界定、系统分析、系统设计、系统开发、系统测试和系统实施，所有这些都需要在开发项目期间内完成。

大多数项目管理信息系统可用来帮助和支持项目经理和项目团队计划、跟踪和控制项目。

思考题

1. 为项目制订计划是什么意思？它包括哪些内容？制订计划的工作中应该包含哪些人？

2. "项目目标"一词是什么意思？如果项目目标未曾写明,可能会发生什么？给出三个明确写明目标的例子。

3. 请描述项目范围文件。为什么它对清楚界定项目范围很重要？

4. 什么是工作分解结构？什么是责任分配矩阵？它们有何关系？

5. 为什么质量计划很重要？根据你的经验,请举例说明如何制订和控制质量计划以便在项目中避免质量问题。

6. 什么是活动？它总需要人力吗？参看图 4-1,分别提供为完成工作包 3.3 和 4.2 所需的工作细目。

7. 参看图 4-8,在"输入反馈数据"可以开始之前,哪些活动必须完成？哪些活动在"评审建议并确定最终调查表"完成以后可以开始？列出两项可以同时进行的活动。

8. 何时可以在网络图中使用梯形显示法？给出一个不同于本章提供的例子,并画出相应的网络图。

9. 为什么你要向从事项目管理的人推荐项目管理软件？它有哪些特征和优点？

10. 画一张表示以下信息的网络图：项目一开始,活动 A 和 B 可以同时进行；当 A 结束时,活动 C 和 D 可以开始；当 B 结束时,活动 E 和 F 可以开始；当活动 D 和 E 结束时,活动 G 可以开始；当活动 C、F 和 G 结束时,项目完成。

11. 画一张表示如下信息的网络图：项目以三项活动 A、B、C 开始,它们可以同时进行；当 A 完成后,D 可开始；当 B 完成后,F 可开始；当 B 和 D 都完成后,E 才能开始；项目在活动 C、E 和 F 都结束时完成。

12. 画一个网络图,表示下面 IS 开发任务一览表。

活动	紧前活动
1. 问题界定	—
2. 研究现有系统	1
3. 确定用户要求	1
4. 逻辑系统设计	3
5. 实体系统设计	2
6. 系统开发	4,5
7. 系统测试	6
8. 转换数据库	4,5
9. 系统转换	7,8

第4章 项目范围、质量、责任和活动顺序的确定 115

 上网练习

1. 在网站上寻找项目计划工具,然后列出至少三个你所找到的这样的网站。
2. 看看国际项目管理协会(IPMA)的网站。浏览该网站了解更多关于认证、会员资格、出版物、奖项、活动和教育机会的信息。
3. 搜索 IPMA 的链接"Young Crew"。Young Crew 是 IPAM 战略的关键组成部分,培养项目管理领域的明日之星。谈谈你的感想。
4. 《国际项目管理》这本杂志是 IPMA 的出版物,到杂志的首页或 Elsevier Science Direct 的网站上去搜索杂志。单击示例问题链接。从样本发行版打印一张文章列表。
5. 在 Elsevier Science Direct 网站的搜索工具中,搜索关键词"计划"。将你的发现列一张表。然后,点击"年度"或"主题"选项,并描述你的发现。

 ## 案例分析1 一个非营利性医学研究中心

你叫亚历克西斯(Alexis),是一家国家非营利性医疗机构的外事部主任,你们的医疗机构是研究与衰老相关疾病的研究中心。维持研究中心运营的资金有多种渠道的来源,有来自公众和个人的资产的部分,也有来自公司、基金会和联邦政府的拨款的部分。

你们部门要准备一份年度报告,主要内容是关于研究中心年度业绩以及董事会的财务状况。它主要是由一个简单的封面、大部分文本内容和一些黑白图和表格构成。这份报告内容很多,读起来相当枯燥。撰写这份报告费不了多少力气,不过是需要花费些时间来收集到研究中心其他部门的信息,并努力把收集到的信息整合成文本。

在上次董事会会议上,董事们提出,希望年度报告能够"升级"成一份可用于市场推广目的的文件。他们要你把下一年度的年度报告寄给中心的各位利益相关者(stakeholders)、捐赠过或者将会捐赠的人。董事会认为,这样一份文件能够提高研究中心与联合会里其他大型的非营利机构竞争基金和捐款的能力。董事会认为,年度报告可以让利益相关者们(stakeholders)知道,研究中心在研究工作中取得的进展以及依靠强有力的财务管理能力,它能够有效地利用所得到的资金和捐款。

你需要制作一个简短、简单、易读的年度报告,用来展示研究中心的研究成果和对人们生活的影响。你需要收集使用了研究中心成果的不同医院、诊所和长期护理设施的照片。你还需要收集受益于其研究成果的患者和家属的推荐信。这份报告一定要吸引人。它需要是多种颜色的,包含许多图片和易于理解的图形,并以一种可以被普通的潜在捐赠者理解的方式书写。

这对你的部门来说是一项重要的工作,你还需要三名员工。你将不得不放弃参加一些活动,前往全国各地有医疗设施的几个地方拍照存档,获取表扬信。您还需要将设计、印刷分包出去,让不同的分包商向您提交建议和价格。你预估有约 500 万册需要印刷和邮寄。

现在是4月1日。董事会要求你在5月15日的下次会议上提出一个详细的计划、时间表和预算,说明你将如何完成这个项目。董事会希望在11月15日通过邮件发布年度报告,因此潜在的捐赠者将在节日期间收到这份报告,那时他们可能会有心情捐款。该中心的会计年度截止于9月30日,其财务报表应于10月15日前公布。但是,这份报告的非财务信息可以在5月15日的董事会会议之后开始撰写。

幸运的是,你在当地大学参加一个项目管理的晚班课程,并把这次报告撰写任务看作是一个应用你所学的机会。你知道这是一个大项目,董事会对这份报告有很高的期望。你想确保你达到他们的期望,并让他们批准预算,你将需要这个项目。你要确保你达到了他们的预期,并让他们批准这个项目所需的预算。然而,只有当你有一份关于为了完成任务所有需要做的事情的详细计划,并且他们相信这份计划能达到预期的情况下,他们才会批准预算。你和你的员工有6周的时间准备这份计划并在5月15日的董事会上进行汇报。如果得到批准,你将有6个月的时间,从5月15日到11月15日去实施计划,完成项目。

你的员工包括市场专员格雷丝(Grace)、一名写作/编辑利维(Levi)和一名爱好摄影的助理拉基沙(Lakysha)(她利用晚上的业余时间上大学,以获得新闻摄影专业的学位,她获得了几次本地摄影比赛奖项)。

案例问题

你和你的团队需要准备一份向董事会汇报的计划。你必须:
1. 建立项目目标,并列出你对这个项目的假设。
2. 制定工作分解结构。
3. 准备完成项目目标所需的具体活动清单。
4. 对于每个活动,指定负责人。
5. 创建一个网络图,显示所有活动的顺序和依赖关系。

注:本案例分析将在第5章至第8章继续进行,因此请保存你的工作成果。

小组活动

将课程参与者分成四组,每组中的人扮演亚历克西斯、格雷丝、利维或拉基沙的角色,然后对上面列出的每个步骤进行处理。

案例分析2 婚礼

去年5月,托尼(Tony)和佩吉·苏(Peggy Sue)从得克萨斯州的一所大学毕业了。佩吉·苏获得了基础教育学位,托尼毕业于烹饪学院。他们现在都在达拉斯地区工作,佩吉·苏是一名教师,托尼是一家度假酒店餐厅的主厨。

今天是圣诞节,托尼向佩吉·苏求婚了。她兴奋地答应了。他们把结婚日期定在了6月30日。

第4章 项目范围、质量、责任和活动顺序的确定

托尼来自纽约市,他是老托尼和卡梅拉的独子,他被家人称为小托尼。托尼有三个妹妹,一个也没有出嫁。这家人开了一家叫 Big Tony's 的餐厅,四个孩子从小就在这家餐馆工作。他们还有一个由许多亲戚组成的大家庭,他们大多数都住在纽约市,他们也有很多朋友在附近。

佩吉·苏来自内布拉斯加州的康菲尔德。她是四个姐妹中最小的。她的姐妹们从小就在家庭农场工作。她的父亲几年前去世了。她的母亲米尔德丽德现在独自住在农舍里,把农田租给附近的农民。佩吉·苏的姐妹们都已经和当地人结婚了,并且都居住在康菲尔德。她们几人的婚礼都很小(约50人),简单并且流程几乎一样。米尔德丽德的婚礼计划几乎是一个标准的操作程序,上午9点在小教堂举行仪式,接着是教堂大厅的自助早午餐,就是这样。这个家庭实在负担不起更多的精心安排的婚礼,因为农场里的收入相当微薄。佩吉·苏的姐妹们没有上大学,她不得不贷款来支付自己的大学费用。

托尼和佩吉·苏决定打电话回家,宣布他们订婚和即将到来的婚礼的好消息。

托尼打电话回家告诉他的妈妈卡梅拉这个消息。她回答说:"那太好了,亲爱的!我一直在等待这一天。我简直不敢相信我的小宝贝要结婚了。我太兴奋了,我们要办一场有史以来最大最好的婚礼,我们所有的朋友和家人都会来祝贺你们的婚礼,大约有300人。当然,我们将在我们的餐厅接待;宴会厅应该足够大。我会告诉你的堂兄维尼,你想让他当伴郎。你们是在一起长大的,虽然自从你去得克萨斯州上大学后,你们就没见过多少面。我们一谈完我就给露西阿姨打电话,把这事告诉她,我们想让她家的小玛丽亚和特蕾莎做花童,让小妮琪负责送戒指。而且,哦,我几乎忘记了一件最重要的事,你的姐妹们都是伴娘。我已经能想象到她们深玫红色的华丽礼服。亲爱的,我还没问你爸爸,但我知道他周一会同意我的,我会打电话给我在旅行社的朋友弗朗辛,给你弄两张去意大利度蜜月的机票。你从来没有去过那里,你一定要去。这是你爸爸和我的礼物。把祝福传达给佩吉·李或者佩吉·苏茜或者不管是谁。我们为你俩感到高兴。这是你的婚礼,我不想给你捣乱。但是我可以在这里帮你。你知道我的意思。所以,我的小托尼,不管你要我做什么,你只要告诉我。还有一件事,星期天弥撒后我要去见弗兰克神父,让他在他的日历上标记一下,参加你们6月30日2点钟仪式。再见,我的大男孩。我会告诉爸爸你来过电话。我迫不及待地想告诉大家准备好6月30日的派对。"

佩吉·苏也给她妈妈打电话,告诉她即将到来的婚礼的消息。米尔德丽德回答说:"太棒了,亲爱的。我很高兴你终于要结婚了。你因为去上大学等了这么久。我会开始准备一切的。我现在做着梦都知道怎么做了。我将在周日礼拜后向约翰逊牧师提及此事。我要告诉你的姐妹们,按照家族的传统,让她们继续做伴娘。我想霍利会是这次婚礼的主要伴娘,轮到她了。她的第三个孩子可能就在你结婚的时候出生,但我不认为这有什么关系。好吧,我想你很快就会有自己的孩子了,就像你所有的姐妹一样。我很高兴你终于安定下来了。既然你已经大学毕业了,你应该考虑搬回家了。前几天,我在杂货店看到了你的二年级老师艾玛·米勒。她告诉我她要退休了。我告诉她,听到这个消息你会很兴奋,并且很可能想申请她的工作。"

"她说,她不认为他们会有太多的人申请,所以你会有一个很好的机会。你可以和我一起住。这房子又大又寂寞。房间很宽敞,我可以帮你照看孩子。你的男朋友,托尼,他

不是厨师吗？我肯定他能在镇上的餐馆找到一份工作。天哪，我太高兴了。自从你离开以后，我一直在祈祷你能回来。今晚你们所有的姐妹都来家里吃饭时，我就把这个消息告诉她们。过不了多久，我们又能在一起了。再见，亲爱的，在大城市里生活自己要注意安全。"

托尼和佩吉·苏开始讨论他们的婚礼。他们决定要和家人和朋友，包括大学里的朋友举行盛大的婚礼。他们想要一场户外婚礼，结婚仪式和宴会都在户外，到了晚上还有夜宵、音乐和舞蹈。他们不知道要花多少钱，而且知道佩吉·苏的母亲承受不起婚礼的费用，所以他们必须自己付钱。托尼和佩吉·苏都有大学贷款要偿还，但是他们希望从婚礼上得到的钱足够支付婚礼的费用，也许还能剩下一些钱去度蜜月。

现在是新年了，托尼和佩吉·苏决定坐下来，开始制订详细的计划，为他们的婚礼做准备。

案例问题

1. 列出一些可以用于婚礼策划的假设，但是不可以假设托尼和佩吉·苏逃离了婚礼，不管这多么刺激。
2. 制定工作分解结构。
3. 列出从现在到结婚当天需要做的具体活动。
4. 对于每一项活动，都要确定一个人（托尼、佩吉·苏，等等），他将负责完成这项活动。
5. 创建一个网络图，显示所有活动的顺序和相互关系。

注：本案例分析将在第 5 章至第 8 章继续进行，因此请保存你的工作成果。

小组活动

将课程参与者分成三到四组，按照上面的要求进行。

参考文献

Anonymous. (2016). Set up shop. *PM Network*, 30(3), 36-37.

Applebaum, M. (2016). Weather the storm. *PM Network*, 30(4), 62-67.

Artto, K., Ahola, T., & Vartianinen, V. (2016). From the front end of projects to the back end of operations: Managing projects for value creation throughout the system lifecycle. International Journal of Project Management, 34(2), 258-270.

Huff, A. S. (2016). Project innovation: Evidence-informed, open, effectual, and subjective. Project Management Journal, 47(2), 8-25.

Kock, A., Heising, W., & Germünden, H. G. (2016). A contingency approach on the impact of front-end success on project portfolio success. Project Management Journal, 47(2), 115-129.

Lenfle, A. (2016). Floating in space? On the strangeness of exploratory projects. Project Management Journal, 47(2), 47-61.

Pak, A., Carden, L. L., & Kovach, J. V. (2016). Integration of project management, human resource development, and business teams: A partnership, planning model for organizational training and development initiatives. Human Resource Development International,19(3),245-260.

Pinto,J. K., & Winch, G. (2016). The unsettling of settled science: The past and future of the management of projects. International Journal of Project Management,34(2),237-245.

Project Management Institute. (2017). A guide to the project management body of knowledge(PMBOK® Guide)(6th ed.). Newtown Square,PA: Author.

Qiang,M., Wen, Q., Jiang, H., & Yuan, S. (2015). Factors governing construction project delivery selection: A content analysis. International Journal of Project Management,33(8),1780-1794.

Rekonen,S., & Björklund, T. A. (2016). Perceived managerial functions in the front-end phase of innovation. International Journal of Managing Projects in Business,9(2),414-432.

Rockwood,K. (2016). A strong start. PM Network,30(4),46-51.

Ruiz-Martin,C., & Poza,D. J. (2015). Project configuration by means of network theory. International Journal of Project Management,33(8),1755-1767.

Williams,N. L.,Ferdinand, N., & Pasian, B. (2015). Online stakeholder interactions in the early stage of a megaproject. Project Management Journal,46(6),92-110.

Winch,G., & Leiringer, R. (2016). Owner project capabilities for infrastructure development: A review and development of the strong owner concept. International Journal of Project Management,34(2), 271-281.

附录4A 微软项目管理软件系统（Microsoft Project）(1)

在今天的商业环境中，Microsoft Project是应用最广泛的项目管理软件系统。该软件功能强大，而且便于操作，价格也比较合理。可以从微软网站下载一个免费试用版。在本附录中，我们将以消费者市场调查为例，简单讨论一下微软的项目管理软件是如何使用的，以此支持我们在本章中讨论的技术。

熟悉Microsoft Project 2016环境：打开Microsoft Project 2016。注意在主工作区（workspace）的甘特图（Gantt Chart）和"任务"工具栏（Task Ribbon）。如果你没有在菜单或"任务"工具栏的页面上看到"甘特图"选项（Gantt Chart Tools），请单击"任务（Task）"选项卡，打开"任务"工具栏，然后在"任务"工具栏中单击"甘特图"选项。在主工作区（main workspace）上方是"任务"工具栏、"资源"工具栏、"报表"工具栏、"项目"工具栏、"视图"工具栏、"格式"工具栏。要查看任何工具栏，请点击带有工具栏名称的选项卡。Office2016应用程序的新功能是"告诉我你想做什么"，你可以在文本框中输入关于你想做什么的单词和短语。"告诉我你想做什么"是一种智能查找方式，能给你接下来要做什么的建议。

在菜单栏左边是"文件"选项卡，这个选项卡包含"帮助"选项中的Microsoft Office Online链接，还有以前打开过的Microsoft Project文件列表，"保存"或"打印"当前项目的选项及"新建"(File)的选项。Microsoft Office在线有快速链接，"帮助"选项在窗口的右上角，是一个"?"按钮。

"格式"工具栏包含与所有选定页面相关的工作组。"甘特图"工具格式栏包含"格式""列""条形图样式""甘特图样式""显示/隐藏"和带有设计甘特图版面的"绘图"。"资源使用情况"工具格式栏包含"格式""列""详细信息"和设计"资源使用情况"图表格式的"任务组"。

访问 Microsoft Office Online 以得到在线教程及其他：如果你还没有这样做，花点时间探究 Microsoft Office Online，你将在那儿发现教程、提示、模板、新闻和其他关于 Microsoft Project 有价值的信息。在"文件"选项卡中的"帮助"提供了 Microsoft Office Online 的链接，或者点击窗口右上角的"?"按钮可以快速链接到 Microsoft Office Online。

现在让我们开始建立消费者市场调查项目。

消费者市场调查项目在第 7 章还将继续。在附录中，你可以在分层的合同列表格式中输入工作分解结构，确定紧前任务，为每个活动分配责任，并创建网络图。

在"文件"(File) 选项卡点击"新建"(New) 生成新项目文件，从可用的模板中，单击"空白项目"选项创建。点击"文件"选项卡和"另存为"选项，将文件保存为"消费者市场调查"。选择存储位置并输入文件名后，单击"保存"。

首先，设置一些属性来描述项目文件。在"文件"选项卡中，单击"信息"选项。在页面的右侧是带有下拉箭头的"项目信息"。单击"项目信息"。在弹出的窗口中会出现两个选项：高级属性，项目统计信息。单击"高级属性"。在"高级属性"窗口中，单击"摘要"选项卡，在"标题"栏输入"消费者市场调查"，如图 4A-1 所示。

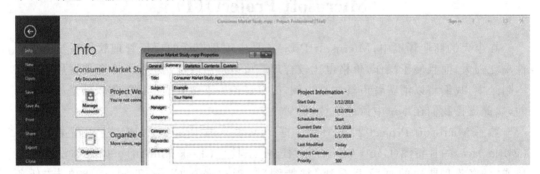

图 4A-1　项目属性

你也可以输入其他信息，如主题、作者、主管、单位和其他有关注释，点击"OK"保存，并关闭"高级属性"窗口。单击左上角的箭头，返回到项目工具栏和输入界面。

你还需要输入有关时间信息，这样，软件就可以自动生成计划并计算成本。

在"项目"(Project) 工具栏，点击"项目信息"就可以看到"项目信息"(Project Infomation) 窗口，输入开始日期：Fri 1/12/18，如图 4A-2 所示。点击"OK"关闭"项目信息"窗口。

单击"任务"功能区以显示任务功能区工具。在屏幕上你应可看到甘特图的输入表格。在这里你将显示项目名称并输入工作包的名称，并将其活动输入到你想要跟踪和控制预算的任务等级名称列中，并可以收集关于实际成本数据和在项目执行期间完成工作的价值。要将项目显示为"任务 0"，请单击"显示/隐藏"工作组中的"项目摘要任务"（如

第 4 章　项目范围、质量、责任和活动顺序的确定

图 4A-2　项目信息

图 4A-3 所示）。接下来，在任务名称列中输入要完成的工作包的名称。输入名称请参见图 4A-4。

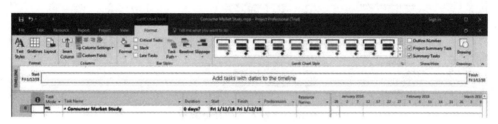

图 4A-3　项目摘要任务

输入名称后，请注意任务模式列中有关于自动输入的任务模式类型的问题。暂时把这些作为默认值。

你可以轻松地创建工作包及其活动的子集。在"日程"工作组的任务栏中，你可以看见两个绿色的箭头。你能用这些箭头来创建子任务，也可以将任务升到更高级的组织中。突出显示要缩进的行。单击右边的绿色箭头，对工作包进行缩进。注意，所有突出显示的行的子任务也将缩进。单击左侧绿色箭头将把条目和条目的子任务移到更高的级别。使用箭头调整条目，以显示工作分解结构，如图 4A-4 所示。

图 4A-4　工作包和活动录入

接着,你可直接将紧前任务数据输入到"前置任务"列,以显示工作包的活动之间的依赖关系。这些数据请参见图 4A-5。每一行的左列上都有一个任务编号。

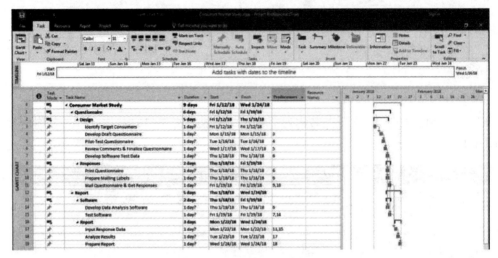

图 4A-5　输入紧前任务数据

你可以使用这个数字来表示任务的依赖关系。例如,任务 3 是任务 4 的紧前任务,换句话说,Task 4 依赖于 Task 3 的完成。如果一个任务有多个紧前任务,使用逗号分隔任务条目数量。

消费者市场调查项目小组包括苏珊、史蒂夫、安迪和吉姆。你可以通过在输入表格中为活动在"资源名称"列中输入名称来表示谁将执行每个活动。请参见图 4A-6 中这项练习中的活动名称分配。这些活动的名称被分配来跟踪和控制项目的预算,并为实际成本和执行情况收集数据。分配给工作包的名称将提示 Microsoft Project 在其活动之外为工作包分配的成本和时间,并可能导致项目成本和员工绩效的错误报告。

图 4A-6　资源列表

要查看图 4A-7 所示的网络图,在"任务"工具栏上,单击"视图"(View)工作组的下拉箭头,并选择"网络图"。强烈建议在项目开始之前使用基线计划来保存项目,以便在项目开始后你可以比较实际的进度和计划的进度。要设置基线,单击"项目"选项卡,并在"日程安排"工作组中选择"设置基线",如图 4A-8 所示。在"设置基线"窗口中做出选择后单击"确定"。你也可以使用此工具清除基线。在工作时保存项目是很有帮助的。要保存项目信息,请在"文件"选项卡上单击"保存"。

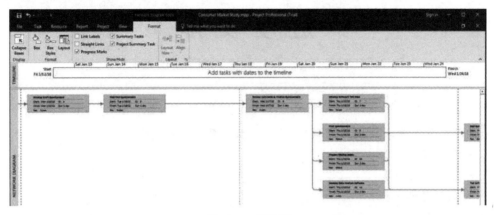

图 4A-7　网络图

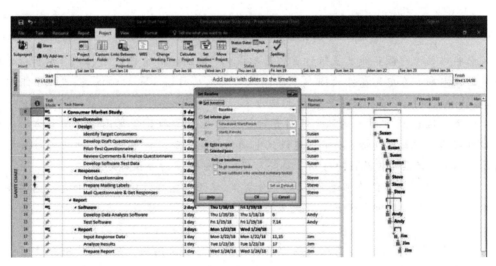

图 4A-8　为项目设置基线

Project Management

第 5 章

进 度 安 排

本章内容支持《PMBOK 指南》中的如下项目管理知识领域：
- 项目集成管理
- 项目资源管理
- 项目进度管理

现实世界中的项目管理

肯尼亚风电基础设施建设

南非比勒陀利亚非洲发展银行首席基础设施和公共私营伙伴关系（PPP）专家麦克切拉·约翰内斯·奇尔瓦在评论图尔卡纳湖风力发电项目（LTWP）时说道："对于组织而言，稳健的项目研究与规划是可行且有益的。"

这个价值 6.25 亿欧元的风电项目预计将为肯尼亚增加 310 兆瓦的清洁电力。这个项目目前的计划目标包括：确定可建设风电场的场地；确定输电线路；钻井为牲畜提供清洁的水源；建设学校及医疗诊所；确定与股东及分包商的会议计划。

LTWP 计划并不仅是确保 PPP 的资金提供、建设风电场及输电线路并连接电网那样简单。在迄今为止非洲和世界第五大风力发电建设规划中，建设一条通过肯尼亚最贫困地区之一的马萨比特的道路以及将一个村庄重新布局也是确定下来的计划内容。

在签署 PPP 协议之前，肯尼亚电力传输有限公司无法购买土地，这是保障计划进度的潜在风险。为了帮助项目按计划进行，减少村民拒绝并导致整个项目停止的可能性，项目负责人与当地领导人合作，鼓励任何持不同意见者接受购买其村中的房屋和土地的价格。

肯尼亚内罗毕非洲开发银行的投资组合部负责人拉斐尔·贾巴是 PPP 私营部门的项目负责人。PPP 的私人承包商在风电场的建设过程中提供监督职能。贾巴只是在被询问时提供项目建议和指导，他说道："我们与 LWTP 管理团队有着密切的工作关系，正因如此我们也能对项目现场的所有工作进行很有效的监督，这种监督已达到可以对任何一天发生在关键路径上的干预措施水平进行量化的程度。"

政府机构监督输电线路建设。贾巴说道:"肯尼亚总统亲自到项目现场进行了视察,并强调了该项目对于国家的重要性。这种支持在社会中已广泛渗透,并帮助该项目取得了进展。"该项目从初始就一直顺利进行都要归因于精心设计的项目计划以及与股东的关系维护。

资料来源:Based on information from Anonymous. (2016). Kenya's PPP power. PM Network, 30(2),36-37.

本章概要

前面章节所关注的问题是确定为完成项目目标而需要进行哪些活动,以及这些活动应按照什么次序来完成。这样做的结果是形成了一个用网络图表示的计划,形象地表示出了为完成项目任务所做的活动间的相互依赖次序。当使用网络计划技术时,进度安排职能依赖于计划职能。进度是计划的时间表,因此,在计划没有做出之前,不能安排进度。在这一章中,我们将讨论如何按计划安排进度,包括为所有活动估计所需资源和工期,制订一个详细的计划,确定每项活动应该开始和结束的时间。

本章还将讨论项目进程的监控、项目进度的重新规划和更新。一旦一个项目真正启动,就必须时刻监控项目进程以确保所有事情都是按计划进行,包括测量实际进程并与计划进行比较。如果项目进程一直落后于计划,就一定要采取纠正措施,以使进程赶上计划。

有效的项目控制关键在于定期测量实际进程并与计划对照,及时采取任何必要的措施。问题不会凭空消失,因此作为项目经理决不能对出现的问题采取消极态度,必须及时应对。在实际进程以及考虑其他可能发生的变动的基础上,定期更新项目计划将有助于预测项目是否会在计划工期内完成。本章你将了解以下内容:
- 估计可用于活动的资源;
- 估计活动的工期;
- 确定整个项目的预计开始时间和要求完工时间;
- 参照项目预计开始时间,计算出活动最早可以开始和完成的时间;
- 参照项目的要求完工时间,计算出活动必须开始和完成的最迟时间;
- 确定活动能够开始(或完成)与必须开始(或完成)时间之间的正负时差,即松弛时间;
- 确定关键(最长)工作路径;
- 执行项目控制过程的步骤;
- 确定实际进度绩效对项目计划的影响;
- 将项目中产生的变更纳入计划时间表;
- 更新项目进度;
- 确定控制项目进度的方法;
- 采用敏捷项目管理方法。

学习目标

学习本章后,你将能够:
- 估计活动所需资源;
- 估计活动所需工期;
- 确定活动最早开始和结束时间;
- 确定活动最晚开始和结束时间;
- 说明并确定总时差;
- 准备一份项目进度计划;
- 识别并说明关键路径;
- 讨论项目控制过程;
- 基于实际进程和变更对计划进行更新;
- 讨论并实施控制项目进度的管理办法;
- 说明何为敏捷项目管理。

5.1 估计活动资源

对完成每项活动所需资源的种类和数量都要进行估计,以便于随后相应地估计活动工期。资源包括人力、材料、设备、设施等。对活动所需资源的估计将会影响到完成活动所需工期和预算的估计。

在为活动估计资源时,必须考虑到每一种资源的可用性。我们必须了解哪种资源是可用的。如果这种资源能够足量供应,接下来就要决定什么时间段使用和使用多少。例如,一个新大楼建设项目在设计阶段需要建筑师和工程师,在之后的建设阶段需要工匠和商人。所以建筑工程公司需要备有可用的建筑师和工程师来设计新办公楼。如果他们在忙于其他工程项目,则会造成新办公楼的设计延迟,或者公司将设计工作外包给其他分包商。在考虑资源的可用性时,很有必要做些假设,比如预估可以临时雇佣额外的专业人员来为项目工作的可行性。举个例子,一个开发记录产品反馈信息系统的项目,可能需要更多的软件开发人员,所以在为软件开发项目估计资源时,除了对所需软件开发人员数量做一个预估外,还要预估可能需要额外雇佣的开发人员。

理解了可用性这一点之后就不难发现,对每一项活动所需资源的种类和数量进行估计是多么重要。在许多情况下,尤其是小型项目中,大部分活动都涉及人力资源,即全职或兼职参与项目的团队成员。例如,粉刷一栋房子估计需要四名油漆工人,如果可以用于此项活动的工人少于四名,那么就需要现有的工人加班,或者只好将无法完成的工作外包。反之,如果一开始估计的工人数量过多,则可能因为工作空间有限使工人们工作时互相干扰,或者由于人力过剩而有太多的闲散时间,这些都将会导致效率低下。除了人力资源,具体的项目活动可能还需要设备资源,例如学校教学楼扩建项目中需要估计场地清理所需土方设备的类型及数量。类似地,还有原材料或供给品的估计,如建造房屋框架所需的木材,屋顶安装所需的瓦片,新的日托中心需要安装的家具等。有时,在估计材料时会发现,一些已经计划好的工作包中无意遗漏了一些相关活动。就拿家具来说,可能材料估计只是针对某一个需要安装家具的活动,可是这样就会引出一些与之相关的活动,如家具的报价、检查建议、家具的预定,还有供应商的家具制造和运输任务等。

对活动所需资源的类型和数量的估计以及这些资源的可用性将影响对活动工期的估计。

在估计所需资源的类型和数量时,最好邀请一位具有专业知识或经验的人参与。这项估计还将应用于后面的成本估计和活动预算的确定。第7章将对活动成本估计有更详细的论述。

有关该主题的进一步讨论,请参见第6章资源配置。

巩固所学

1. 对活动_____的估计将会影响到完成活动所需的_____和_____的估计_____。
2. 估计资源时,必须考虑到每一种资源的_____。
3. 有必要对每个活动所需资源的_____和_____都进行估计。

5.2 活动工期估计

估计出每项活动所需的资源种类和数量后,就可以对完成每项活动所需要的时间进行估计了。工期估计(estimated duration)必须是该活动经历的所有时间,即工作时间加上所有相关的等待时间。例如,如图5-1所示,活动1"油漆地板"的估计工期是5天,这既包括油漆地板的时间,也包括等待油漆变干的时间。

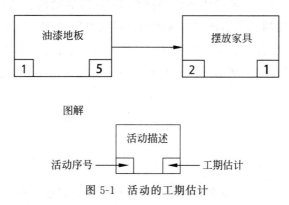

图 5-1 活动的工期估计

活动工期估计一般在图框的右下角表示出来。

经验表明,让某项活动的负责人进行该项活动的工期估计是较好的做法,这样既可以得到活动负责人的主动承诺,又可以避免由一个人进行所有活动的工期估计所产生的偏差。尽管如此,在某些情况下(如对一个需花费数年时间,由几百个人来做不同工作才能完成的大项目来说),让每个人在项目开始时就做出其所要完成活动的工期估计是不实际的。但是,负责一组或一类活动的组织或承约商可以任命一位有经验的人对他们所负责项目的工期进行估计。如果这个组织或承约商在以前做过类似项目,并且有某项特定活动实际所需时间的记录,那么,这些历史数据可以作为对今后项目进行工期估计的参考。

在估计某项活动的工期时,必须以这项活动所耗用的资源数量为基础。对工期的估计应该是积极且实际的。它既不应包括大量可能出错的事情所延误的时间,也不应太过乐观地预估过短的工期。一般说来,稍微激进些的估计(估计某项活动5天完成,而实际用了6天)比过分保守的估计(估计活动10天完成,实际上就是10天完成)要好一些。人们有按期望值工作的习惯,比如,如果一项工作估计要进行10天,即使这项工作能够在更短的时间内完成,他们也会将工作安排在10天完成。

有意放宽时间估计以防项目经理让缩短工期是不好的做法,故意延长估计时间来提前完成项目从而成为英雄的想法也是不可取的。

在项目执行过程中,一些活动花费的时间可能比预计工期要长,一些则有可能要短,还有一些可能正好与工期估计吻合。然而,一个项目生命周期中包括许多活动,这些延误和提前可以相互抵消。例如,一项活动可能在比最初的估计时间多用了两周的时间内完成,而这个延误可能被两项比原预计工期提前一周完成的活动抵消了。

应该注意的是,在项目初期,想精确地对所有活动工期做出具有一定可信度的估计是不太可能的,尤其是对于长期项目而言。近期项目的工期估计可能相对比较容易,但是随着项目的进展,由于越来越多的信息变得明确清晰,项目团队渐渐地就能做出更为精确的工期估计。

图 5-2 给出的是一个市场调研项目的网络图,每项活动的工期估计用天数来表示。在网络图中,每项活动的工期估计都应使用同一时间单位,如小时、天、周等。

对于活动估计工期存在高度不确定性的项目,可以使用三个估算值:乐观工期估计、悲观工期估计和最可能的工期估计。有关此概率分析方法的讨论,请参阅本章末尾的附录 1。

 巩固所学

4. 判断正误:
   一项活动的工期估计应包括完成工作所需要的时间加上相关的等待时间。
5. 为活动估计_____时必须以这项活动所耗用的_____的_____为基础。

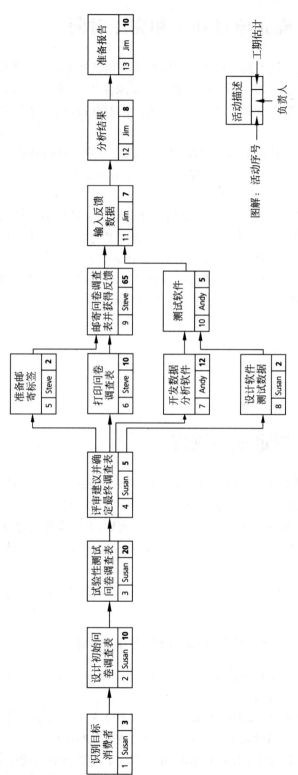

图 5-2 附有工期估计的消费者市场调研项目网络图

5.3 确立项目开工和完工时间

为了给由各项活动工期构成的项目时间表提供计算基准,需要为整个项目选择一个预计开始时间(estimated start time)和一个要求完工时间(required completion time)。这两个时间(或日期)规定了项目必须完成所需的时间段,或者说规定了项目必须完成的时间限制。

赞助商或客户往往会在项目章程、提案请求或合同中明确要求项目所需的完成时间。例如,"项目必须于 6 月 30 日前完成","可行性研究必须于 9 月 30 日的董事会之前完成","年度报告必须于 1 月 15 日之前寄出"。

然而,承约商只会在与客户签订合同后才会承诺在特定的日期内完成项目。在这种情况下,在合同中可能会注明诸如"项目要在合同签订后 90 天内完成"的条款。此时,总体项目时间是用时间段的形式表示的,而不是特定的日期。

假设图 5-2 所示的市场调研项目必须在 130 个工作日内完成,如果我们定义项目预计开始时间为零,那么它的要求完工时间点应是第 130 天。

巩固所学

6. 项目必须完成的整个时间段被定义为从_____时间到_____时间。

5.4 制定项目进度

如果估计出网络图中每项活动的工期和项目必须完成的时间段,接下来就可以根据活动的工期和先后顺序来确定这些活动是否能在要求时间内完成。可以通过制定包含每项活动时间进度的项目进度计划表来解决这个问题,其中需要包含以下内容:

1. 依据整个项目的计划开始时间(或日期)确定的每项活动能够开始和完成的最早时间(或日期)。

2. 依据整个项目要求的完工时间(或日期)确定的每项活动必须开始和完成的最迟时间(或日期)。

5.4.1 最早开始时间和最早结束时间

给定项目网络图中每项活动的预计工期,并以项目预计开始时间为参照点,就可以计算出每项活动的两个时间:

(1)**最早开始时间**(Earliest Start time,ES)是指某项活动能够开始的最早时间,它可以通过项目的预计开始时间和所有紧前活动的估计工期计算得出。

(2)**最早结束时间**(Earliest Finish time,EF)是指某一活动能够完成的最早时间,它可以通过在这项活动最早开始时间加上这项活动的估计工期计算得出,即:EF=ES+估计工期。

ES 和 EF 是通过正向计算得到的,即从项目开始沿网络图到项目完成进行计算。在进行这些正向推算时必须遵守以下规则:

规则1:某项活动的最早开始时间必须同于或晚于所有直接影响该活动的紧前活动的最早结束时间中的最晚时间。

图 5-3 中"彩排"活动前有三项直接影响它的活动,"练习剧本"的 EF 为第 5 天,"制作演出服装"的 EF 为第 10 天,"制作道具"的 EF 为第 4 天。"彩排"在这三项活动做完之后才能开始。因此,这三项活动中最迟结束的那项活动的 EF 决定着"彩排"的 ES。三项活动中 EF 最迟的是"制作演出服装",为第 10 天。所以,"彩排"不可能在第 10 天之前开始,即它的最早开始时间是第 10 天或者更晚。即使"练习剧本"和"制作道具"的完成时间都早于"制作演出服装",但"彩排"还不能开始,因为网络图已经在逻辑上决定了只有三项活动全部完成后"彩排"才能够开始。

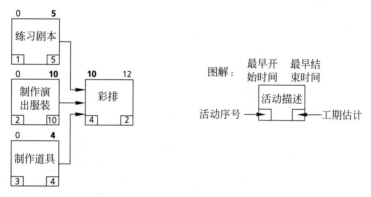

图 5-3 最早开始时间

图 5-4 所示的是市场调研项目正向推算的例子。项目预计开始时间记为 0,这样,最早的活动"识别目标消费者"可以开始的时间就为 0。由于它的预计工期为 3 天,它最早能在 3 天后完成(EF=0+3=3)。当"识别目标消费者"在第 3 天完成时,"设计初始问卷调查表"就可以开始了。"设计初始问卷调查表"的预计工期为 10 天,所以它的 ES 为第 3 天,EF 为第 13 天(EF=3+10=13)。之后各项活动 ES 和 EF 的计算是类似的,只要沿着网络图正向计算就可以了。

请注意活动"测试软件",它的 ES 是第 50 天,这是因为按照规则1,"测试软件"只有在直接影响它的两个紧前活动完成之后才能开始。"开发数据分析软件"这一活动在第 50 天之前不会完成,"设计软件测试数据"在第 40 天之前不会完成。既然"测试软件"只有在这两项活动完成之后才能开始,那么"测试软件"在第 50 天之前不会开始。

我们可以利用图 5-4 中的例子,进一步说明规则1。为了开始活动"邮寄问卷调查表并获得反馈",这项活动的两项紧前活动"准备邮寄标签"和"打印问卷调查表"必须完成。"准备邮寄标签"的 EF 是第 40 天,"打印问卷调查表"的 EF 是第 48 天。根据规则1,两个 EF 中较晚的一个,即第 48 天,决定"邮寄问卷调查表并获得反馈"的 ES。

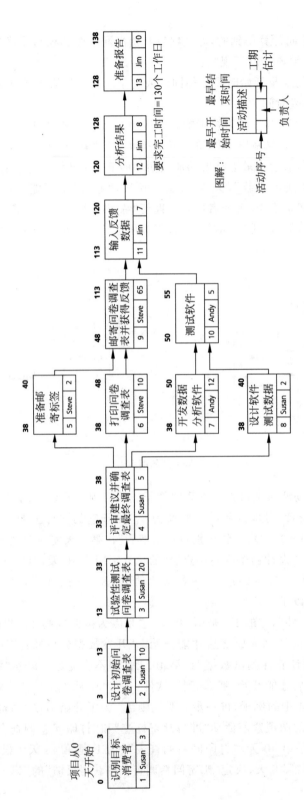

图 5-4 附有最早开始和结束时间的消费者市场调研项目网络图

如果要继续计算在图 5-4 的网络图中余下各项活动的 ES 和 EF,你会发现最后一项活动"准备报告"的 EF 为第 138 天,超出了项目的要求完工时间 8 天,这时,我们就发现问题了。

需要说明的是,虽然图 5-4 在网络图中给出了每项活动的 ES 和 EF,但这不是一般的做法。不如像表 5-1 那样把 ES 和 EF(以及后面章节要做讨论的 LS 和 LF)一起列在一个单独的进度时间表中。将进度表从网络逻辑图上分离出来,使得修订和更新进度计划更容易(也可以使用项目管理软件),而不必在网络图上不断修改 ES、EF、LS 和 LF。

表 5-1　附有最早开始和结束时间的消费者市场调研项目进度

	活动	负责人	工期估计	最早			
				开始时间	结束时间		
1	识别目标消费者	Susan	3	0	3		
2	设计初始问卷调查表	Susan	10	3	13		
3	试验性测试问卷调查表	Susan	20	13	33		
4	评审建议并确定最终调查表	Susan	5	33	38		
5	准备邮寄标签	Steve	2	38	40		
6	打印问卷调查表	Steve	10	38	48		
7	开发数据分析软件	Andy	12	38	50		
8	设计软件测试数据	Susan	2	38	40		
9	邮寄问卷调查表并获得反馈	Steve	65	48	113		
10	测试软件	Andy	5	50	55		
11	输入反馈数据	Jim	7	113	120		
12	分析结果	Jim	8	120	128		
13	准备报告	Jim	10	128	138		

巩固所学

7. 计算一项活动最早结束时间的公式是什么?
8. 活动的最早开始时间和活动的最早结束时间可顺着网络图_____计算得到。
9. 参看图 5-4。"试验性测试问卷调查表"的最早开始时间和最早结束时间是第几天?
10. 什么决定了某项活动的最早开始时间?

5.4.2　最迟开始时间和最迟结束时间

给定网络图上每项活动的估计工期,并以项目的要求完工时间做参照,就可以为每项活动计算出以下两个时间。

(1) **最迟结束时间**(Latest Finish time,LF)是指为了使项目在要求完工时间内完成,某项活动必须完成的最迟时间,它可以通过项目的要求完工时间和各项紧后活动工期估计计算得出。

（2）最迟开始时间（Latest Start time，LS）是指为了使项目在要求完工时间内完成，某项活动必须开始的最迟时间，它可以用这项活动的最迟结束时间减去它的工期估计计算得出，即：LS＝LF－工期估计。

LF 和 LS 是通过反向推算得出的，即从项目终点沿网络图向项目的开始进行推算。在进行这项反向推算时，必须遵守以下规则：

规则 2：某项活动的最迟结束时间必须同于或早于该活动直接影响的所有紧后活动的最迟开始时间中的最早时间。

如图 5-5 所示，"印刷广告和小册子"这项活动直接影响之后的两项活动。由于这个项目需要在第 30 天完成，"散发广告"的工期为 10 天，因此它就必须在第 20 天开始（LS＝30－10＝20），而"邮寄小册子"的工期为 5 天，因此必须在第 25 天开始（LS＝30－5＝25）。这两个 LS 中较早的是第 20 天，所以"印刷广告和小册子"最迟需在第 20 天完成，以保证"散发广告"能够在第 20 天开始。即使"邮寄小册子"在第 25 天之前不必开始，"印刷广告和小册子"也必须在第 20 天完成，否则整个项目将延迟。如果"印刷广告和小册子"直到第 25 天才完成，那么"散发广告"要到第 25 天才能开始。由于"散发广告"的预计工期为 10 天，所以只有到第 35 天它才能完成，这样，就比项目的要求完工时间超出了 5 天。

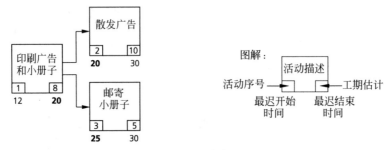

图 5-5 最迟结束时间

图 5-6 所示的是市场调研项目反向计算的例子。由于整个项目的要求完工时间为 130 个工作日，因此，最后一项活动"准备报告"的最迟结束时间是第 130 天。由于"准备报告"的预计工期是 10 天，所以这项活动的最迟开始时间应为第 120 天（LS＝130－10＝120）。为了确保"准备报告"在第 120 天开始，"分析结果"完成的最迟时间应是第 120 天。如果"分析结果"的 LF 是第 120 天，那么它的 LS 是第 112 天，因为它的预计工期是 8 天（LS＝120－8＝112）。前面各项活动的 LF 和 LS 可以用同样方法算出，即沿网络图继续反向推算。

注意"评审建议并确定最终调查表"这个活动，为保证整个项目在其要求完工时间（130 天）内完成，必须使得"评审建议并确定最终调查表"直接影响的四项活动在它们各自的 LS 时间能够开始，根据规则 2，"评审建议并确定最终调查表"必须在其直接影响的四项活动中最早的 LS 时间之前完成。这四项活动的 LS 分别为："准备邮寄标签"第 38 天，"打印问卷调查表"第 30 天，"开发数据分析软件"第 88 天，以及"设计软件测试数据"

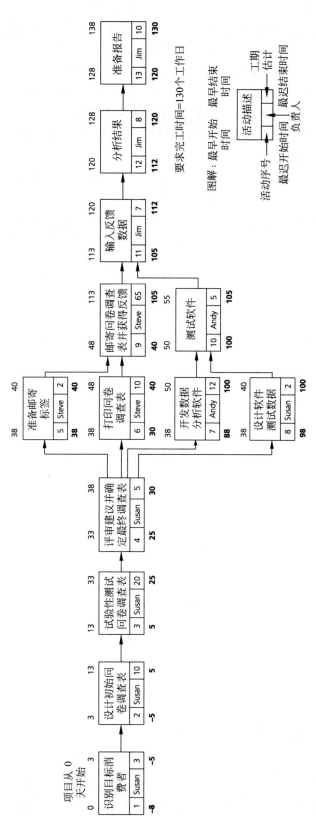

图 5-6 附有最迟开始时间和结束时间的消费者市场调研项目网络图（用节点表示活动形式）

第 98 天。四项活动中最早的 LS 为第 30 天,"打印问卷调查表"必须在这天开始,因此"评审建议并确定最终调查表"的最迟结束时间是第 30 天。

如果要继续推算网络图中每项活动的 LF 和 LS,可以发现第一项活动"识别目标消费者"的 LS 是第 8 天,这意味着为了在要求完工时间 130 天内完成整个项目,项目必须比预计时间提前 8 天开始。值得注意的是,这个 8 天的差距恰好等于我们沿网络图正向推算 ES 和 EF 时得到的差距。实质上,就如我们所看到的那样,尽管这个项目的要求工期是 130 天,但实际需要耗时 138 天才能完成。

与最早开始 ES 和最早结束 EF 时间一样,最迟开始时间 LS 和最迟结束 LF 时间一般也不在网络图上表示,而是列在单独的进度时间表中(见表 5-2)。

表 5-2　附有最迟开始和结束时间的市场调研项目进度

	活动	负责人	工期估计	最早		最迟	
				开始时间	结束时间	开始时间	结束时间
1	识别目标消费者	Susan	3	0	3	−8	−5
2	设计初始问卷调查表	Susan	10	3	13	−5	5
3	试验性测试问卷调查表	Susan	20	13	33	5	25
4	评审建议并确定最终调查表	Susan	5	33	38	25	30
5	准备邮寄标签	Steve	2	38	40	38	40
6	打印问卷调查表	Steve	10	38	48	30	40
7	开发数据分析软件	Andy	12	38	50	88	100
8	设计软件测试数据	Susan	2	38	40	98	100
9	邮寄问卷调查表并获得反馈	Steve	65	48	113	40	105
10	测试软件	Andy	5	50	55	100	105
11	输入反馈数据	Jim	7	113	120	105	112
12	分析结果	Jim	8	120	128	112	120
13	准备报告	Jim	10	128	138	120	130

巩固所学

11. 计算某项活动的最迟开始时间的公式是什么?
12. 最迟结束时间和最迟开始时间可在网络图上_____计算得到。
13. 参看图 5-6,"输入反馈数据"的最迟开始时间和最迟结束时间是第几天?
14. 什么决定着某项具体活动的最迟结束时间?

5.4.3　总时差

在市场调研项目中,最后一项活动"准备报告"的最早结束时间和项目的要求完工时间之间有一个 8 天的差距,这个差距叫作总时差(total slack,TS),有时也叫总浮动量(total float)。在本例中,总时差为负值,表明完成这个项目缺少时间余量。

如果总时差为正值,表明这条特殊路径上各项活动所花费的时间总量可以延长,而不必担心会出现在项目的要求完工时间内项目无法完成的窘况。反之,如果总时差为负值,则表明在这条路径上各项活动要加速完成,以减少整个路径上花费的时间总量,保证项目按期完成。如果总时差为零,则在这条路径上各项活动不必加速完成但也不能拖延时间。

某一路径上的总时差是由该路径上所有活动共有和共享的。以下面所示项目为例:

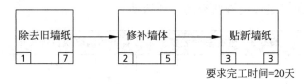

项目最早能在第 15 天完成(三项活动的工期总和,即 7+3+5),而项目的要求完工时间是第 20 天,所以这条路径上的三项活动可以延迟 5 天而不会影响项目的按期完成。但这并不是说每项活动都可以延迟 5 天(因为这将产生 15 天的总延迟量),而是构成这条路径所有活动的总延迟量是 5 天。例如,如果"除去旧墙纸"实际用了 10 天(比估计时间 7 天延迟了 3 天),它就用去了总时差 5 天中的 3 天,只给后面的所有活动留下 2 天的总时差。

总时差可以用活动的最迟结束(开始)时间减去它的最早结束(开始)时间得出,即时差等于最迟结束时间(LF)与最早结束时间(EF)的差值,或最迟开始时间(LS)与最早开始时间(ES)之间的差值,两种计算方法得出的结果是相等的。

$$总时差 = LF - EF \quad 或 \quad 总时差 = LS - ES$$

巩固所学

15. 当项目有正的总时差时,一些活动可以被_____,却不致影响项目的按期完成。当项目总时差为负时,需_____一些活动的进程以确保在要求的时间内完成项目。

16. 总时差是活动的_____时间和_____时间之差。

5.4.4 关键路径

并非所有的项目网络图都像在解释总时差时所用的网络图那样简单。在大型网络图中,从项目开始到项目完成有许多条路径,就像从纽约到洛杉矶有许多条路可以走一样。如果 20 个人同时从纽约出发,每个人走不同的路,只有在最后一个人到达后他们才能聚齐开派对,这最后一个人就是走最长路径(或花费时间最多)的人。类似地,在一个项目中,只有最长(花费时间最多)的活动路径完成之后,项目才算结束。这条在整个网络图中最长的路径就叫关键路径(critical path)。

确定构成关键路径活动的一种方法是找出那些具有最小时差的活动。用每项活动的最迟结束时间减去最早结束时间(或最迟开始时间减去最早开始时间,两种算法结果相同),然后,找出所有具有最小值(要么正时差最小,要么负时差最大)的活动,所有这些活动都是关键路径上的活动。

表 5-3 给出了市场调研项目的总时差,最低值是 −8 天。具有这个总时差的活动构成了路径 1−2−3−4−6−9−11−12−13,这 9 项活动组成的路径为关键路径(或消耗时间最长的路径),这条路径上各项活动的预计工期之和是 138 天(3+10+20+5+10+65+7+8+10)。为了在要求完工时间 130 天内完成项目,必须将这些活动的预计工期缩短 8 天。图 5-7 标出了组成关键路径的各项活动。

表 5-3 附有总时差值的消费者市场调研项目进度

活动		负责人	工期估计	最早		最迟		总时差
				开始时间	结束时间	开始时间	结束时间	
1	识别目标消费者	Susan	3	0	3	−8	−5	−8
2	设计初始问卷调查表	Susan	10	3	13	−5	5	−8
3	试验性测试问卷调查表	Susan	20	13	33	5	25	−8
4	评审建议并确定最终调查表	Susan	5	33	38	25	30	−8
5	准备邮寄标签	Steve	2	38	40	38	40	0
6	打印问卷调查表	Steve	10	38	48	30	40	−8
7	开发数据分析软件	Andy	12	38	50	88	100	50
8	设计软件测试数据	Susan	2	38	40	98	100	60
9	邮寄问卷调查表并获得反馈	Steve	65	48	113	40	105	−8
10	测试软件	Andy	5	50	55	100	105	50
11	输入反馈数据	Jim	7	113	120	105	112	−8
12	分析结果	Jim	8	120	128	112	120	−8
13	准备报告	Jim	10	128	138	120	130	−8

为了消除 −8 天的时差,需缩短这条关键路径上一项或更多项活动的预计工期。假定我们通过减少被调查者反馈信息的时间,把"邮寄问卷调查表并获得反馈"的时间从 65 天缩减为 55 天,由于关键路径上一项活动的预计工期减少了 10 天,总时差便由 −8 天变为两天。把工期估计改为 55 天后,就可以得到如表 5-4 所示的修订后的项目进度了。这个进度计划表明,这条关键路径现在有一个两天的总时差,项目估计在 128 天内完成,比要求完工时间 130 天缩短两天。

如前所述,一个大的网络图从开始到完成可以有很多条路径。一些路径可能有正总时差,另一些可能有负总时差。那些具有正总时差的路径有时被称为非关键路径(noncritical paths),而那些总时差为 0 或负值的路径被称为关键路径(critical path),在这种情况下耗时最长的路径经常被称为最关键路径(most critical path)。

初始确定的项目进度表可能具有负的总时差并不罕见,之后可能需要多次迭代修改某些特定活动的估计资源和估计持续时间和/或改变活动之间的顺序或依赖关系,以获得一个可接受的基线时间表。

有时项目团队或承包商通过强制拟定计划以实现项目要求的完工日期,他们任意减少某些活动的工期,并说服自己(依靠运气)这些活动总有办法能在削减后的工期内完成。

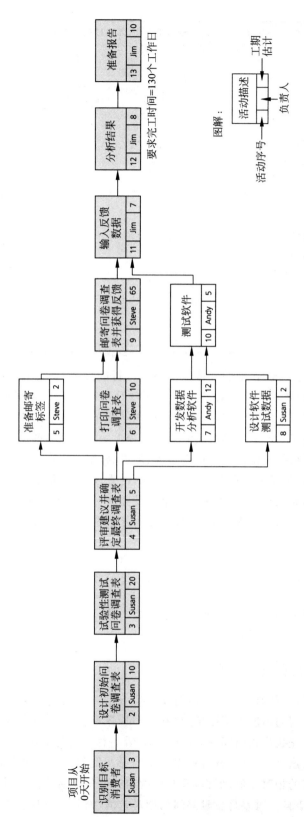

图 5-7 标明关键路径的消费者市场调研项目网络图（用节点表示活动形式）

表 5-4　修订后的消费者市场调研项目进度

活动		负责人	工期估计	最早		最迟		总时差
				开始时间	结束时间	开始时间	结束时间	
1	识别目标消费者	Susan	3	0	3	2	5	2
2	设计初始问卷调查表	Susan	10	3	13	5	15	2
3	试验性测试问卷调查表	Susan	20	13	33	15	35	2
4	评审建议并确定最终调查表	Susan	5	33	38	35	40	2
5	准备邮寄标签	Steve	2	38	40	48	50	10
6	打印问卷调查表	Steve	10	38	48	40	50	2
7	开发数据分析软件	Andy	12	38	50	88	100	50
8	设计软件测试数据	Susan	2	38	40	98	100	60
9	邮寄问卷调查表并获得反馈	Steve	55	48	103	50	105	2
10	测试软件	Andy	5	50	55	100	105	50
11	输入反馈数据	Jim	7	103	110	105	112	2
12	分析结果	Jim	8	110	118	112	120	2
13	准备报告	Jim	10	118	128	120	130	2

然后,当项目没有按时完成时,他们好像很惊讶!可行的方案是,他们应制定切合实际的时间表,然后根据客户要求的完工日期确定负的总时差(TS)。在此基础之上,他们就可以合理地确定如何减少负的总时差,以制订出可以接受的能满足项目完工时间要求的计划表。这可以通过确定如何减少具有负时差的路径上的特定活动的估计工期来完成。这可能意味着需要做出权衡决定以增加更多资源、加班、将某些工作分包出去、缩小范围/规格或者改用更高成本、更精炼的资源等。作为最后的手段,它可能意味着需要向赞助商或客户要求延后项目的完工日期、要求更多资金以获得额外资源以加快进度或请求准许缩小项目范围。最好尽早向客户告知项目情况,而不是拖延到最后使顾客吃惊,管理顾客期望是非常重要的。

 巩固所学

　　17. 从项目开始到项目结束,活动的最长路径叫作_____路径。

5.4.5　自由时差

　　有时,需要计算另一种时差——自由时差(free slack)。它是指某项活动在不影响其紧后活动最早开始时间的情况下可以延迟的时间量,这是指向同一活动的各项活动总时差之间的相对差值。先找到指向同一活动的各项活动总时差的最小值,然后用这几项活动的总时差分别减去这个最小值,就可算得自由时差。既然自由时差是指向同一活动的各项活动的总时差间的相对差值,那么,只有在两项或更多项活动指向同一活动时才存在自由时差。而且,由于自由时差是总时差间的相对差值,因此自由时差总为正值。

为了解释自由时差,请看表 5-3 和图 5-7,在图 5-7 的网络图中有三个例子,由多项活动指向同一活动:

- 活动 5 和活动 6 都指向活动 9"邮寄问卷调查表并获得反馈"。
- 活动 7 和活动 8 都指向活动 10"测试软件"。
- 活动 9 和活动 10 都指向活动 11"输入反馈数据"。

在表 5-3 的进度计划中,活动 5 和活动 6 的总时差的值分别为 0 和 −8 天。这两个值中较小的是活动 6 的总时差 −8 天,活动 5 的自由时差是它的总时差 0 和 −8 之间的差值。这个差值是 8 天:0 − (−8) = 8 天。这意味着活动 5"准备邮寄标签"有 8 天的自由时差,在此时差内调整也不会延迟活动 9"邮寄问卷调查表并获得反馈"的最早开始时间。

与此类似,活动 7 和活动 8 的总时差分别为 50 天和 60 天,这两个值中较小的是 50 天,所以活动 8"设计软件测试数据"有一个 10 天的自由时差(60 − 50 = 10),在此时差内调整也同样不会延迟活动 10"软件测试"的最早开始时间。

巩固所学

18. 参看表 5-3 和图 5-7,在指向活动 11"输入反馈数据"的两个活动中,哪个活动有自由时差?自由时差是多少?

5.4.6 绘制条形图

网络计划方法常与一种更为熟知的工具——条形图(bar chart),有时也叫作甘特图(Gantt chart)的工具加以比较。甘特图是一种更为古老的计划和进度安排工具,但因为其简单明了,至今仍被广泛使用。

图 5-8 是之前讨论过的消费者市场研究项目的甘特图。在图的左侧纵向列出各项活动名称,底部列出时间坐标。每项活动预计需用的时间由表示活动完成的预期工期长短的线段或横条表示,可以在图中加入一列来标明每项活动的负责人。

项目管理软件能够根据基于网络计划的进度表自动生成甘特图。这些甘特图通过应用连接箭线来表示任务间相互依存的关系。一个甘特图可以基于最早开始和最早完成时间来绘制,或者基于最晚开始和最晚完成时间绘制,图 5-8 就是基于表 5-9 中的 ES 和 EF 绘制的。

然而,在甘特图代替网络计划方法时有一个缺陷,就是当只用一个甘特图绘制进度而没有事先准备网络计划图时,活动的计划和进度安排必须同时进行。绘制活动条形图的人必须清楚活动之间的相互关系,也就是说,哪些活动在其他活动开始以前必须完成,哪些活动可以同时进行。传统甘特图的主要缺点之一是,它没有以图解的方式表达出活动之间的相互关系,因此,如果一项活动被延误,就不能直观地表示出来其他哪些活动会受到影响。

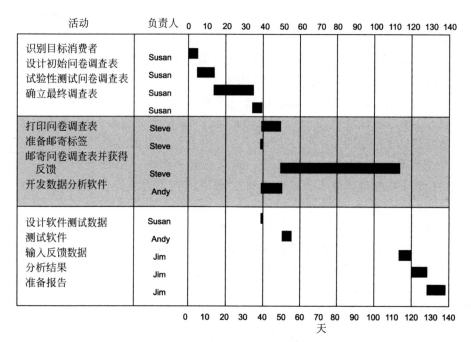

图 5-8 消费者市场调研项目甘特图

5.5 项目控制过程

图 5-9 说明了项目控制过程的步骤。首先需要确定一个基准计划，表明如何按计划工期在预算内完成预定规模的项目。一旦客户与承约商或者项目团队在基准计划上达成一致，项目就可以开始了。要时刻监控项目进程以确保一切按计划进行。项目控制过程包括定期搜集项目完成情况的数据，将实际完成情况与计划相比较。一旦实际情况落后于计划，必须立即采取纠正措施进行补救。这一项目控制过程必须贯穿项目始终。

应该确定一个固定的报告期（reporting period），将实际进程与计划进程进行比较。根据项目的复杂程度和时间期限，可以将报告期定为日、周、双周或月。如果项目预计在一个月内完成，报告期应该短至一天；另一方面，如果项目工期为五年，则报告期可以定为一个月。

在整个报告期内，需要收集两种数据或信息。

(1) 实际执行中的数据，包括：

- 活动开始或结束的实际时间。
- 使用或投入的实际成本。
- 活动完成的挣值。

(2) 任何有关项目范围、进度计划和预算变更的信息。这些变更可能是由客户或项目团队引起的，或者是由某种不可预见事情的发生引起的。

应当注意的是，一旦变更被列入计划并取得了客户同意，就必须建立一个新的基准计

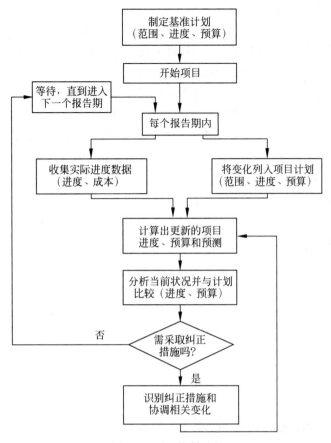

图 5-9 项目控制过程

划,这个计划的范围、进度和预算可能和最初的基准计划有所不同。

有一点很重要,上面讨论的数据或信息必须及时收集,以作为更新项目进度计划和预算的依据。例如,如果项目报告期是一个月,数据和信息应尽可能在该月的后期收集,这样才能保证在更新进度计划和预算时所依据的信息是尽可能新的。换句话说,项目经理不应在月初收集信息,而到月末才利用它来更新进度和预算,因为月初的这些数据已过时,可能会引起在项目进展情况和纠正措施方面的决策失误。

最新的进度计划和预算一经形成,必须将它们与基准进度和预算进行比较,分析各种变量,以确认项目是快于还是落后于计划时间表,是节约了还是超出了预算。如果项目进展良好,就不需要采取纠正措施,等到下一个报告期对进展情况再做分析。

有效的项目控制的关键是衡量实际进度,并及时地、定期地将其与计划进度进行比较,并及时采取任何必要的纠正措施。

然而,如果认为需要采取纠正措施,必须做出如何修订项目范围、进度计划或预算的决定,这些决定经常涉及时间、成本和项目范围之间的权衡。例如,缩减一项活动的工期可能需要增加资源从而增大成本或缩小任务范围(并且可能达不到客户的技术要求)。同样,降低项目成本可能需要使用低于计划原定质量的材料。一旦决定采取某种纠正措施,必须将其列入进度计划和预算,然后测算出一个修改的进度计划和预算,以判定计划采取的纠正措施是否在进度和预算上是可以接受的。否则,需进一步进行修改。

项目控制过程贯穿于整个项目。一般说来,报告期越短,及早发现问题并采取纠正措施的机会越多。如果一个项目远远偏离了控制,就很难在不牺牲项目范围、预算、进度或质量的情况下实现项目目标。某些情况下,增加报告期的频率直到项目按进度进行是明智的做法。例如,如果一个报告期为一个月的五年期项目偏离进度或超出预算,明智的做法是将报告期缩减至一周,以便更逼近地监控项目进程及纠正措施的效果。

项目控制过程是项目管理中重要而必备的部分,仅仅建立一个全面的基准计划还不够,因为即使是最完善的计划也并不总是进展顺利。项目管理是控制项目的一种积极主动的方法,在项目不能按计划进展的情况下,也能确保项目目标的实现。

> **巩固所学**
>
> 19. 一旦实际_____落后于_____,必须立即采取_____。
> 20. 在每个报告期需要收集的两种数据或信息是什么?
> 21. 判断正误:一般说来,项目进行期间报告期越短越好。
> 22. 项目_____是一种_____的方法,去_____项目以确保项目_____的实现。

5.6 实际进度完成情况的影响

在整个项目进展中,一些活动会按时完成,一些活动会提前完成,而另一些活动则会延期完成。实际进展——无论快还是慢都会对项目的未完成部分产生影响,特别是已完成活动的实际完成时间(Actual Finish times,AFs),不仅决定着网络图中其他未完成活动的最早开始与结束时间,而且决定着总时差。

图 5-10(a)是一个简单项目的网络图,它表明项目的最早结束时间是第 15 天(即三项活动的工期之和为 7+5+3)。因为项目的要求完工时间是第 20 天,所以项目共有 5 天的总时差。

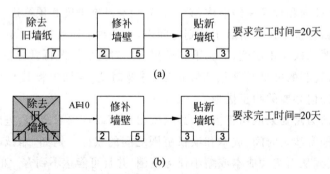

注:划掉的方框表示已完成的活动。

图 5-10 实际完成时间的影响

假设活动1"除去旧墙纸",由于比预计的难做,用了10天才完成,而不是预计的7天[见图5-10(b)],这意味着活动2和活动3的最早开始与结束时间将比计划晚3天。由于"除去旧墙纸"实际花费了10天,"修补墙壁"的最早开始时间将为第10天,最早结束时间将为第15天。依次类推,"贴新墙纸"的最早开始时间将为第15天,最早结束时间将为第18天。将最后一项活动新的最早结束时间与项目的要求完工时间20天相比较,我们会发现有两天的时差,总时差变小——向着负方向转变,从+5天减至+2天。这个例子表明活动的实际完成时间如何产生连锁反应,改变着未完成活动的最早开始和结束时间及总时差。

以某种方式在网络图上表明已完成的活动会对我们很有帮助。一种方法就是如图5-10(b)所示,在活动框上加阴影或者画"×"。

巩固所学

23. 已完成活动的实际完成时间会影响哪三类值?

5.7 项目变更融入进度

在整个项目进行过程中,可能发生的变更会对进度计划产生影响。如前所述,这些变更可能是由客户或项目团队引起的,或者是由不可预见事情的发生引起的。

下面是一些由客户引起变更的例子:
- 购房者向建筑商建议,房间应该更大些,卧室窗户的位置应重新设置。
- 客户要求信息系统开发项目团队提高信息系统的能力,以生成以前未提到过的报告和图表。这就需要在数据库中添加一些额外的元素。

这类变更意味着对最初项目范围的修改,将会对进度计划、成本产生影响。然而,影响程度却取决于做出变更的时间。发生在项目早期的变更对进度、成本的影响要比发生在晚期的变更小。例如,在房的设计图纸尚未完成时,改变房子的大小和窗户的位置相对来说要容易些,然而,如果房子的框架已经搭起,窗户已安装好,以上改变对进度、成本的影响将会大得多。

当客户提出变更要求时,承约商或项目团队应该估计变更对项目预算和进度的影响,然后,在实施之前征得客户的同意。客户同意对项目进度和预算的修改建议后,所有额外增加的任务、修改后的工期估计、修改后的预估资源及相关费用均应列入项目工期及预算计划。

下面是一个由项目团队引发变更的例子。一个团队负责策划一个社区节日庆祝活动,由于空间限制和保险费用的原因,项目团队决定取消所有的成人游乐设施。因此,项目计划必须改变,来去掉或修改那些涉及成人游乐设施的活动。这里还有一个由项目经理引发变更的例子。一位负责为客户开发自动发票系统的承约商提出,为了减少成本,加快进度,自动发票系统应该使用现成的标准化软件,而不是再为客户专门设计软件。

一些变更是由最初制订计划时忽略了一些活动而引起的。例如,项目团队可能忘记将"开发培训教材"和"为新系统进行培训"列入计划中,或者在建造饭店时,客户或承约商忘记将安装流水槽和下水道列入工作范围中。

还有一些由于不可预见事件的发生而引起的变更。比如说,暴风雪延缓了建筑施工过程、新产品未能通过质量检验、项目团队的关键成员突然辞职。这些事件对项目进度或预算都有影响,需要对项目计划进行修改。

然而,随着项目的进展,网络图上更多细节的增加可能会引起另外的变更。无论最初的网络图详细到何种程度,在项目进展过程中都会分解出一些新的活动。

变更无论是由客户、承约商、项目经理、项目团队成员还是由不可预见事件的发生引起的,都要求对计划涉及的范围、预算或进度进行修改。一旦这些变更被各方同意,一个新的基准计划就形成了。它将被作为衡量项目进展情况的比较基准。

对于项目进度,变更可能会引起活动的增加或删除、活动的重新排序、活动工期估计的变更或者项目要求完工时间的更新。

在第 10 章管理变更和第 12 章控制文档变更中,将对管理和控制变更有更进一步的讨论。

巩固所学

24. 项目变更将会对_____和/或_____产生影响。

5.8　更新项目进度

基于实际进程和其他一些可能发生的变更,可形成一个项目进度更新计划,来预测项目是否能在既定工期内完成。一旦收集到已完成活动的实际结束时间和项目变更带来影响的有关数据,就可以计算出一个更新的项目进度。这些计算以本章提出的方法为依据:

- 未完成活动的最早开始和结束时间可以沿网络图正向推算得出,但它们是以已完成的活动的实际完成时间和未完成活动的工期估计为基础的。
- 未完成活动的最迟开始和结束时间可以沿网络图反向推算得出。

为了说明如何得出一个最新的进度计划,让我们以图 5-11 中市场调研项目的网络图为例。先做以下假设:

(1) 已完成的活动

a. 活动 1"识别目标消费者"已在第 2 天完成。

b. 活动 2"设计初始问卷调查表"已在第 11 天完成。

c. 活动 3"试验性测试问卷调查表"已在第 30 天完成。

(2) 项目变更

a. 发现准备邮寄标签的数据库已经过时,在邮寄前必须订购一个新的数据库。新数据库在第 23 天订购,但供应商交货需要 21 天。

b. 对"试验性测试问卷调查表"中反馈信息的初步评审发现,问卷调查表需进行大量的修改。因此,活动 4 的工期估计要从 5 天增加到 15 天。

第5章 进度安排

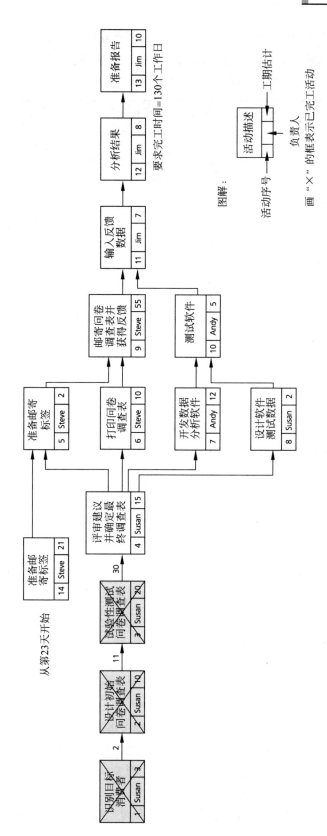

图 5-11 纳入实际进程和变更后市场调研项目网络图

图 5-11 的网络图已列出了以上信息,表 5-5 给出了更新后的进度计划。应该注意的是,现在关键路径的总时差是—5 天,取代了表 5-4 中基准计划表中的＋2 天;预计完工时间是 135 天,超过了 130 天这一项目的要求完工时间。

表 5-5　更新后的市场调研项目进度

活动		负责人	工期估计	最早		最迟		总时差	实际完成时间
				开始时间	结束时间	开始时间	结束时间		
1	识别目标消费者	Susan							2
2	设计初始问卷调查表	Susan							11
3	试验性测试问卷调查表	Susan							30
4	评审建议并确认最终调查表	Susan	15	30	45	25	40	—5	
5	准备邮寄标签	Steve	2	45	47	48	50	3	
6	打印问卷调查表	Steve	10	45	55	40	50	—5	
7	开发数据分析软件	Andy	12	45	57	88	100	43	
8	设计软件测试数据	Susan	2	45	47	98	100	53	
9	邮寄问卷调查表并获得反馈	Steve	55	55	110	50	105	—5	
10	测试软件	Andy	5	57	62	100	105	43	
11	输入反馈数据	Jim	7	110	117	105	112	—5	
12	分析结果	Jim	8	117	125	112	120	—5	
13	准备报告	Jim	10	125	135	120	130	—5	
14	为标签订购新数据库	Steve	21	23	44	27	48	4	

5.9　进度控制

进度控制包括以下四个步骤:
(1) 分析进度,找出哪些地方需要采取纠正措施;
(2) 确定应采取哪种具体的纠正措施;
(3) 修改计划,将纠正措施列入计划;
(4) 重新计算进度,评估计划采取的纠正措施的效果。
如果计划采取的纠正措施仍无法获得满意的进度安排,则必须重复以上步骤。
在整个项目实施过程中,每次——无论是在实际数据或项目变更被列入进度计划之后,还是纠正措施被列入计划之后——重新得出进度计划,都要分析这一新的进度计划,以决定是否需要进一步修改。进度分析应该包括识别关键路径和任何有负时差的活动路径,以及那些与以前进度计划相比偏离预定进度的路径(时差变坏的路径)。
加快项目进度的重点应放在有负时差的路径上,时差的数值决定着重点努力的优先级,例如,负时差最大的路径优先级最高。
我们必须找出能够从项目中消除负时差的纠正措施,这些纠正措施必须减少有负时差路径上的活动的工期估计。切记,总时差是由路径上全部活动所共享的。因此,路径上任何活动预计工期的变更都会引起该路径上总时差的相应变更。

当分析有负时差的活动路径时,应将注意力集中在以下两种活动:

(1) 近期内的活动(即正在进行或随后即将开始的活动)。减少活动工期的明智做法是,对近期内的活动采取积极的纠正措施,而不是计划对将来期间内的活动采取纠正措施。如果将减少活动工期的纠正措施推迟到遥远的将来,你会发现负时差甚至比发现时更糟糕。随着项目的进展,可以用来采取纠正措施的时间总是越来越少。

如表 5-5 所示,我们会发现,减少关键路径上近期活动如"评审建议并确定最终调查表"或"打印问卷调查表"的工期,比将纠正措施推迟到最后一个活动"准备报告"要好得多。

(2) 工期估计长的活动。减少一项具有 20 天工期活动 20% 的时间(即 4 天)的纠正措施,会比完全除去一项只有 1 天工期活动的纠正措施有更大的作用。总的来说,工期较长的活动也意味着较大缩减的可能。

再如表 5-5 所示,"邮寄问卷调查表并获得反馈"估计需要 55 天时间,从中减少 5 天(9%),将比从关键路径上其他具有较短工期估计的活动中省出时间的机会多。

有多种方法可以缩短活动的工期估计。一种显而易见的方法是投入更多的资源以加快活动进度。分派更多的人来完成一项活动,或者要求活动的工作人员增加每天的工作时间或每周的工作天数,均可以加快活动进度。增加的相应资源可以从有正时差的活动中调过来。然而,有时候在一项活动中增加人员,实际上却会延长活动的工期,这是因为原有工作人员为帮助新人熟悉工作而分散了工作精力。另一种方法是指派一位经验更丰富的人去完成或帮助完成这项活动,以便在比最初派出的无经验的人完成这项活动更短的时间内完成任务。

缩小活动范围或降低活动要求是另一种缩短活动工期的方法。例如,房间内可以只涂一层油漆,而不像最初计划的那样涂两层油漆。在一些非常情况下,可以决定完全除去一些活动,将这些活动和它们的工期从进度中除去,例如取消安装房屋周围的围栏。

通过改进方法或技术提高生产率也是一种缩短活动工期的方法。例如,可以使用光学扫描设备将病人的诊疗表格输入计算机数据库来取代用键盘人工输入。

一旦减少负时差的具体纠正措施被确定下来,就必须修正网络计划中相应活动的工期估计,然后计算出一个修改的进度,以评价计划采取的纠正措施能否像预期的那样减少负时差。

在绝大多数情况下,通过缩短活动的工期来消除负时差时,需在成本增加或范围缩小之间进行权衡(为了更全面讨论这个问题,可参照第 7 章后的附录"时间—成本平衡法")。如果项目远远落后于进度(有很大的负时差),为了使项目按进度进行,往往需要大幅提高项目成本或/和缩小工作范围或降低质量标准。这可能危害到整个项目目标的各个因素:范围、预算、进度或/和质量。某些情况下,客户和承约商或项目团队可能不得不承认这些因素中的一个或多个不可能实现,也因此,客户就不得不延长整个项目的要求完工时间,否则由于加快进度而增加的成本应该由客户还是承约商承担将会产生争议。

一些合同包括奖励条款,如果项目提前完成,客户承诺给予承约商奖励。相反,一些合同包括惩罚条款,如果项目未按进度完成,客户将减少给承约商的最终付款,而且一些惩罚可能还相当严厉。进度控制在以上两种情况中均至关重要。

有效进度控制的关键是尽可能早地、果断地应对有负时差或时差变坏的路径的问题,而不应寄希望于随着项目的进展情况会自动改善。尽早处理进度问题会减少对成本和范围的负面影响。如果项目远远落后于进度,赶上原进度会更加困难,而且这需要代价,要想赶上原进度需要投入更多的财力,或者缩小项目范围,或者降低质量标准。

对于没有负时差的项目,重要的是不要使它出现耽搁或延误而最终造成时差的减少。如果项目进展快于进度,应尽力保持这种状况。

项目会议是处理进度控制问题的绝好平台。可参看第12章有关项目会议的讨论和第11章讨论的问题解决方法。

 巩固所学

25. 在分析项目进度时,重要的是找出所有具有_____时差活动的路径。
26. 当分析有负时差的活动路径时,应仔细分析哪两种活动?
27. 列出缩短活动预计工期的四种方法。

现实世界中的项目管理

T5航站楼进度计划

伦敦希斯罗机场的T5航站楼被设计和建造为英国航空公司国际和国内航班的中心地,每年旅客吞吐量为3 000万人。由于其计划停放62架客机,这个复杂的设计最终选址在位于希斯罗机场西端一片260公顷(260万平方米,1.0平方英里)的场地上,并与北部和南部的跑道接壤。A大厅是一座四层的航站楼,通过一个地下行人运输系统与卫星大楼B大厅相连。该航站楼建设计划还包含了一个4 000个车位的多层停车库、酒店设施和空中交通管制塔。进出T5航站楼的交通包括通往M25高速公路的道路连接以及通往伦敦地铁皮卡迪利线的地铁线。

新航站楼的需求和可能性设计讨论开始于1986年。1989年,理查德-罗杰斯合伙公司为该设施做了建筑初步设计。在接下来的两年里,他们又做了四个设计版本,最后一版提交给计划委员会。每一版的设计都是为了能实现更好的旅客体验。建设开始于2001年并计划于2008年3月30日投入使用。

施工时间表受到700项限制,其中包括需将两条河流按照环境保护的标准修改河道。项目需要20 000多家供应商为其提供建筑物、铁路、隧道、基础设施或系统建设所需的材料。整个项目由16个主要项目和147个子项目组成,每个项目的成本从100万英镑到3亿英镑不等。每天有8 000名工人在施工现场工作,平均每小时有250项工作交付。

为了有利于跟上进度计划并避免延误带来的高额成本,英国机场管理局要求承包商采用超越传统的施工方法和项目绩效。其中一个避免风险的例子是让建造屋顶的团队先在场外建造屋顶结构以测试安装过程和计划时间安排。在这一过程中,项目团队总结出了140条注意事项。由于屋顶安装过程已经过测试,当屋顶在现场建造时,就有效地避免了代价高昂的错误和安全问题。屋顶的快速现场施工为项目进度节省了宝贵的时间;屋顶项目提前三个月交付,节省了550万英镑,远远超过了提前场外屋顶安装测试花费的350万英镑。

项目用了三年的时间来进行系统测试,为航站楼的投入使用准备人员和各种程序。66个登机口中的每一个都包含了2 500名扮演各种角色(或完成各种任务)的人员。

5号航站楼于2008年3月27日比原计划提前三天投入使用。从施工进度的角度来看,5号航站楼非常成功地准时投入使用,且它是在预算范围内建造的并具有良好的安全记录。但在其运营的前五天,有501个航班被取消,3万件行李错置,导致了1 600万英镑的损失。尽管5号航站楼的建设项目似乎是按时按预算交付的,但并不是每个系统都具备投入使用所要求的功能。最后,在最初投入使用后12天,5号航站楼开始按完整的航班时刻表投入运营。

资料来源:Based on information from Davies, A., Dodgson, M., & Gann, D. (2016). Dynamic capabilities in complex projects: The case of London Heathrow Terminal. Project Management Journal, 47(2), 26-46.

5.10 为信息系统开发项目安排进度

第4章把信息系统(IS)定义为一个以计算机为基础接收输入数据、处理数据并产生用户所需信息的系统。为信息系统的开发安排进度计划是一个颇具挑战性的过程。遗憾的是,这种进度安排经常以一种缺乏计划的方式制定,结果很大一部分IS项目的完成远远晚于最初的进度安排或者根本就没有完成。有效进度安排的最重要因素之一是对活动的工期估计尽可能切合实际,这不是一个简单的任务,但随着经验增加,它会变得相对容易。

使IS开发项目超出要求完工时间的常见问题如下:
- 没有全面识别用户要求;
- 没有正确识别用户要求;
- 项目范围不断扩大;
- 低估了新软件包的学习曲线;
- 硬件不兼容;
- 逻辑设计错误;

- 低劣的软件选择；
- 未能选择最好的设计战略；
- 数据不兼容；
- 未能完成系统开发生命周期 SDLC 的所有阶段。

控制信息系统开发项目的进度是一项颇具挑战的工作，大量无法预测的情况会使信息系统开发项目远远超出它预定的完工日期。然而，就像任何其他类型的项目一样，有效控制项目进度的关键是监控实际进程，及时、定期地将它与计划进度进行比较，并及时采取必要的纠正措施。

类似于其他类型的项目控制，信息系统开发项目的进度控制应按照本章前面论述的步骤进行。如图 5-9 所示，项目控制过程应该是将实际进程与计划进度进行比较的过程。一旦客户与项目团队就变更达成一致，就应记录下这些变更，并修改进度计划。

信息系统开发项目中常见变更如下：

- 界面的变更，如增加的字段、不同的图标、不同的颜色、不同的菜单结构、按钮或全新的输入屏幕。
- 报告的变更，如增加的字段、不同的小计和合计、不同的分类、不同的选择标准、不同的字段顺序或全新的报告。
- 在线查询的变更，如各种非预先安排的查询能力、进入不同字段或数据库、不同的查询结构或额外的查询。
- 数据库结构的变更，如增加的字段、不同的数据字段名、不同的数据存储空间、数据间不同的关系或全新的数据库。
- 软件处理路径的变更，如不同的算法、与其他子程序的不同接口、不同的内部逻辑或全新的程序。
- 处理速度的变更，如更高的输出速率和更短的反应时间。
- 存储能力的变更，如数据记录最大容量的提高。
- 商务处理的变更，如工作或数据流的变更、新增客户的进入或全新程序的支持。
- 硬件更新引起的软件变更，或相反地，功能更强大的软件的出现引起的硬件更新。

信息系统实例：ABC 办公室设计公司的互联网应用开发（续）

在第 4 章中我们提到，ABC 办公室设计公司有许多向大公司销售办公设备的销售代理。每个代理商被指派到国内四个区域中的某一个州。为使管理机构能够监控每个代理商、每个州和每个地区的交易量，ABC 公司已决定建立一个以因特网为基础的信息系统(IS)。除此之外，IS 还要能够跟踪价格、库存和竞争情况。

公司的 IS 部任命贝丝·史密斯为该系统开发项目的项目经理。贝丝首先确定了所有要完成的主要任务，并建立了工作分解结构、责任矩阵和网络图。她的下一步工作是做出各项活动的工期估计。经过和项目团队的广泛商讨之后，她得出的估计工期如表 5-6 所示。

表 5-6 基于网络的报告系统项目活动列表、紧前活动和工期估计

活 动	紧前活动	工期估计(天)
1. 收集数据	—	3
2. 可行性研究	—	4
3. 准备问题界定报告	1,2	1
4. 会晤用户	3	5
5. 研究现有系统	3	8
6. 明确用户要求	4	5
7. 准备系统分析报告	5,6	1
8. 数据输入和输出	7	8
9. 处理数据和建数据库	7	10
10. 评估	8,9	2
11. 准备系统设计报告	10	2
12. 开发软件	11	15
13. 开发硬件	11	10
14. 开发网络	11	6
15. 准备系统开发报告	12,13,14	2
16. 测试软件	15	6
17. 测试硬件	15	4
18. 测试网络	15	4
19. 准备测试报告	16,17,18	1
20. 培训	19	4
21. 系统转换	19	2
22. 准备实施报告	20,21	1

这个项目要求在 50 天内完成,而且需要尽快启动。给出每项活动的工期估计和项目要求的开始和完成时间后,贝丝计算出了每项活动的最早开始时间(ES)和最早结束时间(EF),这些值标在图 5-12 中每项活动的上面。

贝丝通过沿网络图正向推算的方法计算出 ES 和 EF。网络图中第一项任务"收集数据"和"可行性研究"的最早开始时间为 0,因为"收集数据"预计要用 3 天时间,它的 EF 就是 0+3=3 天。因为"可行性研究"预计要用 4 天时间,它的 EF 就是 0+4=4 天。贝丝继续沿网络图正向推算,直到得出所有活动的 ES 和 EF。

ES 和 EF 都算出后,贝丝开始计算最迟开始时间(LS)和最迟结束时间(LF)。计算的起点是项目的要求完工时间——第 50 天。每项活动的 LS 和 LF 均标在图 5-13 中每项活动的下面。

贝丝通过沿网络图反向推算的方法计算出了 LF 和 LS。网络图中最后一项任务"准备实施报告"最迟结束时间为第 50 天,即项目的要求完工时间。由于"准备实施报告"预计要用 1 天时间,因此,它的最迟开始时间就是 50-1=49(天)。这意味着"准备实施报告"最迟在第 49 天开始,否则项目将不能按期完成。贝丝继续沿网络图反向推算,直到得出所有活动的 LF 和 LS。

ES、EF、LS 和 LF 算出后,贝丝开始计算总时差 TS(见表 5-7)。如前所述,总时差可以由每项活动的 LS 减去 ES 或 LF 减去 EF 计算得出。

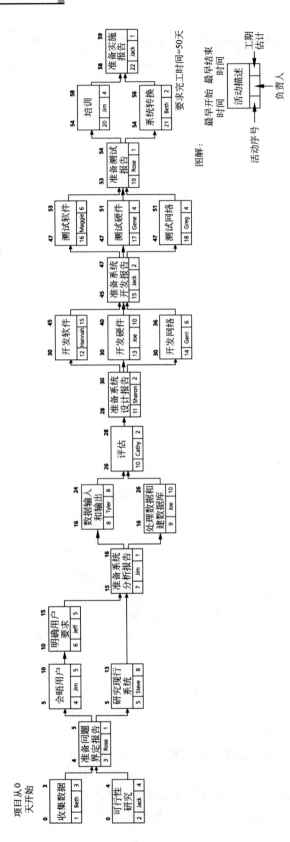

图 5-12 附有最早开始时间和最早结束时间的基于网络的报告系统项目网络图 1

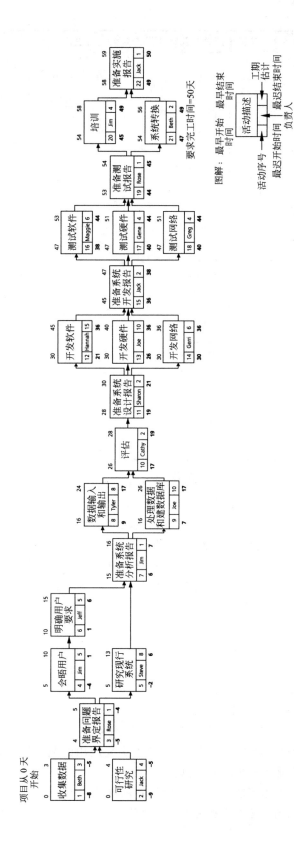

图 5-13 附有最迟开始时间和最迟结束时间的基于网络的报告系统项目网络图 2

表 5-7　以基于网络的基础的报告系统项目进度

	活动	负责人	工期估计	最早开始时间	最早结束时间	最迟开始时间	最迟结束时间	总时差
1	收集数据	Beth	3	0	3	−8	−5	−8
2	可行性研究	Jack	4	0	4	−9	−5	−9
3	准备问题界定报告	Rose	1	4	5	−5	−4	−9
4	会晤用户	Jim	5	5	10	−4	1	−9
5	研究现行系统	Steve	8	5	13	−2	6	−7
6	明确用户要求	Jeff	5	10	15	1	6	−9
7	准备系统分析报告	Jim	1	15	16	6	7	−9
8	数据输入和输出	Tyler	8	16	24	9	17	−7
9	处理数据和建数据库	Joe	10	16	26	7	17	−9
10	评估	Cathy	2	26	28	17	19	−9
11	准备系统设计报告	Sharon	2	28	30	19	21	−9
12	开发软件	Hannah	15	30	45	21	36	−9
13	开发硬件	Joe	10	30	40	26	36	−4
14	开发网络	Gerri	6	30	36	30	36	0
15	准备系统开发报告	Jack	2	45	47	36	38	−9
16	测试软件	Maggie	6	47	53	38	44	−9
17	测试硬件	Gene	4	47	51	40	44	−7
18	测试网络	Greg	4	47	51	40	44	−7
19	准备测试报告	Rose	1	53	54	44	45	−9
20	培训	Jim	4	54	58	45	49	−9
21	系统转换	Beth	2	54	56	47	49	−7
22	准备实施报告	Jack	1	58	59	49	50	−9

计算出每项活动的总时差 TS 后,贝丝需要找出关键路径。对于这个开发项目,所有总时差为−9 的活动均在关键路径上,图 5-14 标出了这个开发项目的关键路径。对于总时差为负这一点,贝丝和她的项目团队要么采取措施减少 9 天的开发时间,要么申请将完工期限从 50 天延长到 59 天,或者是两种方案的折中。

然而,在与高层领导的广泛磋商中,贝丝强调第一次就开发出良好系统的重要性,指出不必匆忙完成 SDLC 的一些关键阶段,最终使领导确信,应将整个项目完成时间延长至 60 天。

贝丝和她的项目团队着手进行该项目,首先完成了第一阶段的 6 项活动:

活动 1 "收集数据",在第 4 天完成。

活动 2 "可行性研究",在第 4 天完成。

活动 3 "准备问题界定报告",在第 5 天完成。

活动 4 "会晤用户",在第 10 天完成。

活动 5 "研究现有系统",在第 15 天完成。

活动 6 "明确用户要求",在第 18 天完成。

在完成第一阶段任务后,他们发现,使用某种可重复应用的数据库软件可将活动 9 "处理数据和建数据库"的预计工期从 10 天减至 8 天。

图 5-15 和表 5-8 分别给出了将变更列入后更新的网络图和项目进度。值得注意的是,由于以上这些事件的发生,目前关键路径上总时差为 0。

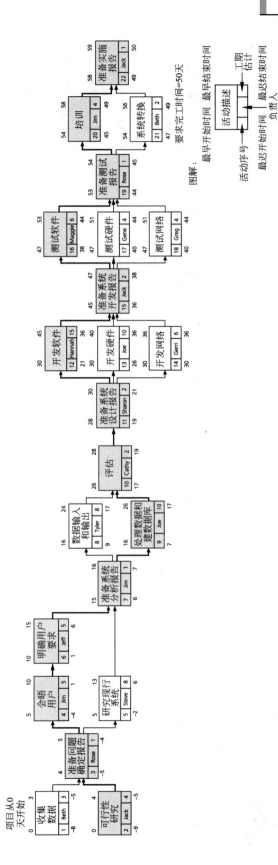

图5-14 标明关键路径的、基于网络的报告系统项目的网络图（用节点表示活动的形式）

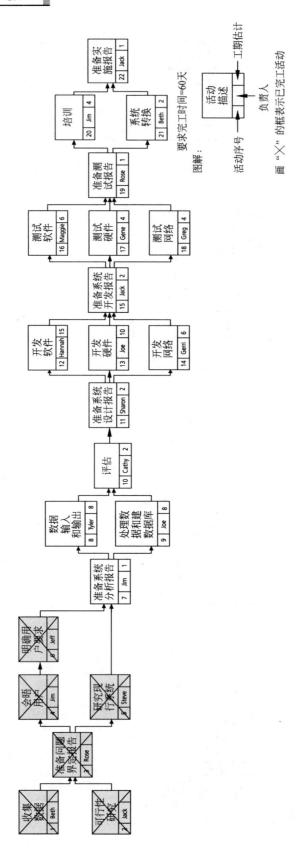

图 5-15 纳入实际进程和变更后的基于网络的报告系统项目网络图

表 5-8 更新后的基于网络的报告系统项目进度

	活动	负责人	工期估计	最早开始时间	最早结束时间	最迟开始时间	最迟结束时间	总时差	实际完成时间
1	收集数据	Beth							4
2	可行性研究	Jack							4
3	准备问题界定报告	Rose							5
4	会晤用户	Jim							10
5	研究现行系统	Steve							15
6	明确用户要求	Jeff							18
7	准备系统分析报告	Jim	1	18	19	18	19	0	
8	数据输入和输出	Tyler	8	19	27	19	27	0	
9	处理数据和建数据库	Joe	8	19	27	19	27	0	
10	评估	Cathy	2	27	29	27	29	0	
11	准备系统设计报告	Sharon	2	29	31	29	31	0	
12	开发软件	Hannah	15	31	46	31	46	0	
13	开发硬件	Joe	10	31	41	36	46	5	
14	开发网络	Gerri	6	31	37	40	46	9	
15	准备系统开发报告	Jack	2	46	48	46	48	0	
16	测试软件	Maggie	6	48	54	48	54	0	
17	测试硬件	Gene	4	48	52	50	54	2	
18	测试网络	Greg	4	48	52	50	54	2	
19	准备测试报告	Rose	1	54	55	54	55	0	
20	培训	Jim	4	55	59	55	59	0	
21	系统转换	Beth	2	55	57	57	59	2	
22	准备实施报告	Jack	1	59	60	59	60	0	

 ## 5.11 项目管理信息系统

几乎所有的项目管理信息系统都具有本章所述的安排进度计划的功能。特别是进行活动工期估计时，可以以小时、天、周、月或年为单位，只要用鼠标点击时间单位栏就可以很方便地实现从天到周、从周到天等的时间转换，工期估计也能够比较容易地实现更新和修改。另外，日历系统为项目经理提供了处理周末、公司节假日的能力。

项目开始和结束时间可以用日历上的明确日期记录（如 2018 年 6 月 1 日或 2018 年 12 月 31 日）。如果没有指定具体日期，也可以用总天（或周、月等）数记录，如项目需要在 50 周内完成。给定项目要求完工的日期和带有估计工期的活动清单，管理软件就可以计算项目的开始日期了。类似地，根据实际开始日期和带有估计工期的活动清单，管理软件也可以计算项目的最早完工日期。

仅仅通过用鼠标点击相关指令，软件就可以计算 ES、EF、LS 和 LF、总时差和自由时差，并找出关键路径。尽管如此，项目经理也要理解这些术语和计算结果的意义，这一点是很重要的。

大多数项目管理信息系统都能够提供甘特图，通过箭线连接各项活动及其紧前活动，来表示各活动之间的从属关系。用户可以在甘特图和网络图之间来回点击查看。

几乎所有的项目管理信息系统也都具有本章所述的控制功能。特别是当一项活动正在进行或已经完成时，当前信息可以输入系统中，接着软件就能自动修改项目进度。同样，如果未来某项活动的估计工期发生变动，将此信息输入系统中，系统也会自动更新进度。由软件生成的一切网络图表和报告都将随时更新以反映最新的信息。

参看本书后的附录 A，它对项目管理信息系统做了较全面的介绍。

5.12　敏捷项目管理

敏捷项目管理是一种缩短产品开发时间且能最小化风险的管理方法，它是一个通过客户与小型自组织团队之间的持续交互合作在短时间内增加产品功能并快速适应需求变化的管理方法。它适用于开始时难以定义或可能在执行期间快速或经常变更的项目。它强调短期规划和在短期固定的时间周期内高强度的工作。敏捷项目管理有时用于软件产品开发项目，在这类项目中，往往需要通过在短时间内开发具有特定要求和功能的集合或模块，以使最终的系统产品带有更多新增的产品功能。

敏捷项目管理的实施方法有很多。其中一种比较流行的方法叫作 Scrum，这是一个源自橄榄球比赛的术语。

此方法参与者的角色包括：

- 产品所有者（也称为客户代表）负责定义客户要求和产品功能，并确保开发团队提供具有所需功能的最终产品。有时，产品功能可能由"故事"定义，这些故事来源于最终用户对其想要更改或添加到现有产品或包含在新产品中的功能的描述。产品所有者还根据其价值观、需求之间的相互关系或需求提出的先后顺序对它们进行优先排序。然后，该代表就能创建一个有序的需求或功能备选清单，并从中选择特定项目集并将其发布给开发团队，以确定产品开发的项目时间框架。这些项目需求从备选清单中选出并发布给项目团队用以开发产品新增功能，由于这些新增的功能也是开发的最终产品的一部分，因此称其为功能集合发布（类似于工作包）。产品所有者应积极地与开发团队沟通合作，定期讨论和明确顾客需求，回顾开发团队的工作并提供相关的意见和反馈，遇到需要修改的工作可以及时明确地指出以便开发团队在剩余的工期中调整相应工作；否则，相应的变更就需要在未来的版本中添加了。
- 开发团队在固定的时间范围内研发、交付和演示以满足特定功能和需求的产品增量（正在开发的整个最终产品的部分或模块），这个过程叫作"冲刺"（sprint），也可称为一次迭代。一次迭代通常需要一到四周的时间。这种开发团队是跨职能的，为了在每次冲刺结束时交付合格的产品增量，该团队中囊括了所有相关的专家及技能。每个冲刺的目标是创造和展示一个工作产品增量，以完成最终产品。为确保高水平的沟通和协作，这种团队会很小，通常不超过八人。团队成员非常重视面对面的交流和开放的办公室环境，大家可以很容易地相互交流。这种团队通常是自组织的，没有领导者。团队成员根据个人的技能和时间安排来选择在冲刺阶段的特定任务。

- 敏捷项目主管（scrum master）是冲刺期间敏捷研发过程的促进者，其主要任务是采取行动消除或减少阻碍开发团队完成其工作任务并可能产生负面影响的任何障碍或约束，以确保在冲刺时间结束时工作产品增量的成功研发和演示。冲刺周期的时间长度是固定的。如果没有在冲刺的固定时间范围内完成所有工作，则未完成的项目将添加回产品待办事项中，以便在将来的冲刺中执行。敏捷项目主管与项目经理不同，因为他不直接对开发团队的人员负责。团队成员不为敏捷项目主管工作，他们是自我组织和自我导向的。

敏捷项目管理过程包括：

1. 确定最终产品（可交付成果）的基本原理、描述、资金数额和目标完成日期，并对项目授权。这类似于项目章程。

2. 定义产品需求并按优先级顺序制订相关需求和产品特征的产品待办事项清单。这类似于项目范围文档。

3. 在每个冲刺开始时，产品所有者和开发团队都会召开一个计划会议，从产品待办清单的顶部选择一组需求或功能并将其发布给开发团队，并且这些需求或功能最终都可以由开发团队在冲刺周期的固定时间范围内研发并演示。随后，开发团队对指定任务进行确认，并估算其工期，以便研发出具备相应功能的产品增量。这些任务通常持续 4 到 12 个小时。这类冲刺计划会议通常需要一天或更短时间。一旦项目团队确定了冲刺期间要执行的特定任务，任务列表就被称为冲刺待办事项清单，并用于监控工作进度。敏捷项目主管可以创建一些工具用于项目监控，例如用于显示哪些任务已完成、正在进行或尚未启动的任务板，和/或用以显示目前为止的工作量及冲刺待办事项清单中剩余工作的燃尽图。这些工具图表通常展示在开放的办公区域，以便整个团队都可以看到他们完成冲刺的进度。

对于大型项目，可能同时会有多个开发团队在不同的冲刺中完成产品待办事项清单中选取的不同任务组合，以研发特定的产品增量。在这种情况下，开发团队之间定期沟通，以确保各自研发产品增量之间可以适度的整合，并且也没有重叠或重复的工作，是很重要的。敏捷项目主管应致力于这类工作。

4. 每一天开始工作时，开发团队会有一个每日"橄榄球"会，也称为每日站立会，通常限于 15 分钟。在会议期间，每个团队成员都应准备好陈述：

- 前一天的工作内容；
- 当天的工作计划；

- 工作中遇到的问题。确认后的问题不会在每日站立会中解决,而是由敏捷项目主管和相应的团队成员在日常工作中解决。每日站立会不是以解决问题为目的的。

在每日站立会期间,如果有团队成员已完成现有任务,他们就会根据自身技能特长从冲刺待办清单的任务中选择新的任务。

每日的会议为开发团队中的成员提供了相应的问责制和激励机制。

根据完成的任务的进度,敏捷项目主管将每天更新任务板或燃尽图。

5. 在冲刺结束时,会有一个冲刺评审会议,开发团队在该会议上评审已完成的以及未完成的项目工作。他们还会向产品所有者和利益相关者展示他们完成的工作产品增量。如果产品所有者认定需要对产品增量的某些功能进行修改,这些变更需求则会添加至产品待办事项中,它们将和未完成的其他项目一并包含在未来的版本和冲刺中。这类会议的持续时间通常不超过四个小时。

6. 在冲刺结束时,还有一个产品所有者也参加的冲刺回顾会议,以评估敏捷项目团队在冲刺期间优秀的表现及有待改进的地方。这个会议是由敏捷项目经理组织,一般会持续两三个小时。

 关键的成功要素

- 执行活动的负责人应该为这个活动做出工期估计,这将代表着此负责人对计划的一种承诺。
- 活动的工期估计必须以活动中预计用到的资源数量为基础。
- 活动的工期估计应该是积极而可靠的。
- 实际过程中存在着用于回顾并同计划过程进行比较的时间间隔,工期估计不应长于这个时间间隔。
- 项目管理包括一些前期控制活动,这些活动确保项目目标即使在事情没有与计划相符时也可以完成。
- 当项目开始后,通过监测实际过程来确保每件事情与计划相符是很重要的。
- 提高项目控制的关键是监测实际过程,把它和计划时间进行比较,必要时采取纠正措施。
- 提高进度管理的关键是积极专注任何时差为负的或时差渐渐恶化的路径,一旦这样的路径被发现就要尽快处理。负时差的数量将决定这种处理工作的优先级。
- 当试图减少带有负时差的活动路径的时间跨度时,关注那些接近完工和具有长估计时间范围的活动。
- 及早解决进度问题将使负面的成本和范围影响降到最低。如果项目落后于进度太多,要使它重新跟上进度计划将变得非常困难,并且,经常需要花费更多的成本、缩减范围或降低质量。
- 如果修正的行动是必需的,那么必须做出关于相应付出的时间、成本和范围的决定。
- 为了对实际进程和计划的进程进行比较,应该设立一个定期的报告期。

- 报告期越短,尽早发现问题并采取纠正措施的可能性越大。
- 在每个报告期中,实际绩效的数据和项目的范围、进度和预算的变动情况信息需要及时地收集,并且应用这些信息来计算重新更新的进度和预算。

 ## 本章小结

在使用网络计划方法时,进度安排功能必须依赖于计划功能。进度就是计划的一份时间表,因此不可能在网络计划出来之前完成。

一项活动的工期估计必须基于该活动所用资源的种类和数量。在为活动估计资源时,每一种资源的可用性必须考虑在内。资源的种类、数量以及可用性都将影响对活动完成工期的估计。

资源确定下来以后,工期估计就可以开始了。这个工期必须是一个总的实耗时间,即完成工作的时间加上相关的等待时间。由于活动的工期估计是在完成活动所需资源数量的基础上制定的,因此这项估计应该是积极并可靠的。在项目初期,是不太可能精确地对所有活动工期做出具有一定可信度的估计的,尤其是对于长期项目而言。近期项目的工期估计可能相对比较容易,但是随着项目的进展,由于越来越多的信息变得明确清晰,项目团队渐渐地就能更为精确地对工期做出详细估计。

利用活动的估计工期计算出一份进度表还需要一个基础,那就是要确定一个开始时间和整个项目的要求完工时间。这两个时间(或日期)规定了项目必须完成所需的时间段,或者说规定了项目必须完成的时间限制。

每项活动的最早开始和最早结束(ES 和 EF)时间与最迟开始和最迟结束(LS 和 LF)时间都可以计算出来。最早开始和最早结束时间可以沿着网络图正向推算得出。每项活动的最早开始时间在项目预计开始时间和所有紧前活动的工期估计的基础上计算得出。最早结束时间在该活动的最早开始时间基础上加上该活动的工期估计得出。一项活动的最早开始时间要相同或晚于指向该活动的所有活动的最早结束时间中的最晚时间。

每项活动的最迟开始和最迟结束时间可以沿着网络图反向推算得出。每项活动的最迟结束时间在项目的要求完工时间和各项紧后活动的工期估计的基础上计算得出。最迟开始时间在该活动的最迟结束时间基础上减去该活动的工期估计得出。一项活动的最迟结束时间要相同或早于该活动直接指向的所有活动的最迟开始时间中的最早时间。

网络图上某一路径的总时差是由该路径上所有活动共有和共享的。如果总时差是正值,说明了这条路径上的所有活动花费时间可以延长的最大总量,而不必担心会出现在项目的要求完工时间内项目无法完成的窘况。如果总时差为负值,说明了在这条路径上各项活动需要加速完成以减少整条路径上花费的时间总量,保证项目按期完成。如果总时差为零,说明在这条路径上的各项活动不必加速但也不能延迟。关键路径是网络图上最长(耗时最长)的活动路径。

项目一旦真正开始,就必须时刻监控项目进程,以确保一切按计划进行。有效的项目

控制的关键在于监控实际进程，及时、定期地将它与计划进度进行比较，并立即采取必要的纠正措施。为了对实际进程和计划的进程进行比较，应该设立一个固定的报告期。在每一个报告期内，需要搜集两类信息和数据：实际完工情况的数据和任何与项目范围、进度、预算变更有关的信息。项目控制过程贯穿于整个项目。一般说来，报告期越短，早发现问题并采取纠正措施的机会越多。如果一个项目远远偏离了控制，就很难在不牺牲项目范围、预算、进度或质量的情况下实现项目目标。

在整个项目进展中，一些活动会按时完成，一些活动会提前完成，而另一些活动则会延期完成。实际进展——无论快还是慢，都会对项目的未完成部分产生影响，特别是已完成活动的实际完成时间，不仅决定着网络图中其他未完成活动的最早开始与结束时间，而且决定着总时差。

在整个项目进行过程中，可能发生的变更会对进度计划产生影响。这些变更可能是由客户或项目团队引起的，或者是由不可预见事情的发生引起的。变更无论是由客户、承约商、项目经理、项目团队成员还是由不可预见事件的发生所引起的，都要求对计划涉及的范围、预算或进度进行修正。一旦这些变更被各方同意，一个新的基准计划就形成了。它将作为新的衡量项目进展情况的比较基准。

基于实际进程和其他一些可能发生的变更，可形成一个项目进度更新计划，来预测项目是否能在既定工期内完成。一旦收集到已完成活动的实际结束时间和项目变更带来影响的有关数据，就可以计算出一个更新的项目进度。

进度控制包括四个步骤：分析进度，找出哪些地方需要采取纠正措施；确定应采取哪种具体的纠正措施；修改计划，将纠正措施列入计划；重新计算进度，估计计划采取的纠正措施的效果。我们必须找出能够从项目中消除负时差的纠正措施，这些纠正措施必须减少有负时差路径上的活动的工期估计。当分析有负时差的活动路径时，应将精力集中在两种活动上：近期内的活动和工期估计值长的活动。

有多种方法可以缩短活动的工期估计，包括：投入更多的资源以加快活动进度；指派一位经验更丰富的人去完成或帮助完成这项活动；缩小活动范围或降低活动要求；通过改进方法或技术提高生产率。

为信息系统开发安排进度计划是一个颇具挑战性的过程。遗憾的是，这种进度安排经常以一种很随便的方式制定，因此很大一部分信息系统项目的完成远远晚于最初的进度安排。有效进度安排的最重要因素之一是对活动的工期估计尽可能切合实际。项目经理应该了解导致信息系统项目超过预定完工日期的常见问题。项目管理信息系统在进度安排过程中能够发挥很大作用。

敏捷项目管理是一种可以缩短产品开发时间的方法，同时通过客户与小型自组织团队之间的持续沟通使风险最小化。这些团队在短时间迭代中开发出具备需求特征和功能的产品增量，同时快速适应需求的变化。它适用于那些开始时难以定义或可能在项目期间快速或经常变更的项目。它强调短期规划和在短暂固定时间周期内的高强度工作。

 思考题

1. 为什么进度安排职能要依靠计划职能？哪一个必须先做？为什么？

2. 描述一下什么是活动的工期估计，它是如何确定的。

3. 为什么项目承约商愿意以在项目开始后所需天数来表示项目的完成时间，而不愿用某一指定日期？试举例说明。

4. 参考图5-4，说说为什么"评审建议并确定最终调查表"的最早开始时间是第33天，最早结束时间是第38天。

5. 参考图5-6，说明为什么"邮寄问卷调查表并获得反馈"的最迟开始时间是第40天，最迟结束时间是第105天。

6. 描述不同类型的项目浮动时间（时差）及其计算方法。为什么说确定项目的关键路径很重要？如果此路径上的活动延迟会发生什么？如果这条路径上的活动加速会发生什么？

7. 根据你的个人经验描述一下你是如何运用项目控制进程的。如果你没有对进程进行持续监控，那再试想一下，你采用了项目控制方法以后，会如何提高项目成功的可能性？

8. 为什么项目一定要建立一个固定报告期？所有项目都可以使用相同的固定报告期吗？为什么？

9. 在每一个报告期之内应该收集哪些数据？

10. 谁可以主动对项目进程进行变更？描述为什么以及何时项目会发生变更。网络图以及进度表如何更新以反映出变更？

11. 描述你会如何运用四个步骤进行项目进程控制。如果项目需要加快进度，哪些类型的活动需要优先考虑？为什么？

12. 为什么IS项目的进度安排如此具有挑战性？使IS项目超出其预定时间的常见问题有哪些？如何使用敏捷项目管理技术来控制项目的进展？

13. 计算下图中各项活动的ES、EF、LS和LF及时差，并找出该项目的关键路径。试问该项目是否能够在40周内完成？假设活动A实际完成时间为3周，活动B实际完成时间为12周，活动C实际完成时间为13周，重新计算预计完成时间。你会优先考虑哪些活动以使项目能按时完成？

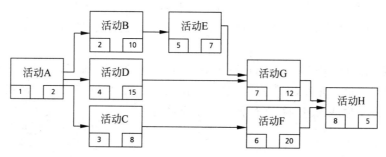

14. 计算下图中各项活动的 ES、EF、LS 和 LF 及时差,并找出该项目的关键路径。试问该项目是否能够在 30 周内完成?假设系统分析实际完成时间为 8 周,设计输入和输出实际完成时间为 15 周,设计数据库实际完成时间为 19 周。重新计算项目的预计完成时间。你会优先考虑哪些活动以使项目能按时完成?

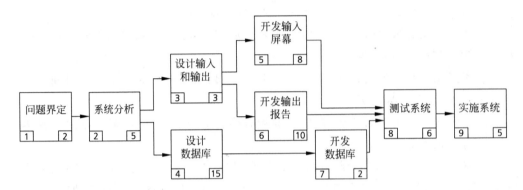

15. 计算下图中各项活动的 ES、EF、LS 和 LF 及时差,并找出该项目的关键路径。试问该项目是否能够在 30 周内完成?假设活动 A、B 实际完成时间为 5 周。重新计算项目的预计完成时间。你会优先考虑哪些活动以使项目能按时完成?

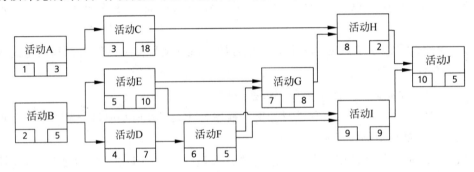

 上网练习

1. 搜索关于"项目进度"的网站,并描述至少三个你所找到的网站。加入"工具""控制"等其他术语搜索,列出你所添加的术语,并描述至少三个找到的网站。

2. 从问题 2 到问题 5,访问"Mind Tool™"网站。浏览网页,找出它提供了哪些类型的信息。

3. 在网站主页中,找到"What's new?"链接,请描述你找到了什么。

4. 浏览项目管理的"工具包"链接中的主题。请选择感兴趣的主题,做一页摘要总结。

5. 浏览"通信档案(Newsletter Archives)"并点击"通信订阅(Newsletter Sign Up)",链接订阅免费通信。此外,在"更多资源(More Resources)"链接下,点击"视频",阅读一篇文章并看一个你感兴趣的视频后做一页摘要总结。

案例分析1　一个非营利性医学研究中心

本案例分析是第4章中案例分析的延续。

案例问题

1. 为每项活动预估持续时间。
2. 设定项目开始时间为"0"(或者为5月15日)并设定项目要求完工时间为180天(或者为11月15日),请计算每项活动的最早开始时间和最早结束时间(ES、EF)、最晚开始时间和最晚结束时间(LS、LF)和总时差(TS)。假如通过计算得到的是一个带有负的总时差的项目进度表,修改项目范围、活动估计持续时间和/或活动之间的顺序或依赖关系,完成一个在180天内(或11月15日)完成的可接受的基线计划。请描述所做的修改。
3. 找到关键路径,并确认组成该关键路径的各个活动。
4. 请依据项目2中的ES和EF时间制作条形图(甘特图)。

注:本案例分析将在第6章至第8章继续讨论,因此请保存你的答案和计算结果。

小组活动

将课程参与者依据上一章小组活动中的方法分组,然后按小组解决上述提出的每个问题。

案例分析2　婚礼

本案例分析是第4章中案例分析的延续。

案例问题

1. 为每项活动预估持续时间。
2. 设定项目开始时间为"0"(或者为1月1日)并设定项目要求完工时间为180天(或者为6月30日),请计算每项活动的最早开始时间和最早结束时间(ES、EF)、最晚开始时间和最晚结束时间(LS、LF)和总时差(TS)。假如通过计算得到的是一个带有负的总时差的项目进度表,修改项目范围、活动估计持续时间和/或活动之间的顺序或依赖关系,完成一个在180天内(或6月30日)完成的可接受的基线计划。请描述所做的修改。
3. 找到关键路径,并确认组成该关键路径的各个活动。
4. 请依据问题2中的ES和EF时间制作条形图(甘特图)。

注:本案例分析将在第6章至第8章继续讨论,因此请保存你的答案和计算结果。

小组活动

将课程参与者依据上一章小组活动中的方法分组,然后按小组解决上述提出的每个问题。

参考文献

Akkermans, H., & van Oorschot, K. E. (2016). Pilot error? Managerial decision biases as explanation for disruptions in aircraft development. *Project Management Journal*, 47(2), 79-102.

Al-Nady, B. A. H. A., Al-Hawary, S. I. S., & Alolayyan, M. N. (2016). The role of time, communication, and cost management on project management success: An empirical study on sample of construction projects customers in Makkah City, Kingdom of Saudi Arabia. *International Journal of Services and Operations Management*, 23(1), 76-112.

Anonymous. (2016). Kenya s PPP power. *PM Network*, 30(2), 36-37.

Conforto, E. C., Amaral, D. C., da Silva, S. L., Felippo, A. D., & Kamikawachi, D. S. L. (2016). The agility construct on project management theory. *International Journal of Project Management*, 34(4), 660-674.

Davies, A., Dodgson, M., & Gann, D. (2016). Dynamic capabilities in complex projects: The case of London Heathrow Terminal 5. *Project Management Journal*, 47(2), 26-46.

Hoda, R., & Murugesan, L. K. (2016). Multi-level agile project management challenges: A self-organizing team perspective. *Journal of Systems and Software*, 117, 245-257.

Iyer, K. C., & Banerjee, P. S. (2016). Measuring and benchmarking managerial efficiency of project execution schedule performance. *International Journal of Project Management*, 34(2), 219-236.

Klakegg, O. J., Williams, T., & Shiferaw, A. T. (2016). Taming the trolls: Major public projects in the making. *International Journal of Project Management*, 34(2), 282-296.

Mejía, G., Niño, K., Montoya, C., Sánchez, M. A., Palacios, J., & Amodeo, L. (2016). A petri net-based framework for realistic project management and scheduling: An application in animation and videogames. *Computers & Operations Research*, 66, 190-198.

O Connor, G. (2016). Agile must-haves. *PM Network*, 30(1), 26-27.

Parsi, N. (2016). Back to the beginning. *PM Network*, 30(4), 40-45.

Project Management Institute. (2017). *A guide to the project management body of knowledge (PMBOK® Guide)* (6th ed.). Newtown Square, PA: Author.

Sakka, O., Barki, H., & Côté, L. (2016). Relationship between the interactive use of control systems and the project performance: The moderating effect of uncertainty and equivocality. *International Journal of Project Management*, 34(3), 508-522.

Samset, K., & Volden, G. H. (2016). Front-end definition of projects: Ten paradoxes and some reflections regarding project management and project governance. *International Journal of Project Management*, 34(2), 297-313.

Swanson, S. (2016). Endurance tests. *PM Network*, 30(2), 44-53.

van der Horn, B. (2016). The project-space model: Visualising the enablers and constraints for a given project. *International Journal of Project Management*, 34(2), 173-186.

Whyte, J., Stasis, A., & Lindkvist, C. (2016). Managing change in the delivery of complex projects: Configuration management, asset information and big data. *International Journal of Project Management*, 34(2), 339-351.

附录 5A 基于概率的活动工期

活动工期估计

回想一下,每项活动的工期估计是从该活动开始到完成所经历的全部时间。对于那些存在高度不确定因素的项目,我们可以对每项活动给出三个工期估计。

(1) 乐观时间 t_o(optimistic time),是指在任何事情都进行得很顺利、没有遇到任何困难的情况下,完成某项活动所需的时间。经验规律是,在少于乐观时间估计的时间内完成活动的机会仅有 1/10。

(2) 最可能时间 t_m(most likely time),是指在正常情况下完成某活动通常需要的时间。如果某项活动已经做过很多遍,最经常发生的实际工期可以用作最可能时间估计。

(3) 悲观时间 t_p(pessimistic time),是指某活动在最不利的情况下(如遇到不常见的或未预见到的困难)能够完成的时间。经验规律是,在超出悲观时间估计的时间内完成活动的机会仅有 1/10。

在估计一件事情将要花费多长时间时,建立三个时间估计也就把不确定因素考虑进来了。最可能时间必须大于或等于乐观时间,悲观时间必须大于或等于最可能时间。

对每项活动都给出三个工期估计是没必要的。在完成项目时,如果一个人有丰富的经验和完成非常类似活动的时间数据,可以只对活动工期做一个估计(如本章中讨论过的)。然而,当某项活动的工期估计存在高度不确定性因素时,最好用三个时间估计(t_o,t_m 和 t_p)。

β 概率分布

在网络计划中,当对每项活动都用三个时间估计时,是假定三个估计均服从 β 概率分布(beta probability distribution)。在这个假定基础上,由每项活动的三个时间估计可以为每项活动计算一个期望(平均或折中)工期(t_e)。期望工期用下面公式计算:

$$t_e = \frac{t_o + 4(t_m) + t_p}{6}$$

假定一项活动的乐观时间为 1 周,最可能时间为 5 周,悲观时间为 15 周,这项活动的 β 概率分布如图 5A-1 所示,则该项活动的期望工期为:

$$t_e = \frac{1 + 4 \times 5 + 15}{6} = 6(周)$$

假定另一活动的乐观时间为 10 周,最可能时间为 15 周,悲观时间为 20 周,这项活动的 β 概率分布如图 5A-2 所示。则该项活动的期望工期为:

$$t_e = \frac{10 + 4 \times 15 + 20}{6} = 15(周)$$

巧合的是,这正好与最可能时间估计相同。

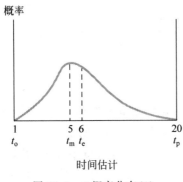

图 5A-1　β 概率分布(1)

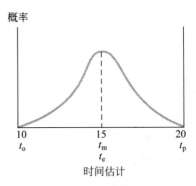

图 5A-2　β 概率分布(2)

在图 5A-1 和图 5A-2 中,曲线的峰值代表了每项活动各自的最可能时间。期望工期(t_e)把 β 概率分布曲线下的总面积分成相等的两部分,换句话说,β 概率分布曲线下 50% 的面积在 t_e 的左边,50% 的面积在 t_e 的右边。例如,在图 5A-1 中,曲线下 50% 的面积在 6 周的左边,50% 的面积在 6 周的右边。因此,活动实际执行时间多于和少于期望工期的概率均为 50%。用另一种方式表述,即活动工期超出 t_e 的概率为 50%,少于 t_e 的概率也为 50%。在图 5A-2 中,活动实际执行时间多于 6 周的概率为 50%,少于 6 周的概率也为 50%。

这里的假设是,在项目进行中,一些活动花费的时间比它们的期望工期少,一些活动花费的时间则比它们的期望工期多。进一步假设,到整个项目完成时,所有期望工期与所有实际工期之间的净总差值是最小的。

> **巩固所学**
>
> 28. 计算一项活动的期望工期,该活动有以下时间估计:$t_o=8, t_m=12, t_p=22$。

概率基本原理

在网络计划中,在给出三个假定按 β 概率分布的估计时间后,就允许在活动工期估计中存在不确定因素了,因此,为每项活动估计三个工期是一项随机的(stochastic)或概率统计(probabilistic)的技术。仅用一个时间估计的技术叫确定性(deterministic)技术。既然已假定每项活动的三个时间估计的分布符合 β 概率分布,就可以计算在要求完工时间之前完成项目的概率了。如果每项活动只用一个工期估计,则不能进行这样的概率计算。

当采用三个时间估计时,网络图中关键路径上所有活动的时间估计加起来可以得到一个总概率分布。由概率理论中的中心极限定理可知,这个总概率分布不是一个 β 概率分布,而是正态概率分布(normal probability distribution),概率曲线是以其平均值为对称轴的钟形曲线。进一步讲,这个总概率分布的期望工期等于构成总分布的各项活动期望工期之和。

期望工期(mean,将概率分布下面的面积分为相等的两部分)是衡量分布集中倾向的尺度,方差是衡量分布从期望值向外离散或扩散倾向的尺度。一项活动的 β 概率分布的

方差 σ^2 可以通过以下公式计算：

$$\text{variance} = \sigma^2 = \left(\frac{t_p - t_o}{6}\right)^2$$

总概率分布的方差(variance)等于构成总分布的各项活动工期的方差之和。

标准差 σ(standard deviation)是另一个衡量离散倾向的尺度，并且等于方差的平方根。与方差相比，标准差是一种更直观地表示分布从其平均值或期望值向外离散程度的方法。对于正态分布(见图 5A-3)，在期望值两边一个标准差的范围内，曲线下面积约占总面积的 68%；两个标准方差范围内，曲线下面积约占总面积的 95%；三个标准差范围内，曲线下面积约占总面积的 99%。

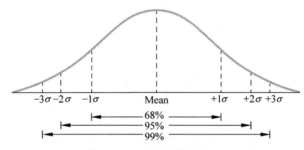

图 5A-3　正态概率分布(1)

如上所述，标准差是衡量分布离散程度的尺度。图 5A-4 给出了两个正态分布。图 5A-4(a)中的概率分布比图 5A-4(b)中的概率分布更宽，这样，图 5A-4(a)中分布就有较大的标准差。然而，对于任何两个正态分布，在其平均值两侧的一个标准差范围内都包含了各自总面积的 68%。

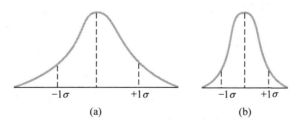

图 5A-4　正态概率分布(2)

网络图中关键路径上的所有活动的总概率分布是一个正态分布，其均值等于各项活动期望工期之和，方差等于各项活动的方差之和。考虑图 5A-5 中的简单网络图，假定项目的开始时间为 0 并且必须在第 42 天之前完成。图 5A-5 中每项活动的概率分布如图 5A-6 所示。

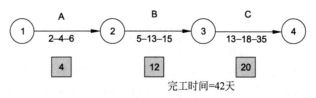

图 5A-5　项目举例

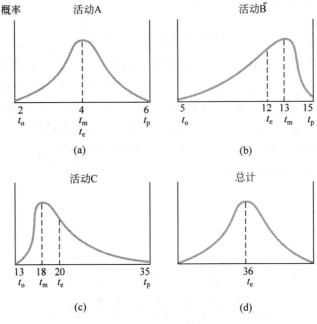

图 5A-6 概率分布

要求完工时间＝42(天)

各个活动的期望工期计算如下：

$$\text{活动 A} \quad t_e = \frac{2+4\times 4+6}{6} = 4(\text{天})$$

$$\text{活动 B} \quad t_e = \frac{5+4\times 13+15}{6} = 12(\text{天})$$

$$\text{活动 C} \quad t_e = \frac{13+4\times 18+35}{6} = 20(\text{天})$$

总计＝36 天

如果我们先把这三个分布值加总，也可以得到一个总平均值，也就是总的 t_e：

活动	t_o	t_m	t_p
A	2	4	6
B	5	13	15
C	13	18	35
总计	20	35	56

$$\text{总 } t_e = \frac{20+4\times 35+56}{6} = 36(\text{天})$$

这个结果与前面计算出的三项活动的期望值之和(4＋12＋20＝36 天)相同。三项活动的总概率分布如图 5A-6(d)所示。路径 1—2—3—4 的总期望工期是 36 天，因此，项目的最早期望完成时间就是第 36 天，而前面提到过，项目的要求完工时间是 42 天。

总分布平均消耗时间等于三项活动消耗时间平均值或期望值之和。在第 36 天之前完成项目的概率为 0.5,在第 36 天之后完成项目的概率也为 0.5。

对于图 5A-5 中的简单例子,三项活动的 β 概率分布的方差如下:

$$\text{活动 A} \quad \sigma^2 = \left(\frac{t_p - t_o}{6}\right)^2 = 0.444$$

$$\text{活动 B} \quad \sigma^2 = \left(\frac{t_p - t_o}{6}\right)^2 = 2.778$$

$$\text{活动 C} \quad \sigma^2 = \left(\frac{t_p - t_o}{6}\right)^2 = 13.444$$

$$\text{总方差} = 16.666$$

总分布是一个正态概率分布,它的方差是三项活动的方差之和,即 16.666。总分布的标准差 σ 是:

$$\text{标准差} = \sigma = \sqrt{\sigma^2} = \sqrt{16.666} = 4.08(\text{天})$$

类似图 5A-6(d),图 5A-7 表示出了总概率曲线与其标准差。

图 5A-7 是一个正态曲线,所以在 ±1σ(标准差)范围内即在 31.92 天与 40.08 天之间包含了总面积的 68%;在 27.84 天和 44.16 天之间包含了总面积的 95%;在 23.76 天与 48.24 天之间包含了总面积的 99%。概率分布可以解释如下:

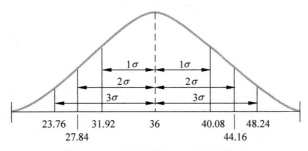

图 5A-7 项目举例的正态概率分布

- 在 23.76~48.24 天之间完成项目的概率为 99%(概率为 0.99)。
- 在 27.84~44.16 天之间完成项目的概率为 95%(概率为 0.95)。
- 在 27.84~36 天之间完成项目的概率为 47.5%(概率为 0.475)。
- 在 36~44.16 天之间完成项目的概率为 47.5%(概率为 0.475)。
- 在 31.92~40.08 天之间完成项目的概率为 68%(概率为 0.68)。
- 在 31.92~36 天之间完成项目的概率为 34%(概率为 0.34)。
- 在 36~40.08 天之间完成项目的概率为 34%(概率为 0.34)。
- 在 27.84~31.92 天之间完成项目的概率为 13.5%(概率为 0.135)。
- 在 40.08~44.16 天之间完成项目的概率为 13.5%(概率为 0.135)。
- 在 23.76 天之前完成项目的概率为 0.5%(概率为 0.005)。
- 在 48.24 天之后完成项目的概率为 0.5%(概率为 0.005)。

因此,可以这样说,在某部分正态曲线下的面积对曲线下总面积的比率与概率相关。

巩固所学

29. 计算下列 β 概率分布的期望工期（t_e）和方差（σ^2）。

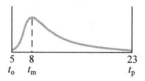

30. 正态曲线下阴影部分的面积百分比是多少？

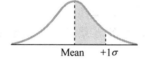

31. 如果在下面正态曲线下标明的两点间有 95% 的面积，标准差是多少？方差是多少？

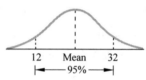

概率计算

项目的最早期望结束时间取决于网络图上的关键路径，它等于项目计划开始时间加上关键路径上从项目开始到项目完成时各项活动的期望工期之和。如前所述，在期望完工时间之前完成项目的概率为 0.5，因为正态曲线下有一半的面积位于期望时间之左；在期望完工时间之后完成项目的概率也为 0.5，因为正态曲线下有一半的面积位于期望时间之右。知道了项目的要求完工时间就可以计算在此时间之前完成项目的概率了。

当计算在项目的要求完工时间之前完成项目的概率时，可采用下面的公式：

$$Z = \frac{\mathrm{LF} - \mathrm{EF}}{\sigma_t}$$

式中，LF——项目的要求完工时间（最迟结束时间）；

EF——项目最早期望结束时间（正态分布的均值）；

σ_t——沿最长（花费最多时间）路径完成项目各项活动的总分布的标准差。

在上面的公式中，Z 是度量正态概率曲线上 EF 和 LF 之间标准差的量值。这个 Z 值必须转化为 EF 和 LF 之间正态曲线下的面积与正态曲线下总面积的比值。因为正态曲线下总面积为 1.0，因此，在项目的要求完工时间之前完成项目的概率就等于曲线下 LF 以左的面积所占总面积的比例数值。

在图 5A-5 中，只有三项活动的简单网络图的最早期望结束时间（EF）是 36 天。已知项目的要求完工时间（LF）是 42 天，或者说比 EF 晚 6 天。图 5A-8 给出了项目的正态曲线，其中 EF=36 天，LF=42 天。

LF 左边曲线下面积占曲线下总面积的比例等于在 42 天以内完成项目的概率。EF 把曲线下面积分为两个相等的部分，因此，EF 左边面积所占比例为 0.5。我们现在只要知道 EF 和 LF 之间面积占总面积的比例，再加上 0.5，可得到 LF 左边面积占总面积的比例。用前面所讲公式算出 EF 和 LF 之间面积的比例后，我们就可以计算 Z 值：

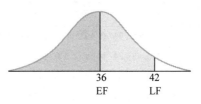

图 5A-8 项目案例的正态概率分布

$$Z = \frac{LF - EF}{\sigma_t} = \frac{42 - 36}{4.08} = \frac{6}{4.08} = 1.47$$

Z 的值为 1.47，表明在 EF 和 LF 之间有 1.47 个标准差（一个标准差为 4.08 天）。然而，Z 值不能直接给出曲线下 EF 和 LF 之间的面积比例。为了计算这个面积，我们利用表 5A-1 所示的标准差表把 Z 转化为一个直接给出这个面积的数值。

表 5A-1 正态曲线下最大纵坐标之间的面积和 Z 值表

Z	0.00	0.01	0.02	0.03	0.04	0.05	0.06	0.07	0.08	0.09
0.0	0.000 00	0.003 99	0.007 98	0.011 97	0.015 95	0.019 94	0.023 92	0.027 90	0.031 88	0.035 86
0.1	0.039 83	0.043 80	0.047 76	0.051 72	0.055 67	0.059 62	0.063 56	0.067 49	0.071 42	0.075 35
0.2	0.079 26	0.083 17	0.087 06	0.090 95	0.094 83	0.098 71	0.102 57	0.106 42	0.110 26	0.114 09
0.3	0.117 91	0.121 72	0.125 52	0.129 30	0.133 07	0.136 83	0.140 58	0.144 31	0.148 03	0.151 73
0.4	0.155 42	0.159 10	0.162 76	0.166 40	0.170 03	0.173 64	0.177 24	0.180 82	0.184 39	0.187 93
0.5	0.191 46	0.194 97	0.198 47	0.201 94	0.205 40	0.208 84	0.212 26	0.215 66	0.219 04	0.222 40
0.6	0.225 75	0.229 07	0.232 37	0.235 65	0.238 91	0.242 15	0.245 37	0.248 57	0.251 75	0.254 90
0.7	0.258 04	0.261 15	0.264 24	0.267 30	0.270 35	0.273 37	0.276 37	0.279 35	0.282 30	0.285 24
0.8	0.288 14	0.291 03	0.293 89	0.296 73	0.299 55	0.302 34	0.305 11	0.307 85	0.310 57	0.313 27
0.9	0.315 94	0.318 59	0.321 21	0.323 81	0.326 39	0.328 94	0.331 47	0.333 98	0.336 46	0.338 91
1.0	0.341 34	0.343 75	0.346 14	0.348 50	0.350 83	0.353 14	0.355 43	0.357 69	0.359 93	0.362 14
1.1	0.364 33	0.366 50	0.368 64	0.370 76	0.372 86	0.374 93	0.376 98	0.379 00	0.381 00	0.382 98
1.2	0.384 93	0.386 86	0.388 77	0.390 65	0.392 51	0.394 35	0.396 17	0.397 96	0.399 73	0.401 47
1.3	0.403 20	0.404 90	0.406 58	0.408 24	0.409 88	0.411 49	0.413 09	0.414 66	0.416 21	0.417 74
1.4	0.419 24	0.420 73	0.422 20	0.423 64	0.425 07	0.426 47	0.427 86	0.429 22	0.430 56	0.431 89
1.5	0.443 19	0.434 48	0.435 74	0.436 99	0.438 22	0.439 43	0.440 62	0.441 79	0.442 95	0.444 08
1.6	0.445 20	0.446 30	0.447 38	0.448 45	0.449 50	0.450 53	0.451 54	0.452 54	0.453 52	0.454 49
1.7	0.455 43	0.456 37	0.457 28	0.458 18	0.459 07	0.459 94	0.460 80	0.461 64	0.462 46	0.463 27
1.8	0.464 07	0.464 85	0.465 62	0.466 38	0.467 12	0.467 84	0.468 56	0.469 26	0.469 95	0.470 62
1.9	0.471 28	0.471 93	0.472 57	0.473 20	0.473 81	0.474 41	0.475 00	0.475 76	0.476 15	0.476 70
2.0	0.477 25	0.477 78	0.478 31	0.478 82	0.479 32	0.479 82	0.480 30	0.480 77	0.481 24	0.481 69
2.1	0.482 14	0.482 57	0.483 00	0.483 41	0.483 82	0.484 22	0.484 61	0.485 00	0.485 37	0.485 74
2.2	0.486 10	0.486 45	0.486 79	0.487 13	0.487 45	0.487 78	0.488 09	0.488 40	0.488 70	0.488 99
2.3	0.489 28	0.489 56	0.489 83	0.490 10	0.490 36	0.490 61	0.490 86	0.491 11	0.491 34	0.491 58
2.4	0.491 80	0.492 02	0.492 24	0.492 45	0.492 66	0.492 86	0.493 05	0.493 24	0.493 43	0.493 61

续表

Z	0.00	0.01	0.02	0.03	0.04	0.05	0.06	0.07	0.08	0.09
2.5	0.493 77	0.493 96	0.494 13	0.494 30	0.494 46	0.494 61	0.494 47	0.494 92	0.495 06	0.495 20
2.6	0.495 34	0.495 47	0.495 60	0.495 73	0.495 85	0.495 98	0.496 09	0.496 21	0.496 32	0.496 43
2.7	0.496 53	0.496 64	0.496 74	0.496 83	0.496 93	0.497 02	0.497 11	0.497 20	0.497 28	0.497 36
2.8	0.497 44	0.497 52	0.497 60	0.497 67	0.497 74	0.497 81	0.497 88	0.497 95	0.498 01	0.498 07
2.9	0.498 13	0.498 19	0.498 25	0.498 31	0.498 36	0.498 41	0.498 46	0.498 51	0.498 56	0.498 61
3.0	0.498 65	0.498 69	0.498 74	0.498 78	0.498 82	0.498 86	0.498 89	0.498 93	0.498 97	0.499 00
3.1	0.499 03	0.499 06	0.499 10	0.499 13	0.499 16	0.499 18	0.499 21	0.499 24	0.499 26	0.499 29
3.2	0.499 31	0.499 34	0.499 36	0.499 38	0.499 40	0.499 42	0.499 44	0.499 46	0.499 48	0.499 50
3.3	0.499 52	0.499 53	0.499 55	0.499 57	0.499 58	0.499 60	0.499 61	0.499 62	0.499 64	0.499 65
3.4	0.499 66	0.499 68	0.499 69	0.499 70	0.499 71	0.499 72	0.499 73	0.499 74	0.499 75	0.499 76
3.5	0.499 77	0.499 78	0.499 78	0.499 79	0.499 80	0.499 81	0.499 81	0.499 82	0.499 83	0.499 83
3.6	0.499 84	0.499 85	0.499 85	0.499 86	0.499 86	0.499 87	0.499 87	0.499 88	0.499 88	0.499 89
3.7	0.499 89	0.499 90	0.499 90	0.499 91	0.499 91	0.499 92	0.499 92	0.499 92	0.499 92	0.499 92
3.8	0.499 93	0.499 93	0.499 93	0.499 94	0.499 94	0.499 94	0.499 94	0.499 95	0.499 95	0.499 95
3.9	0.499 95	0.499 95	0.499 96	0.499 96	0.499 96	0.499 96	0.499 96	0.499 96	0.499 97	0.499 97
4.0	0.499 97	0.499 97	0.499 97	0.499 97	0.499 97	0.499 97	0.499 98	0.499 98	0.499 98	0.499 98

表中的第一列和第一行用来找到所要找的 Z 值(级差为 0.01)。要找到值为 1.47 的 Z 对应的面积,首先在第一列向下找到 1.4,然后沿这一行找到 0.07 对应的列,交叉点处的数值是 0.429 22。这表示对于 $Z=1.47$,正态曲线下与 Z 值对应的面积的比例为 0.429 22。这个数字告诉我们,在 EF 和 LF 之间(即在 36 天到 42 天之间)实际完成项目的概率为 0.429 22,也就是 42.992%。然而,既然我们要找的是在 42 天之前任何时间内完成项目的概率,我们必须加上 36 天之前完成项目的概率。42 天之前完成项目的概率等于在 36 天之前完成项目的概率加上在 36 天到 42 天之间完成项目的概率:

$$0.500\ 00 + 0.429\ 22 = 0.929\ 22$$

在项目的要求完工时间 42 天之前完成项目的概率为 0.929 22,也就是 92.922%。

 小结

如果在一个项目的网络图中,每项活动都有三个工期估计(乐观的、最可能的和悲观的),利用上述方法就可以计算出在要求完工时间之前实际完成项目的概率。然而,在你解释这个概率时必须小心,尤其是当存在几条与关键路径几乎一样长的路径时。因为,如果这些相似路径和关键路径在标准差上有很大差别,当利用这些路径进行概率计算时,得到的在要求完工时间之前完成项目的概率可能低于利用关键路径进行同样计算时得出的结果。这种情况只有在项目有两条或两条以上的路径其长度相等或近似相等时才会出现。

思考题

1. 判断正误：

为了计算在要求完工时间之前完成项目的概率，必须知道每项活动的三个工期估计和项目的要求完工时间。（　　）

2. 对于一项活动，三个预计工期分别是 $t_o=2, t_m=14, t_p=14$，求这项活动的期望工期、方差和标准差。

3. 下面这些指标哪些是衡量离散或扩散的尺度？

方差、均值和标准差

4. 一个项目的最早期望结束时间是 138 天，它的要求完工时间是 130 天。如果 σ_t（最长路径上各项活动总分布的标准差）是 6，那么在要求完工时间之前完成项目的概率是多少？

附录 5B　微软项目管理软件系统（Microsoft Project）（2）

在这个附录中，我们将讨论 Microsoft Project 如何用来支持在本章顾客市场研究案例中讨论过的技术。为了找到项目信息，进入"File"菜单，选择"Open…"，并打开你在第 4 章存储的顾客市场研究文件，现在我们已准备好可输入的每项任务的工期估计，检查项目进度、制作甘特图、确定关键路径、设立一个基准来帮助追踪项目、监控进度、编制任务信息、生成报告。

直接把工期数据输入到甘特图视图中的"工期"栏。如果不在甘特图视图，点击"任务"栏中的"任务视图"组里的"甘特图"。检查菜单上"模式"标签上方的"甘特图工具"。请参见图 5B-1 所示工期数据输入。注意，当我们输入每个任务工期时，默认单位"d"是"天"，你可以输入"m"来代表"分钟"，"h"代表"小时"，"d"代表"天"，"w"代表"星期"，"mon"代表"月"。例如，"2w"等同于两个星期的工期估计。若"任务"栏中的"任务"组中选择了"自动计划表"模式，当修改工期估计时，系统将自动更新每个任务的开始和结束日期。"任务"模式列中每个任务后面的图表显示了这个任务是"人工计划表"模式还是"自动计划表"模式。在本例中，每个任务都选择了"自动计划表"模式。

当输入工期后，工作包的工期就是其包含的所有活动工期的总和。标题的"项目"行显示了项目中所有活动的工期总和，工作包和项目标题用作总结工作。注意项目的总工期是 138 天。

Microsoft Project 2016 已经计算出每个任务的最早与最晚的起始时间和结束时间（ES、EF、LS、LF）、自由浮动时间（FS）和总浮动时间（TS）。想要查看这些数值，你需要从甘特图视图查看"计划表"。先从甘特图视图开始，在"视图"菜单，点击"数据组"中的"图表"，接着点击菜单中的"计划"。就应该能够看到如图 5B-2 所示的表格。注意，"视图"功能区上的"拆分视图"组中未开启"时间轴"功能。

当在甘特图视图中表格右侧输入任务及相关任务信息后，Microsoft Project 会自动

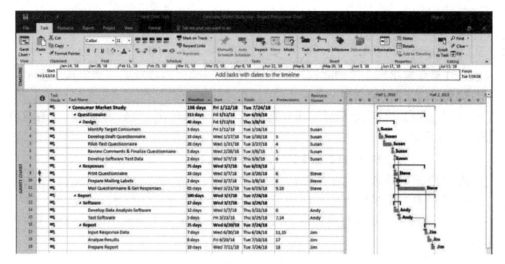

图 5B-1　添加工期数据

图 5B-2　甘特图视图/计划表

生成甘特图。甘特图中任务间的联系用箭线表示。要想用红色突出显示关键路径，进入"甘特图工具"的"Format"菜单，选择"条形"组中的"关键任务"。图 5B-3 展示了强调了关键路线的甘特图。

你可以生成一个顾客市场研究项目关键任务报告。在"查看报告"组的"报告"功能区上，点击"进行中"，将会看到含有报告类型的下拉菜单。点击"关键任务"就可以生成关键任务报告了。生成的关键任务报告如图 5B-4 所示。

项目总工期为 138 天，而项目需要在 130 天内完成。注意"计划表"视图显示了项目完成的最早时间以及每个任务的最晚开始时间。为了缩短项目的总工期，至少有一个关键路径上的任务工期要缩短。最终决定"邮寄问卷 & 得到回应"任务要从 65 天缩短到 55 天。改变"甘特图视图"中登记表中的工期。登记表通过点击"视图"栏中"数据"组的"表格"菜单中的"登记表"进入。Microsoft Project 将自动依据变化更新甘特图、网络图和进度。注意此时的项目总工期缩短到了 128 天，如图 5B-5 所示。

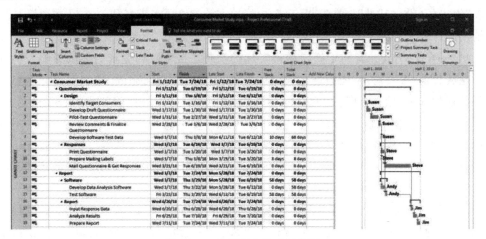

图 5B-3　甘特图中的关键路径

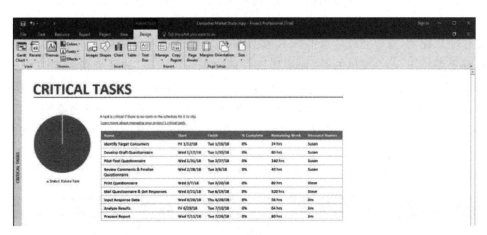

图 5B-4　关键任务报告

图 5B-5　编辑活动工期

定期存储项目基准来监控变化很重要。要想存储基准项目数据,在"项目"栏点击"计划表"组里的"设立基准"。在这里存储文件,文件名为"顾客市场研究",以继续第 6、7 章中给出的计划。

Microsoft Project 有助于确定项目实际的执行进度对项目完成时间的影响。将项目实际完成日期(AF)输入"任务信息"窗口。Susan 用两天时间完成了"识别目标顾客",而不是计划的 3 天,用 9 天时间"起草问卷",用 19 天的时间"试检验问卷"。Susan 发现她需要对问卷做大量的修正,并把完成"修正问卷"的工期从 5 天改成 15 天。Steve 不得不在项目第 23 天为标签订购了一个新的数据库,因为原先的数据库不是最新的。Steve 收到新数据库要用 21 天,而这项活动是"准备邮寄标签"活动的紧前活动。将活动的实际完成时间更新入计划表,并将"订购新数据库"这一活动添加进去。

为了更新任务信息,右键点击任务名选择菜单中的"信息"或者双击任务名。"任务信息"窗口上的选项卡包括"常规""前置任务""资源""高级""备注"和"自定义"。默认情况下,在"任务信息"窗口打开时选中"常规"选项卡,您可以在其中输入计划的或实际的工期以及该任务完成的工作百分比。点开"任务信息",更新之前 Susan 负责的相关任务工期和工作完成比例,修改完成后点击"OK"关闭窗口。修改过项目信息后,甘特图及网络图将自动更新。图 5B-6 显示的是"评审建议并确定最终调查表"的任务信息窗口中的"常规"选项卡,并显示出工期从 5 天调整到 15 天。图 5B-6 中条目表的信息栏中的复选标记表示识别目标消费者、制定草案调查表和试点测试问卷的任务是 100% 完成的。登记表中新系列里的针对"识别目标消费者""设计初始问卷调查表""试验性测试问卷调查表"三个任务进行了勾选,表示这些任务已经百分百完成。需要注意的是,这几项任务的工期已更新为实际完成的天数,项目总天数也已相应改变。

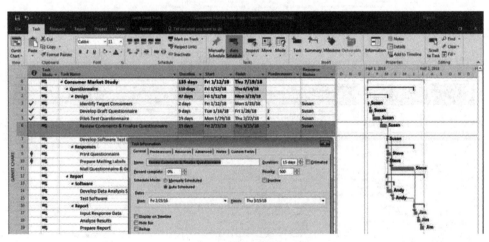

图 5B-6　任务信息

想要输入新任务,点击"任务"栏中"插入"组的"任务"按钮列表中的"任务"。想添加 Steve 负责的新任务,点击第 9 行"打印问卷"。在"任务"栏中的"输入"组点击"任务"按钮,在下拉菜单中选择"任务"来插入一个空白行。然后,键入活动名称"为标签订购新的数据库",输入工期"21 天",设立任务模式为"人工计划表"。新任务的开始时间是项目的第 23 天,项目在 1 月 12 日星期五开始,23 天后是 2 月 14 日星期三。打开"任务信息"窗口更新任务信息,在起始格中输入"2/14/2018",也可以从下拉日历中选择日期。这个新任务是任务"准备邮寄标签"的紧前活动,更新"准备邮寄标签"的紧前任务。注意 Microsoft Project 会为剩余的任务以及它们的紧前活动自动调整任务编号。图 5B-7 展示了新任务的添加,图 5B-8 展示了相关的数据更新。

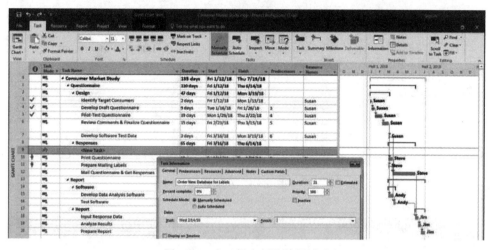

图 5B-7　人工插入新的计划活动

图 5B-8　前导任务更新

有追踪价值的数据可以在"追踪表"中显示。而在甘特图视图中,在"视图"栏点击"数据"组中的"表格",然后点击菜单中的"追踪表"。这个表(如图 5B-9 所示)显示了每个活动实际的开始和结束时间、完成的百分比、实际工期、剩余工期、实际费用和实际工作时间。注意,由 Susan 完成的三项任务的实际完成时间已在表中反映出来了。

想要得到实际进度与计划进度对比的直观图表,在"任务"栏点击"视图"组中"甘特图"图标的向下箭头,选择菜单中的"追踪甘特图"。追踪甘特图如图 5B-10 所示,每个任务都有两个条形图,较低的条形图显示了基准开始日期和基准完成日期,较高的条形图表示当前开始日期和当前结束日期,以便看到基准计划和当前计划的不同。

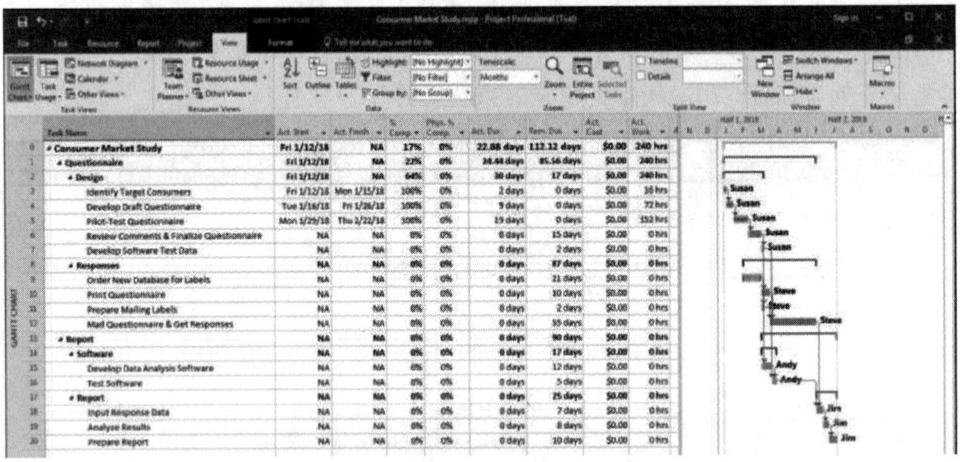

图 5B-9 追踪表

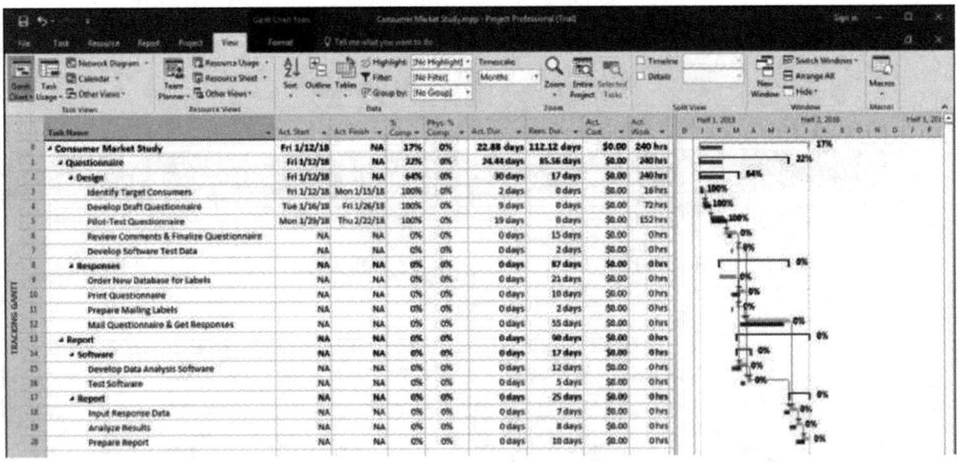

图 5B-10 追踪甘特图

要想获得项目的方差信息,需要选择一个能够展示方差值的表格。点击"视图"栏的"数据"组的"表格",选择菜单中的"方差"项,应该能看到如图 5B-11 所示的表格。这个表格显示了每个任务实际开始时间与实际结束时间和基准开始时间与基准结束时间的对比,除此之外还有所有的方差。注意在这里我们可以看到 Susan 完成的三项任务的结果。时间会随着项目的进行而改变,要更新完成的百分比和任务的实际完成时间。

随着工作的进行及时存储项目信息是有益的。请在"文件"选项卡上单击"另存为",并输入文件名"含有实际完成信息的消费者市场研究",以完成项目信息的存储。

第 5 章 进度安排

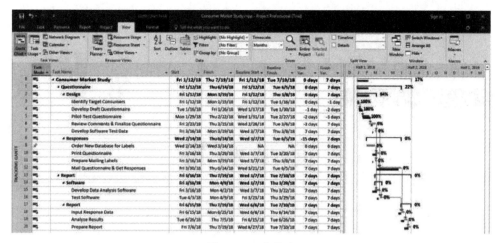

图 5B-11 方差表

第 6 章

资源利用

本章内容支持《PMBOK 指南》中的如下项目管理知识领域:
- 项目资源管理
- 项目进度管理

现实世界中的项目管理

预拌混凝土

预拌混凝土是建筑工程中很常见的资源。这种项目的资源需求具有易腐烂商品的特点和规格,混合物的种类只有当需要时才进行混凝土的搅拌。项目工地必须把相关的规格通知水泥供应商,通知内容包括要交付的混合类型、保证水泥性能的胶合剂的允许类型、混合物中所含混凝料的类型和最大分量以及混凝土混合物成分的比例等。

在交付之前的混凝土,或具有不同延缓或加速固化的掺和剂,在交付时有不同的可加工性。这种变化影响了项目现场所需的在加工前用来放置和准备混凝土混合物的资源。在美国、新加坡的流程审查中,通常具体的交付是基于需求拉动系统。在该系统中,项目工地要以足够提前期与混凝土供应商联系,以确保在交付时,所有成分都已准备就绪,并在交货前一天致电确认。

在项目内部,交付时间安排取决于与交付车辆相关的规则。在美国,这些规则由公司以及行业的最佳实践来控制。在新加坡,他们受到政府法规的影响。新加坡生产和标准委员会确保在工地上交付的混凝土是可应用的;预拌混凝土应在装货后两小时内从交付的车辆上卸下,或在使用非搅拌设备时装载后 1 小时内从运输车辆排出。

在美国,用于储存预拌混凝土混合料的地面不成问题。在新加坡,土地是很珍贵的,混凝土供应公司通常没有足够的空间来存储混凝土、混凝料和预拌混凝土交货所必需的沙子,他们有可用于存放外掺和料的空间,它们不像易腐烂品,也不占用太多空间。

准时交货是根据需要接收供应品的过程。对新加坡 15 家供应商的调查显示,只有三家公司保持了一周以上的混凝料和砂子的供应。其他 12 家公司使用实时交付方式收到他们的物料,以存储大约一天的沙子和混凝料的需求量。这三家公司和其他九家公司的库存水平维持不到一天的水泥供应量。剩下的三家公司有仓库来保存超过一周的水泥供应。

为了向客户提供最好的服务，新加坡的公司使用卫星跟踪 Smart Route 来监控他们加工旋转卡车的位置，跟踪工地等候时间，并增加卡车利用率，及时交付物资帮助新加坡混凝土公司准备好混合物，通过及时提供所需资源来提高承包商的满意度。

资料来源：Based on information from Arain, F. M., Low, S. P., & Wu, M. (2015). Just-in-time (JIT) management in the ready mixed concrete industry in Singapore. International Journal of Construction Project Management, 7(2), 119-136.

本章概要

资源配置为计划和进度安排添加了另一个维度。我们有必要估计出完成每项活动所需资源的种类和数量。这些资源包括人员、材料、供应品、设备、工具、设施和其他资源。一份资源需求计划阐明了在项目整个时间跨度的不同时期的预期资源配置。

在许多项目中，执行项目所需的各类资源的数量是有限的。在同一时间里，某些工序可能要求同一种资源，但往往不能得到充分的资源来满足所有的需要。换言之，这些工序对同一种资源具有竞争性。如果不能得到充足的资源，某些工序就不得不重新计划，并要等到它们所需要的资源能够到位时才能进行。因此，项目进度表受到了资源的限制。要是按时完成项目一定需要增加资源的话，资源将会影响项目在预算内完成。

本章包含了在项目计划和进度计划中调整资源配置的几种方法。你将掌握以下几种方法：

- 在设计网络图时考虑资源的约束；
- 确定项目计划资源的利用；
- 在项目规定时间范围内平衡资源的使用；
- 在可获得资源有限的情况下，确定最短项目进度计划。

学习目标

学习本章后，你可以做到：

- 创建一个包含资源约束的网络图；
- 准备资源需求计划；
- 解释资源水平；
- 讨论有限的资源。

6.1 资源约束计划

配置资源的一种方法是利用网络图的形式在考虑资源的情况下画出各工序之间的逻辑关系。最简单的网络图要描述工序之间的技术限制，画出工序的顺序关系，因为从技角度看,这些工序应该是按顺序进行的。例如,图 6-1 表示了必须按顺序进行的建筑房屋的三种工序——打地基、建框架和封顶。在技术上,这些工序必须按先后次序进行,封顶不可能在建框架之前完成。

图 6-1　具有技术约束的活动次序

除了表示出工序之间的技术限制之外,网络图也要考虑到资源限制。画出工序的次序就能反映有限数量资源的可得性。如图 6-2(a)所示,在技术上表示了可以同时进行的三种工序——粉刷起居室、粉刷厨房和粉刷卧室。也就是说,没有技术上的原因使这些工序的开始依赖于另一工序的完成。可是,要是假设只有一个人来做全部粉刷工作的话,这就在粉刷工序中引入了资源约束。也就是说,尽管在技术上所有三道工序可以同时进行,但因为只有一个油漆工来做全部的粉刷工作而不得不按先后顺序进行各工序。为了包含这一资源约束,网络图将必须画成如图 6-2(b)所示的样子。这三项工序确切的顺序,即指定哪个房间第一、第二和第三粉刷是在画网络图时所做的另一种决策。

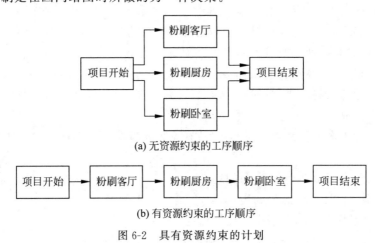

(a) 无资源约束的工序顺序

(b) 有资源约束的工序顺序

图 6-2　具有资源约束的计划

这个例子说明在画网络图时是如何考虑资源限制的。这种将资源约束融入各工序之间的逻辑关系的方法,对于包含几种资源的小项目是可行的。然而,对于大项目和需要各种不同资源的项目来说,这一方法就会变得复杂起来。

巩固所学

1. 最简单的网络图要描述工序之间的_____限制。然而,在可获得的资源有限时,所画的网络图也要反映_____限制。

6.2　资源需求计划

如前面章节中已讨论过的,有必要估计出完成每项活动所需资源的种类和数量。一份资源需求计划阐明了在项目整个时间跨度的不同时期预期的资源配置。

以消费者市场调研项目为例,参考图 5-10,其中显示了该项目的网络图以及图 5-11 中修订的基准进度计划。让我们想想人力资源的配置——项目组:苏珊、史蒂夫、安迪和吉姆。这里还需要提到几个假设:

团队的 4 个成员中没有任何一个需要参与全部的项目估算工期(128 天)。活动 6"打印问卷"会转包出去。所以虽然它的估算工期是 10 天,却只需要史蒂夫工作 1 天。然而,史蒂夫仍然是被指派要对这个活动负责的小组成员。活动 9"邮寄问卷并获得反馈"的估算工期是 55 天。然而,史蒂夫只在最开始的 5 天邮寄问卷,剩下的 50 天等候问卷返回,那段时间史蒂夫不需要做任何工作。对于其他全部活动,当被指派的人负责做一项活动时,他或者她会用估算工期的全部时间来做。

脑海中有了这些假设并参考表 5-4 中计划表的最早与最晚开始时间,我们就可以确定对项目组中每个成员的计划资源要求。

苏珊的五个活动(1,2,3,4,8)都在项目的前端,需要从 0—40 这 40 个工作日来完成。史蒂夫的三个活动(5,6,9)需要 38—53 中的 8 个工作日。活动 9 的估算工期的最后 50 天(53—103)只是等待问卷的返回。同样,史蒂夫只需要为活动 6 工作 1 天,因为活动会转包出去。

安迪的两个活动(7,10)需要 38—55 这 17 个工作日。吉姆的三个活动(11,12,13)都在项目的最后,需要 103—128 这 25 个工作日。

表 6-1 显示了每个团队成员的工作时间要求的估计值以及每个人需要工作的时间周期。尽管项目估计完成时间是 128 天,团队的四个成员只在此期间工作 90 天。

表 6-1 消费者市场调研项目的计划资源要求

名称	活动	工日	周期
苏珊	1,2,3,4,8	40	0—40
史蒂夫	5,6,9	8	38—53
安迪	7,10	17	38—55
吉姆	11,12,13	25	103—128
		90	0—128

举个例子来说明一种特定资源的多种数量配置。图 6-3 是粉刷项目的网络图,每一工序的框图内表示估计工期(以天表示)以及在估计工期内完成该工序所需油漆工的人数。

利用图 6-3 的信息,我们可以绘制资源利用图,如图 6-4 所示,它表示基于每项活动的最早开始和结束的时间,确定每天需要的油漆工人数。资源利用图表示出第 1—4 天需要 4 个油漆工,第 5—6 天需要 3 个油漆工,第 7—10 天需要 2 个油漆工,在第 11—12 天只需要 1 个油漆工。总共需要 32 个油漆工日。油漆工的资源组合在图 6-5 中表示出来。它表明油漆工的利用是不均衡的。在某部分项目期内需要多达 4 个油漆工,而在另一部分项目期内只需要 1 个油漆工。

资源通常不是每天都可以得到的,因此难以满足这种不稳定要求。如果整个项目必须雇用相同数量的油漆工的话,就必须要求某些油漆工在高峰期加班,在低峰期空闲,但

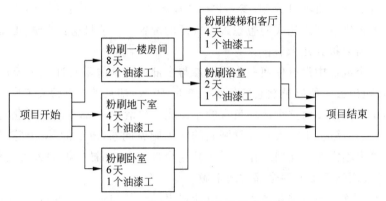

图 6-3 反映资源需求的粉刷项目图

	油漆工日
一楼房间（2个油漆工）	16
楼梯和客厅（1个油漆工）	4
浴室（1个油漆工）	2
地下室（1个油漆工）	4
卧室（1个油漆工）	6

天	1	2	3	4	5	6	7	8	9	10	11	12	
油漆工数	4	4	4	4	3	3	2	2	2	2	1	1	32

图 6-4 计划资源的利用

仍需支付他们报酬。因而,资源的利用更均衡或比较平衡才是可取的。

注意,图 6-5 和图 6-6 表示的资源利用图是根据每项活动的最早开始时间确定的。像这样的资源利用图可以说是各项活动都按最早开始时间进行的原则（As-Soon-As-Possible,ASAP）进行的进度安排。按照每项活动最晚开始时间的资源利用图可以说是各项活动都按最晚开始时间（As-Late-As-Possible,ALAP）进行的进度安排。

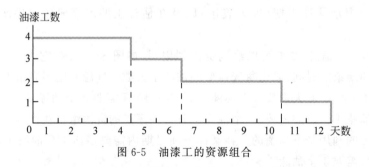

图 6-5 油漆工的资源组合

此外,看看第 4 章中分派责任的内容和第 5 章中估计活动资源的内容以获取更多的相关信息。

巩固所学

2. 一份资源_____计划阐明了在项目周期内不同时期预期的_____。

6.3 资源平衡

资源平衡或均衡方法（resource leveling or smoothing）是制订使资源需求波动最小化的进度计划的一种方法。这种平衡资源的方法是为了尽可能均衡地利用资源并满足项目的进度计划。这是一种反复试验法，即为了保持资源需求均衡水平而推迟了那些非关键（即时差为正值）的工序最早开工时间（不超过最晚开工时间），但只能推迟到所有时差为正值的活动不再有正时差为止，否则会使项目超过预定完工日期。资源平衡是在不延长项目要求完工时间的情况下建立资源均衡利用的进度计划。

让我们看看图 6-3、图 6-4 和图 6-5 中的粉刷项目，来确定资源利用是否均衡。图 6-3 和图 6-4 表示了项目的关键路径是由两类活动组成的，它长达 12 天（8 天油漆一楼的房间，另加 4 天油漆楼梯和客厅）。所以，在不延长项目 12 天工期的情况下，这两个活动不能推迟。看图 6-4，我们看到"浴室"可推迟两天，"地下室"可推迟 8 天，而"卧室"可推迟 6 天，所有的都不超过项目 12 天的工期。再看图 6-4，我们可以采取两种方案来平衡每天所需的油漆工的资源。

方案 1：推迟具有最大正时差的"地下室"工序（+8 天时差），可以让它在"卧室"刷完后的第 6 天开始，而不需要同时用两个油漆工分别油漆地下室和卧室，资源平衡表要求使用同一个油漆工先粉刷卧室再粉刷地下室。

方案 2：推迟"卧室"工序，要它在"地下室"完工之后的第 4 天开工，这一方案要求同一个油漆工先粉刷地下室再粉刷卧室（虽与方案 1 相反，但效果相同）。

图 6-6 和图 6-7 画出了当我们选择方案 1 时资源平衡的资源组合。与图 6-6 比较，我们看到"地下室"的最早开始时间从时间 0 延迟到第 6 天，而它的最早结束时间是现在的第 10 天而不是第 4 天。除了第 11、12 天之外，说明图 6-7 比图 6-5 更均衡地利用了油漆工。在两图都需要 32 个油漆工日的情况下，前者的资源平衡进度计划波动较小。

												油漆工日
一楼房间（2个油漆工）												16
								楼梯和客厅（1个油漆工）				4
								浴室（1个油漆工）				2
						地下室（1个油漆工）						4
		卧室（1个油漆工）										6
天	1	2	3	4	5	6	7	8	9	10	11	12	32
油漆工数	3	3	3	3	3	3	3	3	3	3	1	1	

图 6-6 资源平衡利用图

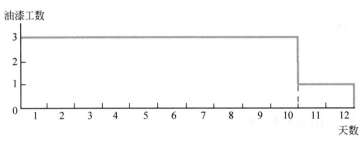

图 6-7　油漆工的资源平衡组合

对于包括各种不同资源的大项目来说,资源平衡是非常复杂的。可以应用各种项目管理软件包来帮助你生成资源平衡进度计划和资源利用图及资源利用组合。

巩固所学

3. 资源均衡试图建立一个时间表,在这个时间表中,资源的利用尽可能保持平稳均衡且不延长项目的_____时间。

6.4　资源约束进度安排

资源约束进度安排方法(resource-limited scheduling)是在各种可得资源的数量不变的情况下制订最短进度计划的一种方法。这一方法适用于项目可得到的资源是有限的且不能超过该资源约束的情况。由于必须遵守资源约束条件,应用这种方法会导致延长项目完工时间。这是在最小时差的原则下反复地将资源分配到各个工序的一种方法。在几个工序同时需要同一有限资源的情况下,按最小时差的要求将这些资源分配给最优先的工序。一旦资源空闲,就分配给次优先的工序,依次类推。若当其他工序也需要这种资源,而该资源已经全部分给较高优先权的工序时,低优先权的工序就得推迟了;若这种误工状态变糟,即使该工序最终也能爬上优先的阶梯,但也会因该工序的推迟而延长项目完工时间。

图 6-8 说明了只有有限数量的油漆工——两个油漆工完成粉刷项目时所发生的情况。当我们因为最多使用两个油漆工而降低资源标准时,就必须延长项目完工时间。要是在任何时候只能得到两个油漆工,为了满足 32 个油漆工日,项目工期就不得不从 12 天延长到至少 16 天。

让我们在如图 6-3 所示的粉刷项目上应用资源约束进度安排。根据图 6-4 所做的图 6-9,表示我们原来的资源利用情况,它表明项目完成时间是 12 天。我们现在假设只有两个油漆工的情况。

如图 6-9 所示,随着项目开始,三个工序一共要求四个油漆工("一楼""地下室"和"卧室")。由于只能得到两个油漆工,所以根据最小时差确定优先权的原则分配油漆工到各个工序中去。

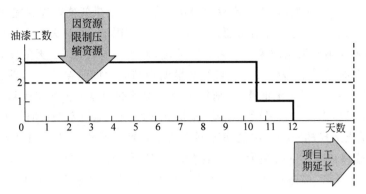

图 6-8 有限资源可得性的影响

天	1	2	3	4	5	6	7	8	9	10	11	12
油漆工数	4	4	4	4	3	3	2	2	2	2	1	1

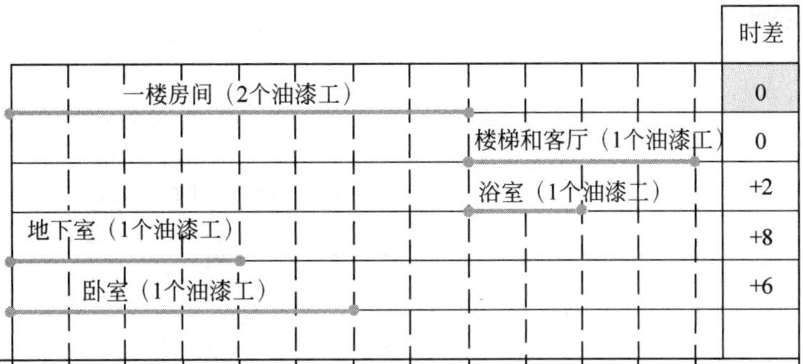

图 6-9 资源的利用情况

“一楼”时差为 0 天，而“地下室”为＋8 天，“卧室”为＋6 天。因而，两个油漆工都被分到一楼，直到他们完成之后再另做安排。（在本例中，假设某个工序一旦开始就必须连续做完而不能中途停工再重新开始。）因为从第 1 天到第 8 天所有可得到的资源都分配到“一楼”，其他两道工序（“地下室”和“卧室”）将延到 8 天之后开工。第一步资源分配如图 6-10 所示。

天	1	2	3	4	5	6	7	8	9	10	11	12	13	14
油漆工数	2	2	2	2	2	2	2	2	4	4	3	3	1	1

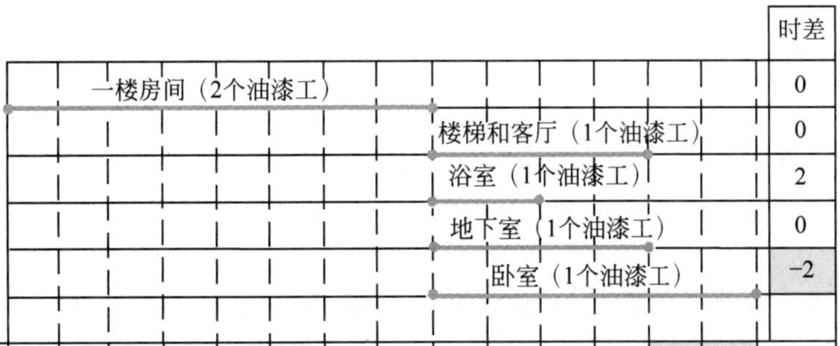

图 6-10 第一次资源分配

由于"卧室"工序的推迟,第一次反复分配油漆工的结果就使得项目完成时间从12天延长到14天。此外,因为资源需求超过两个油漆工的限制,第9天到第12天仍有问题。所以,现在必须在第9天做油漆工的第二次分配,对于原来要求12天的项目完工时间来说,"卧室"活动时差最小,为-2天;它的最早期望结束时间是第14天,项目要求完工时间是12天;"卧室"需要1个油漆工,所以两个可得到的油漆工中的1个被分配给它。还有1个油漆工可再做安排。另两类活动"楼梯和客厅"与"地下室"有同样的最小时差(0)。在两者之间做出选择的一种方法是确定哪个活动长期来看更重要。回过来看,我们知道在图6-9中"楼梯和客厅"(时差为0天)比"地下室"更重要(时差为+8天)。因此,余下的1个油漆工应该分给"楼梯和客厅"。"卧室"从第9天开始并持续到第14天。"楼梯和客厅"也从第9天开始持续到第12天。下次有1个油漆工闲置下来是在完成"楼梯和客厅"之后的第13天。所以,剩下的两类活动"地下室"和"浴室"将推迟到第13天开始。第二次资源分配如图6-11所示。

图6-11 第二次资源分配

第二次分配油漆工的结果延长了项目完工时间,这一次因为"地下室"活动的完工时间从14天延到16天。因为资源需求超过了两个油漆工的限制,在第13天和第14天仍存在问题,所以,现在必须在第13天做油漆工的第三次分配。完成"楼梯和客厅"(记住此时另一个油漆工仍在"卧室"工作)之后可得到1个油漆工。另两类活动"浴室"和"地下室"在第13天各需要1个油漆工。"地下室"与别的活动相比有最小时差(-4天),所以,这个油漆工应分配给它。"地下室"将从第13天开始持续到第16天。在"卧室"第14天完工之后,就空出1个油漆工,所以,"浴室"将延至第15天开工。第三次资源分配如图6-12所示。

第三次分配油漆工的结果使得项目完工时间相对于过去的要求仍延长了4天,但是所有的活动都保持在两个油漆工的限制内安排了开始和结束时间。至此不再需要重复上述步骤。

为了加快进度以在第12天完成项目,就必须采用第5章提到的一种或多种进度控制方法,如增加更多的油漆工、延长工作时间、减少工作的范围或减少某些活动的要求,或者提高生产率。

对于需要多种资源的大项目来说,由于每种资源可得性的限制不尽相同,资源约束进

图 6-12 第三次资源分配

度安排也变得更为复杂。这可以应用编制资源约束进度安排的各种项目管理软件包来解决。

> **巩固所学**
>
> 4. 资源平衡方法是在_____延长项目_____时间的情况下,建立尽可能均衡利用资源的项目进度计划。

现实世界中的项目管理

改善动物安全穿越的资源

动物和机动车之间的碰撞经常发生。在澳大利亚,车辆每天平均撞击 41 只袋鼠。美国报告说,所有车辆残骸中有 5%(每 20 具中有 1 只)是动物。安全工程师和官员一直在努力创造解决方案,以提高动物和车辆操作员的安全性对此全球有很多项目在探索解决之道。

在美国科罗拉多州,科罗拉多交通部交通和安全工程师迈克尔·马威担任某项目的项目经理,该项目探测到大型动物扰乱场地时地球磁场的变化,为了给驾驶者一个警告系统,美国 160 号和 550 号高速公路沿线埋下了两英里长的专用地下电缆。当磁场中断时,照明信号提醒驾驶员潜在的动物过路。这些动物不需要对系统的工作进行任何适应性改变。

但是,这个 100 万美元的项目并非没有问题。鼹鼠、口袋鼠和草原土拨鼠等小型日穴居动物引起了很大问题。该项目的主要资源——专用地下电缆已被穴居动物破坏,导致系统无法发现潜在的动物穿越。由于修复检测系统的成本以及检测系统发生故障的次数,马威研究了可能有助于提高动物通道安全性的系统。一个解决方案在加拿大取得了成功。

在加拿大阿尔伯塔省的班夫国家公园,已经安装了 82 公里(51 英里)的围栏、38 座地下通道和 6 座立交桥,以帮助改善动物穿越的安全性。动物必须学习新的模式。适应新路线通常需要两到五年的时间。该项目取得了成功。自从采用交叉路以来，机动车与动物碰撞的次数减少了80%。

加拿大不列颠哥伦比亚省古铁奈国家公园完成了一个耗资1450万加元的项目，以减少大型动物碰撞事故的发生。15公里（9.3英里）的围栏和9个地下通道帮助阻止了大型动物穿越93号高速公路南部。达伦·奎恩是加拿大国家公园管理局的项目经理，他是加拿大不列颠哥伦比亚省镭温泉的项目经理。他分析了安装在前三个地下通道上的运动和热传感设备的数据。奎因评论说，这是一个巨大的成功，正如报告中提到的超过1600个中型到大型动物的成功过境点。

在瑞典，沃尔沃一直致力于开发一种系统来检测接近或越过道路的动物，设计出一种避免碰撞的系统并安装在他们的车上。马格努松和他的团队正在澳大利亚堪培拉自然保护区收集关于公路附近有袋类动物的数据。该项目将在沃尔沃S90上安装一套车辆检测系统，以帮助自动机及其驾驶员避免与大型动物相撞。因为当汽车靠近时，动物有逃跑的倾向，所以收集数据对团队来说是一个挑战。为了解决这个问题，他们在现实系统中创建了虚拟动物群，为工程团队提供足够的信息来开发规避系统。

在动物穿越安全和机动车安全方面的投资，根据现有的资源使用了不同的解决方案。对于动物们是否更喜欢天桥而不是地下通道，没有明确的选择，因此，每一个都将在未来的项目中尝试一下，在哪种地形最适合支持立交桥或地下通道。为了防止动物机动车事故的发生，动物检测系统将在大量试验后投入使用。

6.5 信息系统开发的资源要求

信息系统开发包括人力、硬件、软件、数据和网络资源这五种基础的必需资源。人力资源包括最终用户和信息系统专家。硬件资源包括计算机系统、计算机外围设备和存储信息需要的媒介。软件资源就是指导用户执行程序的步骤和规程。信息系统开发创建了组织在数据库中的数据和用来支持项目所有阶段的知识库。网络资源包括沟通媒体和网络支持。

所有资源都分配给了各项活动以完成任务，活动所需资源评估做得越精确，开发项目准时完成的可能性也就越高。大部分信息系统项目给多个任务同时分配资源，不考虑过度配置和为完成项目工作资源之间的冲突。过度配置使得资源过分扩张，增加了项目失败的概率。在第4章介绍的经典的SDLC问题解决方法中，问题定义步骤中介绍了一种更加仔细的分析方法，可以改进工作、物料和资金资源的分配，从而增加项目成功的概率。

信息系统实例：ABC办公室设计公司的互联网应用开发（续）

回想第4章和第5章中ABC办公室设计公司的贝丝担任了一个基于网络的报告系统项目开发的项目经理。贝丝已经辨认出需要完成的主要任务和项目计划。管理部门已经同意了项目组60天完成开发的计划。贝丝的项目组有14个成员，每个成员都对至少一个活动负主要职责，如项目职责分配矩阵所示（图4-10）。大部分活动都需要各项目组成员尽支持职责。

贝丝向每个需要完成的主要任务的负责人征询投入要求,开始制订资源需求计划。贝丝早前已经和项目组进行了协商,以制定职责矩阵并有足够的资源来完成任务。贝丝最初给他们分派的每个活动持续期间都配置了100%的主要的和支持性的人工量投入。

贝丝还注意到,如果职责分配矩阵中所有任务涉及的每个资源都按100%来配备,一些资源将被过度使用。现在的情况就是一些必要的子任务被分派给了过度使用的资源,以完成主要的任务软件开发、培训和系统转换。贝丝与项目组评估了每个任务,并制定了资源配置的优先级,如果每个活动都需要所有的主要和支持资源来完成工作,那就以此来决定资源分派方式。

据主要承担软件开发活动的汉娜说,虽然乔和格里承担软件开发中的子任务软件包和定制软件的支持职责,但他们对硬件开发和网络开发负主要职责,具有优先权。在这些子任务上,汉娜有美琪的支持帮助,并决定如果她和美琪需要乔和格里的额外帮助来支持他们的软件开发工作,乔和格里会在延长工作时间的基础上承担任务。

其他过度分配还包括,汉娜和格里被调配去和吉姆与贝丝做培训与系统转换工作。用两天的时间就可以完成系统转换,但必须用4天的时间来做培训。汉娜和格里承担和吉姆一起培训的任务,贝丝和吉姆同意如果贝丝不能在分配的两天内完成系统转换,汉娜和格里就可以离开培训两天。汉娜和格里还将和吉姆一起工作两天,如果贝丝需要他们做系统转换而汉娜和格里有空儿,那么他们可以计划开展更多的培训项目。开发小组建议,他们可以另外准备一个人,在他们做系统开发和测试期间完成系统转换,以避免人员过度使用。

贝丝最终确定了项目报告中的资源需求表,并通报给了管理部门。要想完成这个基于网络的报告系统项目,必要工作时间是2 040个工时。项目小组有信心在60天的框架内完成。表6-2显示了资源名称、图4-10的职责分配矩阵中的活动、每个活动所用时间、每个资源的总工作时间以及资源的工作周期。贝丝还把原料和资金资源纳入了她的报告。

表6-2 基于网络的报告系统项目的资源需求

资源名称	活动	活动工时	总工时	周期
贝丝	1.1 收集数据	24	72	1—3
	1.3 准备问题定义报告	8		55—56
	3.3 评审	16		5
	6.2 系统转换	16		31—32
	6.3 准备实施报告	8		59
吉姆	1.1 收集数据	24	192	16
	2.1 采访用户	40		6—10
	2.4 准备系统分析报告	8		16
	3.1.1 菜单	32		17—20
	3.1.2 数据输入屏	32		21—24
	3.3 评审	16		31—32
	6.1 培训	32		55—58
	6.3 准备实施报告	8		59

续表

资源名称	活动	活动工时	总工时	周期
杰克	1.2 可行性研究	32	72	1—4
	3.3 评审	16		31—32
	4.4 准备软件开发报告	16		50—51
	6.3 准备实施报告	8		59
若思	1.3 准备问题定义报告	8	56	55—56
	2.1 采访用户	40		6—10
	5.4 准备测试报告	8		33
史蒂夫	1.2 可行性研究	32	208	1—4
	2.2 当前系统研究	64		6—13
	3.1.3 定期报告	32		17—20
	3.1.4 点对点查询	32		21—24
	5.1 软件测试	48		48—53
杰夫	1.2 可行性研究	32	184	1—4
	2.3 定义用户需求	40		11—15
	3.1.3 定期报告	32		17—20
	3.1.4 点对点查询	32		21—24
	5.1 软件测试	48		48—53
泰勒	3.1.1 菜单	32	144	16
	3.1.2 数据输入屏	32		21—24
	4.2 硬件开发	80		31—40
凯斯	1.2 可行性研究	32	80	1—4
	3.3 评审	16		31—32
	5.3 网络测试	32		48—51
塞柔	1.2 可行性研究	32	48	1—4
	3.4 准备系统设计报告	16		29—30
汉娜	2.1 采访用户	40	136	6—10
	3.4 准备系统设计报告	16		29—30
	4.1.1 软件包	16		31—32
	5.3 网络测试	32		48—51
	6.1 培训	32		55—58
乔	3.2 加工 & 数据库	80	192	17—26
	4.2 硬件开发	80		31—40
	5.2 硬件测试	32		48—51
格里	1.1 收集数据	24	200	1—3
	3.1.3 定期报告	32		17—20
	3.1.4 即席/动态查询	32		21—24
	4.3 网络开发	48		31—36
	5.2 硬件测试	32		48—51
	6.1 培训	32		55—58

续表

资源名称	活动	活动工时	总工时	周期
麦季	2.1 面试用户 4.1.1 打包软件 4.1.2 定制软件 5.1 软件测试 5.4 准备测试报告	40 16 104 48 8	216	6—10 31—32 33—45 48—53 54
简	3.2 处理与数据库 5.2 硬件测试 5.4 准备测试报告	80 32 8	120	17—26 48—51 54
格莱格	3.2 处理与数据库 5.3 网络测试 5.4 准备测试报告	80 32 8	120	17—26 48—51 54
培训系列打包软件	6.1 培训 4.1 打包软件 2.1 面试用户	2 040	2 040	55—58 31—32 6—10

6.6 项目管理信息系统

项目管理信息系统提供了良好的功能以解决项目中的资源配置问题。大多数软件准许你创建和维护一个资源表,该表中的资源对于项目中的各项任务来说是可以获得的。该表让你存储资源的名称、可得的最大单位数量、标准和超时工时率及成本等条件。另外,由于资源的费用能在整个项目期内以不同的倍数增加,绝大多数软件系统允许你在项目开始或在项目结束时以固定间隔提供一笔资源的款项。此外,在规定的时间对每种资源的可得性也可编制一个日历表。

软件会提醒使用者是否有资源配置的时间冲突,或者是否在一个或几个项目之间有过量的资源分配。资源利用的图表也可从中得到。

为了解决任何冲突或平衡这些资源,软件提供两种选择:一是手工修改状态,在这种选择中使用者修改任务信息和要求或修改资源表,然后看看问题是否解决了;二是让软件自动运行这个过程。如果选择自动过程,软件就会向使用者提问:要是延长最后期限是唯一解决冲突或平衡资源的方式的话,是否延长最后期限?

项目管理信息系统的全部讨论请见本章附录。

 关键的成功要素

- 由于进行项目活动所需的大量各种类型的资源可能是有限的,所以资源的有限性会有碍项目按期/如期完成。
- 如果在计划中考虑资源的话,就必须为执行每个活动所需的资源的数量和种类进行估计。
- 如果资源不充足,那么一些活动就不得不被重新安排在所需的资源可以获得的时间里。
- 资源的平衡和均衡是开发一个试图使资源需求波动最小计划的方法，使得在不超过所需的完成时间的情况下，尽可能平均地使用资源。
- 有限资源计划是在资源数量固定的情况下，开发最短期计划的方法。如果必须保证资源限制，那么将会延长项目的完成时间。

本章小结

资源配置是计划和进度安排的一个新的次级单元。有必要估计出完成每项活动所需资源的种类和数量。这些资源包括人员、材料、用品、设备、工具、设施以及完成项目工作所必需的其他资源。一份资源要求计划阐明了在项目整个时间跨度内不同时期的预期资源配置。

资源配置的另一方面（除时间因素以外）是计划和进度。在许多项目中，进行各种项目工序可得到的各类资源的数量是有限的。某些工序可能同时需要同一种资源，但往往不可能得到充分的资源来满足所有的需要。换句话说，这些工序对同一种资源具有竞争性。如果不能得到充分的资源，某些工序就不得不重新计划，要等到它们所需要的资源可以得到时才能开始。因此，项目进度表会受到资源的限制。

资源配置的一种方法是利用网络图的形式在考虑资源的情况下画出各工序之间的逻辑关系，即除了表示出各工序之间的技术限制之外，网络图也要考虑到资源限制。画出工序的顺序就能反映有限数量资源的可得性。

资源平衡或均衡方法是制订进度计划并使资源需求波动最小化的一种方法。这种平衡资源的方法是为了尽可能均衡地利用资源并满足项目要求的完成进度。平衡资源是在不使工期超过原定完工时间的情况下，尽可能均衡地利用资源并建立资源利用进度计划。在资源平衡中，原定的项目完工时间是不变的，而在努力减少波动的情况下，资源是可变的。

资源约束进度安排方法是在各种可得到的资源数量固定时制订最短进度计划的一种方法。这一方法适用于项目可得到的资源是有限的且不能超过该资源约束的情况。由于必须遵守资源约束条件，应用这种方法会导致延长项目完工时间。这是在最小时差的情况下反复地将资源分配到各个工序的一种方法。不断地重复各步骤直到满足资源约束为止。在资源约束进度安排中，为了不超过资源约束，资源是不变的，而项目完工时间是可变（可延长）的。表 6-3 显示了资源平衡方法和资源约束进度安排方法之间的区别。

表 6-3 资源平衡方法和资源约束进度安排方法的不变因素和可变要素

	不变因素	可变因素
资源平衡方法	项目原定完工时间	资源
资源约束进度安排方法	资源	项目原定完工时间

对于要求多种资源的大项目来说，由于每种资源的可得性的限制不尽相同，资源约束进度安排也变得更为复杂，可应用各种项目管理软件包来解决。

 **思考题**

1. 给出至少 10 种资源的例子。
2. 考虑一个你正在进行或已做完的项目,列出项目中用过的全部资源。
3. 讨论在制订进度计划时为什么需要配置资源。
4. 叙述在画网络图时,资源是如何配置的。
5. 什么是技术约束?举出几个例子。
6. 什么是资源约束?举出几个例子。
7. 叙述资源平衡或均衡方法的含义,并说明为什么要使用它,什么时候使用它。
8. 资源平衡方法会使项目按进度进行吗?如果那样,应该怎样做?
9. 叙述资源约束进度安排方法的含义,并说明为什么要用它,什么时候用它。
10. 资源约束进度安排方法会使项目按进度进行吗?如果那样,应该怎样做?
11. 利用下图进行资源平衡。假设每项任务的进行不依赖于其他任务。

天	1	2	3	4	5	6	7	8	9	10
工人	6	6	6	4	2	3	3	4	3	3

任务1(2个工人)
任务2(1个工人)
任务3(3个工人)
任务4(2个工人)
任务5(1个工人)
任务6(3个工人)

12. 利用第 11 题的图进行资源约束进度安排。假设你在任何给定时刻只能得到 3 个工人,项目新的完工日期是多少?

 上网练习

1. 搜索资源平衡和均衡方法的网页并描述你所找到的内容。
2. 找到并描述至少一个项目管理软件包是如何处理本章讨论的资源问题的。
3. 从问题 3 到问题 5,访问项目管理协会的网站 www.apm.org.uk,点击"About us"并描述组织的使命。
4. 点击"资源"链接,浏览网站提供的资源,并总结一篇能够吸引你的内容。
5. 浏览"最新资讯"或"即将来临的大事"链接,描述你所找到的内容。

案例分析 1 一个非营利性医学研究中心

本案例分析是第 4 章和第 5 章案例分析的延续。

 ### 案例问题

使用第 4 章中的责任分配和第 5 章中开发的基准计划,现在开发一下资源需求表(类似于表 6-1)。

注意:本案例分析将在第 7 章和第 8 章继续,因此请保存你的工作成果。

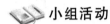 ### 小组活动

将课程参与者分成与上一章小组活动相同的小组,并回答上面列出的问题。

 ## 案例分析 2 婚礼

本案例分析是第 4 章和第 5 章案例分析的延续。

 ### 案例问题

使用第 4 章中的责任分配和第 5 章中开发的基准计划,现在开发一下资源需求表(类似于图 6-3)。

注意:本案例分析将在第 7 章和第 8 章继续,因此请保存你的工作成果。

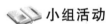 ### 小组活动

课程参与者分成与上一章小组活动相同的小组,并回答上面列出的问题。

 ## 参考文献

Aguilar, A. Z. (2016). Project toolkit: Reaching outside, stay selective. *PM Network*, 30(4), 20.

Applebaum, M. (2016). Damage control. *PM Network*, 30(2), 62-67.

Arain, F. M., Low, S. P., & Wu, M. (2015). Just-in-time (JIT) management in the ready mixed concrete industry in Singapore. *International Journal of Construction Project Management*, 7(2), 119-136.

Couch, C. (2016). Crossing to safety. *PM Network*, 30(4), 16-17.

Di L., Rui, Y., & Rongpeng, L. (2014). Project management plan's research and application under resource constraints. *Applied Mechanics & Materials*, 68-691, 4790-4793.

Ding, R. (2016). Effective project organization management. In R. Ding(Ed.), *Key project management based on effective project thinking* (pp. 121-146). Berlin Heidelberg: Springer Berlin Heidelberg.

Gale, S. F. (2016). Robot in a hard hat. *PM Network*, 30(3), 7-8.

Gustavsson, T. K. (2016). Organizing to avoid project overload: The use and risks of narrowing strategies in multi-project practice. *International Journal of Project Management*, 34(1), 94-101.

Hsu, S., Weng, K., Cui, Q., & Rand, W. (2016). Understanding the complexity of project team member selection through agent-based modeling. *International Journal of Project Management*, 34(1), 82-93.

Jones, T. (2016). Backstage pass. *PM Network*, 30(2), 56-61.

Korhonen, T., Laine, T., Lyly-Yrjanainen, J., & Suomala, P. (2016). Innovation for multiproject management: The case of component commonality. *Project Management Journal*, 47(2), 130-143.

Lippe, S., & vom Brocke, J. (2016). Situational project management for collaborative research projects. *Project Management Journal*, 47(1), 76-96.

Project Management Institute. (2017). *A guide to the project management body of Knowledge (PMBOK Guide)* (6th ed.). Newtown Square, PA: Author.

Rockwood, K. (2016). Fighting crime with data. *PM Network*, 30(3), 13-14.

Walker, D. H. T., & Lloyd-Walker, B. M. (2016). Understanding the motivation and context for alliancing in the Australian construction industry. *International Journal of Managing Projects in Business*, 9(1), 74-93.

附录 6A 微软项目管理软件系统（Microsoft Project）（3）

在本附录中，我们将根据 Consumer Market Study 示列讨论 Microsoft Project 如何用于支持本章中讨论的技术。要检索项目信息，请在文件菜单上单击打开，然后在添加实际完成日期和新任务之前设置基线时，找到你在第 5 章中保存的客户市场研究文件。我们现在准备添加更多资源，管理任务中的时间分配。

图 6A-1 显示了消费者市场研究项目的资源表单，为得到资源表单，进入"视图（View）"菜单，在"资源视图（Resource Views）"中选择"资源表（Resource Sheet）"。你可在这个表格输入包括每种资源具体工作日历信息在内的资源信息。除了人力资源外的其他资源也能在这个表格中输入。人力资源可作为工作资源输入。其他类型的资源作为材料或成本资源输入。资源表单的"类型（Type）"列显示了资源的类型是工作、材料还是成本。

图 6A-1 资源表单

通过在"资源名称（Resource Name）"列中输入名字和通过点击"类型（Type）"列中的下拉箭头选择材料或成本类型来增加材料和成本资源。消费者市场调查项目除了需要四种工作资源外，还需要两种材料资源和一种成本资源。

若对每种资源的附加信息进行添加，可以通过双击"资源名称（Resource Name）"列的"资源名称（Resource Name）"按钮。有一个"资源信息（Resource Information）"窗口，包括四个标签：整体、成本、标注和自定义范围，如图6A-2显示，可加一个标注来提供成本资源的附加信息。

图6A-2　资源标注

通过查看甘特图条目表，视图中的任务列表将新材料和成本分配到消费者市场调查项目的任务中。回想一下甘特图条目表，通过在"任务视图（Task Views）"中的"视图（View）"菜单中选择"甘特图（Gantt Chart）"，然后再选择"数据（Data）"组中的"表单（Table）"并且选择菜单中的"进入（Entry）"查看甘特图的条目表。为了在任务中添加材料或成本信息，双击任务名称打开"任务信息（Task Information）"窗口。在"资源（Resource）"记录中，输入资源名称或通过点击单元格中的下拉箭头从资源列表中选择。在图6A-3中记录在第5章中邮寄问卷和获得反馈的活动持续时间已经减少到55天，并且邮寄问卷已经作为材料资源加到了项目中。现在把成本资源和差旅费加到试点测试问卷活动上。把物资和邮寄问卷加到邮寄问卷和获得反馈的活动上。

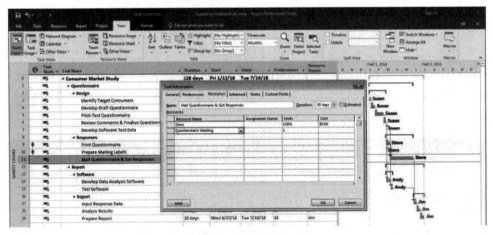

图6A-3　向任务中添加资源

对于消费者市场调查项目，并不是所有的工作资源都用于任务的整个工期。对于印刷问卷、邮寄问卷和获得反馈的活动，史蒂夫并不是在任务的整个工期中都工作。对于印刷问卷活动，他工作1天，对于邮寄问卷和获得反馈活动，他工作5天。在Microsoft Project中你可以选择，制定依赖于必要人工量来完成任务的工期，并且将任务的类型设置为固定单位、固定工作还是固定工期。如果没有设置任务人工量的类别，并且任务的类型设置成固定工期，那么任务的实际工作时间就可以予以设定而且不影响任务工期。

在甘特图表的条目视图中,输入新的三列。点击"增加新列(Add New Column)",从第一列的菜单中选择"人工量(Effort Driven)"。点击"增加新列(Add New Column)",第二列选择"类型(Type)"。点击"增加新列(Add New Column)",第三列选择"工作(Work)"。通过点击单元格里的下拉箭头把每一个任务的"类型(Type)"列改为"固定工期(Fixed Duration)"。把"工作(Work)"列中史蒂夫在印刷问卷活动中的工作时间定为 8 小时,在邮寄问卷和获得反馈活动中的工作时间定为 40 小时,如图 6A-4 中所示。

图 6A-4 将任务时间设为固定工期

Microsoft Project 会在每个任务的时间中输入时间的百分比。这两个任务都需要尽快完成。在"任务视图(Task Views)"组的"视图(View)"菜单中点击"任务使用(Task Usage)"可打开任务使用表单。检查活动打印问卷、邮件问卷和获取反馈不是人工驱动的,具有固定的持续时间,并且通过将任务驱动类型和工作列添加到任务用量屏幕来分配正确的工作量。移动到计划细节的 3 月 7 日,在史蒂夫要完成的打印问卷活动工作中输入"8h",删除其他在活动工期输中入的时间。检查问卷印刷的时间是 1 单位。对于邮寄问卷和获得反馈的活动,移动到活动开始日期,3 月 21 日,在 3 月 15 日到 3 月 21 日的每个单元格中输入"8h",删除任务的剩余时间。检查问卷邮寄的时间是 1 单位。图 6A-5 显示了史蒂夫工作时间的变化、材料资源工作时间的变化以及在计划细节上工作小时数的变化。

"资源概览"和全面分配的资源报告位于"查看报告"组的"报告"功能区的"资源"链接中,甘特图视图上的指示器列包含任务 9 和 10 的两个红色数字,提醒你这些任务的资源被过度分配,要查看"全面分配的资源"报告,请在报告功能区上单击"查看报告组"中的资源,然后在下拉菜单中选择"全面分配的资源"。本报告(图 6A-6)提供了有关任何资源被过度分配的信息。

从工作报告菜单中选择"过量分配的资源(Overallocated Resources)"。如图 6A-7 所示,这是个有关过量分配资源信息的报告。在这个例子中,标明在 2018 年 3 月 4 日开始的一周(图 6A-7),史蒂夫被指派在周四 3、7、18 准备邮寄标签,每天 8 小时。他还被分配在同一天印刷问卷。换句话说,这个报告预示着史蒂夫被指派在周三(3 月 7 日)每天工作 8 小时工作,完成两项不同的任务。这种过量分配的资源需要平衡一下的。

图 6A-5 对"任务"的操作

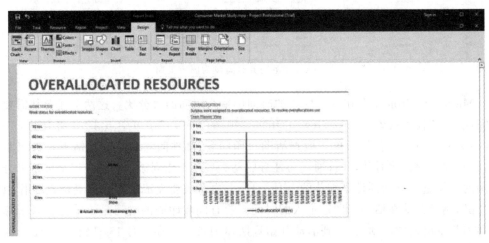

图 6A-6 过度分配资源报告

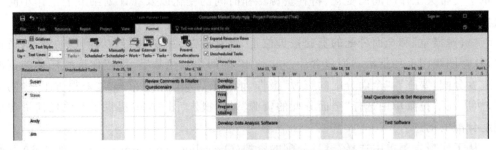

图 6A-7 过度分配资源的团队计划概览

要想用软件进行资源平衡,进入"资源(Resource)"菜单,选择"平衡资源(Level Resource)",会自动弹出一个与图6A-8相似的屏幕,在Microsoft Project中,资源平衡工具基本只关注过度分配的资源以及通过延长项目的最后期限来解决过度分配问题。当进行这种平衡时,Microsoft Project不改变资源分配,也不改变任务信息,它只延迟资源过度分配的任务。水平化可以通过选择要被平衡的资源的名字或点击"现在平衡(Level Now)"按钮来执行;水平化也可以点击在"资源(Resource)"菜单中的"平衡(Level)"的"清除平衡(Clear Leveling)"按钮来撤销。在Microsoft Project 2016中的另一种方法是,点击"资源(Resource)"菜单的"平衡(Level)"中的"平衡所有(Level All)"。Microsoft Project如何进行资源水平化可以通过点击"资源(Resource)"菜单的"平衡(Level)"中的"平衡选择(Leveling Options)"来选择。

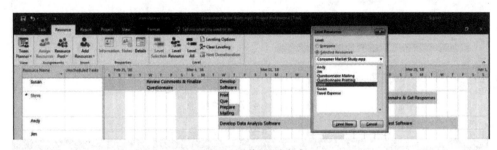

图6A-8 资源平衡中

如图6A-9,在"任务使用(Task Usage)"视图中标明,在3月8日星期四,史蒂夫准备邮寄标签的工作时间已经开始。

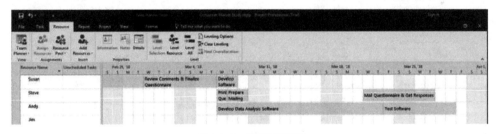

图6A-9 资源已平衡

资源概览报告显示项目中所有工作资源的概览,以及分配的工时数、完成工作的百分比和剩余工作时数。要显示工作资源的概述,首先单击视图报告(View Reports)组中的"资源(Resource)",然后从下拉菜单中选择资源概述(Resource overview)。图6A-10显示了资源概览报告。

资源使用表显示每天分配工作资源的总工作量和分配物质资源的单位数量的概述。显示资源使用表,如图6A-11所示。首先单击视图(View),然后单击资源视图(Resource Views)组中的资源使用(Resource Usage)。比较图6A-5中的资源使用情况表和任务使用情况表。注意,史蒂夫现在每天被分配8个小时。

定期保存控制项目变化的基准是很重要的。要想保存基准项目数据,进入"项目(Project)"菜单,选择"进度(Schedule)",再选择"设置基准(Set Baseline)"。这时候,保存文件继续第 7 章中的计划。

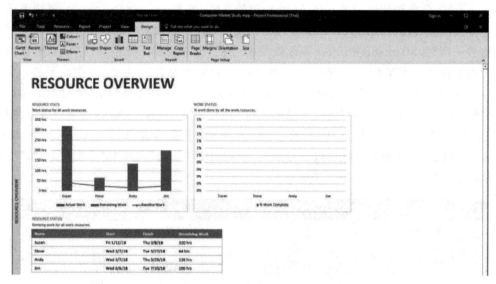

图 6A-10　资源概览报告

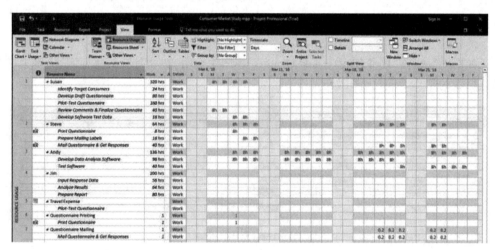

图 6A-11　资源使用情况表

第 7 章

确定成本、预算和挣值

本章内容支持《PMBOK 指南》中的如下项目管理知识领域：
- 项目集成管理
- 项目成本管理

现实世界中的项目管理

大型海洋潮汐项目的可行性计算

具有新概念验证性质的项目，相比经过验证过程的项目，被认为具有更高的风险。在这些概念验证性质项目的项目计划中，要专门进行可行性研究，并安排研究与开发的预算投资。如果概念验证项目被认为是可行的，那么将投入全部预算来开展更大的项目。如果不可行，则测试下一个概念或终止项目。通过对支持研究和开发的资金与项目投资成本和潜在收益的预算进行比较，就可以做出这些决定。

尽管石油和天然气价格下降，可再生能源项目的投资却在不断增加。2013 年，可再生能源项目的投资额约为 2 719 亿美元。2015 年，这一数字增长到 3 289 亿美元。2015 年可再生能源项目投资的主要国家是印度（105 亿美元）、拉丁美洲（175 亿美元）、美国（560 亿美元）和中国（1 105 亿美元）。投资类型包括与太阳能、风能、水力发电、废物转化能源和生物燃料相关的项目。

海洋潮汐是一种可再生能源，吸引了大量新投资。英国、美国和中国的研发一直处于领先地位。项目计划预计在 2020 年达到 101 亿美元。2013 年潮汐项目的投资额为 1 300 万美元。从项目规划和预算的角度来看，海洋潮汐是相对一致的，而太阳能和风能项目的太阳能或风能是可变的，有时是不可预测的。潮汐项目的预算包括更新技术的资金、在恶劣和复杂环境条件下的测试，以及涡轮机及其支撑结构材料的强度、性能和耐久性的测试。

与潮流和潮汐拦阻技术有关的小型示范项目已取得成功。通过开发类似大坝的结构，可以捕获海湾和河口的潮汐能量。在那里，海潮进进出出会影响环境的许多方面，如水质、鱼类迁徙和噪音污染。

在威尔士斯旺西州的斯旺西湾(Swansea Bay, Swansea, Wales),建造一个潮汐泻湖项目的预算是15亿美元,该项目用于在120年内为150 000个家庭发电。与预算和成本结构效益分析的讨论相结合的,是与利益相关者的沟通。威尔士斯旺西湾潮汐泻湖电力公司的开发总监伊万詹金斯(Ioan Jenkins)说,斯旺西湾(Swansea Bay)是威尔士西南地区人民喜爱的旅游胜地,所以在这里建造发电站的想法非常具有挑战性。信任就是一切,所以我们从一开始就明白我们没有什么可隐瞒的。该项目的好处包括减少海湾的废弃物、减少碳排放和增加就业。

在苏格兰(Scotlan)北端更北的地方,亚特兰蒂斯资源公司(Atlantis Resources)计划在彭特兰湾(Pentland Firth)附近的海床上建设269台的涡轮机潮汐发电项目。该项目预算为5 100万英镑,预计将交付398兆瓦的电力。在中国,一个动态潮汐电站项目已得到提议,计划的预算价值为300亿美元。8家荷兰公司和荷兰政府联合资助了该项目的可行性阶段,该项目计划于2020年完成。

可行性项目的计算包括预算规划和成本绩效指数,这些指标有助于决定是否继续、终止或调用更多的资源。这些海洋项目的项目经理在检查项目收益和成本时,管理预算并进行沟通。

资料来源:Based on information from Rockwood, K. (2016). Turning the tide. PM Network, 30(4), 89.

本章概要

除了建立项目基准进度计划之外,还必须制定基准预算。必须估计每个具体活动的成本额。项目预算是通过汇总所有活动的成本估计而确定的。然后必须将预算分摊到项目的预期时间跨度内,以便创建分阶段的基准预算,用于分析项目的成本绩效。一旦项目开始,就要监督实际成本和工作绩效。在项目进行期间,定期监控如下相关成本参数:

- 自项目开始以来累计实际成本额;
- 自项目开始以来已完工工程的累计挣值;
- 根据项目进度计划,自项目开始以来计划应支付的累计预算成本额。

必须对这三种参数相互进行比较来评估项目能否在预算内完成,以及挣值是否与实际成本相当。

如果在项目的任何阶段认定项目超出预算或挣值不能补偿实际成本,就必须采取纠正措施。一旦项目成本失控,就很难在预算内完成项目。正如你在本章看到的,有效成本控制的关键是及时定期地分析成本绩效。在情况变糟之前,较早地发现成本偏差有利于及时修正。在本章中,你将学会怎样根据实际成本和挣值来定期预测全部项目能否在预算内完成。你将了解如下内容:

- 估计活动成本;
- 确定分阶段基准预算;
- 确定工作挣值;

- 分析成本绩效；
- 预测项目完工成本；
- 监控项目成本；
- 管理现金流。

学习目标

学习本章后，你应该能够：
- 估计活动成本；
- 汇总预算成本；
- 制定分阶段基准预算；
- 描述如何累计实际成本；
- 确定工作挣值；
- 计算和分析关键的项目绩效数值；
- 讨论和应用某些方法以控制项目预算；
- 说明管理现金流的重要性。

7.1 项目成本估计

估计项目总成本经常在项目初期进行，或是在项目承包商准备项目建议书/申请书期间进行，但详细的计划通常不在此时准备。然而，在项目规划阶段，会定义具体的活动，并制订一个网络计划。一旦定义了具体活动，就可以对每个活动的资源、工期和成本进行估计。资源包括人力、原材料、设备、设施等。活动资源估计接下来可用于估计活动成本。正如关于估计活动资源的第 5 章中提到的，活动的成本估计是基于对每个活动所需资源的类型和数量的估计。每一个具体活动的估计成本包括以下内容：

（1）劳动力成本。这部分给出的估计成本包括将在项目中工作的各类人员，如油漆工、设计师和计算机程序员等。劳动力成本是基于每个人或每个类别的估计工作时间（不必和活动的估计工期一致）和工时率。

（2）原材料成本。这部分是承约商或项目团队需要为项目购买的各种原材料的成本，如油漆、木料、管子、灌木、地毯、电缆、纸、艺术品、食品、计算机和应用软件。

（3）设备成本。作为项目的一部分，采购一些设备是必须的。举个例子，一个诊所建设项目包括各种类型的医药设备的采购。或者，制造设备升级项目可能包括新生产机器的采购。还有，一个新办公室项目可能包括新计算机系统的采购。

（4）设施成本。一些项目可能需要为项目组或因某些安全因素而准备特殊的设施或额外的场地，用以储存原材料或建造、装配和测试项目成品（可交付使用的）。如果需要这样的设施，租用场地的估计费用就需要包括进去。

（5）分包商和顾问成本。当承约商或项目团队缺乏某项专门技术或不具备完成某个项目任务的资源时,他们可以雇用分包商或顾问执行这些任务,如设计小册子、编制培训手册、编制软件和举办招待会,等等。

(6) 差旅费。如果在项目期间需要到外地出差,就需要差旅费,如机票、住宿费和餐饮费。

(7) 应急费用。除此之外,承约商或项目团队还应准备一定量的意外开支准备金,以便在项目期内发生意外事件时使用。这包括在最初定义项目范围时所遗漏项目的费用、由于第一次没做好而要返工的活动的费用,或是可能发生的高概率或高影响的风险的费用。通常有一个单独的预算(管理储备金)用于项目一级的意外事件,而不是用于具体活动。

表 7-1 显示了在消费者市场调研项目中每个活动的估计成本。例子中的劳动力成本,是以第 6 章资源需求计划在这一部分所讨论的估计工作天数为基础的。这里还需提到几个附加假设:

- 活动 3,"试验-测试问卷",需要出差来组织焦点小组,以获得有关问卷草稿的反馈和评论,因此差旅费的估计成本要包括在内。
- 活动 6,"印刷问卷",它分包给了供应商,因此供应商的估计成本要包括在内。
- 活动 9,"邮寄问卷和获取反馈",需包括邮费的估计成本。
- 出资者已经同意了项目 40 000 美元的预算。

表 7-1 消费市场调研项目的估计活动成本

活动	负责人	工时长	工时成本率	劳动力成本	原材料成本	差旅费	总费用
1. 识别目标客户	苏珊(Susan)	3	260	780			780
2. 制作问卷初稿	苏珊(Susan)	10	260	2 600			2 600
3. 试验-测试问卷	苏珊(Susan)	20	260	5 200		3 000	8 200
4. 审核建议并确定问卷	苏珊(Susan)	5	260	1 300			1 300
5. 准备邮寄标	斯蒂文(Steven)	2	200	400			400
6. 印刷问卷	斯蒂文(Steven)	1	200	200	1 700		1 900
7. 开发数据分析软件	安迪(Andy)	12	300	3 600			3 600
8. 开发软件测试数据	苏珊(Susan)	2	260	520			520
9. 邮寄问卷并获取反馈	斯蒂文(Steven)	5	200	1 000	7 800		8 800
10. 测试软件	安迪(Andy)	5	300	1 500			1 500
11. 输入数据	吉姆(Jim)	7	400	2 800			2 800
12. 分析结果	吉姆(Jim)	8	400	3 200			3 200
13. 制作报告	吉姆(Jim)	10	400	4 000			4 000
合计		90		27 100	9 500		39 600

让某项具体工作及其相关成本的负责人估计成本是一个好办法。这会得到该负责人的认可,并防止了由一个人对所有活动的全部成本进行估计所带来的偏差。在某些情况下,例如在涉及数百人在数年中开展各种活动的大项目时,让每个人都去做成本估计是不现实的。在这种情况下,每个部门或承约商可以指定一个有经验的人来评估本部门所负

责的所有活动的成本。如果某个部门或承约商曾做过类似项目并保留了各种实际成本的档案,这些历史数据就可以指导未来项目相似活动的成本估计了。

成本估计应是合理的和切合实际的,把所能想象到的、要发生或可能出错的事情都归入意外开支准备金里的"虚报"是不现实的。要是成本估计过于保守,项目的全部估计成本可能超过赞助商或客户的预算。另一方面,要是成本估计过分乐观且有些意外费用必须支付的话,承约商和项目组可能就必须尴尬地回到客户那里要求追加投资。

在项目的一开始就要表明,用关注活动准确性的置信水平来估计所有活动的成本是不可能的。特别是对于长期项目而言更是如此。估计近期活动的成本可能更容易,但是随着项目的进行,随着更多的信息得到了解或变得清晰,项目团队可以逐步增加估算成本的细节,从而实现更精确的成本估计。

巩固所学

1. 一项活动的估计成本应该基于需要执行活动的所需_____和_____的估计。
2. 列出应估计的成本细目。
3. 一项活动的成本估计应该是_____和_____的。

7.2 项目预算

项目预算过程包括两个步骤。第一步是确定总预算成本(TBC),即执行和完成工作包或项目的所有具体活动的估计成本的总和。第二步是制定分阶段预算,即根据计划执行具体活动的时间,将每个工作包的预算分摊到为该工作包所安排的活动的预期工期内。

7.2.1 分摊总预算成本

汇总所有要执行的具体活动的估计成本,并在工作分解结构中合并每个工作包来建立一个总预算成本(total budgeted Cost,TBC),也称为每个工作包的完工预算(budget at completion,BAC)。每个工作包的TBC就是组成各工作包的所有活动的成本的加总。当对所有工作包的预算进行总计后,它不能超过赞助商或客户为项目预算所提供的资金总数。

所有活动最初估计成本的总和通常不会比赞助商或客户为项目预算所提供的资金总数多,而且可能要反复修改具体活动的估计成本,以最终得到一个能够接受的基准预算。

项目组或分包商不可以仅仅通过主观估计来强制减少具体活动的估计成本。他们应该深入考虑实际来估计具体活动的成本,然后确定估计的总成本超过客户期望的成本多少。那样的话,他们能够合理地确定怎样减少具体活动的成本以达到客户预算内的总估计成本。这可能意味着做一些权衡决策,用低成本或更有效的资源来取代另一些资源、分包某些任务、缩减范围或降低规格,等等。最后一个办法是找赞助商或客户要求追加投资或缩减范围。在项目中最好早一点通知客户,而不是让客户之后感到惊讶。管理客户的期望是很重要的。

图 7-1 表明了把 600 000 美元的项目成本分摊到工作分解结构中各个工作包的情况。每个工作包上的数字代表安排和完成所有和工作包相关的具体活动的 TBC。

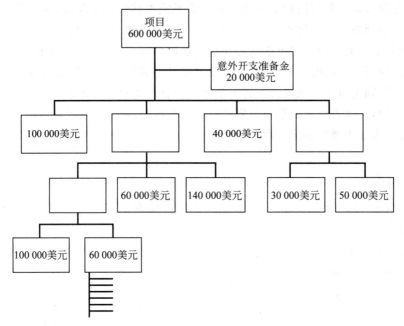

图 7-1　分摊预算成本的工作分解结构

图 7-2 是设计和制造专用自动包装机并安装到客户工厂的项目网络图。这部机器将把客户的产品装入盒子里,再通过高速传送带传送。该项目将作为本章后面几节的例子来使用,所以比较简单。该项目由三部分活动组成,网络图显示了每个活动的工期(以周为单位)。图 7-3 是带有每个工作包总预算成本的工作分解结构。

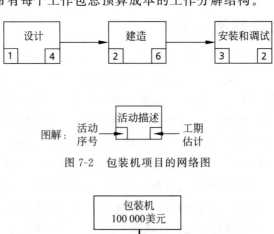

图 7-2　包装机项目的网络图

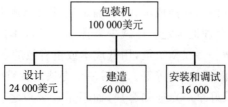

图 7-3　包装机项目的工作分解结构

巩固所学

4. 项目预算过程的第一步是确定_____,并为工作分解结构的每个_____来建立一个_____。

5. 参考表 7-1 和图 4-4,每个工作包的总预算成本是多少?

7.2.2 生成累计预算成本

一旦为每个工作包建立了总预算成本,项目预算过程的第二步就是将 TBC 分摊到各工作包的整个工期中去。每期的成本估计是根据组成该工作包的各个活动所完成的进度确定的。当每个工作包的 TBC 分摊到工期的各个区间,就会制定一个分阶段预算,以便确定在某个时间点应该花费多少预算。这个数字可通过截至某期的每期预算成本加总而算出。这一合计数称作累计预算成本(Cumulative Budgeted Cost,CBC),也叫作计划价值(Planned Value,PV)或计划工作预算成本(budgeted cost of work scheduled,BCWS),是直到某期为止按进度完成的工作预算值。CBC 将作为分析项目成本绩效的分阶段基准预算。

对于包装机项目,表 7-2 显示了按照图 7-2 给出的估计工期如何将每个工作包的 TBC 分摊到各期的,也列出了整个项目的每期预算成本及其累计预算成本(CBC)。表 7-2 表明,到第 5 周,按进度完成的工作预算是 32 000 美元。分摊预算的时段通常由基准项目进度计划中的活动最早开始和结束时间来决定(经资源状况和资源约束进度调整过的)。

表 7-2 包装机项目的每期预算成本 单位:1 000 美元

	TBC	周											
		1	2	3	4	5	6	7	8	9	10	11	12
设计	24	4	4	8	8								
建造	60					8	8	12	12	10	10		
安装和调试	16											8	8
合计	100	4	4	8	8	8	8	12	12	10	10	8	8
累计		4	8	16	24	32	40	52	64	74	84	92	100

利用 CBC 的值,可画出累计预算成本曲线来说明整个项目工期的预算支出。图 7-4 表示包装机项目的累计预算成本曲线。尽管表 7-2 和图 7-4 的成本曲线是表示整个项目的累计成本曲线,要是需要的话,对每一工作包也能做出类似的表和曲线。

整个项目或每个工作包的 CBC 提供了一个基准,在项目的任何时点实际成本和工作绩效都能与之比较。对项目或工作包来说,仅仅将消耗的实际成本与总预算成本做比较容易引起误解,因为只要实际成本低于 TBC,成本绩效看起来就是好的。在包装机的例子中,我们可能会认为,只要实际总成本低于 100 000 美元,项目成本就在控制之中。但当某一天实际总成本超过了 100 000 美元,而项目还没有完成,那该怎么办呢?到了项目

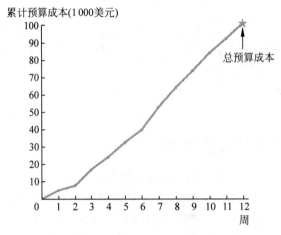

图 7-4 包装机项目的累计预算成本曲线

预算已经超出而仍有剩余的工作尚未完成的时候,要完成项目就必须追加投资,此时再进行成本控制就太晚了。

为了避免这种可怕的事情发生,重要的是利用 CBC 而不是 TBC 作为标准来与实际成本做比较。这样的话,当实际成本开始超过 CBC 时,还可以亡羊补牢。

对于那些包括很多工作包或活动的大项目,可使用项目管理软件来帮助进行项目预算。

巩固所学

6. 一旦对每个工作包建立了总预算成本,项目预算过程的第二步就是将 TBC _____ 到各工作包的_____。

7. _____ 是到某期为止按进度完成的_____预算值。

7.3 确定实际成本

一旦项目开工,就必须记录实际成本(actual cost)和承付款项(committed cost),以便将它们与 CBC 进行比较。

7.3.1 实际成本

为了记录项目的实际成本,必须建立一个定期、及时地收集实际支出数据的制度。这一制度包括收集数据的步骤和报表。根据工作分解结构的编号系统建立会计结构表,以便能将支出的每项实际成本分摊到相应的工作包。而每个工作包的实际成本就能汇总并与其 CBC 加以比较。

周工作时间记录卡常用来收集实际人工成本数据。在项目中工作的个人指出他们工作的工作包数量和他们在每个工作包上花费的时间。然后,这些工时乘以每人的工时成本率就是实际现金成本。在人员可能被同时安排在几个项目的情况下,在工作时间记录卡中必须表明某人所在的项目编号和工作编号,以确保实际人工成本被分摊到合适的项目中。当收到已购原材料、设备和劳务的发票时,也必须分摊到适当的工作包中。

7.3.2 承付款项

承付款项是为已订购或购买但尚未付款的项目待交的资金,因为稍后需要支付这些费用,因此无法用于项目的其他地方。承付款项又称承付成本(commitments)、承担义务成本(obligated costs)或保留成本(encumbered costs)。

当一个成本细目(原材料、分包商)已签下订单,资金便被捆住了,即使是在以后原材料或设备发货,或劳务结算并开发票的时候才实际付款。当供应商或分包商下达采购订单,订单所需资金就被捆住了,而不能再用于其他项目活动。所承付的款项被当作保留资金搁置起来,因为在未来某个时候,当开出发票时,就需要向供应商或分包商支付款项。例如,如果你用 5 000 美元雇用一个分包商来粉刷房间,即使实际可能要等到工作完工以后才付款给分包商,你也要预先留出 5 000 美元。

需要以一种特殊的方式来处理这些承付款项,以便会计系统定期将总成本的一部分分配给实际成本,而不是等到所有材料交付或服务全部完成后才收取总实际成本。为了能将实际成本与累计预算成本做符合实际的比较,部分承付款项应该随着工作的进行分摊到实际成本中去。在某些情况下,供应商或分包商可能要求按施工进度付款,而不是等到全部工作完工之后再付款。在这种情况下,当收到供应商或分包商的发票,要求部分支付或按进度支付时,发票的数额就应该分摊到相应的工作包的实际成本中去。假设承约商与一个顾问签了一项开发 6 个不同的软件模块、价值 120 000 美元的计算机库存控制系统的项目。在每个模块完成并交付使用之后,该顾问就交来一张 20 000 美元的发票。当收到发票后,这 20 000 美元就应当看作实际成本。

让我们考虑这样一种特殊的情况,供应商或分包商并没有要求部分付款或按施工进度付款而开出发票,而是等到全部工作完工和交付之后才提交一张总额发票。即便如此,总承付款项的各部分也应随着工作的不断进行而分期地分摊到实际成本中去。比如,一个改造办公楼的项目,它包括一个与供暖承约商的分包合同,于 4 个月内在办公楼每一间办公室安装新的暖器设备,费用为 80 000 美元。即使当全部工作完工时,分包商才提交一张总额为 80 000 美元的发票,但随着工作的进行,每月也应该分摊 20 000 美元到实际成本中去。

7.3.3 实际成本与预算成本的比较

由于按照实际成本收集的数据已包含了部分承付款项,所以要将它们按工作包汇总起来,以便能与累计预算进行比较。累计实际成本(cumulative actual cost,CAC),也称为已完成工作的实际成本(actual cost of work performed,ACWP),是指在特定时间内完成所有工作的实际花费和承诺款项。对于包装机项目,表 7-3 列出了每个工作包 8 周中各周的实际成本,也列出了 8 周中各期成本及累计实际成本。

表 7-3　包装机项目的每期实际成本　　　　　单位：1 000 美元

	周								总费用
	1	2	3	4	5	6	7	8	
设计	2	5	9	5	1				22
建造				2	8	10	14	12	46
安装和调试									0
合计	2	5	9	7	9	10	14	12	68
累计	2	7	16	23	32	42	56	68	68

表 7-3 表明该项目到第 8 周末实际上已经花费了 68 000 美元。表 7-2 中的 CBC 表明到第 8 周末只预计花费 64 000 美元。有 4 000 美元的差额，说明项目超出了预算。

利用 CAC 的值，能够画出累计实际成本曲线，在同一坐标图上画出累计预算成本曲线，如图 7-5 所示，它提供了很好的直观比较。

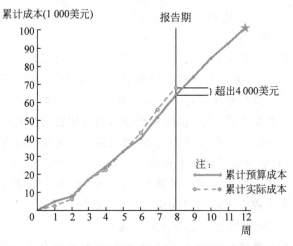

图 7-5　包装机项目的累计预算成本曲线和实际成本曲线

尽管表 7-3 和图 7-5 中的成本曲线表示的是整个项目的数据，但如果需要，对于每一工作包也可画出类似的表格和曲线。画出各种曲线有助于查明那些对超出预算影响较大的特殊工作包。

巩固所学

8. 参看表 7-2 和表 7-3，"设计"和"建造"工作包在第 8 周末对 4 000 美元的超额分别贡献多少？

　　　　　　　　　数额　　　　超或未超
　　　设计　_____　　_____
　　　建造　_____　　_____

7.4 确定已完成工作的价值

考察一个在10天内粉刷10间房子(每天1间)、总预算为2 000美元的项目。每间房子的预算为200美元,第5天结束时,你确信实际花费了1 000美元。当你把支出与5天的实际累计成本进行比较时,实际成本看似没超过预算,但这只是事情的一个方面。为什么这么说呢?因为到第5天结束时,若只有3个房间粉刷完了,会怎么样呢?那就太糟糕了,因为已经花了预算的一半,却只粉刷了3/10的房间。另一方面,要是到了第5天结束时,粉刷了6间房间又如何呢?那就太好了,因为只花了一半的预算就刷完了6/10的房间。这个例子说明了工作绩效的挣值。实际上,预算花费了一半,工程却并不一定完成了一半。如果工作绩效不能与实际成本保持同步,就会出现麻烦,即使实际成本与CBC保持一致也无济于事。

挣值(earned value,EV),也叫作已完工作预算成本(the budgeted cost of work performed,BCWP),即实际完成工作挣得的价值,是在整个项目期内必须确定的重要参数。累计实际成本与累计预算成本的比较只能说明事情的一个侧面,很可能得出对项目现状的错误结论。

与跟踪项目的实际成本同样重要的是,建立及时、定期地收集数据的制度,关注每个工作包的工作绩效的价值。收集每个工作包的完工比率(percent complete),然后乘以该工作包的TBC,通过把这个百分比转换成货币价值来确定挣值。

完工比率的数据通常可以从工作包负责人那里得到。在很多情况下,这个估计是主观的。因此,做出完工比率估计的那个人是非常重要的,他要对该工作包的工作绩效相对于其全部工作范围给出真实的评价。但似乎常常有一种过分乐观的倾向,过早地做出一个高完工比率的估计。例如,假设对于20周工期的工作包,负责人在第10周时报告:90%的工程已经完成了。如果这个报告是不切实际的,就会产生虚假的自信心,认为工程绩效超过了实际成本。一个不切实际的报告会使项目经理得出项目绩效比实际要好的结论,使其不再采取任何纠正措施。随着实际成本的不断积累,项目经理才发现完工百分比被夸大了,而项目绩效在随后几周还会不断恶化。到第20周,完工比率可能只有96%,而实际成本已经超过累计预算成本了。但是,如果纠正措施采取得早一点,问题或许就可以避免了。预防夸大完工比率的一种方法是根据范围和工期把工作包或活动细分。如果项目安排了专门时间来把实际进展与计划的做评审和比较,那活动的预计工期都不能晚于这个时间。重要的是,估计完工比率的人不仅要评估工作完成了多少,还要考虑未完成的工作有多少。

一旦得到完工比率的数据,就能计算出挣值。累积挣值(cumulative earned value,CEV)是指在特定时间点上实际执行的工作的价值,这可以用该工作包的总预算成本乘以它的完工比率求得。例如,在用2 000美元粉刷10个房间的项目中,如果有3个房间完工了,就有把握说完成了30%的工作量,挣值为

$$0.30 \times 2\,000 = 600(美元)$$

现在,让我们回到包装机项目的例子上。在第8周末,"建造"工作包是一个唯一的

在建工程,估计已完成了50%。"设计"工作包已在此之前完成,所以它完成了100%。而"安装和调试"工作包还没有开始,所以它完成了0%。表7-4列出了每个工作包在前8周的每周累计完工比率。表7-4列出了每个工作包分摊的累计挣值,由每个工作包的TBC乘以其完工比率求得。表7-4表明,在第8周结束时,这个项目已完成的挣值为54 000美元。

表7-4 包装机项目每期累计完成比率(%)

	周							
	1	2	3	4	5	6	7	8
设计	10	25	80	90	100	100	100	100
建造	0	0	0	5	15	25	40	50
安装和调试	0	0	0	0	0	0	0	0

表7-5 包装机项目每期累计挣值　　　　单位:1 000美元

	TBC	周							
		1	2	3	4	5	6	7	8
设计	24	2.4	6	19.2	21.6	24	24	24	24
建造	60				3	9	15	24	30
安装和调试	16								
累计	100	2.4	6	19.3	24.6	33	39	48	54

利用CEV的值,能够画出累计挣值曲线。可把它与累计预算成本曲线和累计实际成本曲线画在同一坐标系上,如图7-6所示,提供了很好的直观比较。尽管图7-6的成本曲线描述了全部工程的CBC、CAC和CEV,但对于每一工作包来说,如果需要也可以画出类似曲线。画出各个曲线有助于发现每个工作包对项目成本绩效的影响程度。

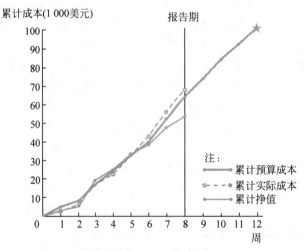

图7-6 包装机项目的累计预算曲线、累计实际成本曲线和累计挣值曲线

巩固所学

9. 求累计挣值是先确定每个工作包的_____，然后乘以每个工作包的_____。

7.5 成本绩效分析

利用如下四个相关成本指标来分析项目的成本绩效：
- TBC（总预算成本）；
- CBC（累计预算成本）；
- CAC（累计实际成本）；
- CEV（累计挣值）。

它们可用于确定项目是否在预算之内进行，已完成工作的价值是否与实际成本保持一致。

在第 8 周末分析包装机项目的表 7-2、表 7-3 和表 7-5，我们可以看出：
- 在前 8 周并截止到第 8 周末，所有计划进行的工程的预算应为 64 000 美元。
- 到第 8 周末实际花费 68 000 美元。
- 到第 8 周末实际进行工作的挣值为 54 000 美元。

我们立刻就能分析出实际成本超过了预算成本，而使情况进一步恶化的是，挣值还落后于实际成本。

在每个报告期末，在同一坐标系中画出 CBC、CAC 和 CEV 三条曲线是一个好主意，如图 7-6 所示，它能揭示任何成本绩效是趋向于改善还是趋向于恶化。

另一个表示方法是根据项目总预算成本 10 万美元的百分比分析进度，如图 7-7 所示，在第 8 周末，我们可以说：
- 在前 8 周并截止到第 8 周末，计划进行的所有工作应花费项目总预算的 64％。
- 到第 8 周末实际花费了总预算的 68％。

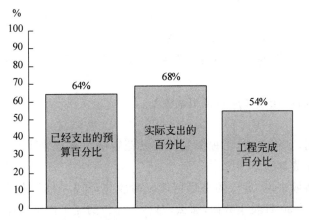

图 7-7　截至第 8 周的包装机项目状况

- 到第 8 周末实际进行工作的挣值为整个项目的 54%。

除了在同一坐标图上画出 CBC、CAC 和 CEV 曲线之外,将这个百分比制成表格或画成曲线也是有用的,这将反映成本绩效是趋向于改善还是趋向于恶化。

巩固所学

10. 列出四个用于分析项目成本绩效的相关成本指标。

7.5.1 费用绩效指数

一个衡量成本绩效的指标是费用绩效指数(Cost Performance Index,CPI),它衡量正在进行的项目的成本效率。确定 CPI 的公式是:

$$费用绩效指数 = 累计挣值 / 累计实际成本$$
$$CPI = CEV/CAC$$

在包装机项目中,第 8 周的 CPI 为:

$$CPI = 54\,000/68\,000 = 0.79$$

这一比率表明,每实际支出 1 美元,只实现 0.79 美元的挣值。应认真关注 CPI 的走势。当 CPI 在 1.0 以下或逐渐变小时,就应该采取纠正措施。

巩固所学

11. 在包装机项目中"设计"工作包在第 5 周末的费用绩效指数是多少?

7.5.2 费用偏差

另一个衡量成本绩效的指标是费用偏差(cost variance,CV),它是累计挣值与累计实际成本之差。确定 CV 的公式是:

$$费用偏差 = 累计挣值 - 累计实际成本$$
$$CV = CEV - CAC$$

与 CPI 一样,这一指标表明挣值与实际成本之间的差异,而不同的是,CV 是以货币来表示的。

对于包装机项目,在第 8 周的费用偏差是:

$$CV = 54\,000 - 68\,000 = -14\,000(美元)$$

这一结果表明,到第 8 周,工程绩效值比已花费的实际成本少 14 000 美元。它是工程绩效落后于实际成本的另一标志。

对分析成本绩效来说,重要的是尽可能同时收集以同一报告期为基础的全部数据。例如,如果规定每月 30 日收集数据,那么,对各工作包的完工比率估计就应该基于这个月 30 日之前完成的工作来计算。

巩固所学

12. 包装机项目中"建造"工作包在第 8 周周末的费用偏差是多少？

7.6 完工预算

在项目的任何时期，在分析实际成本、工作绩效挣值和剩余工作的基础上，就可以估计或预测项目或工作包完工时的总成本了。确定预测完工成本（Forecasted Cost At Completion，FCAC），也称为完工预算（estimated cost at completion，EAC），有几种不同的方法。

第一种方法是假设项目或工程的未完工部分将按照到目前为止已完工工程的效率去进行。用第一种方法计算 FCAC 的公式：

$$\text{预测完工成本} = \text{总预算成本} / \text{费用绩效指数}$$
$$FCAC = TBC/CPI$$

对于包装机项目来说，预测完工成本由下式给出：

$$FCAC = 100\,000/0.79 = 126\,582 (\text{美元})$$

按照第 8 周项目具有的效率，即 CPI 为 0.79，如果其余工程以同样效率进行，那么整个项目实际成本就是 126 582 美元。如果这一预测是正确的，相对于项目 100 000 美元的总预算成本，就将超支 26 582 美元。

第二种确定预测完工成本的方法是，不管过去已有的项目或工作包的效率如何，项目或工作包的剩余工作都按预算来进行。用这种方法确定 FCAC 的公式：

$$\text{预测完工成本} = \text{累计实际成本} + (\text{总预算成本} - \text{累计挣值})$$
$$FCAC = CAC + (TBC - CEV)$$

对于包装机项目来说，预测完工成本由下式给出：

$$FCAC = 68\,000 + (100\,000 - 54\,000)$$
$$= 68\,000 + 46\,000 = 114\,000 (\text{美元})$$

在第 8 周，累计实际成本为 68 000 美元，但已完成工作的挣值只有 54 000 美元。所以，挣值为 46 000 美元的工作仍然需要完成。这一方法是假设，即使在第 8 周末项目的效率是 0.79，剩余的工作将按照 1.0 的效率来完成。由此方法得出预测完工成本为 114 000 美元，预计超出项目总预算成本 14 000 美元。

第三种确定预测完工成本的方法是重估所有要进行的剩余工作的成本，然后把这个重估成本与累计实际成本相加。使用第三种方法确定 FCAC 的公式：

$$FCAC = CAC + \text{重估剩余工程的成本}$$

这种方法是要花时间的，但是，如果项目实际与计划严重背离或情况已有很大变化的话，也是有必要的。

作为常规成本绩效分析的一部分，应该用上述第一种或第二种方法计算 FCAC。然后，就可以确定预测成本超支或节约数额。当对项目或工作包的完工成本进行预测时，在某个指定报告期的一个微小差异随着工作的继续就可能演变成一个更大的超支,因此,要尽早采取纠正措施。

另一个可能感兴趣的指标是待完成绩效指数(TCPI)。要想在总预算成本之内完成项目或工作包,那么剩余工作就需要提高速率,这个速率就是待完成绩效指数。计算TCPI的公式是:

$$TCPI = (TBC - CEV)/(TBC - CAC)$$

等式的分子,TBC－CEV,是要做的剩余工作的挣值数量。等式的分母,TBC－CAC,是剩余的预算数量。因此对于包装机项目来说,待完成绩效指数是:

$$TCPI = (100\,000 - 54\,000)/(100\,000 - 68\,000)$$
$$= 46\,000/32\,000$$
$$= 1.44$$

它预示着还有46 000美元的剩余挣值没做,而且只有32 000美元的预算还剩下来做剩余的工作。因此为了在100 000美元的预算以内完成项目,剩余的工作就要以1.44的效率去完成。

巩固所学

13. 利用第一种预测方法,计算包装机项目中"建造"工作包的预测完工成本。
14. 利用第二种预测方法,计算包装机项目中"建造"工作包的预测完工成本。

7.7 成本控制

有效成本控制的关键是定期、及时地分析成本绩效。它从建立一个基准的分阶段预算开始,该预算显示了如何在项目的时间跨度内花费成本。然后,有必要监控实际花费的成本和已完成的挣值。至关重要的是尽早地发现费用偏差和效率低下,以便在情况恶化之前能够采取纠正措施。一旦成本失控,要在预算内完成项目可能是非常困难的。

成本控制包括如下内容:
(1) 分析成本绩效以确定哪个工作包需要采取纠正措施。
(2) 决定要采取哪些具体的纠正措施。
(3) 修订项目计划,包括工期和成本估计,确认计划的纠正措施。

成本绩效分析应指出哪些工作包费用偏差为负或费用绩效指数在1.0以下,还应指出哪些工作包从以前哪个报告期开始其CV或CPI指标就已经恶化了。要关注那些费用偏差为负的工作包,以减少成本或提高工作效率。根据CV的值来确定集中全力采取纠正措施的优先权,也就是说,CV负值最大的工作包应该给予最高的优先权。

在评估费用偏差为负的工作包时,应该集中采取纠正措施来降低两类活动的成本。
(1) 近期就要进行的活动。采取积极的纠正措施来降低短期内将要进行的活动的估计成本,这要比计划着去降低在很久以后才会发生的活动成本要明智得多。如果在近期采取了纠正措施,你就要及时地反馈采取措施后的效果。如果拖到很久以后的某一时候才采取纠正措施,到那时,负的费用偏差或 CPI 就会进一步恶化,随着项目的进行,留待采取纠正措施的时间会越来越少。

(2) 具有较大的估计成本的活动。采取纠正措施,减少一个 20 000 美元工程的 10%的成本比完全取消一个总值 300 美元的工程的影响要大得多。通常,一项工作的估计成本越大,大幅减少成本的机会也就越大。

有各种降低工程成本的方法。一种方法是采用符合规范而成本较低的原材料。有时能找到另一个供应商提供的同一种原材料但成本较低。另一种方法是安排一位更专业或更有经验的专家来执行或帮助这项活动,以便其更高效地完成。

还有一种降低成本的方法,就是减少工作包或特定活动的作业范围或要求。例如,承约商可能决定房间只粉刷一层而不是原计划的两层。在很多情况下,可能会做出完全消除某些活动的决定,例如,决定不再在房子周围安装围栏。

通过改进方法和技术来提高生产率也是一种降低成本的方法。例如,通过租用自动喷涂设备,承约商可以大大减少成本和时间,这比油漆工用滚子和刷子粉刷房间节约成本和时间。

在很多情况下,减少费用偏差要付出代价,有时要缩减项目范围,有时要推迟项目进度。如果负的费用偏差很大,可能要大幅削减工作的范围或质量才能使项目回到预算以内。但整个项目的目标要素,例如范围、进度、预算或质量会处于危险之中。在某些情况下,客户与承约商或项目团队必须承认上述要素中的一个或几个达不到要求了。这可能需要客户额外提供资金来弥补预算的超支,否则将引起合同争议:谁造成的成本超支?谁负担这笔费用——客户还是承约商?

有效成本控制的关键是,只要发现费用偏差和无效率,就积极地着手解决,而不是希望随着工作的进行情况会有所改善。成本问题越早提出,对范围和进度的冲击越小。一旦成本失控,要回到预算之内就变得更加困难,可能不是减少工作范围或质量就是推迟项目进度。

即使项目的费用偏差为正,不让费用偏差恶化也很重要。如果项目的成本绩效是正的,也要集中全力使它保持下去。一旦项目成本绩效出了问题,它就很难回到正轨。

项目会议是一个解决成本控制问题的好方式。有关信息,参见第 12 章中关于会议的部分和第 11 章关于问题解决的部分。

关于项目控制方法的进一步讨论,参见本章末附录 1——时间-成本平衡法。

巩固所学

15. 在分析成本绩效时,重要的是发现所有_____偏差为负或费用绩效指数小于_____的工作包。

16. 在评估费用偏差为负的工作包时,你应采取纠正措施来减少将要在_____进行的活动的成本和那些具有_____的估计成本的活动的成本。

7.8 控制现金流

控制项目的现金流是很重要的。控制现金流包括要确保从客户那里及时收到足够的资金或付款,以便有足够的资金支付项目进行中的各种费用,如雇员工资、原材料费、分包商的费用和差旅费等。

控制现金流的关键是保证现金的流入要比流出快。如果得不到足够的现金来支付各种费用,就必须借款。借款会增加项目的成本,因为任何借款都要偿还给贷方本息。

通过合同的支付条款,可以控制从客户流入的现金,从承约商的角度看,期望在项目的早期而不是后期从客户手中得到现款。承约商就支付条款谈判时,可能要求客户做到以下一项或几项要求:

- 在项目开工时要预付定金。这项要求是合理的,因为承约商需要在项目的开始阶段购买一定数量的原材料、设备和必需品。
- 根据项目的期望工期每月支付等量现金。在项目的早期阶段,现金的流出常常较小。如果在项目的早期阶段现金流入比流出的要多,承约商就能把闲置的现金放到银行里来赚取利息以满足项目后期更大现金流出的需求。
- 提供经常的支付,如每周、每月而不是每季度支付一次。

对于承约商来说,最坏的情况是客户只在项目结束时一次性支付。在这种情况下,承约商将必须通过借款来得到支付整个项目费用的现金。

承约商的现金流出也要通过支付条款来控制,这里指的是其与供应商或分包商的合同。只要可能,承约商就想要推迟付款(现金流出)。如订购了价值10万美元的原材料的承约商,想要等到全部原材料都发出之后再付款给供应商。如果供应商的发票规定必须在30天以内支付,承约商就可能拖到大约第27天才支付。

巩固所学

17. 控制现金流的关键是保证现金_____比_____更快。

18. 如果得不到足够的现金来支付各种费用,承约商也许需要_____。这会增加项目的成本,因为承约商以后必须支付_____。

现实世界中的项目管理

美国国家航空航天局项目的进度延迟和成本超支

许多成本超支的项目也都发生了进度延迟。有人可能认为,如果一个项目有成本超支,那么它一定有进度延迟,或者反过来看,如果一个项目有进度延迟,那么它一定有成本超支。

来自多个机构的研究人员查阅了多年来复杂项目的数据,包括它们的时间表、成本以及其他因素,例如不现实的估计、供应链故障、范围变化、计划实施和偏差、风险事件和项目经理的经验。一些报告的作者说，80%到90%的成本超支是由计划造成的。另一项研究发现，进度增加10%与成本增加12%一并出现。另一种说法是，一般的经验法则表明，进度每拖延一个百分比，成本都会以相等或更大的百分比增加。

进度延迟会导致成本超支吗？成本超支会导致进度延迟吗？它们仅仅是相关的而不是有因果关系的吗？

如果测试了不同的项目样本，就会发现不同的结果。在一组项目中，通过实施解决措施来避免进度延迟，项目的成本增加了。在另一组项目中，影响成本超支的劳动力成本和费率与进度无关。第三组项目拥有充足的资金和时间，它们经历了进度延迟，但没有出现成本超支。

虽然进度延迟和成本超支之间存在关系，但没有因果关系。还有其他根本原因影响了其中一个或两个因素。美国宇航局顾问委员会会议列出了美国航空航天局项目成本增长的原因：在机构预算确定和外部承诺之前没有充分的定义；乐观的成本估计/估计错误；无法执行初始进度基准；风险评估不足；项目的技术复杂性高于预期；范围（设计/内容）的变更；进度变动对成本影响的评估不足；年度资金不稳定；内部技术专长的侵蚀；承约商对计划的要求跟踪不佳；运载火箭；储备是否充足；缺乏概率估计；是否尽你所能；缺乏记录关键技术、进度和程序假设的正式文件。

美国国家航空航天局项目经理制定了一份提高成本和进度洞察力的建议清单，以帮助减少进度和成本超支的数量。他们认为这些建议也适合其他组织。他们建议项目经理做以下工作：在一个重大事件影响了时间表或成本后，暂停并组织或参加学习研讨会，以检查经验教训并分享知识；制订并实施项目计划、控制的标准化流程和实践，以提高与计划、挣值管理、成本估算、风险管理和资源管理相关的可复制性；将评估的基础整合到计划和成本估算中，以获得更准确的评估；进行概率风险分析并计算项目复杂度指数，为风险管理、进度保证金计划和决策提供信息；精简挣值管理技术以有更好的项目问责；在风险管理中包括项目应急计划和项目计划，以改善对重大风险事件的反应；让项目团队成员和领导参与内部的项目评估，为风险决策提供信息，并提高项目的问责性。

尽管统计数据表明，成本超支和进度延迟是直接相关的，但是项目经理需要寻找两者的根本原因，并在他们的组织中建立对可能导致其一或两者都超支的其他因素的认识。这种努力有助于提高对计划、成本、收益和挣值之间关系的理解。

资料来源：Based on information from Majerowicz, W., & Shinn, S. A. (2016). Schedule matters: Understanding the relationship between schedule delays and costs on overruns. NASA Technical Reports Server(NTRS). doi：20160003386

 ## 7.9 信息系统开发的成本估计

第4章把信息系统定义为一个基于计算机的系统，它接受输入的数据，处理数据，生成用户需要的信息。第5章曾指出，这类系统的计划经常是用一种随意的方式来做的，因而导致大量的信息系统项目不能按时完成。第6章强调资源需求计划对于人力、硬件、软件、数据和网络资源非常重要。准确地估计成本和安排意外事件准备金在创建一个符合实际的预算时是至关重要的,这样可以在不超支的情况下完成工作。一个好的计划和进度安排有助于作出成本估计和基准预算。

如果成本估计过于乐观,开发组就没有足够的资金来支付劳动力、原材料、设备和承约商的费用。但若为每一个突发事件增加费用会导致项目的总估计成本超过预期,而且可能会由于估计成本过高导致项目无法获得批准。成本估计中常见的错误有:

- 低估完成活动所必需的工作时间;
- 需要返工以满足用户需求;
- 低估项目范围的扩大;
- 没有预计要购买新的硬件;
- 对超出应急计划的缺陷进行纠正;
- 改变设计策略;
- 增加资源以快速跟踪系统开发生命周期的各个阶段。

信息系统实例:ABC 办公室设计公司的互联网应用开发(续)

回忆第 4、5、6 章,贝特·史密斯(Beth Smith)被 ABC 办公设计公司的信息系统开发指派做项目经理。第 5 章描述了贝特如何为 ABC 办公设计计划完成基于网络的报告系统开发项目所需活动的最早开始时间、最早完成时间、最晚开始时间和最晚完成时间。第 6 章描述了贝特和项目组如何计划他们要在 60 天完成的项目的资源。管理层批准了完成项目所需的 125 000 美元的预算,并且培训了销售人员。

经对每个任务人工投入量进行估计,并在确认了最初完成所有任务所需的可靠资源之后,贝特和人力资源组一起用每个员工每小时的薪水来确定这个基于网络的报告系统项目的每个活动的劳动力成本。贝特和项目组估计了完成用户访谈的差旅费用(3 000 美元)、软件包的价格(500 美元)和培训材料的费用(1 300 美元)。

完成项目工作的预算成本接近 125 000 美元的限制,这还不包括培训销售人员。贝特意识到已经没有足够的时间来让所有团队成员都接受面对面的培训。一个项目组成员评论说,如果销售团队都来培训办公室接受培训的话,那么每个人都会失去至少两天的销售机会。这是一个无法量化为项目成本的成本。

项目组讨论了是否要培训销售人员如何使用一个基于网络的报告系统。他们决定这个培训最好通过网络系统进行,而不是让整个销售团队到总部进行面对面的培训。这个基于网络的系统能够记录下来培训过程,并让新的销售人员和想要回顾培训的人都能看到。这个基于网络的培训系统的成本比差旅费少,并且有助于让项目成本控制在预算之内。开发团队确认这个基于网络的系统报价是 300 美元。这比一个销售人员的一张单程机票都要便宜。其他额外的培训材料的估计成本是 1 000 美元。

贝特对于完成这个基于网络的报告系统开发项目的活动成本估计如表 7-6 所示。成本估计允许一小部分的、将近 5% 的应急费用用于成本超支、项目的快速跟踪、增加的材料成本或差旅费。

表7-6 基于网络的报告系统项目的估计活动成本

活动	主要责任者	工时长	劳动力成本	原材料成本	差旅费	总费用
1. 收集数据	贝丝(Beth)	3	4 440			4 440
2. 可行性研究	杰克(Jack)	4	7 360			7 360
3. 准备问题定义报告	罗斯(Rose)	1	1 000			1 000
4. 访谈用户	吉姆(Jim)	5	9 200		6 000	15 200
5. 研究现有系统	斯蒂文(Steve)	8	3 200			3 200
6. 定义用户需求	杰夫(Jeff)	5	1 600			1 600
7. 准备系统分析报告	吉姆(Jim)	1	480			480
8. 输入和输出	泰勒(Tyler)	8	17 280			17 280
9. 处理和数据库	乔(Joe)	10	13 600			13 600
10. 评估	凯西(Cathy)	2	3 760			3 760
11. 准备系统设计报告	莎伦(Sharon)	2	1 760			1 760
12. 软件开发	汉娜(Hannah)	15	7 120	500		7 620
13. 硬件开发	乔(Joe)	10	9 600			9 600
14. 网络开发	赫尔(Gerri)	6	2 400			2 400
15. 准备系统开发报告	杰克(Jack)	2	960			960
16. 软件测试	玛姬(Maggie)	6	6 720			6 720
17. 硬件测试	简(Gene)	4	5 120			5 120
18. 网络测试	格瑞(Greg)	4	5 440			5 440
19. 准备测试报告	罗斯(Rose)	1	1 760			1 760
20. 训练	吉姆(Jim)	4	5 760	1 300		7 060
21. 系统转换	贝丝(Beth)	2	1 200			1 200
22. 准备实施报告	杰克(Jack)	1	1 560			1560
总计		104	111 320	1 800	6 000	119 120

7.10 项目管理信息系统

项目管理信息系统使得项目成本核算非常容易。它可以存储与每类资源有关的各种成本,能计算每个工作包和整个项目的预算成本。它也可随着项目不断进行来计算实际成本并预测期末成本。由于各种资源的价格结构不同,而且要在项目的不同时间点付费,项目管理信息系统通常允许使用者对每种资源定义不同的价格结构,并确定这些资源的费用何时进行累计。在项目期间的任何时间,每一项任务、每一个工作包或全部项目的成本估计、分摊总预算成本、累计预算成本、实际成本、承付款项、挣值、费用绩效指数、费用偏差和成本预测等指标,通过点击鼠标即可算出。各种成本图表也可得到,用来帮助分析成本绩效。

关于项目管理软件的深入讨论参见本章附录。

关键成功要素
- 估计活动成本必须基于活动资源估计。
- 让负责执行该活动的人员估算该活动的成本,这样可以得到更多的认同。

- 成本估计应是合理和切合实际的。
- 一旦项目开始,就要监督实际成本和绩效,以确保每件事都在预算范围之内。
- 应当建立一个系统,在一定范围内经常、及时地收集实际成本、承付款项和工作挣值(完工比率)的数据,以便与累计预算成本(CBC)进行比较。
- 在项目的任何时间,如果认定项目超过预算,或者已完成工作的价值与实际成本的增长速度不同步,那么,就必须立即采取纠正措施。
- 重要的是应用累计预算成本(CBC)而不是总预算成本(TBC)作为与累计实际成本(CAC)相比较的基准。将实际成本与总预算成本比较是一种误导,因为只要实际花费低于总预算成本,成本绩效就会看起来很好。
- 为了对累计实际成本与累计预算成本进行真实可信的比较,当进行相关的工作时,承付款项部分应被认为是实际成本。
- 工作实际绩效的挣值是在整个项目期间必须确定和报告的关键参数。
- 在每个报告期内,完工比率的数据应由工作负责人提供。重要的是,这个人要对整个工作范围内进行的工作做出诚实的评估。
- 防止高估完工比率的方法是把工作包或活动以范围和时间分成小块。估计完工比率时,重要的不但是估计已经完成的工作,还要估计什么工作没有完成。
- 提高成本控制效率的关键是经常、及时地分析成本绩效及识别费用偏差(CV),以便在情况变得更糟前采取纠正措施。
- 分析成本绩效时,重要的是所有收集到的数据要尽可能及时,并且要基于同一报告期。
- 仔细监督成本绩效比率的趋势,如果成本绩效比率小于1.0或逐渐变小,应采取纠正措施。
- 作为常规成本绩效分析的一部分,应计算出预测完工成本。
- 有效成本控制的关键是,一经发现负费用偏差和效率低下,就应当确定具体的工作包或活动,同时做出努力集中处理它们。负费用偏差的数量大小决定着这些努力的优先级。
- 当试图减少负费用偏差时,关注那些在短期内进行的活动和那些有着较大估计成本的活动。
- 越早确定成本问题,对范围和进度的影响越小。一旦成本失控,要回到预算之内将变得更加困难,可能需要减小项目范围或质量,或推迟项目进度。
- 管理现金流的关键是保证现金的流入快于流出。
- 尽可能从顾客那得到付款(现金流入),尽可能推迟供应商和承约商的付款(现金流出)。

 本章小结

估计项目总成本经常在项目初期或是在项目承包商准备项目建议书期间来进行,但是详细的计划通常不在此时准备。然而,在项目计划阶段需要定义具体活动和制订网络

第7章　确定成本、预算和挣值

计划。因此一旦定义了具体活动，就要对每个活动的资源、工期和成本进行评估。估计活动资源是估计活动成本的基础。活动的成本估计基于对活动所需资源的类型和数量的估计。一项活动的成本估计应该是合理和现实的。

项目预算过程包括两个步骤。第一步是确定总预算成本(TBC)，即执行和完成一个工作包或项目的所有具体活动的总成本。第二步是制定分阶段预算，即根据计划执行具体活动的时间，将每一工作包的预算分摊到这个工作包的活动的预期工期内，这样才能在任何时候确定预算支出是多少。

在工作分解结构中，汇总所有执行和完成每个工作包的具体活动的估计成本，可以为每个工作包建立一个总预算成本(TBC)，也称为每个工作包的完工预算(BAC)。每个工作包的 TBC 是组成该工作包的所有具体活动的估计成本的总和。当所有工作包的预算都分摊并汇总之后，其总和不能超过赞助商或客户为项目同意拨付的资金总数。所有活动估计成本的初始汇总可能多于赞助商或客户为项目预算的资金数目，然后它可能要经过多次迭代修改具体活动的估计成本，以形成一个可接受的基准预算。

一旦每个工作包建立了总预算成本，项目预算过程的第二步就是分摊每个 TBC 到其工作包的整个工期中去。成本是在每期工作包中的具体活动都按进度进行的基础上确定的。当每个工作包的 TBC 按阶段分摊时，就形成了一个分阶段的预算安排，这样能够确定在任何一个时间点应该花费多少预算。这个数额通过截至某期的每期预算成本加总而算出。这个合计数称作累计预算成本(CBC)，是完成截至某期按进度进行的工作的预算数额。CBC 是分阶段基准预算，将被用于分析项目的成本绩效。整个项目或每个工作包的 CBC 提供了在项目的任一时期都能与实际成本和工作绩效相比较的基准。

一旦项目开工，就必须跟踪记录实际成本和承付款项，以便将它们与 CBC 进行比较。另外，也必须监控已完成工作的挣值。用收集到的每个工作包的完工百分比乘以该工作包的 TBC，通过把这个百分比转换成货币值来确定挣值。这一数字可与累计预算成本和累计实际成本进行比较。

上述工作完成之后，就可以用总预算成本、累计预算成本、累计实际成本和累计挣值来分析项目成本绩效了。它们可用来确定项目是否在预算之内进行，已完成工作的挣值是否与实际成本保持一致。

另一个成本绩效的指标是费用绩效指数(CPI)，它衡量的是正在进行的项目的成本效率。CPI 是通过累计挣值除以累计实际成本算出的。另一个成本绩效指标是费用偏差(CV)，它是已完成工作的累计挣值与累计实际成本之差。

在项目期间的任何时候，在分析整个项目实际成本绩效的基础上，就可以预测项目或工作包完工时的总成本了。确定预测完工成本(FCAC)，也称完工估算(EAC)，的方法有几种。第一种方法是假设项目或工程未完工部分将按照到目前为止已完工工程的效率去进行。第二种方法是假设不管过去已有的项目或工作包的效率如何，其余项目或工作包的工作按预算来进行。第三种方法是重估所有要进行的剩余工作的成本，然后把这个重估成本与累计实际成本相加。

有效成本控制的关键是定期、及时地分析成本绩效。至关重要的是尽早地发现费用偏差和低效之处，以便在情况变坏之前能够采取纠正措施。成本控制包括：分析成本绩效以确定对哪些工作包需要采取纠正措施；决定要采取哪些具体的纠正措施；修订项目计划（包括工期和成本估计），以纳入计划采取的纠正措施。

控制项目的现金流量是很重要的。它包括：确保及时地从客户那里收到足够的现款以便支付项目进行中的各种费用，如雇员工资、原材料费、分包商的费用和差旅费等。控制现金流量的关键是保证现金的流入要比流出更快、更多。

思考题

1. 简述为什么有必要制定项目的基准预算。
2. 在估计活动成本时，列出并描述此部分所包括的条款。
3. 术语"意外开支准备金"(contingencies)的含义是什么？意外成本应该包含在项目建议书中吗？解释你的答案。
4. 成本估计太保守或激进各会引发什么问题？
5. 描述项目预算过程。
6. 给 TBC、CBC、CAC、CEV、CPI、CV 和 FCAC 下定义，怎样计算？
7. 为什么一旦项目开工，就必须跟踪实际成本和承付款项？
8. 为什么必须计算工作进行的挣值？怎样计算？
9. 举一个计算成本绩效指数的例子。它在 1.0 以下意味着什么？它若在 1.0 以上呢？
10. 当费用偏差是负值时意味着什么？是正值意味着什么？当所计算的工作包具有负的费用偏差时，你应关注哪两种活动？为什么？
11. 控制现金流量的关键是什么？如何能完成这一目标？
12. (a) 参考下表，第 6 周周末的累计预算成本是多少？

单位：1 000 美元

	TBC	周									
		1	2	3	4	5	6	7	8	9	10
任务一	30	10	15	5							
任务二	70		10	10	10	20	10	10			
任务三	40					5	5	25	5		
任务四	30								5	5	20
总计累计	170	10	25	15	10	25	15	35	10	5	20

(b) 如下是项目实际成本表，第 6 周周末的累计实际成本是多少？成本是超出还是未超出？原因是什么？

单位：1 000 美元

	周					
	1	2	3	4	5	6
任务一	10	16	8			
任务二		10	10	12	24	12
任务三					5	5
任务四						
总计	10	26	18	12	29	17
累计						

(c) 以下是截止到第 6 周工作完工的累计百分比的表格，第 6 周周末项目累计挣值是多少？它正常吗？

	周					
	1	2	3	4	5	6
任务一	30	80	100			
任务二		10	25	35	55	65
任务三					10	20
任务四						

(d) 第 6 周周末的 CPI 是多少？CV 又是多少？

(e) 使用本章讲述的前两种方法计算 FCAC。另外，描述你能使用的第三种计算 FCAC 的方法。

上网练习

1. 在网上搜索成本分析工具，描述所找到的工具，如果可能的话，下载提供成本分析工具的软件包的样本。

2. 在网上搜索"成本预测"，并讨论与本章描述的方法的异同点。

3. 就"巩固所学"练习 3—5 访问"项目管理论坛"。在文章类别中，点击成本管理或挣值管理链接，浏览列出的文章，读最近的一篇文章并写一个单页总结。

4. 点击"工具"的链接，然后探究一下呈现的技能、方法、工具和能力。至少检查一个条目。你将如何在你的项目中使用这种技能、方法、工具或能力？

5. 在网站中，搜索"成本计划"。描述你有何发现以及它和本章有什么关联。

案例分析 1　一个非营利性医学研究中心

这个案例分析是第 4 章、第 5 章和第 6 章的案例分析的延续。

注意：这个案例分析将在第 8 章继续，所以请保存你的工作结果。

案例问题

1. 使用第 5 章的时间表,估计每个活动的费用。
2. 确定项目的总预算成本。
3. 为项目准备按期间划分的预算成本表(类似于表 7-2)和累积预算成本(CBC)曲线(类似于图 7-4)。

小组活动

将课程参与者划分为与前一章的小组活动相同的组,然后对上面列出的每个步骤进行处理。

 案例分析 2　婚礼

这个案例分析是第 4 章、第 5 章和第 6 章的案例分析的延续。

注意:这个案例分析将在第 8 章继续,所以请保存你的工作结果。

案例问题

1. 使用第 5 章的时间表,估计每个活动的费用。
2. 确定项目的总预算成本。
3. 为项目准备按期间划分的预算成本表(类似于表 7-2)和累积预算成本(CBC)曲线(类似于图 7-4)。

小组活动

将课程参与者划分为与前一章的小组活动相同的组,然后对上面列出的每个步骤进行处理。

 参考文献

Abdullah, A. R. R. B. , Hamzah, A. R. , Ismail, M. Y. , & Razak, A. R. A. (2015). Integration of quality measure in project control system. International Journal of Construction Project Management,7(1),57-75.

Adoko, M. T. , Mazzuchi, T. A. , & Sarkani, S. (2015). Developing a cost overrun predictive model for complex systems development projects. Project Management Journal,46(6),111-125.

Andersen, B. , Samset, K. , & Welde, M. Low estimates high stakes:Underestimation of costs at the front-end of projects. International Journal of Managing Projects in Business,9(1),171-193.

Chen, H. L. , Chen, W. T. , & Lin, Y. L. (2016). Earned value project management:Improving the predictive power of planned value. International Journal of Project Management,34(1),22-29.

Lahdenperä, P. (2016a). Formularising two-stage target-cost arrangements for use in practice. International Journal of Managing Projects in Business,9(1),147-170.

Lahdenperä, P. (2016b). Preparing a framework for two-stage target-cost arrangements for use in practice. International Journal of Managing Projects in Business, 9(1), 123-146.

Lu, Q., Won, J., & Chang, J. C. P. (2016). A financial decision making framework for construction projects based on 5D building information modeling (BIM). International Journal of Project Management, 34(1), 3-21.

Majerowicz, W., & Shinn, S. A. (2016). Schedule matters: Understanding the relationship between schedule delays and costs on overruns. NASA Technical Reports Server(NTRS). doi: 20160003386

Murray, A. P. (2015). Budgeting: The budgeting methods; comparative, bottomup, top-down, and blends; accurate estimating. In A. P. Murray(Ed.), The complete software project manager(pp. 101-114). Hoboken, NJ: John Wiley & Sons, Inc.

Nasina, J., & Nallam, S. N. R. (2016). Analysis of cost escalations in pharmaceutical projects. International Journal of Managing Projects in Business, 9(2), 433-450.

Olaniran, O. J., Love, P. E. D., Edwards, D., Olatunji, O. A., & Matthews, J. (2015). Cost overruns in hydrocarbon megaprojects: A critical review and implications for research. Project Management Journal, 46(6), 126-138.

Parsi, N. (2016). Fracking fault lines. PM Network, 30(1), 6-7. Project Management Institute. (2017). A guide to the project management body of knowledge(PMBOK® Guide)(6th ed.). Newtown Square, PA: Author.

Rockwood, K. (2016). Turning the tide. PM Network, 30(4), 8-9. Wu, M., Arain, F., & Shen, L. (2015). An annualized rate of return-based concession duration model for BOT contracts. International Journal of Construction Project Management, 7(1), 45-56.

附录 7A 时间—成本平衡法

时间—成本平衡法是一种用相关成本的最少增量缩短项目工期的方法。该方法基于以下假设。

（1）每项活动有两组工期和成本估计：正常的和应急的。正常时间（normal time）是指在正常条件下完成某项活动需要的估计时间。正常成本（normal cost）是指在正常时间内完成某项活动的预计成本。应急时间（crash time 赶工时间）是指完成某项活动的最短估计时间。应急成本（crash cost 赶工成本）是指在应急时间内完成某项活动的预计成本。在图 7A-1 中，4 个活动均有一组正常时间和成本估计，一组应急时间和成本估计。活动 A 的正常估计时间为 7 周，正常预计成本为 50 000 美元；应急时间为 5 周，在此期间内完成活动的应急成本为 62 000 美元。

（2）一项活动的工期可以被逐步地缩短，从正常时间缩短至应急时间，这要靠投入更多的资源来实现——指派更多的人、延长工作时间、使用更多的设备，等等。成本的增加是与加快活动进度相联系的。

（3）无论对一项活动投入多少额外的资源，也不可能在比应急时间短的时间内完成这项活动。例如，无论投入多少资源，无论花费多少成本，也不能在少于 5 周的时间内完成活动 A。

（4）当需要将活动的预计工期从正常时间缩短至应急时间时，必须有足够的资源做保证。

(5) 在活动的正常点和应急点之间，时间和成本的关系是线性的。为了将活动的工期从正常时间缩短至应急时间，每项活动都有自己的单位时间成本。缩短工期的单位时间成本可用如下公式计算：

$$\text{缩短工期的单位时间成本} = \frac{\text{应急成本} - \text{正常成本}}{\text{正常时间} - \text{应急时间}}$$

例如，在图 7A-1 中，将活动 A 的工期从正常时间缩短至应急时间，在缩短的这段时间内的每周的成本为：

$$\frac{62\,000 - 50\,000}{7 - 5} = \frac{12\,000}{2} = 6\,000 (\text{美元}/\text{周})$$

图 7A-1 的网络图从开始到完成有两条路径：路径 A—B 和路径 C—D。如果我们仅考虑正常工期估计，路径 A—B 需要 16 周完成，而路径 C—D 需要 18 周完成。因此，根据以上这些时间估计可知，该项目的最早结束时间为 18 周——由 C 和 D 构成的关键路径的时间长度。根据正常时间内完成活动的成本可计算出项目总成本为：

$$50\,000 + 80\,000 + 40\,000 + 30\,000 = 200\,000 (\text{美元})$$

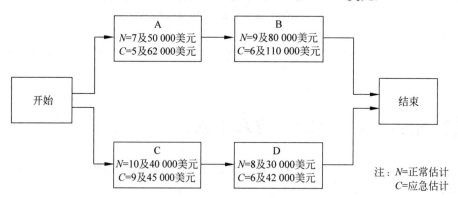

图 7A-1　附有正常和应急时间及成本的网络图

如果全部活动均在它们各自的应急时间内完成，路径 A—B 将用 11 周时间，路径 C—D 将用 15 周时间。按应急时间估计计算，项目的最早结束时间是 15 周，比在正常时间内完成这些活动提前 3 周。

缩短全部活动的工期通常是不必要的，甚至是没有好处的。例如，在图 7A-1 中，我们只想对适当的活动在时间上进行必要的、一定量上的压缩，以加快项目进度，使其从 18 周缩短至 15 周。任何额外活动的压缩仅会增加项目的总成本，却不会减少项目的总工期，这是因为关键路径的工期决定着项目的总工期。换句话说，加快非关键路径上活动的进度不会缩短项目的完成时间，却会增加项目的总成本。

时间—成本平衡法的目标是通过压缩那些使总成本增加最少的活动的工期来确定项目最短完成时间。为了实现这个目标，应在每次压缩一个时间段的前提下，压缩关键路径上那些有最低单位时间增加成本的活动。在图 7A-1 上，根据正常时间和成本估计，我们首先确定项目的最早结束时间为 18 周（由关键路径 C—D 决定），项目的总成本是 200 000 美元，加快每项活动的每周成本为

活动 A：6 000 美元/周

活动 B：10 000 美元/周

活动 C：5 000 美元/周

活动 D：6 000 美元/周

  为了将项目的工期从 18 周减至 17 周,首先必须找出关键路径 C—D。然后,才能确定关键路径上哪项活动能以最低的每周成本被加快。加快活动 C 的进度每周需要 5 000 美元,加快活动 D 的进度每周需要 6 000 美元。如果将活动 C 缩短 1 周(从 10 周缩短至 9 周),项目总工期可从 18 周缩短至 17 周,但项目总成本增加了 5 000 美元,达 205 000 美元。

  为了再缩短一个时间段,从 17 周缩短至 16 周,我们必须再次找出关键路径,两条路径的工期分别是 A—B 为 16 周,C—D 为 17 周,因此关键路径仍是 C—D,它必须再次被减少。观察一下关键路径 C—D,我们意识到尽管活动 C 比活动 D 每周加快成本低,却不能再加快活动 C 的进度了,因为当将项目的工期从 18 周减至 17 周时,活动 C 已达到它的应急时间——9 周了。因此,仅有的选择是加快活动 D 的进度,使其工期减少 1 周,从 8 周减至 7 周。这就将关键路径 C—D 的工期减至 16 周了,但总项目成本却增加了 6 000 美元(加快活动 D 的每周成本为 6 000 美元),从 205 000 美元增至 211 000 美元。

  我们再次将项目工期缩短 1 周,从 16 周降至 15 周。观察两条路径,我们会发现它们现在有相同的工期——16 周。因此,我们现在有两条关键路径。为了将项目总工期从 16 周减至 15 周,必须将每个路径都加快 1 周。观察路径 C—D,我们意识到只有活动 D 仍有剩余时间可以被压缩,它还可以再压缩 1 周,从 7 周降至 6 周,同时增加 6 000 美元成本。为了使路径 A—B 加快 1 周,我们可以压缩活动 A 或活动 B。加快活动 A 每周增加 6 000 美元,加快活动 B 每周增加 10 000 美元。因此,为了将项目总工期从 16 周缩短至 15 周,我们需将活动 D 和活动 A 各压缩 1 周。这使项目成本增加了 12 000 美元(6 000 美元＋6 000 美元),从 211 000 美元增至 223 000 美元。

  让我们再次尽力将项目总工期缩短 1 周,从 15 周降至 14 周。我们又一次有两条相同的关键路径。因此,我们必须将两条路径同时加快 1 周。然而,观察路径 C—D,我们发现两项活动均已达到它们的应急时间——分别为 9 周和 6 周,不能再进一步加快这两个活动的进度了。加快路径 A—B 的进度因此会毫无意义,因为这只能增加项目的总成本,却不能缩短项目的总工期。我们缩短项目总工期的能力由于路径 C—D 的工期不能再进一步缩短而受到限制。

  表 7A-2 列出了项目总工期的缩短和项目总成本的相应增加。表 7A-2 表明项目总工期减少 1 周,项目总成本将增加 5 000 美元;项目工期减少 2 周,项目总成本将增加 11 000 美元;项目工期减少 3 周,项目总成本将增加 23 000 美元。

  如果四项活动均达到应急时间,项目总成本将达到 259 000 美元,而项目的完成时间仍不会少于 15 周。用时间—成本平衡法,我们可以通过压缩关键路径上有最低单位时间加快成本的活动,用 23 000 美元的增加成本将项目的工期从 18 周降至 15 周。由于项目总工期不会少于 15 周,压缩全部活动至应急时间将会浪费 36 000 美元。

表 7A-2 时间—成本平衡

项目工期（周）	关 键 路 径	总项目成本（美元）
18	C—D	200 000
17	C—D	200 000＋5 000＝205 000
16	C—D	205 000＋6 000＝211 000
15	C—D，A—B	211 000＋6 000＋6 000＝223 000

巩固所学

19．图 7A-1 中活动 B、C 和 D 的正常、应急时间和成本是多少？

20．图 7A-1 中加快活动 B、C 和 D 时间进度的每周成本是多少？

21．如果图 7A-1 中的活动全部在应急时间内完成，项目的总成本是多少？

小结

时间-成本平衡法是一种通过最低限度地增加相应成本来缩短项目工期的方法。时间-成本平衡法的假设前提是：每项活动都有一组正常时间、成本和一组应急时间、成本，可以通过增加更多的资源来加快活动进程，并且时间和成本之间的关系是线性的。正常时间是在正常条件下完成活动需要的估计时间长度，正常成本是在正常时间内完成活动的预计成本。应急时间是完成活动的最短估计时间长度，应急成本是在应急时间内完成活动的预计成本。

思考题

1．什么是时间-成本平衡法？何时使用它？

2．在时间-成本平衡过程中，为什么需要正常时间、成本和应急时间、成本？

3．假定一项活动的正常时间是 20 周，正常成本是 72 000 美元；应急时间是 16 周，应急成本是 100 000 美元。这项活动最多可被减少至几周？加快这项活动的每周成本是多少？

4．为什么压缩项目的全部活动以实现最短项目进度是不合适的？

附录 7B 微软项目管理软件系统（Microsoft Project）（4）

在这个附录中，我们将讨论如何用 Microsoft Project 来支持本章讨论过的技术，基于消费者市场调研项目的例子。为了检索你的项目信息，请在"文件（File）"菜单上单击"打开（Open）"，并定位于当你设置资源均衡后的基准时存储于第 6 章的消费者市场调研项目的文件。我们现在准备输入资源成本、生产成本，并检查现金流和挣值。

在任务信息窗口双击任务名称后,微软项目(Microsoft Project)通过使用在资源表或资源选项卡上输入的工作、原材料和成本资源的费率来计算项目成本。重新存取资源表,可在资源窗口点击资源表。通过在"标准率(Std. Rate)"栏中输入标准费率和加班费率,可以将工作资源和原材料资源的费率记录在资源表上。工作资源的费率是每小时的成本。材料资源的费率是每单位使用的成本。图 7B-1 显示了在输入视图下的资源表,其中有工作资源的标准费率和加班费率、项目所需材料资源的标准费率以及差旅费用的更新。

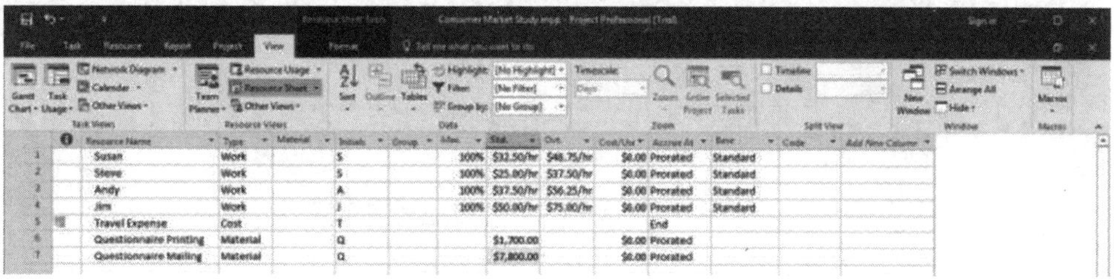

图 7B-1 附有工作和材料费率的资源表

通过双击甘特图表输入视图(Gantt Chart Entry View)中的任务名称,并在"资源"选项卡上编辑成本值,可以在任务级别上分配资源的成本。要输入旅行费用＄3 000,请双击甘特图输入视图中的试验-测试问卷以打开任务信息窗口,然后单击"资源(Resources)"选项卡,在成本栏中输入 3 000,单击"确定(OK)"关闭窗口。请注意,"资源(Resources)"选项卡上的差旅费用,以及图 7B-2 中资源名称列中"差旅费用(Travel Expenses)"旁边的[＄3 000.00],检查打印问卷、邮寄问卷并获取反馈的任务的资源,确保每个任务只配置了一单位的材料资源。在图 7B-2 中,你可以在括号里看到一个数字 1,这是显示你正在使用材料资源的个数。如果你要更改单元个数,请在"任务信息(Task Information window)"窗口中的"资源(Resources)"选项卡上双击任务名称并更改单元数量。

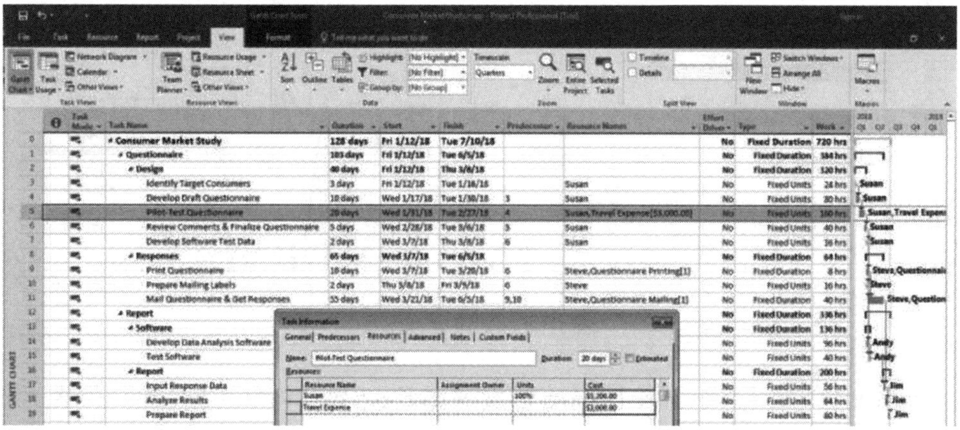

图 7B-2 任务的成本资源录入

既然已经输入了与项目相关的信息和它们的成本,现在正是为项目设置基准的好时机。设置整个项目的基准并单击"确定(OK)"。

为了得到图 7B-3 中显示的工作概览报告,在项目菜单中,点击报告组中的"仪表板(dashboard)",从下拉菜单选择"工作概览(Work Overview)"。如果你已经更新了任务资源信息,这个报告将显示工作资源的实际基准。工作概览报告针对项目的关键信息给利益相关者提供了一个快捷的报告。

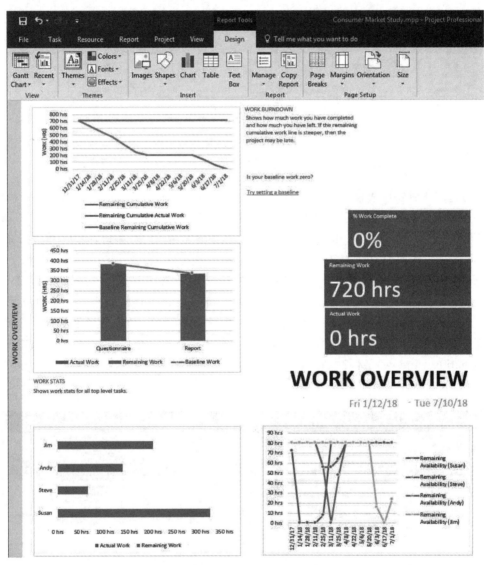

图 7B-3　工作概览报告

微软项目可以获得五种不同标准的成本报告:"现金流(Cash Flow)""成本超支(Cost Overruns)""挣值报告(Earned Value Report)""资源成本概述(Resourse Cost Overview)""任务成本概述(Task Cost Overview)"。要查看下拉菜单以选择其中一个报告,请在项目菜单上点击报告组中的"成本(cost)"。在成本报告下拉菜单中选择"现金流(Cash Flow)",生成现金流报告。图 7B-4 中的现金流报告提供了按季度分解的成本信息。请注意,项目的基准成本和剩余成本此时是相同的。如果基准成本为$0,并且你已经输入了分配给任务的资源的成本,那么检查是否为项目设置了基准。

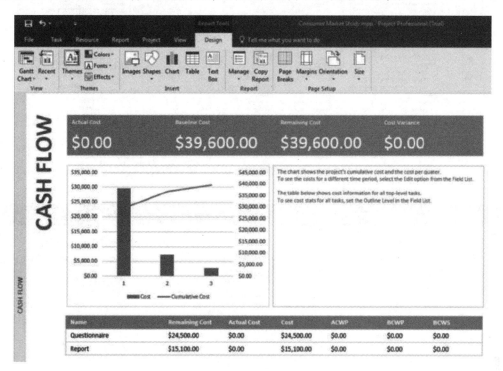

图 7B-4 现金流报告

要记录项目现金流的变化,请输入任务进展的百分比。对于完成的任务,输入实际完工日期或工期,并将任务标记为 100% 完成。

让我们检查一下当输入实际完工日期时项目会发生什么。在完成此示例之前,保存你的消费者市场调研项目文件。在输入这些实际完工日期和工期之前,确保设置了基准。

像第 5 章指出的那样,输入实际完成日期并将三个任务标记为 100% 完成。回忆一下,苏珊两天内完成了目标顾客识别,9 天完成了调查问卷的起草,19 天完成调查问卷的试点测试。图 7B-5 展示了任务 4、5、6 的实际完工日期和项目的跟踪甘特图(Tracking Gantt)。

由于苏珊已经完成了对问卷的试点测试,她将提交她的实际支出。苏珊提交了 3 000 美元的开支。要记录成本资源的实际支出,你需要在任务使用表(Task Usage sheet)中输入信息。单击甘特图上的向下箭头,从下拉列表中选择任务使用情况,导航到任务使用表。要输入苏珊的 3 000 美元的差旅费用,双击"差旅费用(Travel Expense)"打开分配信息窗口。在"跟踪(Tracking)"选项卡上,输入实际费用 3 000 美元,并输入为 100% 完成。图 7B-6 显示了"任务使用表分配信息(Task Usage Sheet Assignment Information)"窗口,其中显示了用于试点测试问卷任务的成本资源的实际成本。

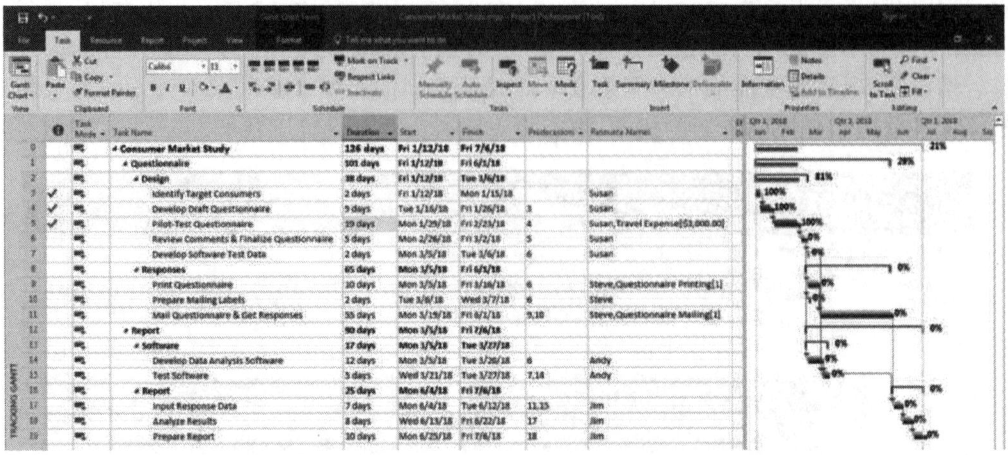

图 7B-5 跟踪甘特图及实际完成日期表

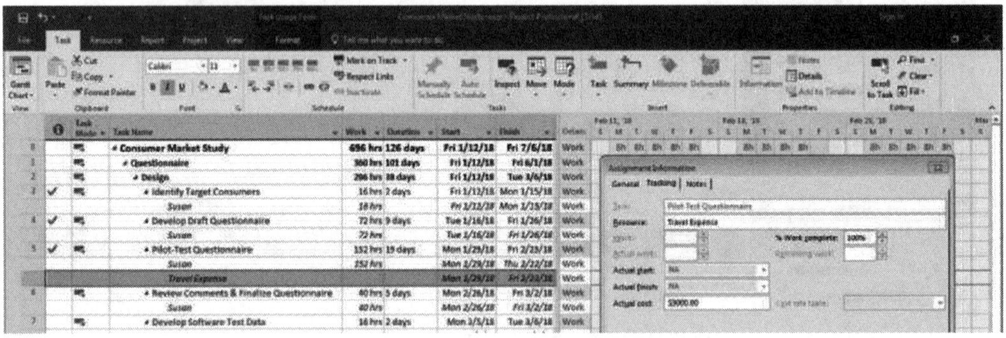

图 7B-6 为成本资源的任务使用分配窗口

微软项目 2016（MS Project 2016）中的成本信息是基于项目的状态日期计算的。苏珊的第三项任务是在 2 月 27 日完成的。要将状态日期设置为 2018 年 2 月 27 日，打开"项目（Project）"菜单，在"属性（Properties）"组中点击"项目信息（Project Information）"窗口，然后输入 2/27/18 或从下拉日历中选择日期。状态日期可以设置为当前日期或当前日期之前的任何日期，参见图 7B-7。

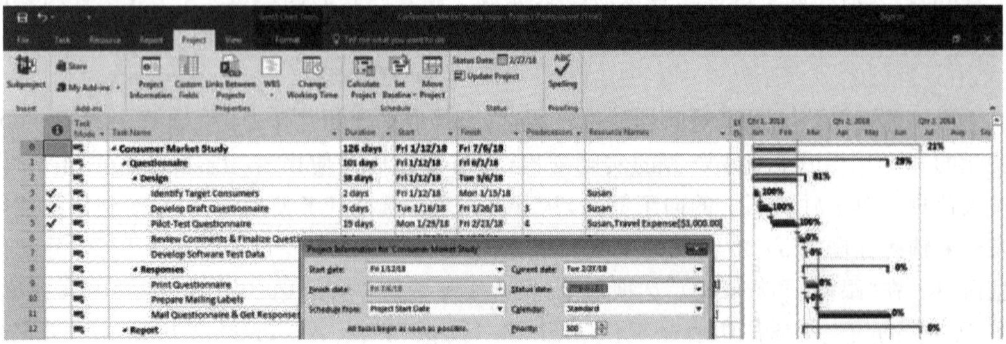

图 7B-7 更改状态日期

现在,任务的实际日期已经输入,任务标记为已完成,MS Project 根据状态日期记录实际成本和剩余成本。图 7B-8 中的现金流报告(The Cash Flow Report)显示了项目中实际发生的成本、基准成本、剩余成本以及状态日期 2/27/2018 的成本差异。比较图 7B-4 和 7B-8 中显示的值,注意表中的值表示实际成本、剩余成本和成本差异的变化。注意,在图 7B-8 中,苏珊提前完成任务,节省了时间,从而降低了实际成本(Actual Cost)。微软项目 2016(MS Project 2016)报告的 ACWP 值不包括与成本资源相关的成本。请注意,ACWP 的实际成本与价值之间的差额等于成本资源的金额,即差旅费。

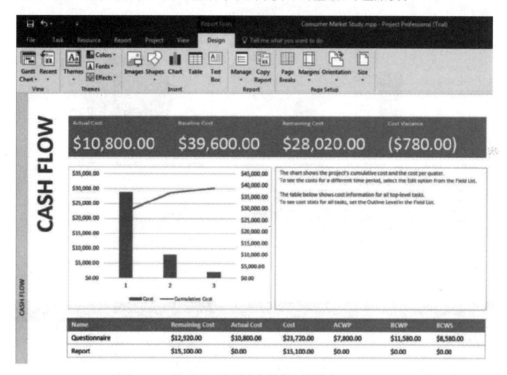

图 7B-8 实际成本的现金流量表

在报告组的成本菜单上选择"任务成本概览报告(The Task Cost Overview Report)"。图 7B-9 展示了消费者市场调研项目的最高级别任务的成本状态、分布和细节。注意到苏珊提前一天完成了任务。成本差异显示项目目前运行在预算之内。

为了得到与图 7B-10 相似的成本表,进入"视图(View)"菜单,点击"任务视图(Task View)"组中的"甘特图(Gantt Chart)",再选择"跟踪(Tracking)"。然后在"视图(View)"菜单中,点击"数据(Data)"组中的"表(Table)",然后在菜单中选择"成本(Cost)"。对每个任务来说,这个表提供了整体、基准、实际和剩余成本以及任何差异。回忆一下,甘特图中每个任务包含两条横道,上面显示的是完成任务的时间,下面显示的是任务的基准时间。

还可以为资源生成成本差异表。你需要查看资源表,打开"视图(View)"菜单,点击"资源视图(Resource View)"中的"资源工作表(Resource Sheet)",然后查看成本表[打开"视图(View)"菜单,点击"数据(Data)"组中的"表(Table)",然后在菜单中选择"成本

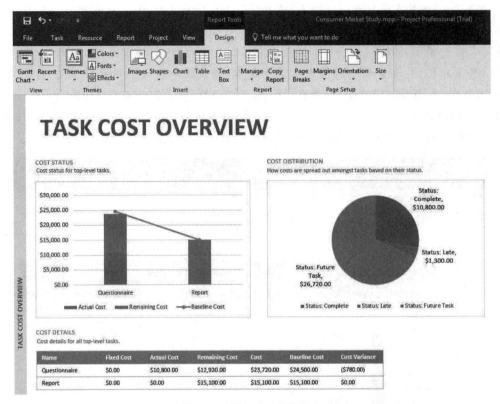

图 7B-9　任务成本概览报告

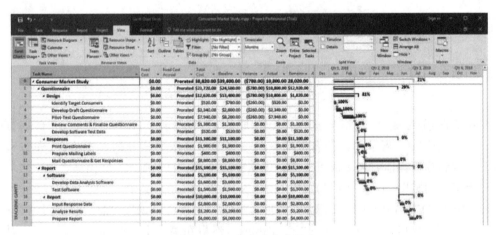

图 7B-10　任务成本差异表

(Cost)"]。检查图 7B-11 所示的表中与苏珊有关的内容。

你可以创建一个表来显示每个任务的挣值，类似于跟踪甘特图上的成本表。挣值的计算基于项目的进行情况。请参见图 7B-7 以查看设置状态日期。打开"视图(View)"菜单，点击"甘特图(Gantt Chart)"的向下箭头，在菜单中选择"跟踪甘特图(Tracking Gantt)"。为了查看挣值表，打开"视图(View)"菜单，点击"数据(Data)"组中的"表

(Table)",为了打开其他表的菜单,选择"更多表(More Table)"。拉下菜单,选择"挣值(Earn Value)",然后点击"申请(Apply)"。

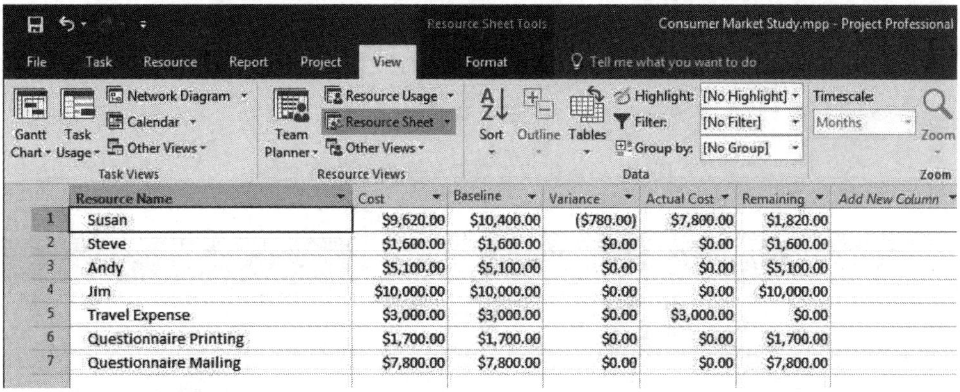

图 7B-11 资源成本差异表

你将看到图 7B-12 所示的表。这个表将提供很多信息,包括工作的预算成本、已完成工作的挣值、已完成工作的实际成本,项目完工预算成本、完工估计成本以及其他差异。注意,微软项目 2016(MS Project 2016)将成本资源包含在项目的挣值(BCWP)列中,而不是将成本资源的价值包含在挣值表中计划价值(BCWS)和 AC(ACWP)的计算中。

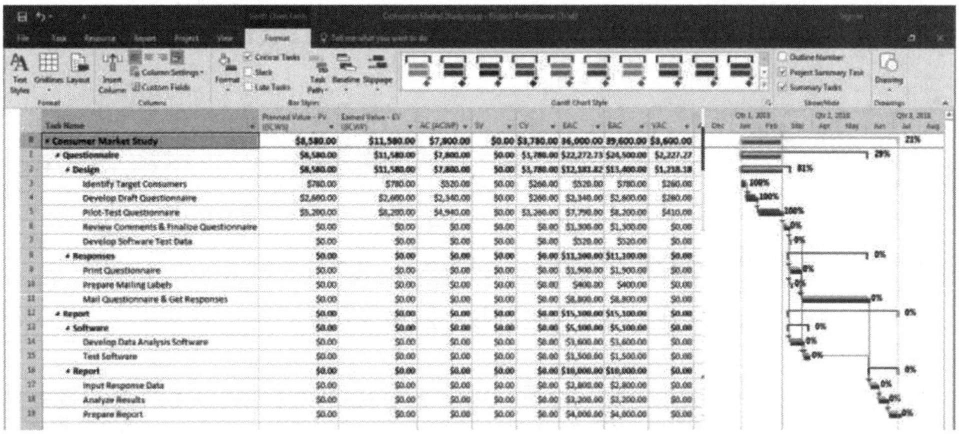

图 7B-12 挣值表

如果你正在生成的报告要求你将所有成本包含在计划价值(BCWS)和 AC(ACWP)中,那么你项目的所有资源都应该作为工作或材料资源输入。将差旅费的资源类型转换为资源表上的材料,并输入成本。图 7B-13 显示了资源表,其中包含差旅费从成本资源到材料资源的更改、差旅费的 3 000 美元以及设置为结束时的收益。在任务使用表上更改差旅费的完成百分比,图 7B-14 显示更改为 100% 完成。注意差旅费的单位数是 1。图 7B-14 中差旅费的实际费用在点击"确定(OK)"之后更新。图 7B-15 显示实际成本更新为 3 000 美元。跟踪甘特图上的挣值表(The Earned Value Table)现在被更新了,包括 PV(BCWS) 和 AC(ACWP) 中的差旅费的成本,如图 7B-16 所示。

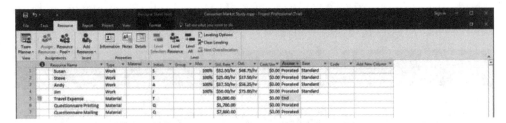

图 7B-13　将成本资源转变为材料资源

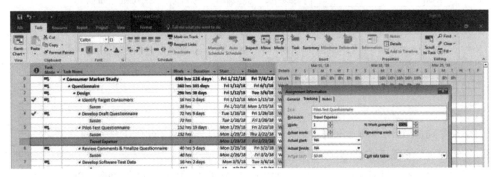

图 7B-14　材料资源的百分比变化

图 7B-15　材料资源的实际成本的更新

图 7B-16　材料资源的挣值表

同样可以获得一个可视化的挣值报告。打开"视图(View)"菜单,在"报告(Report)"中点击"可视报告(Visual Reports)",然后在"所有(All)"条目中选择"挣值时间(Earned Value Over Time)",选择"日期(Day)"来调用可使用的数据完成报告,然后点击"视图(View)"。图 7B-17 显示了可视报告——创建报告窗口。图 7B-18 中,当试验-测试问卷完成时,差旅费 AC 增加了 3 000 美元,当任务被设置为在基准中完成时,PV 增加了。通过这些数据和图标,你可以进行新的成本预测。

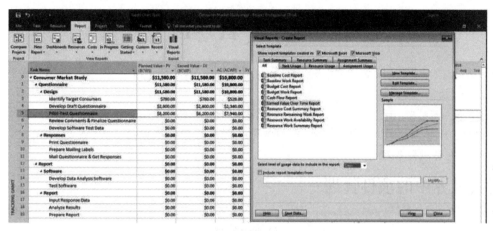

图 7B-17　可视化报表——创建报表窗口

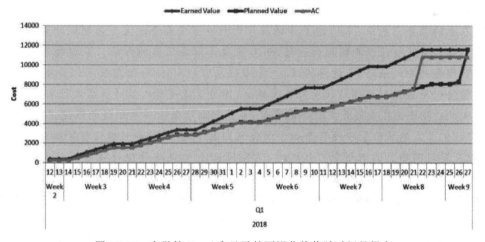

图 7B-18　在微软 Excel 中显示的可视化挣值随时间的报表

第 8 章

风险管理

本章内容支持《PMBOK 指南》中的如下项目管理知识领域：
- 项目风险管理

现实世界中的项目管理

风险管理

CVS Health 通过其零售药房、医疗诊所、药品福利管理系统和专业配药服务为成千上万的人提供了帮助。这家公司的高级技术经理是 Stephen Gold。作为首席信息官，他负责 CVS Health 信息系统和技术运营中的所有项目。

在他的领导角色中，Gold 把更多的注意力放在了风险管理上。他把风险管理看成是寻找问题和前瞻性地预测问题的途径，而不仅仅是解决问题的方法。意识到人们通常不用寻找问题的方式来思考，他评论道：''首席信息官（CIOs）和信息技术（IT）的领导者通常不像他们应该做到的那种程度来关注风险，因为这是违背人性的。从天性来看，人们总是乐观的；即使是在我们开发软件的时候，也是倾向于做出一些积极的假设。''

''我们正式的风险管理过程开始于组合规划的早期阶段，并且继续贯穿项目的执行阶段，以及对之前项目的回顾中。''当描述 CVS Health 的风险管理过程时 Gold 这么说道。在每一个项目中，我们都有五个步骤——计划、识别、量化、反应和监控。他们使用从项目中学到知识。关于他和团队如何通过对之前学到的风险和应对清单进行分析而创立了每一个项目的清单，Gold 评论道，''如果问题出现的次数足够多，它就应该成为我们风险管理过程中的一部分。''

比如，在检验计划阶段，对一个项目的分解结构，清单会包括''资源的可用性、技术革新、缺少对技术或过程的熟悉、缺乏训练、关键路径任务、之前有人做过的任务、乐观评估任务、依赖于外在资源的任务、平行任务、指派多人的任务、证书和技能、假期、疾病和营业额''。

Gold 和他的团队使用数学公式来评估风险的概率和影响。''风险相当于概率乘以影响的函数''。之后再看是否接受、避免、转移、分享、降低和忽略风险，如 Gold 所想，''如果一个风险发生概率低并且影响小,你可以接受这个风险。但是如果一个风险发生概率高且影响大,你就不得不关注它。"

"关键是风险管理很少关注过程和交流,更重视在项目开始的时候风险识别的深度和严密性以及补救策略。"当 Gold 描述 CVS Health 的过程时这样说道。一些项目经理想要忽略项目管理或者只看项目初期的风险。Gold 和他的团队继续查看整个项目中的风险和风险应对计划,并且把它们记录在已经学到的知识中,以此来避免项目因没有识别、量化、开发一个应对计划或监控而失败。

资料来源:Heller, M. (2015). *Is It Worth the Risk?* CIO. Retrieved from http://www.cio.com/article/2933039/leadership-management/is-it-worth-the-risk.html

本章概要

如第 1 章所提到的,包含一定程度的不确定性是项目的一个特性。这种不确定性会影响项目的结果。在项目执行中会出现一些对项目的成功有不利影响的情况。风险就是一种不确定事件,如果它发生就会损害项目目标的完成。风险管理(Risk Management)包括识别、评估、监控和应对项目风险,以此来最小化不利情况出现的可能性及其对于项目目标实现的潜在影响。对于风险的提前预知可以提高实现项目目标的可能性。等到不利事情发生后再应对它们则会导致恐慌和较高的应对成本。风险管理包括采取行动来避免或最小化不利事情出现的可能性和其产生的影响。

在项目生命周期中的初期阶段应确保做一些风险计划,例如,承包商应理解在项目需求建议书的投标中会涉及的风险。有了对潜在风险的认识,承包商的报价中可以包括应急储备金的费用。另一方面,如果风险过大,承包商也可以决定不对项目需求建议书进行投标,如第 3 章讨论的内容。因此,项目开始前一定要进行详细的风险计划。

项目经理不能是风险的反对者。他必须接受,风险是项目管理的一部分,而且要正面面对风险。此外,项目经理应该定下调子,鼓励项目小组对风险进行公开和及时的讨论。你将了解以下内容:
- 风险识别及其潜在影响;
- 评估风险出现的可能性及其影响程度;
- 风险应对计划;
- 风险监控。

学习目标

学习完本章后,你将能够掌握:
- 风险管理包含的内容;
- 风险识别与分类;
- 风险评估与排序;

- 风险应对计划的准备；
- 风险评估矩阵的制定；
- 风险控制。

8.1 风险识别

风险就是一种不确定事件，如果它出现，会危害项目目标的完成。风险识别包括确定哪些风险会对项目目标产生负面影响，以及每个风险出现时会产生的潜在后果。

有时候当项目被批准后，赞助商会通过项目章程识别主要风险。一个承包商也会通过顾客的需求建议书识别风险。承包商可以以此来向顾客展示他实施项目的经验和切实可行的方案以及他规避风险的期望。这也是一种满足顾客的期望的方法。

最常用的识别风险来源的方法是头脑风暴法（头脑风暴法会在第 11 章进行介绍）。项目经理应该让核心项目组成员参与识别潜在风险来源，即那些会发生，并对实现项目目标产生负面影响的事情。每位成员可以利用他们的经验和领悟来帮助列出一份全面的清单。有多少种风险需要识别？小组成员可以各走极端，提出成千上万个可能的风险。例如，每个活动都可能花费了超出计划和预算的时间和费用。当识别风险时，应该考虑一般性和合理性。风险应是那些有可能会发生，并会对项目目标的实现产生负面影响的事情。

另一个方法就是建立风险分类，即把潜在风险来源按主题进行分类，然后识别每一种分类中可能发生的风险。以下是风险分类的举例：

- 技术
  - 无法满足顾客在性能上的需求
  - 新科技的应用
  - 可能无法达到质量标准或规定
- 日程安排
  - 供应商延迟交送重要设备
- 成本
  - 材料成本的扩大超过预期
- 人力资源
  - 当项目需要员工时可能没有人员供应
- 外部条件
  - 恶劣的天气
  - 政府制度的改变
  - 顾客偏好的改变
  - 当地反对者发起合法的行动延误项目

- 赞助商/顾客
    - 批准上的延误
    - 赞助商资金的保障

另一个有利于识别风险的资源是过去项目的历史信息。如果事后项目评估(这部分内容会在第9章进行讨论)在项目完成后进行,它将是识别风险的很好资源,也为类似风险的再次发生提供了有效的应对信息。

其他一些具体风险的例子有:
- 新产品中的多种先进技术;
- 比现在使用的测量方法快10倍的性能需求;
- 技术的进步使原先选择的技术在项目完成之前被废弃;
- 为罕见和复杂的外科手术第一次使用新的机器人操控设备;
- 当地方经济较强和低失业率时,难以获得所需的专业劳动力;
- 当挖掘时遇到更多意料之外的岩石结构;
- 在客户接受之前多次的网络设计更改;
- 项目的关键时期工人罢工的出现;
- 在工厂扩建项目的建筑阶段,恶劣的天气(如提前下雪)可能会来袭;
- 银行不批准项目的全部贷款金额;
- 因表面防火材料的供不应求而导致的价格明显上涨;
- 在手术过程中病人出现出血现象;
- 当紧急需要时,没有充足的疫苗以供使用;
- 新产品没有通过认证测试;
- 海外供应商对于关键零件的交货期超过了预先期望的交货期;
- 当需要时,客户不能提供样品以供测试;
- 小镇周末的节庆日遇到下雨。

对于每一个识别的风险,必须估计潜在的结果。这些结果包括:进度延期,重要的额外开支的产生,项目结束后的交付没有达到已认可的标准,缺乏顾客认可的新产品,顾客强制执行合同中的惩罚条款,赞助商提前终结了合同。

值得注意的是,在项目开始的时候,不可能识别出所有的风险。特别是对长期项目而言,例如持续多年的项目或有多个阶段的项目。对于短期项目可能比较容易识别风险,但是随着项目的进展,项目团队可以不断详细地识别新风险。同时,随着相关信息被了解或日渐清晰,项目团队可以对先前识别的风险产生的影响进行更精确的评估。

巩固所学

1. 风险是一种_____事件,如果它_____,将不利于_____的完成。
2. 对于每一个_____的风险,必须_____潜在的_____。

8.2　风险评估

风险评估包括确定风险出现的可能性以及对于项目目标影响的程度。比如,每个因素可以以高、中、低或比率(1%—5%,1%—10%等)来进行评级。项目经理与合适的团队成员或其他最了解潜在风险的专家进行协商来为每个风险进行评级。以前类似项目的历史资料也非常有用。例如,如果恶劣的天气是一个风险,每日天气的历史信息或者咨询气象预报服务机构很可能有用。

基于风险出现的可能性和影响程度,把其进行排序。例如,那些发生可能性较强和影响较大的风险,相对于发生可能性较弱和影响较少的风险,应该被给予更多的关注。

另一个风险排序要考虑的因素是,这个与风险相关的活动是否在关键路径上。如果存在这样的风险,应当给予很高的关注度,因为与在时间弹性较大的路径上相关活动的风险相比,它会对进度产生更大的影响。

巩固所学
　　3. 风险评估包括确定风险_____以及对于项目_____。

8.3　风险应对计划

风险应对计划可定义为:设置一系列活动去阻止或减少风险发生的可能性和其产生的影响,以及当风险事件发生时的应对措施。风险应对计划包括设计行动计划来减少每个风险发生的可能性或产生的影响,建立一个行动点来指明何时采取针对每个风险的应对活动,为每个应对计划的具体实施者分配职责。

风险应对计划可以用来避免风险,减轻风险,或者接受风险。避免风险指通过选择一系列不同的行动来消除风险。例如,在新产品中决定使用传统技术而非最新技术;或者为避免下雨的影响,在室内庆祝周末。减轻风险包括通过行动来减少风险事件发生的可能性或造成的潜在影响。例如,为了减少对客户网站的多次设计,可能要求在项目初期给客户看一些其他的样本设计。接受风险意味着,当它们发生时再进行处理,而不是采取行动预先避免或减少影响。

风险应对计划必须包括行动点或警示旗来标明何时为每个风险实施应对计划。一个标明何时购买稀缺原材料的行动点可能是当原材料现在的价格比预算中的价格高出5%时,决定在合并的新产品中采用新技术的行动点可能是工程可行性研究的完成。另一个例子是,在项目剩余期间内,项目实际工期落后于计划的5%时批准加班。

一个评估和管理风险的工具是风险评估矩阵,类似于一个风险登记册,包括潜在风险及其潜在影响、风险发生的可能性和应对计划。表8-1展示的是一场室外音乐会的重要风险和其他相关信息。

第 8 章 风险管理

表 8-1 风险评估矩阵

风险	结果	出现机会 （L, M, H）	影响程度 （L, M, H）	关键行为	责任人	应对计划
活动当天下雨	• 低参加率 • 导致财务损失	M	H	活动前两天的天气预报	Laura	• 预定室内活动场所 • 雇用临时志愿者日夜不停地建设室内活动场所 • 开发详细计划
道路施工	• 参加者减少 • 减少收入	H	H	公路部门发布的施工进度计划	Allison	• 指明替代路线 • 制作标志 • 沿路张贴标志 • 在新闻媒体中发布消息

> **巩固所学**
>
> 4. 风险＿＿＿＿可定义为设置＿＿＿＿去阻止或＿＿＿＿风险发生的＿＿＿＿和其＿＿＿＿，以及当风险事件发生时的＿＿＿＿。
> 5. 风险＿＿＿＿是一个可用于风险评估和＿＿＿＿的工具。

8.4 风险监控

风险监控包括实施风险应对计划，追踪被识别的风险，识别和分析新风险和评价风险应对过程。当达到行动点时，风险应对计划应该恰当地予以执行。实施风险应对计划通常需要额外资源、花费额外资金、超时工作、支付加速发货的费用、购买额外的材料等。项目报价和项目预算一般会包含应急储备金，以此来支付与风险应对计划相关的额外成本。

风险监控指在项目期间经常回顾风险管理矩阵。在项目期间，有一点非常重要，即对所有风险进行定期监控和评估，来决定是否有些风险会改变其发生的可能性和潜在影响。这样可以确定是否某个风险值得特别注意，或是某个风险的重要性降低了。此外，也可能识别某些新风险，即那些在项目初期没有被考虑到，但现在需要加到风险评估矩阵中去的风险。例如，为新产品原型进行的初期测试指明产品没有达到最初的性能指标。另一个情况是，由于早期在设计阶段的延误，扩建工厂项目的建筑阶段被确定在了暴风雨季节的中期。在项目阶段，客户对于项目工作范围、进度，或者预算等改变的许可同样影响到对于早先已确定风险的评估，或者导致发现新的风险。

项目会议是一个很好的定期评审、更新、定位和评估风险应对过程的方式。项目状况评审会议的议程应该包括风险评估部分。应该特别注意回顾每个风险的行动点，来决定是否某些风险应对计划应该马上实施。风险监控贯穿整个项目，能够让项目决策在项目当前风险以及潜在风险的基础上进行。有关项目状况评审会议的信息请参考第11章,问题解决相关信息请参考第11章。

跟踪和记录风险的发生及其影响是非常有意义的。这些信息对未来项目的风险管理来说是很好的学习材料。

> **巩固所学**
>
> 6. _____是一个很好的_____评审、_____、_____风险的方式。

现实世界中的项目管理

实施一个临床信息系统时的风险

临床医生在重症监护室治疗病人时,会产生大量的数据元素。一些数据元素可手动收集,另一些则被一个临床信息系统(CIS)收集。临床信息系统可以包含一些数据元素,比如生命特征、入院信息、诊断、治疗处方、过程记录、设备输出或测试结果。医护专业人员使用这些数据来对病人做出决策。其他一些系统,比如财务系统,使用这些数据来计费。电脑、手机、平板电脑或者其他便携式设备,都可以和临床信息系统进行交互。

输入临床信息系统的数据将通过大量的处理功能进行操作。测试异常值或者完成简单的计算会给医疗专业人员提供信息。临床信息系统的输出结果会构成医药记录系统,并与其他临床医生共享,或提供给分析大量病患数据的研究人员。功能更强的系统可以整合和显示数据来支持临床决策。

重症监护室使用临床信息系统拥有很多优点,比如提高效率、提高照料的质量、增加数据可用性、减少错误和增加数据的安全性。虽然在重症监护室中采用和整合临床信息系统有许多好处,但它也有一些与设计和功能相关的坏处,如下这些缺点会导致效率降低。

在重症监护室中选择、设计和实现一个临床信息系统的项目必须评估与支持病人照顾所采用的系统相关的风险。

缺少一个项目拥护者——一个临床信息系统项目拥护者会扮演项目团队和即将使用临床信息系统的临床同事之间联络人的角色。缺少一个拥护者会增加实施过程中的阻碍,难以获得关系有用特征和设计决策的信息。

缺少管理层承诺——管理层应为临床信息系统提供资源和支持。没有管理层承诺,项目的发展很可能超时和超出成本。

感知系统的有效性不足——临床信息系统的使用者应当感觉到系统能增加他们工作的价值。如果这个系统很难使用、造成错误或者低效地完成任务,采用临床信息系统将会遇到阻力。

项目模棱两可——项目团队必须清晰地给临床信息系统的使用者定义项目目标,并且预告临床信息系统项目可实现的产出。没有清晰的目标和预期产出,项目团队很可能遭遇范围蔓延,且临床信息系统的创立没有满足使用者的需求。

在当地实践和过程中的系统失调——系统功能需要特定的条件来在一个也许并不需要全院采用的密集的看护单元来获得成功。看护应当确保系统满足使用者的需求来提高它的性能并且将现有的工作进展整合到流程中。

已经成功实施临床信息系统项目的领导者建议,计划在重症监护室中实现临床信息系统的项目团队应当"给一个项目组指定一个项目经理,包括临床医生,来评估工作流程,避免范围蔓延,继续评估之前的实施情况并准备做出些改变"。要记住,医疗专业人员是必须使用系统和需要代表项目组来讨论使用者观点的人。这将帮助避免使用过多时间做出关于特征的决策,因为这些项目成员可以与供应商和设计者交流他们将怎样使用这个系统,怎样处理输入数据和他们对加工的要求以及结果数据的要求。

资料来源:Mason,C.,& Leong,T.(2016). Clinical information systems in the intensive care unit. *Anaesthesia & Intensive Care Medicine*,17(1),13-16.

8.5 信息系统开发项目的风险管理

信息系统(IS)开发项目的风险存在于 IS 项目的所有方面。该风险可以被分为七个类型:科技风险、人员风险、可用性风险、项目团队风险、项目风险、组织风险和政策战略上的风险。这些分类可以更好地解释风险与系统开发中接收数据、处理数据、信息形成间的联系。第 4 章到第 7 章提供了有关 IS 开发项目的定义、安排、资料储存和成本的相关信息。

回忆第 6 章,IS 开发项目包含五种形式的基本资源:人、硬件、软件、数据、网络。对于硬件和软件来说,科技风险是项目中一种关键的风险因素。综合性、功能性、兼容性的错综复杂,将影响 IS 项目开发的成功与否,以及程序运行的速度和系统的安全性。科技风险对资源有需求,且直接影响项目中的人员、可操作性、组织和政策战略风险。

除了拥有完成项目必须的信息系统知识和技能,项目和项目团队会遇到项目管理技巧和执行上的风险。提高科技性能就会带来风险。一个使用新技术的决策会导致组织系统的硬件和软件缺乏整合性。新技术的推进会导致项目范围的缓慢变动并且有可能导致项目需求的变化,从而使得项目难以控制。

以上的分类有助于项目团队在进行头脑风暴会议时对潜在风险进行罗列。本章中所学的项目风险列表也有助于头脑风暴活动。同时建议读者用经验和历史见证来评价风险列表,并评估、优化那些最可能发生的、影响最大的,尤其是在关键路径上 IS 开发项目的风险。

信息系统实例:ABC 办公室设计公司的互联网应用开发(续)

回忆第 4 章到第 7 章的内容,史密斯·贝丝是 ABC 设计工作室网络反馈系统项目的项目经理。贝丝和项目组计划使用 125 000 美金和 60 天的时间来完成项目。项目团队成员对项目直接的责任感,使贝丝相信项目会在现有资源下按时完成。贝丝想要给项目分析潜在的风险,那样团队就可以提前注意到这些风险,就不会影响系统数据的传输了。销售成员在他们的计划中已经准备好了要测试的数据。一旦项目延误,销售员工和公司将失去这些机会。

贝丝主持了一个项目变更会议。在她的日程中包含了对风险可能性进行讨论的时间。对于每一个风险,她为团队计划好了初步内容:风险的影响,发生的可能性,一旦发生影响的程度,风险引发的具有"警示旗"作用的活动,谁对风险负责,为避免、减缓、接受风险而开发的风险应对计划。按此内容,项目团队和贝丝开发了项目评估矩阵。表 8-2 是他们起草的风险评估矩阵。

表 8-2 项目风险评估矩阵

风险	影响	发生的可能性(低、中、高)	影响的程度(低、中、高)	引发活动	责任人	应对计划
与使用者缺乏合作和投入	报告系统中出现错误的销售记录	中	高	销售人员在系统使用培训中遇到困难	吉姆	用额外的培训材料来展示如何使用
有太多问题要解决	系统设计没有按时完成	低	高	解决问题的时间比完成时间多	杰夫	在任务上将员工工作安排得较长;员工至少有 7 天的可调整时间
测试揭露了设计问题	重新设计并开发	中	高	评估揭示问题	卡西	进行评估工作时检查设计缺陷
开发软件时遇到综合性问题	系统不工作,没有信息记录	低	高	学习现有的系统来识别潜在问题	史蒂夫	开发有兼容的程序的系统,可以不是最新程序
项目组中成员身份的改变	缺乏完成任务的适当知识和技能	低	中	人员的辞职声明	贝丝	在认知阶段安排另外一个小组成员学习任务

项目组认为,随着项目的开展,风险也会发生改变。因为只有 60 天就要完成项目,贝丝和团队认为对于这个不完善的项目,他们还有很多事情要做。为了按时完成项目,贝丝决定把资源配置给那些在关键路径上的、不完善的任务。如果必要,将会动用意外开支准备基金来弥补额外的成本。

贝丝再一次学习了其他项目的经验教训,确保下次项目变更会议上团队能继续讨论其他项目的风险。学习其他项目成功和失败的经验教训是贝丝成功成为项目经理的原因之一。对于以前那些贝丝认为团队可以避免的风险,她认为没有必要重复任何之前的错误。

关键的成功要素

- 项目开始以前要识别风险及其潜在影响。
- 评估风险时要包括项目团队及相关专家。
- 对于出现的可能性高、对项目成果影响大的风险应给予高度关注。
- 针对高关注度的风险应制订相应的应对计划。

本章小结

风险就是一种不确定的事件,如果它出现可能会危害项目目标的完成。风险管理(Risk Management)包括识别、评估和应对项目风险,以此来最小化不利情况出现的可能性及其对于项目目标实现的影响。风险识别包括确定哪些风险会对项目目标产生负面影响,以及每个风险出现时会产生的潜在后果。风险评估包括确定风险出现的可能性,以及对项目目标影响的程度,并将它们进行排序。风险应对计划则被定义为设置一系列活动去阻止或减少风险发生的可能性和其产生的影响,以及当风险事件发生时的应对措施。风险应对计划包括设计行动计划来减少每个风险发生的可能性或产生的影响,建立一个行动点来指明何时采取针对每个风险的应对活动,为每个应对计划的具体实施者分配职责。在项目期间,有一点非常重要,即对所有风险进行定期监控和评估,来决定是否有些风险会改变其发生的可能性和潜在影响;不仅如此,也可能识别出某些新风险,即那些在项目初期没有被考虑到的风险。项目会议是一个很好的定期评审、更新、定位和评估风险应对过程的方式。

思考题

1. 描述应该采取什么措施来管理项目风险,何时做,风险评估矩阵在项目过程中有什么用处。

2. 通过你做项目的经验,列出三个风险并将其分类。那时的风险应对计划可以适度减轻风险吗?如果是现在的话,你会制订怎样的风险应对计划?

3. 在项目中对什么样的风险应给予最高的关注度?随着项目的进行,风险的排序会随之变化吗?

4. 随着项目的进行,项目风险将怎样变化?当变化发生时,怎样将变化体现在风险评估矩阵中?

上网练习

1. 在网上搜索项目风险管理的相关内容,并至少描述三处你找到的信息。

2. 从练习 2 到练习 5,访问项目管理软件(SPMN)的网页。看看它创立的原因及它的用途。

3. 点击"16 个关键软件练习"链接,简单描述这 16 个要素。从中选出与所有类型项目都相关而不是仅与软件项目相关的要素。

4. 点击"课程学习"部分。那里有多个链接,找出与风险管理相关的,并对其进行描述。

5. 点击"网站链接"按钮,细看并描述至少 3 个链接。

案例分析 1　一个非营利性医疗研究中心

这个案例分析是第 4 章到第 7 章案例分析的延续。

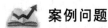 ### 案例问题

1. 找出至少四种会危害项目的风险。
2. 创建风险评估矩阵，包括每个风险的应对计划。

小组活动

将课程参与者划分为与上一章小组活动相同的组，并回答上面列出的问题。

恭喜你完成此案例分析。如果你使用铅笔和纸张手动开发了工作分解结构、网络图、时间表、甘特图、资源计划和预算表等图表，可能会有些乏味，容易出错，令人沮丧和耗时。应用程序软件（如 Microsoft project、Word 和 Excel）可以让大量这类的工作自动化，让你更有效地使用时间来分析项目进度、成本、绩效，并成功地管理项目。

 ## 案例分析 2　婚礼

这一案例分析是从第 4 章到第 7 章的案例分析的延续。

 ### 案例问题

1. 找出至少四种可能危及婚礼的风险。
2. 创建风险评估矩阵，包括每个风险的应对计划。

小组活动

将课程参与者划分为与上一章小组活动相同的组，并回答上面列出的问题。

恭喜你完成此案例分析。如果你使用铅笔和纸张手动开发了工作分解结构、网络图、时间表、甘特图、资源计划和预算表等图表，可能会有些乏味，容易出错，令人沮丧和耗时。应用程序软件（如 Microsoft project、Word 和 Excel）可以让大量这类的工作自动化，让你更有效地使用时间来分析项目进度、成本、绩效，并成功地管理项目。

 ## 案例分析 3　学生筹款项目

在 9 月份的学年启动会议上，克莱门特大学兄弟会和姐妹会（CFS）决定开展项目来筹集资金，用于帮助当地医院儿科重症监护室升级。CFS 包括了来自 24 个兄弟会和姐妹会的代表，有 15 个代表参与会议。

虽然参会的委员会成员表达了对每一项工作的热情，但他们也提出了一些问题，包括：

我们应该做什么类型的项目？
何时才是一年中最好的时间去做项目？
对于应该筹集多少资金，我们是否有目标？
我们应该怎样把责任分派给所有的兄弟会和姐妹会？
没有参与会议的委员会成员如果不支持这个主意的话，怎么办？
我们是否在开始阶段需要一些钱来维持项目的进行和支付广告及其他必要的费用？

汉娜说："这是越来越复杂的事。还有很多问题和不知道的事情。"

马库斯补充道："如果我们不能筹集很多资金怎么办？那将会很尴尬，尤其是如果我们有很多工作要去做。"

特瑞莎回应道："确实，会有很多工作，但是在兄弟会和姐妹会中我们已经有很多能提供帮助的人了。"

凯茜说："也许我们应该尝试找出风险可能会是什么，然后看是否仍然认为可以完成它。"

梅根说："我不会站在角落里拿着一个易拉罐去收钱。"

温迪说："我也是，但对于筹钱有很多其他我们能做的事，并且它们对所有学生来说会有趣一些。"

索菲补充道："也许还可以让社区也加入，这将会帮助我们筹集更多的钱，而不仅仅是从学生那里。"

苏力说："我愿意担任计划委员会的主席。还有谁想要参与其中？我们明天 5 点在这里开会。我将会发送一封邮件给不在这里的 CFS 成员，邀请他们来参会。我们将会取得巨大成功并筹集到很多钱。在我们做的每一件事里都有风险，但它们是能够得到处理的。我们必须有一种积极的态度。"

📈 案例问题

1. 对于可能的下一步你会给出什么建议？
2. 创建三个可能为医院儿科重症监护室筹集资金的项目。
3. 选择三个项目中的一个并且找出四个可能危及该项目成功的风险。
4. 开发一个风险应对计划来说明怎样才能避免或减轻这四个风险。

📖 小组活动

把课程参与者分成三到四组，让他们：
头脑风暴并列出八个可能为医院筹集资金的项目；
同意八个项目中的一个；
对于所选项目，找出六个可能危及项目成功的风险；
开发一个风险应对计划来说明怎样才能避免或减轻这六个风险；
让每组选一个发言者来向全体同学展示他们的应对计划。

Project Management

第 9 章

结束项目

本章内容支持《PMBOK 指南》中的如下项目管理知识领域：
- 项目集成管理
- 项目采购管理

现实世界中的项目管理

从试验场得到的经验教训

帕特拉（Proterra）是一家来自美国南卡罗来纳州格林威尔市（Greenville，South Carolia）的电动公共汽车初创企业。它利用了成功向华盛顿州西雅图市的 King County Metro Transit 公司交付三辆公共汽车的经验，开发了加速未来公共汽车订单交付的流程。Metro 公司已经对功能进行了测试，以确定这些公共汽车能满足其为当地公共交通运输市场的客户提供服务的需求。经过成功的测试和使用，Proterra 可以选择在未来五年内再提供大约 200 辆公交车。

从第一批公共汽车 12 个月到任何额外产品 7 个月的交货时间，Proterra 学到了什么来缩短交货时间？Proterra 做了什么来交付 King County 团队指定的东西？

Proterra 做好了倾听顾客的准备。Proterra 的投标经理 Ethan Carbaugh 实行了一个更为正式的项目管理过程，这个过程包括了将顾客期望充分传达给公共汽车生产团队的每个人。"你不能假定，仅仅因为某件事情在合同中你就得完成它。"Carbaugh 说。

在从竞标中胜出到被选择来生产公共汽车，Proterra 的团队邀请了 King County 的代表前往 Proterra 总部进行为期三天的技术审查。标准的公共汽车设计所需的规格比较分析已经完成，他们做出了如何按照规格来定做标准设计的决定。最终的设计大约包含了 80 种变更请求。Proterra 团队在生产之前拥有了一个包含所有变更的计划，这使得他们能够在生产过程中的变更请求和产品审核方面节省时间。

项目会议和进度报告包括了对社区和机构带来的一些好处的讨论。相较于混合动力和快速充电，节能等方面的知识也包括在教育内容中。根据 Carbaugh 所言，"让更多的人参与有助于促使他们多买股票并且让他们对技术感到兴奋。"在第一辆车交付之后，一位 Proterra 的维修技师现场回答了一些有关维修的问题。

Carbaugh 评价说,"你应当在满足客户和管理自己的时间及资源之间找到平衡"。对于 Proterra 来说,倾听利益相关者的意见,并从一开始与他们建立密切联系,是一个成功的项目计划策略。添加诸如尾部拖拽选项等功能是变更管理过程的一部分。

如果团队没有在计划阶段花时间来听取利益相关者的意见,那么在生产阶段进行变更就会花费大量时间和金钱。"这个过程帮助我们避免返工。它改善了我们的现金流,因为我们按时完成了任务,同时提高了客户满意度。"

Proterra 记录并利用他们的经验教训。如果再收到 King County Metro Transit 的公共汽车订单,那么他们的效率和成本效益会更高。由于关注所吸取的经验教训,项目团队已经制定了迅速响应的流程。

资料来源:Anonymous.(2016). Proving grounds. PM Network,30(4),38-39;http://www.proterra.com.

本章概要

当项目工作完成且客户接收所有交付物后,项目的实施阶段就结束了。于是,项目进入了第四个阶段,也是项目生命周期的最后一个阶段——结束项目。本章讨论了项目结束阶段所涉及的多种活动。你将了解以下内容:
- 结束项目时必须要开展的活动;
- 完成一个内部项目后评价;
- 记录经验教训的重要性;
- 项目文件的整理和存档;
- 获得项目顾客的反馈;
- 提前结束项目。

学习目标

学习完本章后,读者将能够:
- 识别项目结束阶段需要开展的活动;
- 完成内部的项目后评估;
- 讨论经验教训的价值和用处;
- 解释对项目文档进行组织和存档的重要性;
- 获得项目的客户反馈;
- 描述提前结束项目的情况。

 ## 9.1 项目结束活动

项目生命周期的第 4 个,也就是最后一个阶段,是结束项目,如图 9-1 所示。结束阶段开始于项目工作已经完成之后并且赞助商或者客户接受交付物。项目团队或者承约商为客户完成项目时,他们必须确认已实际提供了双方商定的所有交付物。这些交付物可

能包括培训或程序手册、图样、流程图、建筑物、设备、软件、说明书、报告、录像和数据资料。在某些情况下,这可能是较正式的活动,如自动化系统项目,必须满足合同中载明的那套标准并通过测试;而另一些项目,如大学生组织的一次周末返校活动,只是随着时间的推移完成了即可。

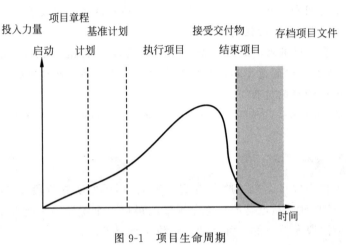

图 9-1　项目生命周期

项目结束的过程包括各种活动:
- 处理应收应付款;
- 人员的认知与评价;
- 进行内部的项目后评估;
- 记录经验教训;
- 项目文件的梳理和存档。

与结束项目阶段有关的活动,应当在项目基准计划中识别并载入——这些活动不应当仅仅视为一种心血来潮的事后聪明。

9.1.1　项目结算

在项目结束阶段必须执行的另一项活动是确保客户应付款项都已收到。许多合同都会包括一个渐进付款的条款,注明在项目结束时,客户将结清最后的款项。在有些情况下,最后一次付款可能占总项目款额较高的比例,如 25%。类似地,也应该查证所有为购买原材料或者服务而应付给分包商、顾问、供应商的款项已经结清。一旦收到了所有的款额并付清了所有款项,项目"账簿"或会计记录就可以封存了,最后的项目财务分析也就可以进行了,即把实际花销与项目基准预算相比较。

9.1.2　人员的认知与评价

人员的认知与评价是结束项目阶段重要的活动。成功的项目都应当以某种形式的认知和庆祝活动宣告结束。这种庆祝可以是工作后的非正式的晚宴,也可以是正式的活动,让来自客户组织的代表参加,并在会上为项目的执行者授予奖品和证书。

在项目结束阶段,项目经理应当准备一份书面的关于项目团队成员的绩效评估书,并注明执行项目任务的结果,每个人是如何扩展他的知识的,以及他需要进一步提高的地方。如果在公司内部,项目团队成员并不直接向项目经理报告,那么项目经理就应当给每个人的直接上级主管提供一份绩效评估书的复件。

9.1.3 内部的项目后评估

在项目结束阶段的另一项重要活动是举行项目后评估会议。这些会议应在项目团队内部或者执行项目的组织内举行。这些会议的目的是评估项目绩效,并确定为改进将来的项目绩效应做些什么。

有两种类型的内部会议:与团队成员之间的个人会议及与项目团队的小组会议。在项目完成后,会议应尽快举行,并且应当提前宣布召开会议,以便人们做好准备工作。

项目经理应当和每个团队成员都进行一次个人会议,这些会议允许团队成员说出他们个人对项目工作绩效的认识,以及未来的项目应该做哪些改进工作。这种会议让成员们能够畅所欲言,不受团队会议的约束。例如,他们可以谈到在与其他团队成员合作时工作关系上的问题。当然,项目经理必须严守秘密。团队成员的个人会议结束后,项目经理就能提炼出会议中的一些共同问题。有了这种信息,项目经理就可以为与整个项目团队一起召开的团队会议准备会议议程了。

在与项目团队一起召开的团队会议中,项目经理应当讨论项目执行期间发生的事,并确定一些具体的改进建议。表 9-1 就是一个项目后评估团队会议的会议议程样本。下面是可能在每个议程中讨论的主题。

表 9-1 项目后评估团队会议议程

项目后评估会议
议程

1. 技术绩效
   - 工作范围
   - 质量
   - 管理变更
2. 预算绩效
3. 进度计划绩效
4. 项目计划与控制
5. 风险管理
6. 客户联系
7. 利益相关者的参与
8. 团队关系
9. 交流
10. 识别问题与解决问题
11. 经验教训
12. 对未来项目的建议

(1) 技术绩效。最后的工作范围与项目初期的工作范围的比较结果是什么?工作范围上有很多变更吗？这些在文件记录、审批和沟通方面的变更处理得当吗？变更对项目预算和进度计划有什么影响？工作范围都完成了吗？项目工作和交付物的完成质量如何？符合客户期望吗？

（2）预算绩效。最终的项目花销与原始项目基准预算相比如何？算上最终确定的项目预算，这三个哪个包含了项目范围的变更？如果是固定价格合同，那么项目组织是获利了还是亏损了？如果是成本补偿合同，项目是在客户的预算内完成的吗？有没有个别工作包超支或节省了10%以上的预算？如果有，为什么？所有成本超支的原因是什么？估计的活动成本切合实际吗？

（3）进度绩效。实际项目进度计划与原始进度计划的比较结果是什么？如果项目延期完成，是什么原因？每个工作包进度计划的绩效如何？活动工期估计现实可行吗？

（4）项目计划与控制。项目计划足够详细吗？计划是否及时得到了更新从而包含了变更部分？实际绩效与计划绩效是否定期进行比较？有关实际绩效的资料准确吗？收集及时吗？项目团队定期使用项目计划和控制系统吗？计划和控制系统被用于决策制订了吗？

（5）风险管理。没有预期的事件发生并影响项目的结果了吗？如果是这样，它们在风险计划中被识别出来了吗？项目开始时是否充分识别了发生可能性高、影响大的风险？项目开始时是否存在应该被识别却没有识别出来的风险？什么风险在项目开始时没有识别出来，而是在项目进行当中才被识别出来的？为什么它们在项目开始阶段没有被识别出来？如果识别出的风险发生了，是否有充分的应对计划？是否发生了没有应对计划的未预期事件？

（6）客户关系。是否竭尽全力让客户成为项目成功过程中的参与者？是否定期征询客户对项目进程和绩效的满意度？与客户之间定期举行面对面的会谈吗？是否及时通知客户潜在的问题，并邀请客户参与解决问题？

（7）利益相关者的参与。所有关键利益相关者都被早早识别出来了吗？每个利益相关者的角色和期望都是明确并且不模糊的吗？与每个利益相关者建立良好的工作关系了吗？与所有利益相关者进行定期沟通了吗？利益相关者的投入、参与和讨论是受到欢迎的吗？利益相关者的担忧被尽早、及时、积极地解决了吗？

（8）团队关系。团队是否参与了项目计划？有团队观念和为使项目成功而努力的使命感吗？是否有阻碍团队合作的情况？

（9）交流。团队对项目执行状况和潜在的问题及时了解并掌握了吗？项目环境是否有助于公开、坦诚、及时的交流？项目会议有成果吗？团队内部、团队与客户间的书面交流充不充分？还是负担过度？

（10）识别问题与解决问题。是否有团队成员尽早发现潜在问题的机制？有合适的团队成员参与解决问题吗？解决问题的方式是彻底和理性的吗？

（11）经验教训。做什么有成效？做什么没有成效？哪些特定的事情在这个项目上做得很好，对项目有帮助，并且应该在其他项目上予以推广？哪些事情阻碍了项目的进展，在将来的项目中需要消除或改进？如果有机会重新开始这个项目，应该做些什么不同的事情？

(12) 建议。基于团队讨论和上述各项内容的评估,可得到哪些有助于改进未来项目绩效的具体建议?

在评估会议后,项目经理应当准备一份项目绩效的书面报告,包括项目经验教训和建议。项目组织必须主动和及时地将此类项目报告(不包括任何机密信息)传达给项目组织中的关键人员,并确保项目经理和团队在未来项目中考虑到这些报告。

9.1.4 经验教训

识别和记录经验教训的目的在于,利用以前项目获得的知识和经验来提高将来项目的完成效果。项目组织必须建立一个基本的知识系统,包含易进入的信息库,以鼓励项目经理和团队回顾以前项目的经验教训和知识。系统必须对信息进行梳理,这样人们可以通过种类、学科或关键词更容易地进行回顾和学习。

项目团队不能等到项目的末尾再进行经验教训的记录和整理;这项工作应当贯穿项目的计划和实施的整个阶段。这将有助于提高项目剩余部分的完成质量。必须建立一个系统来记录这些经验教训产生的时刻,并在项目的实施阶段完成一个经验教训列表。有了这样的系统,就不会遗忘一些条目。否则,如果这是一个持续时间很长的项目,比如一个横跨多年的项目,组织中的一些关键人物,在项目早期可能会给出一些很好的经验教训。但到了项目的后期,他们就不一定还在项目组中了,那也就无法分享他们的经验了。

有关经验教训的信息,以及内部项目后评估会议和客户、赞助商反馈中的相关建议等,同样需要添加到组织经验教训的知识库中。

经验教训方面的一个重要注意事项就是,要确保相关文档的保存、流通,能供将来项目的经理和团队使用。有一种方法是将其列为一个新项目见面会的议事日程之一。而对于项目组织开展的内部项目管理培训,经验教训也是一个很好的话题。

9.1.5 项目文件存档

项目结束时,项目团队和承包商需要确保将相应的项目文件备份进行适当的整理、归类和建档,以便将来回顾和使用。比如,承包商希望使用成功项目中的实际成本和进度安排的相关信息,来帮助未来项目建议书中进度的制定和成本的估计。或者,比方说,如果筹划一个集体节日活动,项目团队应当收集所有有关节日优化建议方面的文件,用于来年节日活动的筹划与组织。

一些组织有标准的条目清单和索引,确保项目所有重要文件和记录的保留,包括技术、财务、审批、合同、报告等方面。大多数文件都是以电子格式保存的,但有一些可能需要纸质版储存。为安全起见,最好将所有文件备份,另外存档。此外,作为存档文件的一部分,或除了这些文档之外,针对过去项目中的常见数据建立数据库是非常有价值的,我们可以分析出数据蕴含的走势和关联,以便于未来项目的投标、计划和实施。比如说,这样的分析可能会显示出低估特定类型活动或材料的成本的倾向,或低估特定类别活动的持续时间。

> **巩固所学**
>
> 1. 项目_____的第四个阶段，也就是最后一个阶段是_____。
> 2. 成功的项目都应当以某种形式的_____和_____宣告结束。
> 3. 项目经理需要举办的内部项目后评估会议的两种形式是什么？
> 4. 识别和记录_____的目的在于，利用以前项目获得的_____和_____来提高将来项目的_____。
> 5. 项目团队_____等到项目的_____再进行_____的记录和_____。
> 6. 项目结束时，相应的项目_____需要进行适当的_____、_____和_____。

9.2 客户反馈

客户或赞助商的项目后评估会议与内部会议一样，都很重要。会议的目的是确定项目是否为客户带来了预期的收益，评估客户满意度，获得将来可能会对与这家客户或其他客户开展业务联系有所帮助的反馈信息。会议参与者应当包括项目经理、关键的项目团队成员、与项目有关的客户组织的主要代表。项目经理应当仔细斟酌，确定一个合适的开会时间，以便客户能真正说出项目是否达到了预期水平，是否获得了预期收益。如果项目是给客户做一份长达8页的彩色说明书，那么在最终印制的说明书送达客户手中后不久，就可以举行会议，因为客户立即就知道说明书是否符合期望。然而，如果项目是向客户提供一台使废品率从10%降低到2%的自动装配机器，就得在机器安装好之后的几个月内，客户才能证实废品率是否确实下降了。因为操作者需要在这段时间内学会如何操作设备，或客户需要在这段时间内证实退货率确实减少了。如果一个开发新产品的项目有一个目标——新产品首发后的12个月销量达到200万件，那也就是说，直到产品首发后的12个月，赞助商才知道研发和售卖新产品的项目是否达到预期利润。

理想情况下，承约商或项目组应当与客户或赞助商坐下来开诚布公地交流，这不仅给客户提供了表达他们满意度的机会，也提供了关于他们对项目满意或者不满意的部分的详细评估。如果项目经理在整个项目过程中都持续关注客户满意度并定期与客户交流，那么这些评估就不会来得太突然。

如果客户提供了对承约商或项目团队的表现至关重要的意见，项目经理或团队不应试图与客户争论。这样做可能会抑制客户在会议剩余期间诚实地表达他们的真实感受，一些有价值的反馈可能会丢失。另一方面，如果客户对项目满意，承约商或项目团队就得到了一些机会。

首先，承约商可以向客户询问或许不经过竞争需求建议书的过程就可以做的其他项目。例如，如果客户对说明书很满意，承约商就可以询问是否需要其他的说明书、年度报告或营销资料等类似项目。同样，如果客户对自动装配机器很满意，承约商就可以询问一下，是否客户公司的制造工艺中的其他部分也需要改进生产效率。

其次，承约商可以获得客户的许可，将该客户作为其对潜在客户的成功例证。承约商甚至想在宣传手册或者网站上为客户做一个特写，可能会附上一幅画、一段话或者一段录像，说明客户对承约商的工作有多么满意。另一种方式是承约商与客户合作写一篇有关项目的文章，并把它作为一个新闻发布给适当的新闻媒体。

另一个得到客户对项目结果的满意度的反馈方法，是客户对项目的评估调查表，如表9-2所示。项目经理可把调查表交给客户、赞助商和其他利益相关者，让他们填写并返还。

表 9-2 项目后评估客户调查表

请完成这张简短的调查表，帮助我们评估和改善项目管理绩效。
如需更多的空间回答，请另附几页。
项目名称：_____

满　意　度

低　　　　　　　　　　　　　　　高

1. 工作范围的完成　　　1　2　3　4　5　6　7　8　9　10
评价_____
_____

2. 工作质量　　　　　　1　2　3　4　5　6　7　8　9　10
评价_____
_____

3. 进度计划绩效　　　　1　2　3　4　5　6　7　8　9　10
评价_____
_____

4. 预算绩效　　　　　　1　2　3　4　5　6　7　8　9　10
评价_____
_____

5. 沟通　　　　　　　　1　2　3　4　5　6　7　8　9　10
评价_____
_____

6. 客户联系　　　　　　1　2　3　4　5　6　7　8　9　10
评价_____
_____

7. 总体绩效　　　　　　1　2　3　4　5　6　7　8　9　10
评价_____
_____

您觉得实际收获了_____，或是预期项目结果有_____。
A. 数量收益
B. 质量收益

我们如何在未来的项目中改善我们的工作？请写下你的有关建议。

姓名：_____　日期：_____

对于大型项目,客户组织中的若干个人可能有助于制定对策。收到顾客填写好的调查表后,项目经理最好跟顾客安排一个跟进会议,来获取反馈的更多细节。设立一个整理储存顾客评价与反馈信息的系统是非常有价值的,尤其是将来承包商或项目组给同一个客户编制其他项目建议书的时候。

当有多个客户或终端用户时,从他们那里获得反馈可能比较困难。例如,一个志愿团队组织了一场长达一周的社区节日活动,如何从参与者那里得到其满意度水平,以及他们对明年活动建议的反馈呢?再举一个例子,如开发新软件的项目,直接客户是某公司的产品经理,但是真正的终端用户是最终购买软件的消费者。产品经理可能对产品很满意,但是项目团队如何确定终端用户是否满意呢?在这些例子中——社区节日活动和新软件产品项目——项目团队可能会用某种调查方式或用焦点小组从终端用户那里获得反馈。

 巩固所学

7. 列出三个理由,说明承约商为什么要与客户举行项目后评估会议。

9.3 提前结束项目

可能会出现某些特殊情况,使项目在未完成之前就被迫结束。例如,假设一家公司正在进行一个开发项目,研制一种在极低温度下具备某种特性的高级材料,在经过一定的开发工作和测试之后发现,进一步开发该材料可能会耗费更高,而且比原计划时间要长很多。如果公司预计在此项目上进一步投资的话,成功的可能性将会很低,那么项目就应当停止,即使公司已经投入了数百万美元。另一种会使项目提前结束的情况则可能是公司的资金状况问题,如公司的收入或销售量下降,或是被另一家公司收购。

项目也可能由于客户不满意而终止。例如,买房者不满意承约商的工作质量,或对进度延迟不太高兴,他们可能会终止与承约商之间的合同,再雇用另一家承约商完成项目。类似地,如果政府正投资于新型军用飞机的设计和生产,当此项目的实际成本大幅超出预算时,政府可能就会终止合同。

如果项目由于客户的不满意而提前终止,会对承约商的业务造成很大的影响。承约商可能会因为提前终止项目而蒙受资金损失,也可能不得不解雇一些为该项目工作的员工。更重要的是,承约商的声誉可能会随之扫地。承约商很有可能再无机会从不满意的客户那里得到业务,声誉受损也使承约商难以从其他客户那里获得业务。为了避免由于客户不满意而提出终止项目的要求,在项目期内要持续不断地监控客户的满意度,一旦出现不满意的信号就立刻采取纠正措施。

 巩固所学

8. 对承约商而言,由于客户的不满意而使项目提前结束的两个潜在后果是什么?

现实世界中的项目管理

从原子时代中学习

在海啸中受损的日本福岛第一核电站以及美国三里岛、苏联切尔诺贝利所发生的事故影响了全球的利益相关者,包括核设施项目团队。这些事件被归咎于20世纪70年代的项目数量的减少以及海啸爆发后紧接着关闭的日本设施。总之,这些被终止的项目给富有核经验的工人的人才储备造成巨大缺口;许多项目经理和团队成员被迫在其他行业寻求就业机会。

核电站的运行数量最近发生了变化。一些关闭的日本设施重新开放,15个国家正在建造67个新反应堆。通过教育和公众协商,公民的接受度在上升。除其他原因外,规章制度的改变降低了化石燃料发电设施的建造速度,并增加了完成核项目的数量。2040年的预计发电量中的624千兆瓦将由核设施产生,几乎是2015年发电量的两倍。

近来,核项目数量的增长创造了人才需求,这些需求体现在项目团队的建设和运营工作;推动了对项目领导力的需求;授权给项目团队,确定行业最佳实践。已完成的核电项目的审查昭示了项目团队面对的过程和程序,涉及法规、许可证、利益相关者交流、安全协议和风险评估。项目后评估告知了当前项目团队关于成功领导和完成这些大型复杂项目所必需的资格,揭示了对项目运作的动态洞察力,并强调了过程标准化的必要性。评估中的一个发现是对于来自不同国家的团队成员,职业资格和工作实践具有多变性。一个成功的项目管理的建议是拥有严格的安全标准并对新流程工艺进行培训,以使每个人处在同一层次上,并对要求有着共同的理解。英国伦敦世界核协会高级项目经理Greg Kaser指出,如果你有一个员工在捷克取得资格证但是在法国工作,或者波兰人在芬兰工作,你要确认技术工人有工作资格认证。

另外一个发现是遵守严格的行业监管要求。通常来说,各个层级的政府都有必须遵守的规章制度。那些不符合多变的规章制度和必要的许可证的项目注定要延期。Andrew R. Cato,Ⅲ,PMP(国际项目管理资质),南部核能运营公司(Southern Nuclear Operating Co.)的建设合规主管,发现拥有一个营建联合许可证的风险之一是,你必须按照你说要建造的方式来建造东西。任何时候你偏离你的设计,你必须回到监管机构进行许可证的变更,这会给你的计划增加六个月到一年的时间。评估的第三个结果是建议进行标准化的设计决策,减少设计调整,因为这会显著增加项目的时间延迟,并且减少建造多个反应堆的情况。Cato对同时建造两个反应堆评论说,"我们能够从一个单位吸取经验教训,并运用到其姊妹单位。孪生单位的挣值总是低得多。"使用模块化组件来建造反应堆有助于控制建造风险。大型预制部分的设计和建造了在一个非现场的位置进行。来自世界核能协会的Kaser说,"日本和美国的制造商已经重新设计了具有一定数量模块的反应堆,这些组件可以在工厂环境而不是在户外那里组装。这为你的过程提供了更好的控制,但它最初是具有挑战性的,因为在前四个或五个反应堆中,你还在学习。"海阳AP1000的项目移交经理、来自西屋电气公司(中国海阳,Westinghouse Electric Co.)的Jerry D. ainhart,PMP(国际项目管理资质)说道,"随着核建设项目的增多,对项目经理的需求也将增加,这些项目经理训练有素、有正式资质,并有足够的经验来领导这些大型复杂项目。"在项目评估中发现的问题会通过越来越多建造核设施的项目而积累起来。仔细注意从先前项目中吸取的教训,可能会使他们减少代价不菲的延误。

资料来源:Alderton, M. (2016). The next atomic age. PM Network, 30(2), 39-43.

 关键的成功要素

- 项目团队的表彰和成果庆祝要贯穿整个项目。
- 定期询问客户对于项目完成和进度的满意度。当客户第一次提出不满意时就采取纠正措施。
- 项目完成后,应该评估项目绩效,以便学习如果未来执行一个相似项目,有哪些是应该改进的。应该从客户和项目团队那里得到反馈。
- 经验教训的收集和存档要贯穿整个项目。
- 建立经验教训的知识库,确保它易于流通并用于未来项目。
- 项目文件的整理和存档以及对关键数据的分析,将有助于未来项目的投标、计划和实施。
- 保存客户的评价和反馈信息,有利于将来与相同客户开展其他项目。

 本章小结

当项目工作完成且客户接收所有交付物后,项目的实施阶段就结束了。于是,项目进入了第四个阶段,也是项目生命周期的最后一个阶段——结束项目。此阶段包括各种适当终止项目的措施,比如:处理应收应付款,人员的认知与评价,内部的项目后评估,经验教训的学习,项目文件的梳理与存档。

人员的认知与评价是结束项目阶段重要的活动。成功的项目都应当以某种形式的庆祝活动宣告结束。在项目结束阶段,项目经理应当准备一份书面的关于项目团队成员的绩效评估书。

在项目结束阶段的另一项重要活动是举行项目后评估会议。这些会议应在团队内部或者执行项目的组织内举行。这些会议的目的是评估项目绩效,并确定为改进将来的项目绩效应做些什么。有两种类型的内部会议:与团队成员之间的个人会议及与项目团队的小组会议。项目组织必须主动和及时地交流,将此类项目报告(不包括任何机密信息)传达给项目组织中的关键人员,并确保项目经理和团队在未来项目中考虑到这些报告。

识别和学习经验教训的目的在于,利用以前项目获得的知识和经验来提高将来项目的完成效果。项目组织必须建立一个基本的知识系统,包含易进入的信息库,要鼓励项目经理和团队回顾以前项目的经验教训和知识。

项目结束时,项目团队和承包商需要确保将相应的项目文件进行整理、归档,以便将来回顾和使用。

一个项目后评估会议应当包含客户和赞助商。会议的目的是确定项目是否为客户带来了预期的收益,评估客户满意度,获得将来可能会对与这家客户或其他客户开展业务联系有所帮助的反馈信息。另一个得到有关客户对项目结果满意度的反馈方法,通常是客户对项目的评估调查表。

有些项目由于种种原因,在未完成以前就被迫终止,如果客户对项目不满意,则客户很可能会终止项目。这可能会导致承约商或执行项目的组织的资金损失和声誉损害。避免由于客户不满意而提前终止项目的方法是,在项目期内持续不断地关注客户的满意度,一旦出现不满意的信号就立刻采取纠正措施。

思考题

1. 讨论结束项目时需要做些什么?这些活动为什么重要?
2. 讨论内部的项目后评估过程以及相关的两种会议。
3. 列出你在项目后评估中要问的几个问题,并描述你在下一个项目中根据这些问题可能的回答而做出的改变。
4. 在项目完成后,用什么方法从客户那里获取反馈信息?如何运用这种信息?
5. 为什么有些项目会在未完成之前就终止了?什么时候这么做才是明智的?
6. 思考你目前正从事或已经从事过的项目。列出一系列经验教训,在将来的项目中你将如何使用这些信息?

上网练习

1. 在网上搜索一个已成功完成的项目,写三页有关该项目的总结,包括促使该项目成功的关键因素。在网上搜索一个未能成功完成的项目,写三页有关该项目的总结,包括你认为该项目失败的原因。
2. 在网上搜索"项目经验教训"。记录经验教训是怎样给项目提供信息的。这些与本章讨论的内容有什么联系。
3. 在网上搜索"内部项目后评估",尝试找到一个完整的项目后评估记录,并对其优缺点进行评价。
4. 在网上搜索"项目管理标准",将找到的标准列成清单,描述其中你认为最重要的三条标准。
5. 在网上搜索有关的项目管理杂志。提供这些杂志和它们最近刊载的文章的目录。如果可能,从这些杂志中的一家或几家那里申请一份免费的样刊。

案例分析1 工厂扩建项目

雅各布·克莱姆森(Jacob Clemson)是一家成长中的加拿大电子公司 Digitsig, Inc. 的所有者。该公司已收到来自世界各地客户的订单,销量也在迅速扩大。工厂实行三班轮班制并且满负荷运转。雅各布不得不在几英里以外的建筑中租用额外的空间。他知道他必须扩建工厂,以跟上不断增长的需求、提高效率,并减少与卡车在工厂和他租借的房屋之间来回运送材料和产品相关的成本。租约的成本很高，因为该地区没有多少好的可用空间。雅各布急切地想要马上获得额外的空间，否则他将无法跟上需求，客户会去找他的竞争对手。

雅各布在最近的一次商业联谊活动中遇见了安迪·吉布森（Andy Gibson），AG Contractors 的所有者之一。他告诉安迪他的扩张需要。安迪说，"我们可以为你做这个，克莱姆森先生。我们已经完成了很多类似的项目。你可能知道，这片地区的商业正在蓬勃发展，找到一个承包商并不容易。但是我们很幸运相识了，因为我们刚完成一个项目。如果能尽快达成协议，我们就可能在你的项目上开工。我现在手头还有四项提案要解决，如果他们开始进行，我们就不会再进行其他项目了。而且正如我所说的，我了解到其他承包商也很忙。听起来你真的需要立刻开始工厂扩建，我认为我们可以帮到你。"

雅各布很担心他可能不会找到另外一个承包商，而且他不想再浪费时间了。所以他跟 AG Contractors 签订了合同，以一个他觉得合理的价格进行工厂扩建的设计和建造。扩展空间将主要用于来料和成品的存储。他同意合同中的奖金条款，如果承包商在 12 个月内完成建筑，而不是安迪告诉他通常要花费的 15 个月，他就支付给 AG Contractors 10% 的奖金。

现在已经过去了 14 个月。安迪和杰里·彭克（Gerri Penk），一个 AG Contractors 刚聘请的项目经理，走进了雅各布的办公室。

接待员问："我能为您做些什么吗？"

安迪问："雅各布在吗？"

"是的，他在。你们有预约吗？"接待员回答说。安迪匆忙越过接待员并且说："我不需要预约，只会花费一分钟。"一脸惊讶的杰里跟在他身后。他在雅各布的门上敲了一下，没有等到回答就进门了。

雅各布惊讶地抬起头，说："我正在进行一个重要的……"

安迪打断他说："只占用一分钟时间。我只是想说我们的工厂扩建项目按时并且在预算之内完成。我们在 12 个月内完成，就像我知道我们，我的意思是，就像我希望的那样。我不得不开除我们的一些分包商，但生意就是这么做的。有时候你必须成为一个混蛋才能做完工作。我确定你也是这样的，雅各布，不然你也不会在你今天这个位子。"

雅各布开口说："不过，有一些问题……"

但是安迪再一次打断了他。"在一个像这样大的项目中，总是存在问题，有一些人会被激怒。但是这总在发生，不要担心了。最终，它都会被解决的。我认为我们可以去吃午饭庆祝一下，但是我们在镇子的另一头还有一个会议。找个时候给我打电话，也许我们可以聚一下，看看我能不能帮你做任何其他的项目。"说完，安迪就转身迅速离开了雅各布的办公室，直接经过了杰里，后者跑着去追上安迪。

他们走了之后，雅各布震惊了，然后怒不可遏。他暗自思索着，"另一个项目？等我死了吧！一个混蛋？他认为我是什么样的人？按时并在预算内完成项目——他认为这就完了？这个项目真是一个噩梦。它最终花费超出 AG 最初价格的 50%，因为他们总是来回做变动。他们从来不问，从来不听，从来不告诉我发生了什么，从来不回复我的电话。真是一群混蛋！我再也不会跟他们做生意了。"

当安迪与杰里走向安迪的车子的时候,他告诉杰里:"看到了吗?有一个满意的AG顾客,也是一个很天真的顾客。"安迪咯咯笑着,"我知道我们能在12个月内完成,但是我知道他很着急,所以我告诉他需要花费15个月的时间。然后让他同意合同中的奖金条款,如果我们在12个月内完成的话。"

杰里问,"可是那不是不道德的吗?"

"嘿,Digitsig的业务正蓬勃发展;他们有的是钱。况且,在做出扩建的决定之前等那么久是他的问题。有我们帮他摆脱束缚,他是幸运的。但是我必须得告诉你,杰里,我很好奇为啥他将建造的那些仓库用于库存,现在大多数企业都实行零库存策略了。但是我不准备告诉他那些。他还在那个行业中真是令人惊讶。噢,反正你会发现这是一个惨烈竞争的世界,杰里。"

杰里回答说:"安迪,我感觉也许克莱姆森先生不是完全满意。我的意思是他其实没有说他满意。"

"他也没有说他不满意,"安迪打了一个响指,"况且,他看起来从来没有对项目产生过兴趣,他没有要求开会。当我试图安排一次会议时,他太忙了。然后他的付款总是很晚,就好像他很挑剔还是怎样。相信我,他对AG的所作所为感到高兴。他急于将项目完成,而我们做到了——按时并且在预算内。并且我们赚了一大笔钱,所以我们双方都是赢家。"

"实际上,我会把老雅各布作为今天下午我们将会见面的新客户的参考,我们会回顾他们的项目需求建议书。客户总会要求参考之前做过的项目,但是坦诚地讲,他们几乎从不给之前的客户打电话。"

"嘿,杰里,你要学会关注下一个客户而不是担心以前的客户。这很有效,相信我,不然我也不会开着这辆保时捷了。也许他们MBA没有教给你这些,杰里,但当我从我父亲手中接管这笔生意的时候,我就从挫折中学习到了。他在圈内很受欢迎,我只是跟着他的脚步走。"

 案例问题

1. 安迪在雅各布的办公室与雅各布见面时,他本应该做些什么不同的事情?
2. 在与雅各布初次见面以及项目进行期间,安迪本可能做些什么不同的事情?
3. 在与雅各布初次见面以及项目进行期间,雅各布本可能做些什么不同的事情?
4. 杰里应该做些什么?

 小组活动

将课程参与者分成三个或四个小组,形成对案例问题的回答。每个小组必须选择一个发言人来陈述这些回答。

 # 案例分析2　市场调研报告项目

梅根(Meghan)在有效的市场研究(Effective Market Research)项目担任项目经理超过10年。梅根对每个项目的细节都小心注意,公司总裁阿利森(Allison)对她非常满意。

自从梅根被任命为项目经理以来，Effective Market Research 所运行项目的证券投资组合已经增加了两倍多。

梅根的项目团队由8个成员组成，每个人在市场调研方面都有一技之长。除了进行优秀的市场调研之外，项目评估时团队的客户评论通常包括一项声明，明确地指出在项目进行的过程中客户能得到及时的消息通知。梅根对每个项目的沟通计划都非常谨慎。她收集来自客户的信息，并确保客户对每次项目更新会议上的内容都满意。

克里斯汀(Christine)，Upper Region 劳动力发展小组的董事，在一次会议上看到了梅根团队完成的一份市场调研报告的副本。克里斯汀有资金来与一个团队签约，在她的地区进行市场调研。克里斯汀的几项为劳动力发展筹集资金的提案需要与市场研究报告中的相同类型的信息。

克里斯汀联系了 Effective Market Research 的销售部门，询问购买她所在地区的市场调研报告的事情。销售部确认了阿利森和梅根与克里斯汀面谈项目要求的时间。

在会上，克里斯汀描述了她的信息需求。梅根仔细听取并起草了一份项目可交付成果清单。在会议结束时，阿利森和梅根形成了一份项目提案，并将文件发送给克里斯汀进行审查和授权。Effective Market Research 的财务小组与 Upper Region 劳动力发展小组的财务团队合作，以使固定价格合同更稳妥。

梅根和她的团队参加了克里斯汀和她的新项目经理莎拉的第一次会议。在会议上，克里斯汀说，"我在 Upper Region 的职责已经增加了，我让莎拉来负责市场调研的项目。莎拉是你们的联络人员并且负责所有的交流。我只是没有时间来处理这个项目了。"梅根更新了沟通计划，以便与莎拉在剩余的计划项目时间中进行交流。

在最终报告提交前三周，梅根向莎拉提交了一份报告草案的复印件，用于检查。三天后，梅根收到一张便条，上面写着，"梅根，报告看起来棒极了！克里斯汀和我想在报告中再多放一些你拍的地区照片，以及两页简短的总结文件，以便于我们和地区主管和地区专员分享。我认为这些是他们想看的全部内容。"

梅根更新了项目进度计划并且与山姆(Sam)安排了第二天的会议。山姆是一个图形专家。"山姆，我从 Upper Region 收到了反馈，他们要求在报告中包括更多的图片。你认为怎么做才是最好的？"两页总结作为项目交付物之一已经完成了。这不是三周前文件审查的一部分。

"在文件中，有7个图形是我们的报告中没有使用的。我们可以把它们作为报告封面的拼贴画，并把每一个放在页面上，显示图片中正在执行的工作类型的数据。该报告是根据项目沟通计划以电子形式分发的，因此额外的图表不会提高生产成本。"山姆建议说。梅根和山姆在这项技术上达成了一致。

梅根给莎拉发送了两页的总结和待最终审批的新报告。莎拉确认了一切都很好，准备就绪。最终的报告在到期日前一个多星期就由莎拉分发给 Upper Region 劳动力发展小组内部人员。Effective Market Research 的财务小组发送了最后25%的项目成本的发票。梅根把项目评估表发给了莎拉，并会见了她的项目团队成员。

两天后，梅根收到了下面的电子邮件："梅根，我没有批准这个报告，报告不能分发了。我发现了各种问题，在报告没问题之前必须加以纠正。"电子邮件来自克里斯汀。

梅根非常小心地遵从克里斯汀的指示,并且得到了莎拉对最终报告的批准。梅根寄送了一张便条,"克里斯汀,请让我知道报告中的问题,以便于我们改正。"梅根对克里斯汀回复的态度有一点担心,尤其是在莎拉已经暗示了克里斯汀批准了这份报告。莎拉应该是梅根的联络人。

案例问题

1. 梅根的团队使顾客满意了吗?为什么满意(或为什么不满意)?
2. 在莎拉已经给出了最后报告的反馈和批准之后,梅根应该如何回应克里斯汀的意见?
3. 项目小组已经完成了项目结束的步骤。他们在日程上只有一周的空闲,否则会导致另一个项目推迟。梅根应该安排团队做些什么?
4. 在这个项目中,梅根本应该做些什么不同的事情?

小组活动

将课程参与者分成三个或四个小组,形成对案例问题的回答。每个小组必须选择一个发言人来陈述这些回答。

参考文献

Anonymous. (2016). Proving grounds. PM Network,30(4),38-39.

Anzoise,V. ,& Sardo,S. (2016). Dynamic systems and the role of evaluation:The case of the Green Communities. Project,Evaluation and Program Planning,54,162-172.

Bowles,G. ,& Morgan,J. (2016). An evaluation of the performance of a large scale collaborative procurement initiative in the social housing sector. Engineering,Construction and Architectural Management,23(1),60-74.

Chaves,M. S. ,de Araújo,C. C. S. ,Teixeira,L. R. ,Rosa,D. V. ,Júnior,I. G. ,& Nogueira,C. D. (2016). A new approach to managing Lessons Learned in PMBOK process groups:The Ballistic 2.0 Model. International Journal of Information Systems and Project Management,4(1),27-45.

de Blois,M. ,Lizarralde,G. ,& De Coninck,P. (2016). Iterative project processes within temporary multi-organizations in construction:The self-,eco-,reorganizing projects. Project Management Journal,47(1),27-44.

Duffield,S. ,& Whitty,S. J. (2016). How to apply the systemic lessons learned knowledge model to wire an organisation for the capability of storytelling. International Journal of Project Management,34(3),429-443.

Eubanks,D. L. ,Palanski,M. ,Olabisi,J. ,Joinson,A. ,& Dove,J. (2016). Team dynamics in virtual,partially distributed teams:Optimal role fulfillment. Computers in Human Behavior,61,556-568.

Haverila,M. J. ,& Fehr,K. (2016). The impact of product superiority on customer satisfaction in project management. International Journal of Project Management,34(4),570-583.

Meadows,L. ,& Vollman,A. R. (2016). Evaluating qualitative health research from inside and outside. In K. Olson,R. A. Young,& I. Z. Schultz(Eds.),Handbook of qualitative health research for evidence-based practice(pp. 93-105). New York:Springer.

Project Management Institute. (2017). A guide to the project management body of knowledge(PMBOK® Guide)(6th ed.). Newtown Square,PA: Author.

Reddy,S.,Wakerman,J.,Westhorp,G., & Herring,S. (2015). Evaluating impact of clinical guidelines using a realist evaluation framework. Journal of Evaluation in Clinical Practice,21(6),1114-1120.

Rodrigues,J. S.,Costa,A. R., & Gestoso,C. G. (2016). National culture and planning and control of projects in Portugal. In J. L. A. Muñoz,J. L. Y. Blanco, & S. F. Capuz-Rizo(Eds.),Project management and engineering research(pp. 59-69). Switzerland: Springer International Publishing.

Segal,L.,Nguyen,H.,Schmidt,B.,Wenitong,M., & McDermott,R. A. (2016). Economic evaluation of indigenous health worker management of poorly controlled type 2 diabetes in North Queensland. The Medical Journal of Australia,204(5),196.

Shenhar,A. J.,Holzmann,V.,Melamed,B., & Zhao,Y. (2016). The challenge of innovation in highly complex projects: What can we learn from Boeings dreamliner experience? Project Management Journal,47(2),62-78.

Stanko,E. A., & Dawson,P. (2016). Example 1: An evaluation of a reducing gang violence project The Pathways Initiative. In E. A. Stanko, & P. Dawson(Eds.),Police use of research evidence(pp. 29-31). Switzerland: Springer International Publishing.

Yun,S.,Choi,J.,de Oliveria,D. P., & Mulva,S. P. (2016). Development of performance metrics for phase-based capital project benchmarking. International Journal of Project Management,34(3),389-402.

第 3 篇　人员：项目成功的关键

第 10 章　项目经理

第 11 章　项目团队

第 12 章　项目沟通及文件记录

第 13 章　项目组织的类型

项目管理(第 7 版)
Project Management

本篇各章中的概念支持《PMBOK 指南》中下列项目管理知识领域：

项目集成管理（第 10、12、13 章）

项目资源管理（第 10、11、12、13 章）

项目沟通管理（第 12 章）

项目利益相关者管理（第 10、12 章）

第三篇中的章节重点讨论项目中有关人员的重要性。显然，要圆满地完成项目目标，关键在于人员，而不是程序和技术。程序和技术只不过是协助人员工作的工具。

项目经理领导对工作量的计划、组织、监控和控制，从而领导项目团队完成项目目标。项目经理的最终职责是确保全部工作在预算内按时优质地完成，使客户满意。激励项目团队成功、赢得顾客的信任，是项目经理必备的技能。

一群为实现项目目标而相互协作的人组成了项目团队，而团队工作是项目团队成员为达到这一共同目标所做出的合作努力。项目团队的工作绩效对项目的成败具有重要意义。一个项目要想成功，计划与项目管理技术都必不可少，但人员，即项目经理和项目团队，才是关键所在。

为确保项目成功，可利用不同的结构来组织人们推进项目。但是，无论项目团队怎样进行组织，项目团队和客户及其他利益相关者之间、项目团队内部，以及项目团队和其上级管理层之间的交流才是项目成功的关键。

Project Management

第 10 章

项目经理

本章内容支持《PMBOK 指南》中的如下项目管理知识领域：
- 项目集成管理
- 项目资源管理
- 项目利益相关方管理

现实世界中的项目管理

图书馆技术服务管理者的多种角色

在20世纪90年代初之前，如果人们进入图书馆想查找书籍或文章，那他们首先要去找卡片目录——这是一个大文件柜，它的小抽屉里装有至少一张记录了每一件图书馆藏书的卡片。通常，每件藏书在卡片目录中有三张卡片，按作者、标题和主题各一张。早在20世纪80年代，就出现了向以计算机为基础的系统逐步过渡的趋势。很多图书馆都是率先提供上网服务的地方，而它们创建了可以搜索和链接到材料的在线卡片目录。人们无须到访实体图书馆，就可以找到并访问信息。这些变化是图书馆技术服务的技术创新前沿。随着时间的推移，数字馆藏的数量在逐渐增加。

图书馆的门面通常是柜台后的人员，他们帮助借书者在图书馆核查书籍或寻找资源。传统上，技术服务管理者的角色在顾客的视野之外。现在，图书馆的技术服务管理人员管理着机构仓储、搜索媒介、目录、电子资源、记录保存、预算、电子资源管理系统、教育项目、期刊和期刊订阅、图书馆间的借阅、材料的生命周期、提案和建议书的准备工作、工作人员、稀有书籍、书架空间、捐赠者，有时还有赞助商。

2015年6月，高校图书馆利益集团的技术服务管理人员参加了在美国加州旧金山举行的美国图书馆协会年会，讨论技术服务管理者及其工作成员不断变化的职责和责任。讨论中最突出的是技术服务管理者的项目管理技能、他们对项目管理培训日益增长的需求，以及技术服务管理者及其工作人员采用项目管理信息系统的必要性。

技术服务管理者最频繁接触的项目类型是：追溯转换收录的政府文件，规划和编写下一代图书馆管理系统的建议书，确定哪些服务可以由现有工作人员完成以及哪些服务应该外包，实施本地系统和电子资源管理系统。为了使技术服务管理者更有成效和效率，大家一致认为,他们需要在项目管理的知识和实践方面取得进步,并找到能够帮助他们培养技能的伙伴。

讨论中发现的关键的项目管理技能有组织能力、时间管理和准确的记录保存。技术服务管理者需要说服供应商以满足他们的要求,或者需要说服工作人员以鼓励他们完成任务。对完成项目所需的许多任务而言,管理好工作流程和人员至关重要,譬如获得图书馆间的借阅资产、将材料转化为数字资产,或保存和提供土著居民的历史等。

随着资源存量不断增大,印刷和电子资源对技术服务管理者及其工作人员提出了持续的挑战。尽管大部分系列都能作为电子资源访问,打印系列仍然存在,并且必须被编目和分类放置在书架上。工作人员会对书籍和其他材料进行分析以供使用。一段时间内无人访问的书籍和材料会被转移至档案室和馆外进行存储。在移动这些材料时,工作人员需要重新排列书架,放置新的材料,并且更新每一份材料在目录中的数字入口——这一记录变更是为了那些在档案室里和保留在书架上的材料。

高校图书馆利益集团的技术服务管理人员发现,公共演讲、人事管理、任务识别、变更管理、问题解决和解决方案开发、谈判、沟通管理是技术服务管理者的一些必要能力。而这些能力也包括在项目经理的角色和职责中。

资料来源:Lana, A. (2016). Wearing multiple hats in the wide world of technical services. A report to the Technical Services Managers in Academic Libraries Interest Group Meeting. American Library Association Annual Conference, San Francisco, June 2015, *Technical Service Quarterly*, 33(1), 67-76.

本章概要

对完成项目目标至关重要的是人员,而不是程序和技术。程序与技术仅仅是协助人员做好工作的工具。例如,一位画家为完成一幅画像需要颜料、画布和画笔,但这些工具只有通过与画家的技能和知识相结合才能完成一幅画像。同样地,在项目管理中,相关人员的技能和知识才是产生期望结果的关键所在。这一章将着重讨论一位非常重要的人物——项目经理。你将了解以下内容:

- 项目经理的职责;
- 成功管理项目所需的技能及培养这些能力的方法;
- 有效授权的方法;
- 项目经理如何管理和控制项目的变更。

学习目标

学习完本章后,你应该能够:

- 探讨项目经理的三个职责;
- 甄别、解释并实践至少五个项目经理应该掌握的技能和能力;
- 描述并且采取行动来培养项目经理所需要的能力;
- 讨论并且实践有效的授权;
- 解释如何管理变更。

10.1　项目经理的职责

项目经理应确保全部工作已在预算范围内按时优质地完成,从而使客户满意。项目经理的基本职责是领导对工作量的计划、组织、监控和控制,以实现项目目标。换句话说,项目经理领导着项目团队完成项目目标。如果项目团队是一个运动队,那么项目经理就是教练;如果项目团队是一个交响乐团,那么项目经理就是指挥家。项目经理协调各个团队成员的活动,以确保作为一个紧密结合的团队,合适的人能适时地执行正确的任务。

10.1.1　计划

首先,项目经理要清晰阐述项目目标,并就该目标与客户取得一致意见。接下来,项目经理要与项目团队就这一目标进行沟通,这样他们就能对成功地完成项目目标所应做的工作形成共识。项目经理要作为带头人,制订实现项目目标的计划。通过让项目团队参与制订这一计划,项目经理可以确保该计划比自己单独制订的计划更加详尽。而且,这样的参与将使团队成员为完成计划做出更大的投入。项目经理要先与客户一起对该计划进行评审以获得客户认可,再建立一个项目管理信息系统——人工或计算机操作——以便将项目的实际进度与计划进度进行比较。使项目团队理解、掌握这一系统是很重要的,因为这使团队在项目管理过程中正确无误地应用这一系统。

 巩固所学

1. 项目经理让团队成员参与制订计划的两个益处是什么?

10.1.2　组织

组织工作涉及如何获得用来执行工作的合适资源。首先,项目经理必须决定哪些工作由组织内部完成,哪些工作应外包给承约商或顾问公司完成。对于那些由组织内部负责的工作,具体项目负责人需要对项目经理做出承诺;对于由承约商完成的工作,项目经理要清晰地界定工作范围和交付物,并且与每一个承约商缔结契约。项目经理也应根据不同的任务,给具体的人员或承约商分配职责、授予权力,前提条件是这些人要负责在给定的预算和时间进度下完成任务。对于涉及众多人员的大型项目,项目经理可以为具体的工作计划或任务团队选派领导。最后,也是最重要的,组织工作应营造一种工作环境,使所有成员作为一个项目团队士气高昂地投入工作。

巩固所学

2. 项目经理获取_____以开展工作,然后根据不同的任务,给具体人员分配_____,授予_____。

10.1.3 监控和控制

为了监控和控制项目,项目经理需要实施一套项目管理信息系统,以便于跟踪实际进度并将其与计划进度进行比较。这一系统将帮助项目经理了解哪些工作是有意义的,哪些是徒劳无功的。项目团队成员要监控其所承担任务的进度,并定期提供有关工作的实际进展、时间进度、成本和所得收益的相关数据,而这些数据会在定期召开的项目工作评审会议上得到补充。如果实际进度落后于预计进度,或者发生意外事件,项目经理应立即采取措施。团队成员要向项目经理就恰当的改进措施以及如何重新计划部分项目提供建议。对项目经理来说,重要的是要尽早发现问题,甚至是潜在问题,并采取改进措施。项目经理不能采取等待和观望的工作方法,因为一切事情都不是自生自灭的。项目经理必须干预而且要积极主动,在问题恶化之前予以解决。

项目经理领导着项目的计划、组织、监控和控制工作,但不应该独揽大权,而应让团队成员参与进来,使他们为圆满完成项目而有所投入。

巩固所学

3. 项目经理在项目管理信息系统实施中有哪两个作用?

10.2 项目经理的技能

项目经理是项目成功的关键要素。除了在对项目的计划、组织、控制方面发挥领导作用外,项目经理还应具备一系列技能,来激励项目团队取得成功,赢得客户的信任。强有力的领导能力、人员开发的能力、出色的沟通技能、良好的人际交往技能、处理压力的能力、解决问题的技能、谈判技能、时间管理的技能,都是一个优秀的项目经理所必备的技能。

巩固所学

4. 项目经理在哪三个管理职能上承担基本的领导职责?

10.2.1 领导能力

领导工作就是通过别人来完成工作。项目经理通过项目团队来取得工作成果。项目领导工作包括激励项目成员齐心协力地工作,以成功地执行计划,实现项目目标。项目经理要为团队勾画出项目的愿景和预期收益。例如,某个项目是对工厂进行重新设计,那么项目经理应将新的布局生动地描绘出来,并把这一项目的益处向成员解释清楚,如消除瓶颈、增加产量、减少库存。这样,当项目团队成员设想出项目的美好结果时,就能受到激励而齐心协力,圆满完成项目。

有效的项目管理需要采取参与和顾问式的领导方式。通过这种方式，项目经理能为项目团队提供指导和辅导。这种方式比等级制的、独断的和指挥性的管理方式更为有效。领导工作要求项目经理提供指导而不是指挥。项目经理应就需要完成的任务制定规范和准则，并由项目成员自行决定怎样完成任务。领导有方的项目经理不会指挥员工如何工作。

项目领导工作要求团队成员的参与和授权。每个人对自己的工作都想拥有掌握和控制权，以表明他们有能力完成目标、迎接挑战。项目经理要使成员参与到与其自身有关的决策中去，让其在自己的职责范围内拥有决定权。创造这样一种对团队成员授权的项目文化，不仅意味着给团队成员分配任务职责，还意味着授予成员为完成这些任务而做决策的权力。成员将接受制订工作计划、决定如何完成任务、监控和控制工作进度，以及解决妨碍工作进展的问题的职责，承担按时在预算范围内完成工作的责任。

在授权成员做与其工作相关的决策时，项目经理应制定一个清晰的准则，而且，如果可以的话，还应包括一些限制。例如，只要决策不超出预算或进度，团队成员就有权实施自己用以解决问题的补救措施；否则，他们就应与团队领导或项目经理进行协商。同样，如果团队内的某个人或几个人所做的决定对其他成员的工作、预算或进度产生了不利影响，那么他们也要与项目经理进行协商。例如，某个成员想在确认特定的测试结果前推迟订购某些材料，而这样做会导致其他团队成员的工作落后于计划进度。在这种情况下，项目经理可能会要求所有相关团队成员一起开会来解决这一问题。

有能力的项目经理懂得激励成员，并能创造出一种给予支持的工作环境，在这一环境中，个体作为高效团队的一分子在工作，并且受到激励去实现超越。项目经理可以通过鼓励项目全体成员参与，创造出这样的环境。方法包括：促成项目会议，吸引所有人参与讨论；与成员单独会谈，倾听他们的意见；让不同成员参加面向客户或项目组织高层的演示会。为了表明自己对每个成员所做贡献的重视，项目经理应该通过寻求意见和建议，尊重成员的观点，并投入额外精力让平时不主动发言的成员参与进来。例如，项目经理可以鼓励团队成员之间相互征求意见，尊重他人的观点。除了让每个成员接触到其他成员的知识和专业技能之外，这种方法让每个人带入团队的独特专长都能得到团队内部的支持和相互尊重。

项目经理必须谨慎行事，避免造成让成员沮丧的局面。当期望值不明确时，就有可能导致令人沮丧的结果。请思考下面这个例子：星期一，项目经理告诉盖尔(Gayle)尽快完成某一项任务。到了星期五，他问她工作是否已完成。当盖尔(Gayle)表示最早也要到下星期五才能完成任务时，项目经理变得有些恼火，说道："我实际上需要这项工作在今天就完成!"如果他有一个具体的期限，那么他本应该在一开始就把它传达给盖尔(Gayle)。

另一种令成员沮丧的情况是让成员受制于一些没必要的程序，例如每周书面形式报告的准备，这样的报告基本是在重复每周项目会议上所说的内容。低效的团队会议也会削弱成员的士气。

对成员的大材小用会导致另一种不利局面。给成员分配远低于他们能力且毫无挑战性的工作，会使他们士气低落。而指挥他们怎样工作的"过度管理"则危害更大，这种方法会让成员觉得项目经理不信任自己，结果产生这样的情绪——"如果你要指挥我怎样工作，那不如你自己去做好了!"由此可见，成功的项目经理不仅要建立一种给予支持的工作环境，也要谨慎行事，避免造成负面影响。

为了助长士气，项目经理可以对整个项目团队和每个团队成员给予认可。项目经理应时不时称赞成员们的想法、特别的努力和成就，而这样的称赞应该贯穿于整个项目，而不仅仅是在项目竣工时。成员们想感受到自己正在为项目做贡献，而且需要得到认可。认可有很多形式——不一定是金钱，它可以是口头鼓励、表扬、赞赏或奖励的形式。这样的正面强化有助于激励期望的行为，而被认同或被奖励的行为也能重复发生。一个项目团队可能会因在预算范围内提前完成一项重大任务，或因发现了一种加快项目进度的创新方法而得到认可，这样的认可将鼓励团队在未来重新创造这些成果。

可供项目经理采纳的一种奖励方法是，对项目团队中每位成员的工作表现出真正的兴趣。这可以通过全神贯注地听他们汇报自己的工作，而后向他们提出工作相关的问题来实现。一个简短的总结评语，如"谢谢""干得不错"或"很好"，就可以表明对成员付出的认可和赞许。向成员表示欣赏和赞扬，将激励他们更积极地为项目成功做出贡献。其他奖励形式包括：一通表扬其突出贡献的电话，一封祝贺或感谢其杰出工作的电子邮件，一些宣传工作，比如公司简报上的文章或图片，颁发证书或奖章，或给成员委派项目组中责任更重的职位。

项目经理应在成员做出贡献后尽快予以奖励。如果一次良好的行为隔了很长时间才得到奖励，那么奖励对于成员将来的表现就产生不了太大的作用了；事实上，成员也会感觉项目经理对自己所做的贡献不感兴趣。如果可能的话，奖励的对象除了被认可的个体外，还应包括其他人。成员喜欢当着同伴的面获得赏识。例如，项目经理可以在项目会议期间或是在客户或项目组织上级管理者面前，对团队或具体成员做出肯定性的评价。项目经理应尽可能让奖励活动有趣一些——给他们发一些新奇有趣的小奖品或一起共进午餐。有效的项目经理从不独占风头或将别人的功劳据为己有。

项目经理要建立一种相互信任、高期望值和充满乐趣的工作环境，为项目团队的工作确定基调。为了营造信任的氛围，项目经理要言行一致，履行承诺。这样，项目经理就树立了一个榜样，表明希望项目团队的所有成员都坚持不懈。如果项目经理没有跟进任何建议、问题或值得关注的事，就会失去成员的信任。如果事情不能按设想或期望的那样进展，项目经理需要做出解释，以维护其信誉。

有才干的项目经理对自己和项目团队的每个成员都有较高的期望，他们相信人们会尽力达到期望的水准。如果项目经理对团队成员信心十足，并对他们的工作有较高的期望，那么团队成员通常会挺身而出实现成果交付。项目经理往往乐观地认为，有时即使是难以逾越的障碍，他们也能将其克服从而完成项目。如果项目经理不能处理好现实与高期望和乐观之间的关系，那么团队就可能会遭受挫折。不现实的期望包括：为了完成一项复杂的任务而投入到过于野心勃勃的计划当中，或期待一款新开发的复杂软件能在第一次使用时不出任何差错地工作。一个令人觉得有勇无谋的项目经理，不会赢得项目团队和客户的信任。

项目工作应该充满乐趣。项目经理应该享受自己的工作，并鼓励项目团队成员产生一样的积极态度。绝大多数从事项目工作的人都会寻求归属和社会认同，他们不愿意单独工作。项目团队在成为能有效运作的高效团队之前，要经历社会化。项目经理可以通过在成员之间创造一种同志式的友谊,来促进这一社会化进程。一种方法是为项目团队举办定期的社交聚会,比如中午聚餐或比萨派对;组织团队成员的家属一起参与活动,比如野餐、远足、骑行,也可以是参加体育比赛或听音乐会;或者组织一队志愿者参与社区活动,来帮助支持某些事业或者慈善活动。另一种方法是尝试在可行的情况下,让所有项目团队成员在一个办公地点工作。提供开放的工作环境而非让每个人关起门来办公,能使成员更容易互动,从而进一步促进社会化。最后一种方法是,项目经理应寻找机会庆祝胜利,尤其在项目初期阶段。在完成早期里程碑事件后,项目经理可以带着小零食到团队会议上,或者在员工会议结束时给每个人订午餐盒饭。这类活动能为社会化、非正式谈话和团队组建提供平台,使工作趣味盎然。谁能说工作没有意思呢?

项目经理可以影响项目团队为实现项目目标所做的努力。领导意味着项目经理应动力十足,为项目团队树立一个良好的榜样,换句话说,就是言行一致。如果项目经理希望成员为使工作赶上进度而留下来加班,那么其本人也应该留下来而不是提前离开。项目经理所说所做的一切都会为团队树立期望行为的榜样。项目经理必须保持一种积极的态度,没有消极的论调,没有哀叹,没有满嘴脏话和埋怨,也没有诋毁,同时明确这样的行为在团队工作时是不可接受的。有效的项目经理要有一种"没问题"的态度——一种克服困难、达到目的的渴望。他们在挑战中成长壮大,完成工作,他们努力寻求完成工作的方法,而不是寻求无法完成任务的理由。优秀的项目经理不会因障碍或借口而退缩不前,他们自信并对项目团队成员有信心。

据说……

有些人促使事情发生;

有些人任凭事情发生;

有些人好奇发生了什么。

项目经理就是通过促使事情发生来领导项目工作。

巩固所学

5. 领导工作包括_____项目团队人员齐心协力地工作,从而成功地执行_____,实现_____。

6. 项目领导工作要求团队成员的_____和_____。

7. 有能力的项目经理懂得如何_____团队成员,并且创造出一种_____的环境,在这一环境中,个体作为高效团队的一分子在工作。

8. 成员想感受到自己正在为项目做_____,而且需要得到_____。

9. 向成员表示_____和_____,将_____他们更_____为项目_____做出贡献。

10. 项目经理要建立一种_____、高_____和_____的工作环境,为项目团队的工作确定基调。

11. 从事项目工作的人都会寻求_____和_____,他们不想_____工作。

12. 领导意味着项目经理应_____十足,为项目团队树立一个_____。

10.2.2 人员开发能力

有效的项目经理有责任对项目工作人员进行培训和开发。他们以项目为契机,为每个成员增加自身价值,以便他们在项目结束时拥有比项目开始时更丰富的知识和更强的竞争力。项目经理应营造一种学习环境,使员工能从他们所从事的工作中、从他们所经历或观察到的情况中获得知识,并且项目经理必须把持续自我开发活动的重要性传达给团队。为鼓励这样的活动,一种方式是在项目团队会议上谈论自我发展的重要性,另一种方式是在开始分配项目任务时,分别约见团队成员,鼓励他们利用工作去拓展知识和技能。优秀的项目经理相信所有成员对组织都是有价值的,他们通过不断学习,可以做出更大的贡献。为了强调自我提升的价值,项目经理要鼓励成员积极主动——例如申请新的或有挑战性的工作,或者参加研讨会。一个项目能够为成员提供很多机会,去拓展技术知识以及进一步培养在沟通、解决问题、领导、谈判和时间管理方面的技能。

有能力的项目经理通过鼓励成员积极主动、承担风险和做出决策,提供学习和发展的良机。项目经理应承认犯错是学习和成长经历的一部分,而不该对失败怀有恐惧。项目经理可以尝试提供弹性作业来要求每个成员拓展知识,完成比他们自认为能承担的量还要多的任务。例如,一项利用光学技术设计传感器的任务,就可以分配给一个光学技术知识有限的工程师。这会使其学习更多的光学知识,从而为组织在将来的项目上做出更大的贡献。

另一件项目经理可以做的事是,确定在什么情况下阅历不足的成员能从经验丰富的成员那里学到知识。例如,将一个整理测试数据的员工和一个数据分析员分配到一起工作,这样前者就能学会怎样分析和解释数据。在这种情况下,项目经理应告诉经验丰富的员工,指导、训练和教授阅历不足的员工是他们项目工作的一部分。

项目经理开发员工的最后一种方法是让他们参加正式的培训课程。例如,某个成员没有展示(presentathon,陈述)经验或欠缺展示技巧,项目经理就可以让该成员参加一个研讨班,学习如何进行有效的展示。在之后的团队会议上,这个员工就有机会通过展示去运用所学的知识。项目经理也可对该员工加以点拨,使其达到能为客户做有效展示的水平。

在与每位团队成员进行讨论时,项目经理应问这样的问题:"你在从事项目工作时学到些什么?"通过每位成员的回答,项目经理就可以知道接下来需要哪些提升活动和学习机会,而这样的提问也传递出一种信息,即项目经理重视和期望持续的自我提升。

巩固所学

13. 优秀的项目经理相信所有成员对组织都是_____,他们通过_____,可以做出更大的贡献。

14. 项目经理应承认犯错是_____和_____经历的一部分,而不该对_____怀有恐惧。

15. 优秀的项目经理重视和期望持续的_____。

10.2.3　沟通技能

项目经理一定要是一个良好的沟通者,他们需要定期与项目团队及承约商、客户、组织上级管理者和其他利益相关方沟通交流。有效、频繁的沟通至关重要,这能保证项目进度、发现潜在问题、征求建议以改进项目绩效,跟进客户满意度和利益相关方问题,避免意外发生。在项目初期,为了与项目团队建立良好的工作关系、与客户和其他利益相关方确立清晰的预期,高度的沟通格外重要,尤其当它涉及对项目工作范围的文件形成清晰理解并达成一致意见的时候。

有效的项目经理会通过多种渠道进行沟通,分享信息。他们要与项目团队、客户、利益相关方、组织上级管理者会面和进行非正式谈话,他们也向客户及上级管理者提交书面报告。这些任务都要求项目经理具备良好的口头及书面沟通能力。听比说让人获益更多,因此优秀的项目经理会花更多的时间去倾听,而非说教。他们倾听客户或赞助商所表达的期望和要求,倾听项目团队和利益相关方表达的观点和关切的事。他们不会主导谈话,而是引起、激发和促进交流。为了就重要问题引起对话,他们要开启讨论和会谈。为了活跃讨论,他们要提出问题,征求意见或想法,并尊重他人的观点。例如,在团队会议上,当项目经理提出一个议题后,首先可以寻求别人的反应或意见,而不是自己说完见解后就马上转入下一个议题——这样的做法不容易扼杀意见、讨论和不同的观点。每位项目经理都要经常走出自己的办公室,主动与团队成员接触。例如,对某位成员在团队会议上表达的观点和意见,如果当时没来得及追问,这时便可以进一步探讨。

项目经理要与客户和其他利益相关方保持沟通,以使他们了解情况,确定是否变更预期值。项目经理需要通过定期与客户交谈,在项目全过程跟进客户满意度——例如安排每周五下午与客户的电话讨论。

项目经理的沟通应频繁、及时、公开、真诚和明确,同时对任何机密信息保持谨慎。有效的沟通能建立起信誉和信任,这是管理好利益相关方预期的基础,而利益相关方包括了赞助商或客户、项目交付成果的最终使用者、承约商、供应商、项目团队和组织上级管理者。隐瞒信息或延误沟通会误导利益相关方对绩效或结果做出错误的预期。

及时且真诚的沟通也能防止流言产生。假设某位成员被临时分配到另一个项目,使其运用专业知识帮助解决关键问题。当团队发现成员中有人不再继续项目工作,流言就可能产生,比如说这个人是因为预算超支而被开除,或这个人是因为情绪不佳而离职。在这种情况下,项目经理就要召开团队会议,告知其他成员该员工是被临时调度,几周后就会回归原来的项目。

对项目经理来说,向团队和客户提供及时的反馈很重要。好消息和坏消息都应当及时共享。要想成为有效的项目团队,成员需要掌握最新的信息,特别是可能使项目工作范围、预算或进度发生变动的客户反馈信息。当把坏消息告知客户或赞助商时,项目经理还应为解决问题提出建议和计划、支持的数据和基本原理。

项目经理应提倡及时、公开地进行沟通,使成员不必担心遭到报复,同时接纳不同的意见。例如,某位成员如果觉得完成一个项目任务有困难,他就应该使项目经理注意到这个问题而不用担心受到处罚。

项目沟通和文件记录将在第 12 章里进一步讨论。

> **巩固所学**
>
> 16. 请列出项目经理需要频繁沟通的五个重要原因。
> 17. 在项目初期,为了与项目团队建立良好的_____、与客户确立清晰的_____,高度沟通格外重要。
> 18. 项目经理进行沟通的三种方法是什么?
> 19. 优秀的项目经理会花更多时间去_____,而非_____。
> 20. 请给出项目经理与客户保持沟通的三个原因。
> 21. 项目经理进行沟通为什么要频繁、及时、真诚、公开和明确?

10.2.4　人际交往技能

人际交往能力是项目经理必备的技能。正如上一节所述,这类技能依赖于良好的口头和书面沟通技能。为使每位项目成员知道自己在实现项目目标中的重要作用,项目经理对每个成员要有明确的期望。为此,项目经理要让团队成员参与制订项目计划,使他们了解每个人所承担的工作任务,以及这些任务如何结合起来。恰如一支运动队的教练,项目经理应强调每位成员对成功地执行计划都是有贡献的。

对项目经理来说,与项目团队中的每个人都建立良好的关系很重要。这听起来似乎是在浪费时间,但实际上并非如此。与项目团队的每位成员及客户组织中的核心人物进行非正式的会谈,需要安排好时间。项目经理既可以在工作过程中,也可以在下班以后组织这类会谈。例如,一起吃午餐、一起进行商业旅行,或一起观看一场比赛等,这些活动都为项目经理了解项目团队的各位成员提供了机会——知道什么能激励他们、他们如何看待项目进展、他们关注什么,以及他们如何看待事物。例如,卡洛斯(Carlos)说他很喜欢展示工作,但希望能进一步提高自己的正式展示技能。知道这些情况后,在下一次客户评审会议上,项目经理就可以请卡洛斯对他设计的图像软件做展示。或者,项目经理可以请卡洛斯在下一次内部项目评审会议上做展示,这样卡洛斯就可以在一个比较轻松的场合锻炼他的展示技能。如果不发起这样的非正式会谈,项目经理很难在其他情况下发现卡洛斯的自我提升目标。

项目经理在了解成员的个人兴趣时,要尽量避免引起反感。项目经理可以讨论自己的爱好或家庭,看团队成员能否接上话题。对项目经理来说,重要的是寻找自己和每个成员的共同兴趣所在,如网球、烹饪、校园体育活动、子女及家乡。

在非正式交谈中,项目经理应采用开放式的问题,并注意倾听。令人惊讶的是,对于像"事情进展如何"这样一个简单的问题,你都能从回答中得到很多信息。不论怎样,项目经理都要对成员说的话表现出真正的兴趣;如果你看起来心不在焉,那么成员就不会继续谈话。因此,重要的是给予诸如"那挺有意思啊"或"跟我再多说说那事儿"这样的反馈和鼓励性的评语。

良好的交际能力能使项目经理在特殊情况下与团队成员产生共鸣——无论是在团队成员因为开发软件的技术问题而气馁时，还是在成员由于其爱人因交通事故受伤而焦虑分心时。当然，项目经理一定要真诚地给予鼓励和支持，他们必须利用自己良好的判断力，为成员倾诉的个人隐私保密。

当遇见项目团队成员时，无论是在大楼走廊还是在超市，项目经理都要充分利用这一机会。他们不能用"嘿"或"下午好"敷衍了事，而应尽力与成员对话，哪怕只是三言两语。话题应该是随意的，从"你准备好下周与客户的会面了吗"到"昨天你女儿的足球队赢了吗"都可以。优秀的项目经理在整个项目期间和项目结束后都会拓展和维系这种人际关系。

当一个人试图影响他人的思维和行为时，良好的人际交往技能必不可少。在项目开展过程中，项目经理必须说服客户、项目团队、承约商、利益相关方及其组织上级管理者，并与他们协商工作。例如，一位建设工程项目的经理可能需要说服客户放弃某项对项目范围的变动，因为这会增加成本。或者，项目经理为了给当地的慈善机构举办一场才艺秀，可能需要利用自己的交际能力说服当地的名人参与其中。这类情况不能用强硬手段来处理，只有通过良好的人际关系，才能产生预期的成果。

项目经理也需具备良好的人际交往技能来处理团队成员之间或与利益相关方的不和与分歧。这种情况需要项目经理娴熟地处理，并拿出一个调解方案，既不使相关人员丢面子导致关系恶化，又不影响项目工作。项目中的冲突问题将在第11章里进一步讨论。

> **巩固所学**
>
> 22. 项目经理需要与项目团队的每位成员及_____中的核心人物进行非正式的_____。
> 23. 项目经理应采用_____的问题，并注意_____。

10.2.5　处理压力的能力

项目经理要有能力化解工作中出现的压力。以下情况有可能增大压力：当项目工作由于成本超支、进度延迟、设备或系统的技术问题而处于无法实现目标的危险境地时；当客户要求变更工作范围时；或当团队内就某一问题的最佳解决方案产生争议时。有时，项目工作会变得紧张迫切，项目经理须保持冷静，不能急躁。优秀的项目经理要能够应对不断变化的情况，因为即使有最完善的计划，项目也会受到不可预见的事件影响，导致突然的混乱。项目经理要保持镇定冷静，确保恐慌和沮丧的情绪不会困扰到项目团队、客户或组织上级管理者。

在某些情况下，项目经理要在项目团队与客户、利益相关方或上级管理者之间起缓冲作用。如果客户或上级管理者不满意项目进度，那么项目经理要接受批评，并确保项目团队不会受到打击。在与项目团队就不足之处进行沟通时，项目经理要用一种激励的方式，鼓励他们迎接挑战。同样地，项目团队有时会抱怨客户的要求，抱怨客户对变更的不情愿,这时项目经理也需要充当缓冲器,把这些埋怨装进肚子里,然后将其转化为团队成员需要克服的奋斗目标。

项目经理还需要保护团队成员免受外界干扰,这些干扰可能会转移他们的注意力,妨碍他们表现,并成为不必要的压力来源。

项目经理要有幽默感。如果运用得当,幽默能帮助项目经理化解压力,打破紧张气氛。由于项目经理要为团队树立榜样,向成员说明哪些行为是允许的,所以一切幽默都必须运用得体。项目经理不应该开不恰当的玩笑,或者把不合适的物件挂在办公室墙上。他们必须在一开始就让项目团队明白,这类行为是不被允许的,是不能被容忍的。

项目经理可以通过定期锻炼、补充优质营养和健康生活来保持体魄健康,从而提高其处理压力的能力。项目经理也可以为团队组织缓解压力的活动,如垒球比赛、打高尔夫、骑自行车或徒步旅行、短暂的午饭后散步等。

> **巩固所学**
>
> 24. 项目经理要有_____感,并需要保持_____健康。

10.2.6 解决问题的技能

项目经理必须是一个优秀的问题解决专家。虽然发现问题比解决问题容易,但好的问题解决方法源于对实际问题或潜在问题的早期发现。尽早发现问题,就会有充裕的时间来设计出成熟的解决方案。另外,如果问题发现得早,解决问题的代价会小一些,对项目其他部分的影响也会小一些。做好发现问题这一工作,需要:一个及时、准确的信息传送系统;项目团队、承约商、客户之间公开且及时的沟通;一些基于经验的"直觉"。

项目经理要鼓励项目团队成员尽早发现问题,并自行予以解决。在解决问题时,项目团队要自我指导,不要等待或指望项目经理代劳。

当一个问题似乎很严重,并可能影响到项目目标的完成时,团队成员需要尽早向项目经理汇报有关情况,以便项目经理带领大家解决问题。一旦发现了这样的问题,项目经理可能需要寻找更多数据、进行询问调查、澄清问题,从而弄清问题的实质及其复杂性。项目经理应向团队成员征求解决问题的建议。项目经理不该先提出自己的观点,因为这会扼杀或限制团队成员的回答和创造力。当成员不同意其观点时,项目经理不该采取防御性态度,因为团队成员可能是对的,并可能成为可行性分析的好参谋,从而预防错误发生。项目经理的观点不总是唯一的或最好的处理方式。一个高效的项目经理知道最好的解决方案往往产生于不同的想法、视角、经历和观点。当与合适的团队成员一起工作时,项目经理应利用其分析技能,评估相关信息并制定最佳解决方案。对项目经理而言,重要的是具备纵观全局的能力,以及看到潜在的解决方案将如何影响项目的其他部分,这包括与客户、其他利益相关方或上级管理者的关系。在制定出最佳解决方案后,项目经理可以将实施方案的权力委派给团队中合适的成员。

解决问题将在第 11 章里进一步讨论。

巩固所学

25. 在解决问题时，项目经理要具备_____的能力，以及看到潜在的解决方案将如何影响项目的其他部分。

10.2.7 谈判技能

好的谈判技能对项目经理来说十分重要。在项目的生命周期里，项目经理在与投资商或客户、项目组织的管理者、承约商、供应商、项目最终产品的最终使用者以及其他利益相关方合作时，会遇到很多要运用其谈判技能的场合。谈判主题可以是合同条款及条件、获得特定资源来为项目配备人员、承包价格、供应商的交货计划、损坏赔偿、变更对成本或进度的影响、客户对设计的认可度、因质量未达标而需要返工、解决技术性能问题的最佳方法、对验收标准或测试结果的解释、当项目逾期和（或）超出预算时的补救措施、利益相关方对项目影响或安全性的关注，等等。

谈判的目的是让两个人或者两个团体就一个议题达成双方都能接受的协议。这是一种解决问题的形式。有效的谈判需要良好的倾听技巧。另外一方需要感觉到自己的立场或观点已经为人所知并且得到理解。项目经理应该花时间倾听并询问是否得到清楚的解释，或者花时间获得更多信息。你可以在第 12 章了解关于有效倾听的相关内容。

当项目经理和另一个人或另一方建立起信任关系，就可以为积极、稳健的谈判提供坚实的基础。除了有效倾听，项目经理还需要能提出一个有说服力的理由，并清楚地表明自己在问题上的立场。这需要项目经理花时间准备谈判，并且就自己对于谈判的不同议题的立场给出有说服力的理由。

谈判不能被视为一种"要么赢要么输""要么接受要么放弃""要么获得一切要么一无所有"的竞争。相反，有效的谈判会为双方带来双赢的结果。这就需要项目经理做事灵活并且愿意妥协。项目经理必须小心，不要做出下意识的评论，而是应该做出深思熟虑的回应，同时不会因为要马上回应对方而感到压力。这是需要耐心的。项目经理要知道该在什么时候说自己需要一些时间来考虑提议，然后过一会儿再回复对方。项目经理应该主动尝试运用策略就不同议题达成一致，比如可以这样说："是的，我们可以这样做，只要你们可以……"，像这样表现出调解意愿的提议能为对方做出让步定下基调。如果对一些条款的谈判处于僵局，项目经理可以建议先把它们放在一边，而继续处理其他争议较小的条款，以便取得进展，为解决更加棘手的问题造势。

当项目涉及全球范围时，与客户或承约商的谈判就尤其具有挑战性。在谈判时，项目经理必须考虑到文化差异。来自不同文化背景的人会采取不同的谈判方式，例如，有些人可能急着马上达成协议，但其他人可能觉得谈判进行得缓慢一点会比较合适。这里再强调一下，项目经理必须花时间好好准备并且理解文化差异，确保能谈成一个双方都可以接受的协议。例如,认识非语言暗示或者肢体语言能有助于理解另一方对于评论、提议的立场或反应。

让每一方在谈判中保住面子,并让双方在缔结协议时都不感到气愤是很重要的。在整个谈判过程中,项目经理必须树立榜样,保持诚实正直并始终尊重另一方。有效的谈判能够加强而非削弱双方的关系。在与客户谈判时,项目经理必须记住,如果将来想与同样的客户开展更多的业务或项目,那么维系良好的关系至关重要。

巩固所学

26. 有效的谈判会为_____方带来_____的结果。这就需要项目经理_____并且愿意_____。
27. 在整个_____过程中,项目经理必须保持_____并始终_____另一方。

10.2.8 时间管理的技能

优秀的项目经理能很好地管理他们的时间。项目工作需要大量的精力投入,因为它们涉及许多同时发生的活动和意外事件。为了最有效地利用时间,项目经理要自我约束,能分清先后主次,并愿意授权。

时间管理将在第 11 章里进一步讨论。

巩固所学

28. 优秀的项目经理需要具备什么技能和能力?

10.3 培养项目经理所需要的能力

人们不可能天生就具备一个优秀的项目经理所需的知识、技能和能力,他们需要培养这些能力。有多种方法来培养项目经理所必需的能力。

1. 获取经验

尽可能多地从事项目工作。每一个项目都是学习的好机会,而多样的项目将很有帮助。例如,你是一家大型建筑公司的土木工程师,刚完成一个设计高中的项目,那么现在你可以找机会调配到另一个类型的项目,比如设计博物馆或者教堂。同样,你可以在各个项目中从事不同的工作。在一个项目中,你可以做软件开发,而在另一个项目中,你可以申请成为团队领导,或者找机会与客户进行更多交流。变换项目和工作的目的是为了尽可能地接触项目经理、客户和其他经验丰富的项目成员,而每一次经历都能提供向他人学习和获取宝贵知识、技能的机会。

2. 向他人学习

你还应该观察其他项目成员怎样运用他们的技能,留心观察他们做了什么,无论正确与否。例如,你想培养展示技能,那么,当成员在做项目展示时,你得观察他们做得好的(比如表现热情或吸引观众)和他们做得不好的(比如挡住了幻灯片,影响人们的观看,或者在展示开始时讲了一个不恰当的笑话)。请牢记这些例子,这将有助于你提高展示水平。从别人的失误中吸取教训比从自己的失误中学习进步代价更小。

3. 向那些具有你想培养的技能的项目经理请教

譬如,你想培养领导能力,那么就找一些你认为领导有方的项目经理,请教他们如何培养这种能力,以及他们有什么建议。如果你只能在午餐时见到他们,那就请他们吃饭,这会是有价值的投资。

4. 进行自我评估,从错误中吸取教训

例如,你完成了一个项目,但却超支或没能按时完成,那么你得自己反思——到底是怎么回事?你本来可以怎么做?下次你会怎样做?也许你需要研究一下时间管理,首先关注那些最重要的活动。

5. 找一个师傅

在项目工作中,你可以向一些人拜师求教,这些人应具有你想学习的技能。你要寻求别人的反馈。比方说,如果你想提高解决问题的能力,那么就向你的师傅请教,根据他(她)的观察,你在解决问题时是否还有可以提升的地方。如果项目经理说你倾向于过早下结论,那你可以多花些时间找出所有的论据或倾听别人的观点。请你准备一份个人发展计划,让你的师傅或其他成功的项目经理看一下并提一些建议。

6. 参加教育和培训项目

关于上一节讨论的所有技能,有许多研习班、在线研讨会和自学材料。同时,许多大学和其他教育服务机构可以提供没有学分、证书和学位的项目管理课程,其中很多课程能在网上学习。在参加研习班时,有三种学习渠道:教员、学习材料和其他学员。

7. 加入组织团体

例如,成为美国项目管理协会的会员,你就有机会与其他项目管理工作者一起参加会议和座谈。关于项目管理协会的相关信息,请阅读第1章和书后的附录C。加入如国际演讲会这样的专业组织,你将有机会学习一些有效的展示技能。

8. 阅读

订阅期刊或查阅有关你想培养的技能的文章,现在有很多关于技能提升的文章。你可以请别人推荐一些关于某一具体主题的好书或文章,通过他们的推荐,你能节约寻找优秀阅读材料的时间。

9. 获取证书

获取特定的项目管理学科的证书,是另外一个培养项目经理能力的方法。美国项目管理协会提供下列证书:

- 项目管理专业人员(PMP)
- 项目管理专业助理师(CAPM)
- 投资组合管理专业人员(PfMP)
- 项目集管理专业人员(PgMP)

- 美国项目管理协会风险管理专业人员（PMI-RMP）
- 美国项目管理协会进度管理专业人员（PMI-SP）
- 美国项目管理协会商业分析专业人员（PMI-PBA）
- 美国项目管理协会敏捷认证从业人员（PMI-ACP）

更多有关资质要求和获得合适证书的步骤的信息，请登录美国项目管理协会网站 http://www.pmi.org，并点击"证书"选项查询。

10. 做志愿者

工作场所并不是唯一能培养技能的地方。可以考虑加入一个志愿者组织，在那里你不仅能为社区或某一特定事业做出贡献，还可以尝试培养领导技能。

学习与发展是伴随一生的活动，没有止境。你的雇主会给你支持和鼓励，为你提供学习的资源（时间和资金）。组织应该提供培训活动和员工发展活动所需的预算资金。然而，你应承担起培养自己能力的首要责任。你需要主动进取、充满渴望，促成这一切。

巩固所学

29. （1）找出一个你想要培养的技能。
    （2）找出你为培养这一技能所能做的三件事。
    （3）从这三件事中选择一件，并设定一个完成日期。

10.4 授权

授权包括赋予项目团队权力以实现项目目标，和赋予每个成员权力以实现其职责范围内的期望成果。这是一种有助于成员成功地完成指定任务的行为。授权不仅意味着给具体的项目团队成员分配任务，还包括赋予团队成员实现工作目标的责任，给予他们为取得预期成果而做出决策、采取行动的权力，以及对他们取得这些结果的信任。

项目团队成员要在他们的职责范围内，根据工作范围、待交付的有形成果或产品、现有预算、时间或进度计划，取得特定成果。为取得预期结果，他们可根据自己的方法制订计划，并对工作中所需的资源加以控制。

授权对一个优秀的项目经理来说是必需的，它是项目经理的组织职责的一部分。授权不是推卸责任，项目经理仍然要对完成项目目标承担最终责任。项目经理要充分理解授权并认真实行，保证项目团队的工作绩效，为合作和团队工作创造必要条件。

有效的授权需要有效的沟通技能，项目团队成员必须意识到他们被授予了完成项目的权力。项目经理有责任使成员清楚理解其对某一具体结果的期望。项目经理不能仅说"拉什德（Rashid），你负责机械设计"或"罗丝玛丽（Rosemary），你处理公共关系"就简单完事；相反，经理必须准确解释每项任务的具体内容以及任务的预期结果。在任何工作开始前，项目经理和项目团队成员应明确工作范围、待交付的有形成果或产品、预期质量、预算及进度，并达成一致意见。但是，无论怎样，项目经理都不能指挥成员如何完成任务。这应留给成员自己去做，使他们更有创造性地工作。如果项目经理指挥成员如何进行工作，那么他们就不会像以前那样为取得目标而积极投入，反而会觉得项目经理对他们的能力没有信心。

团队成员要想成功地完成工作任务，就要获得必要的资源和控制这些资源的权力。这类资源包括人员、资金和设备。团队成员应有权调用其他团队成员的专业知识，有权采购所需材料，并有权利用所需设备。在预算和进度计划范围内，成员有权决定如何利用资源。

授权包括选择称职的团队成员来执行每一项任务，并赋予他们相应的权力。因为项目经理会根据每一个人的能力、潜力和工作量做出这些选择和分配，所以在分配任务时，经理需要了解项目团队每位成员的水平、能力和局限。如果一组工作所要求的个人工作天数多于某个成员实际可工作的天数，那么项目经理就不能把这些工作委派给这个成员。例如，某位员工单独粉刷一间房屋预计需要两天时间，那么就不能期望该员工在一周内刷完六间屋子。同样的道理，项目经理也不能期望成员执行那些他们缺乏一定专业知识的任务。例如，某位成员没有一定的化学分析技术的知识，那么就不可能指望该成员完成化学分析的工作。然而，授权的确能给予团队成员富于挑战性的、内容丰富的任务，使他们有机会培养和拓展自己知识和技能。因此，项目经理授权时，不仅要考虑成员目前的工作能力，还要想到该成员的潜力。弹性任务可以激励人们迎接挑战，并且证明他们能达到项目经理的期望。

当项目经理做出授权团队成员执行工作的相关决策时，就是给了他们为完成任务而采取行动并不受干扰的自由。然而，项目经理也应明白，在执行任务和做出决策时，人们可能会犯错，失败可能会发生。如果项目经理非常在意错误与失败，他会要求成员在每个细小问题上都要与他商议并获得批准，这种害怕失败的情绪会导致团队工作陷入瘫痪。要做到有效的授权，项目经理就要相信项目团队中的每位成员。

在项目团队工作过程中，项目经理应放手让团队成员去做。然而，项目经理也要准备好在必要时为成员提供指导和建议。优秀的项目经理会小心谨慎，避免下达指令、指挥如何做事和代替做决策，导致成员权力被削弱。相反，他们要表现出对团队成员能力的信心，并不断给予鼓励。

授权要求成员对实现各自的任务预期成果负责。项目经理要建立一套项目管理信息与控制系统，以协助团队成员控制他们的工作量。这一系统能使项目经理和团队随时了解情况，以便做出决策。系统包括自动化的信息反馈系统，并要求项目团队或个体成员定期会面，以检查进度情况。这一系统的主要任务是衡量和评估每项任务向预期成果推进的情况，而不仅仅是监管杂事。项目经理想知道的是，每项任务的工作范围是否在按计划进行，能否在现有预算和规定进度内完成。项目经理不能接受类似"整个星期团队都工作到晚上10点"的报告来说明工作步入了正轨。项目经理要让大家知道，授权是为了让团队成员对实现预期结果负责，而不只是让大家忙起来。被授权的成员要承担这种责任。

在监测工作进度时，项目经理应鼓励团队成员，他们要对成员的工作表现出真正的兴趣，并对取得的工作进展给予认可和赞赏。

下面列出了一些有效授权的常见障碍，并说明了如何克服这些障碍。

- 项目经理本人对某项任务感兴趣，或者认为自己会做得更好或是更快。在这种情况下，项目经理一定要放弃这种想法，并相信其他人也能做好。项目经理需要明白，其他人可以用不同于自己的方式进行工作。
- 项目经理不太相信其他人的工作能力。在这种情况下，项目经理要确保自己充分了解了每位成员的能力、潜力和局限，以便为每项任务挑选出最合适的成员。
- 项目经理害怕自己会对工作失去控制权，无法了解情况。在这种情况下，项目经理应建立一个系统，定期监控和评估向预期结果推进的程度。
- 团队成员害怕因犯错而受到指责，或者是缺乏自信心。在这种情况下，项目经理要对每位成员表现出信心，时不时给予他们鼓励，并懂得失误是他们学习的契机而非指责他们的借口。

图 10-1 表明了不同程度的授权。最高程度是对项目团队的全面授权。大多数情况下，项目经理的授权应该达到这种程度，当然有些情况也要求授权程度低一些。例如，项目出现了严重问题进而影响到目标的实现，比如出现巨额超支或样品测试的连续失败，这时程度较低的授权是比较可取的。类似地，如果成员正在执行弹性任务，那么程度较低的授权会比较合适。

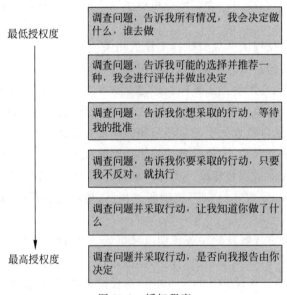

图 10-1　授权程度

表 10-1 是用来评估授权有效性的测量表。项目经理可以把它作为自我评估工具，也可以让项目团队完成这一表格，从而获得自己在有效授权方面的反馈。无论用哪种方法，项目经理都应把改进重点放在评分较低的领域。

第 10 章 项目经理 295

表 10-1 授权测量表

你的授权工作效果如何

	很差		有一些		很好
1. 你的团队对预期结果有明确的理解吗?	1	2	3	4	5
2. 你的团队拥有完成授予任务所需的资源吗?	1	2	3	4	5
3. 你的注意力是放在对团队成员的预期结果上,而不是在他们如何工作的细节上吗?	1	2	3	4	5
4. 你有没有用来跟进与监测进度的系统?	1	2	3	4	5
5. 你的团队成员是否知道怎样和在什么时候让你知道他们的工作进展,并知道在什么时候征求你的意见?	1	2	3	4	5
6. 你的团队知道怎样衡量与评估工作进度吗?	1	2	3	4	5
7. 你的团队能否自由地与你探讨问题而不害怕受到批评?	1	2	3	4	5
8. 你的团队成员是否觉得他们可以不需要你的过度管理而自由地工作?	1	2	3	4	5
9. 你的团队成员是否在工作中不担心犯错误?	1	2	3	4	5
10. 你是否鼓励团队成员在你授予他们的权力范围内做决策?	1	2	3	4	5
11. 在需要时,你是否会对他们进行指导?	1	2	3	4	5
12. 对于团队建议,你是否能给予鼓励和支持?	1	2	3	4	5

巩固所学

30. 授权包括赋予项目团队_____以实现_____,和赋予每个成员权力以实现其职责范围内的_____。
31. 项目经理绝不能指挥成员_____完成分配的工作。
32. 在为成员分配具体任务时,项目经理要认真考虑成员的_____、_____和_____。
33. 要做到有效的授权,项目经理就要_____项目团队中的每位成员。
34. 授权要求成员对取得他们任务的预期成果_____。

10.5 管理变更

在项目工作过程中,你唯一能确定发生的事情就是变更。即使计划做得再好,也会有变更发生。变更可能是:

- 由客户或赞助商引起的。
- 由项目团队引起的,其中包括承约商、咨询公司和供应商。
- 由项目执行过程中无法预测的事件导致的。
- 项目成果的用户所要求的。

项目经理工作的一个重要部分就是管理和控制变更,将它对成功完成项目目标所产生的不利影响降至最低。有些变更是微不足道的,但有些变更则可能对项目工作范围、预算或进度产生重大影响。在房屋未粉刷之前,决定更换颜色就是微不足道的变更;但在承约商已搭建好单层房屋的框架后,再决定修建成两层房屋就是一个重大变更,这必然会增加成本,并有可能延期完工。

变更对于实现项目目标的影响,会随着项目进程中发生变更的时间不同而不同。一般来说,在项目过程中,变更被发生得越晚,其对实现项目目标的影响就越大。最可能受到影响的是项目预算和竣工日期,尤其在根据变更的要求对已经完成的工作进行重做时。例如,对于一座新的办公大楼,在它的墙壁和天花板装修好以后,再要求更换下水管道或电线就会让费用变得非常昂贵,因为需要首先拆除一部分墙壁和天花板,然后再安装新的管道或电线。但是,如果能在项目工作早期做出这一变更——例如,当大楼还处于设计阶段时——那么适应新的要求将变得容易多了,费用也会更低,因为只需改变设计图纸、管道和电线就能一次安装到位。

项目工作开始时,要为过程和程序建立一套变更控制系统,从而确定变更是如何被记录、批准和传达的。赞助商、客户与项目经理、承约商之间,以及项目经理与项目团队之间必须就处理变更的方式达成一致。这样的系统必须让所有的项目参与者知晓。这些程序必须解决项目经理与赞助商、客户之间,以及项目经理与项目团队(包括承约商、咨询公司和供应商)之间的沟通问题。如果某项变更只是口头商定而非书面协定,且没有迹象表明变更会对工作范围、预算或进度计划产生什么影响,那么项目成本可能增加,进度可能延缓。例如,史密斯(Smith)太太给帮她盖房子的承约商打电话,告诉他要增加一个壁炉。基于她的口头授权,承约商装了壁炉和烟囱。然后,当他将额外费用告知史密斯(Smith)太太时,她吓了一跳。

她说:"你本该在开始工作前就告诉我这些的。"

承约商回答:"但你告诉我尽管做好了。这听起来像是你已经想好了。"

"喂,我不会付这么多钱的,太离谱了!"史密斯(Smith)太太嚷道。之后争论便没完没了。

无论客户何时要求变更,项目经理都应该让合适的项目团队成员评估变更对项目成本和进度的影响。然后,项目经理应向客户提交这些评估结果,并在推进工作前请求客户批准。如果客户同意变更,那项目经理应该修改项目进度和预算,以纳入额外的任务和成本。变更控制系统需要包括日志或者是状态报告,用以记录所有待定的、批准的和驳回的变更。

有时,客户会设法把变更说得微不足道,或者设法绕过项目经理而与项目团队的某位成员直接打交道,从而缩减费用来免费变更。项目经理要确保团队成员不会随意同意那些可能需要更多工时的变更,否则,万一客户拒绝支付变更费用,承约商就不得不承担因附加工时而增加的成本费用,并承担具体工作计划或整个项目的预算超支风险。这种情况通常被称为"范围蔓延",它是项目超出预算或不能按期完成的常见原因。

有时,项目经理或项目团队会要求进行变更。例如,某个团队成员发明了一种新的设计方法,该方法采用了完全不同于客户原计划的计算机系统,从而能大规模降低项目成本。在这种情况下,项目经理可以建议客户进行变更,并在实施前获得批准。如果这一变更能在不破坏系统性能的情况下降低成本,那么客户一般会予以批准。另一方面,当项目团队遭遇困境，导致进度延误或成本超支，这时如果项目经理再向客户申请延长工期或者提供额外资金，那么客户就不大可能同意了。承约商可能不得不自己负担超支费用，并花费更多的资金来临时增加资源，使项目回归计划进度。

项目经理要向项目团队成员明确，他们在工作中不得做出使费用超出预算范围、使进度延误，或使项目结果达不到客户预期的变更。这是另外一种"范围蔓延"的情况。例如，在一个技术项目中，软件工程师也许认为自己可以在客户要求的基础上对软件略加改进，从而使客户更加满意。然而，如果这超出了软件开发的预算，那么他就无法令项目经理满意。因为其花费了太多时间去做细微的改进，而这些改进虽然很棒，但并不是必要的！

有些变更会因为先前识别出的风险或未预料到的事件而成为必然。例如，一场过早的暴风雪延缓了建筑工程进度、新产品测试失败，或项目团队中某位核心成员的过早离职。这些事件会影响项目的进度和预算，因此项目计划需要调整。有时，突发事件会让项目终止。例如，在开发一种先进陶瓷材料的过程中，如果早期测试结果显示前景渺茫，那么公司就可能决定终止项目，不再在这种没多大成功把握的项目上花钱。

或许最难管理的变更是那些项目成果或最终交付物的用户所要求的。在某些情况下，项目经理不但要负责管理项目，开发一种创新的或改进的系统，还要负责在用户中推广这一项目成果，而用户将不得不改变他们的工作方式。例如，在一个项目中，为了取代当前系统而设计、开发和实施一套新的订货、计费、收款系统，项目经理可能不仅要负责管理项目，去设计和开发新系统，还要负责让用户接受从旧系统到新系统的转变。

项目经理可以做些工作使这一变更易于实施和推广。开放的沟通和信任的氛围是引入变革、减少变革阻力和获得变革承诺的先决条件。对项目经理来说，不仅要让用户认识到自己需要一套更好的系统，更重要的是要获得他们对新系统的支持和承诺。项目经理要与用户共享变更的信息，而这样的沟通必须及时、全面、真诚、定期地进行。这意味着项目经理必须在新系统设计之前就要与用户展开讨论，而不能到即将完工时才进行。尽早讨论这一系统能有助于压制谣言。项目经理需要向用户解释为什么要进行变更、这将如何影响他们并使他们受益。用户需要相信这种改变会让自己受益，否则，他们会感到反感而不提供支持。

讨论或会议为成员表达自己的担忧、恐惧和焦虑提供了很好的机会。对未知的焦虑和恐惧会给成员带来压力，并增加他们对变更的抵制情绪。在对即将来临的变更进行讨论时，项目经理不该陷入争论或采取防御态度，他们应理解成员担忧和恐惧的问题，而不该低估或轻视它们。如果可能，项目经理应让用户提前参与有关变更的决策，比如把当前系统更改为新系统的决策。然后，项目经理需要让用户参与规划和设计新系统，毕竟他们才是系统的使用者。用户也要参与到新系统推广的规划中，即如何从当前系统过渡到新系统。项目经理可以提供支持和奖励，来确保新系统的成功推广。为了奖励用户，可以对他们进行计算机技能培训，使他们获得更多的知识技术，提高自身价值。最后，项目经理还要有耐心。只有当新系统得到充分利用，预期收益才能实现。

项目注定会发生变更。项目经理必须管理和控制这些变更，这样项目才不会失控。

> **巩固所学**
>
> 35. 变更可能由_____或_____引起，或由项目执行中的_____导致。
> 36. 项目经理的工作是_____和_____变更，将它对成功完成项目目标的不利影响_____。
> 37. 项目工作开始时，项目经理需要建立一套_____，从而确定变更是如何被_____、_____和_____的。
> 38. _____是项目_____它们的_____或不能_____地_____的常见原因。

现实世界中的项目管理

创新之风盛行

喜力（Heineken）公司的项目经理正在进行创新之旅，以开发新产品和做必要的营销。其中的挑战有：使新产品与现有组织的品牌和流程相匹配；符合项目在时间、成本和质量方面的限制；在开发有想象力的、原创的产品同时，激发创造性和分析性思维；在系统范围内，对利益相关方和项目团队思维的不确定性进行管理。

多维度领导对于管理一套复杂流程是必要的。喜力公司需要一位创新性项目领导，这个人可以被描述为具备这些品质——创造性、善于分析、专注、探索性、给予帮助、纪律性，并且这个人已建立起对团队的信任并扩大了系统范围。为了开发一套新系统，使饮料在介于43～46华氏度（6℃～8℃）的合适温度分装，喜力公司要与克鲁伯（Krups）公司合作。克鲁伯公司凭借创新型饮料机和用热情、完美、精确来制造产品的历史享誉世界。他们合作的目标是生产具有可回收饮料容器的产品，而饮料容器能插入饮料机，同时不会占用柜台的太多空间，即不超过一套咖啡煮制系统的空间。

执行委员会批准了这一构想。为了产品开发，他们组建了一支具备多学科背景的核心团队。其中，团队成员要对每个项目要素负责；一个人负责电器的设计和生产，另一个人负责可回收插件的设计和生产，第三个人负责营销。这些核心团队的成员领导着他们的子项目团队，以实现自己那部分和整个项目的目标。核心团队会定期会面，以讨论各自团队的进展和正在面临的问题。

该组织结构采用了其他成功项目的结构。创新项目的领导要在喜力公司内部有丰富的经验，要在组织内部建立起众多的人际网络，同时要对喜力公司的业务流程和系统有深刻的理解。尽管项目经历了几次严重挫折和意外事件，经过三年的努力，项目团队还是创造了一款新产品，该产品能为客户带来新的体验，形成新的供应链，注入新的生产方法，并激发新的专利技术。

他们是如何克服挫折和意外事件，而不让项目失败的呢？

结果表明，创新性项目领导和核心团队一起攻克了每个子项目的各个部分。为了满足利益相关方的需求，他们进行了消费者研究以确定饮料机所必需的冷却系统类型。在研究会议期间,他们确定了可回收容器必须在多数人能够用手握住的可控尺寸。最终产品应装下四升液体。

在必要的基础上,项目团队聘请了外部专家帮助他们解决问题。一位专家帮他们找到了加速生产流程的解决方案,而这带来了一套新的生产流程。在研究系统时,他们确定了一个分销系统的问题。如果他们依照标准流程,通过五金店和电器门店分销,那么人们能在很多不同的地方买到设备,而这些地方并不售卖那些需要经过系统分装的饮料。因此人们有可能空有一套系统而无法买到饮料。通过设计出一套不同的分销模式,让人们能在同一个地方采购到分装系统和饮料,这些分销问题得到了解决。

当核心成员负责子项目时,团队的不确定性会加剧。这些子项目经理很容易会专注于自己的团队而忽略了其他两个团队。创新性项目的团队领导要让核心管理团队聚集在一起,并让每个人分享各自对其他团队成员的抱负。这样他们很快就能意识到他们的共同点,并期待着举行核心管理层的会议。在项目实施期间,有一个合作公司正面临着财务危机。因此有人认为其他团队成员会离开这个项目。通过多次讨论,供应商的合作伙伴与子项目团队形成了联盟,而他们也得以继续工作。

为了能在经历失败后取得成功,核心团队的项目经理,即创新团队的领导,需要将团队凝聚起来,帮助团队摆脱过去不适合新产品开发的流程,并找到创造解决方案的方法。作为一个项目经理,当你领导团队寻找创新的解决方案时,你将有机会变得有创造性但又善于分析、专注而有探索性、能给予帮助并建立信任、有纪律并能扩大系统范围。

资料来源:Enninga, T., & van der Lugt, R. (2016). The innovation journey and the skipper of the raft: About the role of narratives in innovation project leadership. *Project Management Journal*, 47(2), 103-114.

关键的成功要素

- 成功的项目经理应确保全部工作已在预算范围内按时优质地完成,从而使客户满意。
- 项目经理需要积极主动地计划、沟通,并领导项目团队实现项目目标。
- 项目经理需要激励项目团队取得成功,并赢得客户的信任。
- 通过让项目团队参与制订项目计划,项目经理能确保计划更加全面,同时能获得团队为了完成目标的承诺。
- 成功的项目经理会积极主动地解决问题,而不会采取等待和观望的方式。
- 项目经理需要有一套管理信息系统来识别有意义的和徒劳无功的工作。
- 优秀的项目经理具备坚实的领导能力、开发员工的能力、出色的沟通技能、良好的人际交往技能、处理压力的能力、解决问题的技能、谈判技能,以及时间管理的技能。
- 成功的项目管理需要参与式和顾问式的领导风格,项目经理以这种风格为项目团队提供指导和训练。领导有方的项目经理从不指挥人们如何工作。
- 当项目经理向团队成员寻求意见和建议时,要对他们的付出表示重视。

- 项目经理可以通过给予认可来鼓舞士气。成员希望感觉到自己在为项目做贡献，并且得到了认可。积极的强化有助于激励期望的行为，被认可或得到奖赏的行为会重复发生。
- 优秀的项目经理不会独占风头、引人关注，或试图将他人的功劳据为己有。
- 有才干的项目经理乐观向上，对自己和项目团队的每个成员都有较高而切实的期望。
- 项目工作应该充满乐趣。项目经理应享受工作，鼓励项目团队成员产生同样积极的态度。项目经理应就他们所期望的行为为团队树立良好的榜样。
- 一个优秀的项目经理通过鼓励团队成员积极主动、承担风险、做出决策，提供学习和发展的良机。项目经理要意识到犯错是学习和成长经历的一部分，而不该对失败怀有恐惧。
- 优秀的项目经理会花更多的时间倾听而非诉说。他们倾听客户所表达的需求以及项目团队或利益相关方所表达的意见和关注的事。
- 项目经理的沟通应频繁、及时、真诚、公开和明确。
- 项目经理应提倡及时、公开地进行沟通，使成员不必担心遭到报复，同时接纳不同的意见。
- 当不可预知的情况给项目造成混乱时，优秀的项目经理会保持镇静而不会急躁。
- 优秀的项目经理明白，最佳的解决方案往往来自于不同的想法、观点、经验和意见。
- 在整个谈判过程中，项目经理必须对另一方保持诚信和尊重。
- 为了有效地利用时间，项目经理要自我约束、分清先后主次并愿意授权。
- 在项目开始时，项目经理需要建立一套变更控制系统来确定变更是如何被记录、批准和传达的。

 ## 本章小结

  项目经理有责任确保全部工作在预算范围内按时、优质地完成，使客户满意。项目经理的基本职责是领导对工作量的计划、组织、监控和控制，从而实现项目目标。就计划而言，项目经理要明确项目目标，并就这一目标与客户达成一致；就组织而言，项目经理要保障项目工作所需的资源；就控制而言，项目经理要监控实际进度，将它与计划进度比较，并在实际进度落后于计划进度时，立刻采取纠偏措施。

  项目经理是项目成功的关键因素。他们需要具备一整套技能，使项目团队获得成功。项目经理应是优秀的领导者，要激励被委派的项目成员以团队形式工作，从而成功地执行计划并实现项目目标；他们要致力于培训和开发项目团队成员；他们应是良好的沟通者，时不时与客户、项目团队、项目组织上级管理者和其他利益相关方联系；他们要有很强的人际交往技能。对项目经理而言，与项目团队的每位成员建立关系，并且有效地应用人际交往技能来影响其他人的思想和行为，是很重要的。

优秀的项目经理会化解压力,并具有良好的幽默感。另外,他们是优秀的问题解决专家,明白最佳的解决方案往往来自于不同的想法、观点、经验和意见。谈判技能对项目经理来说也很重要。优秀的项目经理还能很好地管理时间。

项目经理的能力可以通过以下途径获得:经验、向他人学习、向优秀的项目经理请教、进行自我评估并从自己的错误中吸取教训、找一个师傅、参加教育和培训项目、加入组织团体、阅读、获取证书、做志愿者,等等,而这些活动都能让所需技能得到运用。

项目经理要善于授权。授权包括赋予项目团队权力以实现项目目标,以及赋予每个团队成员权力以实现其工作职责范围内的预期成果。这一活动使每个成员能成功地完成指定的任务。

项目经理的另一项重要工作是管理和控制变更,以尽量减少任何对成功完成项目目标的不利影响。要成功地做到这一点,项目经理需要为过程和程序建立一套变更控制系统,从而确定变更是如何被记录、批准和传达的。项目经理必须预防范围蔓延,因为这会导致项目超出其预算或工期。

思考题

1. 请描述为了履行计划、组织和控制项目的职能,项目经理应做哪些工作。请给出一些具体的例子。
2. 优秀的项目经理应具备哪些必要技能?如何培养这些技能?
3. 曾经和你共事的项目经理有哪些领导技能?你怎样才能培养这些领导技能?
4. 请描述得到奖励或没得到奖励是怎样影响你在项目中的表现的。是否还有其他更适合你或你的团队成员的奖励?
5. 请描述为什么项目经理需要有良好的口头及书面沟通技能。
6. 人际交往技能的含义是什么?请举一些有关人际交往技能的例子,并解释该技能为什么重要。
7. 项目经理可以做些什么来帮助建立一种激励项目团队的环境?
8. 请描述一种谈判造成单赢局面的情况。为了获得双赢结果,可以做出哪些改变?
9. 授权的含义是什么?为什么授权对项目管理非常重要?请举例说明。
10. 有效授权的障碍有哪些?
11. 在项目过程中,管理变更为什么重要?变更是怎样引起的?请给出一些具体的例子。
12. 请描述一些项目经理用来使项目更有乐趣、团队成员更加投入的方法。
13. 思考一个你工作过的项目。请描述是什么让该项目的项目经理卓有成效或成绩平平。项目经理怎样才能做得更好呢?
14. 请列出20句你会对你的项目团队成员说的感谢或赞美的话(不超过六个字),例如"谢谢你"或"做得好"。

上网练习

1. 美国项目管理协会在其项目管理资源的网站 ProjectManagement.com 上面发起了项目管理之声的博客。而博客的名单在不断增加和变化。在全球范围内，他们代表了许多不同的行业和观点。请按日期或你感兴趣的主题查看博客条目。写下你最喜欢的五个博客的标题和作者名称。

2. 请在练习1中的项目管理之声博客上，点击"团队"的类别链接。阅读并总结其中一个条目。在这个条目中，项目经理做得好或不好的地方是什么？

3. 请在网上搜索"有效的项目领导"。根据你的搜索，简单描述一些你找到的建议。

4. 请在网上搜索"有效的授权"。描述一下你找到了什么。它与本章提出的主题有怎样的关系？

5. 请访问美国项目管理协会的主页。查看"职业发展"的链接，然后查看在学习类别中的"职业中心"链接。描述至少三个已发布的项目管理职务。

案例分析1 科德沃公司

科德沃（Codeword）公司是一家为公共交通设计和制造电子系统的中型公司。为了赢得提供此类系统的合同，它需要与其他公司竞争。当科德沃公司收到一份合同后，便会创建一个项目来完成这份工作。大多数项目的经费在 1 000 万～5 000 万美元之间，为期一到三年不等。科德沃公司在任何时候都可以同时开展 6 到 12 个项目，而这些项目处于不同的完成阶段——有的刚刚开始，有的则接近尾声。

科德沃公司拥有少量项目经理，他们向总经理报告工作；而其他职员则向自己的职能经理报告工作。例如，所有的电气工程师都向电气工程经理汇报工作，而电气工程经理向总经理汇报工作。职能经理会委派特定的职员推进不同的项目。一些人要全职负责一个项目，而其他人则将时间分配到两个或三个项目上。尽管被委派的职员要为特定项目的项目经理工作，但在管理上，他们仍需向自己的职能经理报告工作。

杰克·科瓦尔斯基（Jack Kowalski）以电气工程学士学位从大学毕业后，进入公司工作了 12 年。他一步步晋升为了高级电气工程师，并向电气工程经理汇报工作。他参与过许多项目，在公司里很受人尊敬。而杰克一直在寻求成为项目经理的机会。当科德沃公司签下了一份价值 1 500 万美元的合同，要设计和制造一套先进的电子系统时，总经理将杰克提升为了项目经理，并请他负责这一项目。

杰克与职能经理一起，为这一项目委派现有的最佳人选，其中大多数人都是在过去的项目中和杰克有过合作的伙伴。然而，由于杰克的高级电气工程师职位出现了空缺，而电气工程经理无法为杰克的项目委派具备该职位相应专业水平的人，所以电气工程经理聘用了新人阿尔弗雷达·布莱森（Alfreda Bryson）。阿尔弗雷达是从竞争对手那里挖来的人，拥有电气工程博士学位和八年的工作经验。她过去能拿到很高的薪水——比杰克现在挣的还多。如今她被全职委任为杰克项目里的高级电气工程师。

杰克对阿尔弗雷达的工作特别感兴趣,并要求与她会面,讨论她的设计方法。然而大多数这样的会面都变成了自说自话,因为杰克总是建议阿尔弗雷达应该怎样做设计,而并不太在意她本人的意见。

终于有一次,阿尔弗雷达问起杰克,为什么他要花这么多的时间检查她的工作,而不是检查项目中其他工程师的工作。他回答说:"我不必检查其他人的工作,因为我了解他们会怎样工作,我和他们合作过其他项目。而你是新来的,我想确保你理解了我们这里的办事方法,这可能与你前雇主的方法不同。"

另一次,阿尔弗雷达向杰克展示了一种能降低系统成本的创新设计方法。杰克告诉她:"连我这个没有博士学位的人都知道,这个方法是行不通的。你就别这样故作高深了,还是继续做好基础而稳健的工程工作吧。"

丹尼斯·弗曼(Dennis Freeman)是另一位被委派到该项目的工程师,他认识杰克已经六年了。在一次与丹尼斯的商务旅行中,阿尔弗雷达告诉他,她正为杰克对待自己的方式感到沮丧。她说:"杰克的角色与其说是项目经理,倒不如说是电气工程经理。另外,关于电子设计,我忘记的比他知道的还多!他的电子设计方法早已过时了。"她还说,自己打算向电气工程经理反映这件事,而且要是早知道事情会变成这样,她是绝对不会接受科德沃公司的工作提议的。

案例问题

1. 你认为杰克是否已准备好当一名项目经理了呢?为什么?他本应该怎样为新角色做准备?
2. 杰克与阿尔弗雷达交流互动的方式中有什么主要问题?
3. 阿尔弗雷达没有和杰克开诚布公地交谈他对待她的方式,你认为是为什么?如果阿尔弗雷达直接和杰克沟通,你认为杰克会作何反应?
4. 你认为电气工程经理应该如何应对这种情况?

小组活动

请同学们分成四到五人一组探讨如下问题:
1. 为了解决这种情况,应该做些什么?
2. 为了预防这种情况,本可以做些什么?

每组需选出一个发言人向全班展示小组讨论的结果。

案例分析 2　ICS 公司

伊万娜(Ivana)是信息系统咨询公司 ICS 的老板,该公司有 20 名员工。公司主要为大城市的中小型企业设计和实施信息技术项目。虽然 ICS 有足够的业务能力,但随着越来越多的企业家开始自己开展信息技术咨询业务,竞争环境变得越来越激烈。伊万娜负责了 ICS 所有的市场营销工作,是 ICS 与其客户之间的主要联系人。

前不久,ICS 收到了来自一家财富 100 强公司的合同,需要设计和实施一套用于某个分销中心的电子商务系统。为了赢得合约，ICS击败了其他竞争对手，其中包括某些较大的国有咨询公司。这一部分是因为ICS以低廉的价格竞标，同时也因为伊万娜向客户承诺了公司会在六个月内完成项目，尽管客户明确了该项目在九个月内完成即可。她知道如果ICS能成功完成这一项目，并且早于客户预期，那么将带来更大的订单合同，从而为该客户遍布全国的其他分销中心建立相似的系统。

当伊万娜一听说公司赢得了合同，便召集了八个她想一起开展该项目的员工。"你们中的一些人或许还不知道，但我已经向一个非常大的客户——一个我们最大的客户给出了提案，为他们的某个分销中心建立一套电子商务系统。这个项目对我而言真的很重要，因为一旦成功，今后就能接到这个客户的其他项目，而ICS也会成为一个重要的咨询公司——这样我的梦想便实现了。我必须要告诉你们的是，这是固定价格的合同，而且我尽可能把我们的出价压到了最低来增加赢得合同的概率。我还向他们保证，我们可以在六个月内完成项目，尽管他们给了九个月的时间。所以我想向大家明确一点，这个项目对于我自己和ICS来说都是非常重要的，因而我期望无论如何，每个人都要投入必要的时间以按时完成工作。关于如何同时完成其他工作，你们自己要想好对策。另外我还要强调的是，错误是不能容忍的，因为风险实在太大了。现在我要出去吃午饭了。这里是我的提案复印件，请你们看一看，然后一起搞定它。"

在他们离开会议室时，一个叫帕特里克（Patrick）的系统设计师说道："我们都读一下提案吧，然后明早九点聚在一起想出每个人需要做的工作。"

伊万娜无意中听见了帕特里克说的话，然后插了一句："明天吗？你或许还没有听明白我说的这个项目有多重要。我建议你们现在就读提案，然后在今天下午或者晚上就一起想出对策。"

一个叫伊丝塔（Easter）的程序员说道："可今天下午我已经和产科医生约好了要做孕期六个月的检查。"

伊万娜生气地说："是吗，那看来你得重新预约了。孩子至少还要三个月才能出生。有什么大不了的？我母亲在只有一个产婆而没有医生的情况下生了五个孩子，而且我们五个都活了下来。"

伊万娜走后，伊丝塔含着泪对其他人说："她真是个女巫。如果我不需要医疗保险，我今天就会辞职。"

那天下午晚些时候，小组成员聚在了一起。帕特里克首先引起了讨论，不过这只是因为他是工作时间最长的员工。小组中另一位系统设计师哈维（Harvey）是组里新来的年轻成员之一，他问道："帕特里克，你会成为这个项目的领导者吗？"

帕特里克回答："这里的实际情况并非如此。我们都知道谁是真正的项目经理，不是吗？"说完，大多数小组成员都齐声说"伊万娜！"然后笑了。

在小组讨论提案时，出现了很多问题。而帕特里克和哈维对系统的设计方法持有不同意见。帕特里克的方法风险较小，但可能更费时；哈维的方法风险较大，但一旦有效，则会花费更少的时间。帕特里克说："如果可能的话，我明早去见伊万娜，听她的答复。"

"也许我们都应该去见她。"哈维说。

"伊万娜不太喜欢和很多人进行长时间的会议,她认为这是在浪费大家的时间。"帕特里克回答。

第二天早上,帕特里克见了伊万娜,她问道:"每个人都想出对策了吗?"

"事实上,我们昨天讨论提案到了很晚,然后我们有一些问题。这个提案好像有些模棱两可……"

伊万娜打断说:"模棱两可?客户并不认为提案模棱两可,我也不认为它模棱两可。所以你现在告诉我为什么你们认为它模棱两可。"

帕特里克说:"例如,哈维和我提出了两种不同的设计方案:一种更冒险但可以节约时间,另一种则比较保险不过会花更长时间。"

伊万娜马上说道:"一个会议居然就把你们变得像小孩一样相互争执。你们难道没有听过什么是团队合作吗?更低风险和更短时间就是我想要的。没有什么应该做的,可以做的,或者可能做的。你们俩只需要解决我的这条要求就行,不要浪费时间。难道我得做完所有决策吗?还有其他问题吗?我没有一整天时间听你报告。我很高兴听到每个人昨晚都愿意熬夜加班,因为那就是为了项目按时完工的一种贡献。你知道的,我给你们支付了最高的薪水,自然会期望你们无论如何也要让工作按时完成。如果有人不能承受,那么他们可以另谋高就。而他们也将看到篱笆另一边的草并非更绿。"

当帕特里克转身离开伊万娜的办公室,她补充道:"另外说一句,作为赢得合同的奖励,我要去欧洲度假两个月。请转告其他人,当我回来的时候,我希望看到项目在顺利推进,而成员之间没有争执。"

当天晚些时候,伊万娜在走廊上看到了伊丝塔,说道:"我想你可以重新预约你的医生了。"伊丝塔回答说:"是的,但再过两周就不行了。在过去的三个月里,要保持跟进工作真的很艰难。""艰难吗?"伊万娜问道,"让我告诉你什么是艰难。我母亲生下我最小的妹妹后就去世了,此后我帮助抚养了四个弟弟妹妹。我努力读完了大学,在一个人抚养四个孩子的时候,上了近十年的晚班。所以下一次当你觉得自己很艰难的时候,想想其他人有多难。我希望你能在孩子出生前完成你所负责的大部分工作。我就拜托你了。"

下午6点左右,哈维在伊万娜的办公室前停了下来。哈维问道:"你有时间吗?"

"就一分钟,"伊万娜回答,"我要和一个朋友共进晚餐,所以快点吧。"

哈维说:"下个月在拉斯维加斯有一场电脑会议,我想知道我能不能得到你的批准去一趟?那里有许多我可以学到的新东西,可能会帮助到我们这个项目。"

"你在开玩笑吗!"伊万娜回答,"你想在大家顶着截止日期的压力做项目的情况下,让我花钱送你去参加某个会议、去参加聚会吗?然后其他人在这里全力以赴地做事吗?你不分轻重缓急的吗?你不觉得要对团队其他成员负责吗?我发誓,我是这里唯一一个考虑团队合作的人!也许当这个项目结束后,你可以找到一些更近、更便宜的会议。我得走了。顺便说一下,请告诉今晚最后离开的人,确认咖啡壶的电源关了再走。昨晚电源是开着的。"伊万娜从哈维身边迅速走过,并嘟囔说:"有时候我觉得自己就像这里每个人的老妈一样。"

案例问题

1. 考虑到伊万娜的管理风格,被委派了项目的员工小组应如何进行工作?
2. 项目成员应如何在整个项目过程中与伊万娜交流互动?
3. 你认为伊万娜为什么会以案例所展现的方式行事?
4. 项目成员是否应该就伊万娜的管理风格和她本人进行沟通?如果应该,那么要怎么做?

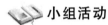 **小组活动**

请选出五名同学在全班面前表演这个案例小品。其中一个人作为描述场景和场景间过渡的叙述者。其他四个表演者扮演伊万娜、帕特里克、伊丝塔和哈维的角色,并说出他们的台词。

在小品结束后,请全班同学讨论各自对于案例问题的解答。

Project Management

第 11 章

项目团队

本章内容支持《PMBOK 指南》中的如下项目管理知识领域：
- 项目资源管理

现实世界中的项目管理

建立信任

关于职场中信任的表述通常都会包括几个共同的短语：人以群分、士为知己者用。信任是在你需要帮助的时候，能够依靠另一个人来支持你，而且你信得过这个人。项目团队在成员齐力协作的时候，更容易达成他们的项目目标。凝聚成一个集体共同努力的一个关键因素就是——信任。

四位项目经理被问到他们如何在团队中建立信任，他们的回答中都反映了共同的主题，那就是聚焦于建立人际关系和友谊。

"为了建立信任，项目经理需要以身作则、无私奉献，成为成员之间的黏合剂。"这是由法国格雷诺布尔罗格朗公司（Legrand）的项目管理认证专业人员、高级电子设计师和项目经理 Alexandre Denernard 给出的回答。鼓励团队成员把项目需要放在个人需求之前，能够帮助建立一种成员之间可以互相依靠的工作关系。Denernard 提示说："在我领导过的一个项目中，两位项目成员破坏了彼此之间的信任，而修复这段关系需要很多的鼓励和理解。"

团队的规模，无论大小，都会面临同样的协同工作的挑战。其中一个面对这种问题的方法就是建立基本规范，要求团队遵守。Rebecca Cavender 是位于田纳西州诺克斯维尔的南阿巴拉契亚女童子军理事会的室外项目经理。她回忆在一个有三名队员的团队中，团队如何在项目过程中建立起团队规范供大家遵守，以及规范要求成员们进行哪些行为。"有些规范会包括：别人发言时要倾听、为人要亲和诚信、头脑风暴时要思想开明，以及秉持公司文化等。"这些规章看起来很常规，但作为项目期间的一个提醒，成员们运用这些行为规范来支持他们给予彼此引导。Cavender 说道，"制订一套规范看起来好像是一个常识，但是只有把这些规范写下来，而且被特别强调的时候，他们才不会被轻易忘记。"

"让一个同事了解你的人际关系不仅仅是在工作中建立信任。你可以问问你队友的家庭、朋友等情况,如果他们有兴趣爱好的话,也可以问问。"位于委内瑞拉加拉加斯的委内瑞拉银行(Banco de Venezuela)高级技术专家 Edgard Velásquez 建议道。了解团队成员有助于提醒项目经理什么时候需要做出选择队伍的决策。Velásquez 还说道:"最后,信任来自于承认某个人的人格,不是所有的事情都是在完成工作。创造一个舒适的环境能使工作更易于完成。"

沟通有助于树立团队成员的信心以及价值感,特别是当他们知道项目经理或者其他团队成员倾听并且思考自己所说的话时。"在项目团队成员之间建立信任的一种方式就是倾听,人们想要被倾听。"犹他州盐湖城格里蒙特公司(Graymont)的项目管理认证专业人员、项目管理办公室项目经理 Erik Spielvogel 说道。运用积极的倾听技巧,比如重复或者就讲话者刚刚说的内容问一些发人深省的问题来突出你在倾听他们说话,而且也听进去了。Spielvogel 继续道:"当我这么做的时候(积极倾听),他们就知道我是在听他们讲话,而且往往会更深入地参与到他们的话题中。"

信任对于成功的项目管理来说是一个至关重要的元素。一段相互信任的关系能够将团队成员团结在一起,更高效地工作,因为他们感到与人分享和参与到团队及其目标中去是安全的。

资料来源:Debernard, A., Cavender, R., Velasquez, E., & Spielvogel, E. (2016). In safe hands. PM Network, 30(3), 22-23.

本章概要

项目团队是一组为实现共同项目目标而协同工作的个体,团队工作就是团队成员为实现这一共同目标而协同努力。项目团队是否有效会直接影响项目的成败,尽管计划及项目管理技能是必需的,但人员——项目经理和项目团队——才是项目成功的关键。项目成功需要一个有效工作的项目团队。本章将阐述一个有效的项目团队建立与发展的过程。你将了解以下内容:

- 团队怎样获取和分工;
- 团队的发展和成长;
- 项目的启动会议;
- 有效项目团队的特点以及有效工作的障碍;
- 如何成为一个高效的团队成员;
- 团队建设;
- 评估团队的多样性;
- 道德行为;
- 项目工作中冲突的来源及处理冲突的方法;
- 问题的解决与头脑风暴;
- 时间的有效管理。

第 11 章 项目团队

> **学习目标**
>
> 学完本章后，你应该能够：
> - 解释团队是如何配置和组建的；
> - 甄别和描述团队发展的不同阶段；
> - 计划并且实施一次项目启动会议；
> - 讨论高效项目团队的特征；
> - 甄别和描述至少五项项目团队有效工作的障碍；
> - 成为一个高效的团队成员；
> - 采取行动来支持团队建设；
> - 识别至少五个方面的团队多样性，并讨论团队多样性的价值；
> - 在团队环境中合乎道德地行动；
> - 甄别至少四项项目工作中冲突的来源，并解释怎样解决冲突；
> - 运用解决问题九步骤法和头脑风暴法；
> - 有效地管理时间。

巩固所学

1. 团队是一组为实现一个共同＿＿＿＿而＿＿＿＿工作的个体。
2. 团队工作就是团队成员为实现＿＿＿＿而＿＿＿＿。

11.1 获取项目团队

当一个项目由赞助商根据一个项目章程或者类似的授权书发起，或者被外包给一个承包商时，赞助商或者承包商要做的第一件事就是挑选项目经理。项目经理必须要做的第一件事情是获得团队成员并组合成一个项目团队。为了组建一个项目团队，他或她必须掌握所需的各种类型的专业知识、经验或者是技能；明确每种类型所需要的数量；以及所需要的时间。对小一点的项目来说，项目经理可能在项目计划阶段的开始就识别或组建了整个项目团队；稍微大一点的项目或者是有更长生命周期的项目（比如说几年），项目团队的规模和组成将很有可能在项目进行过程中有所变更。对于这种项目，项目经理可能在一开始为项目的计划阶段先选取由核心人物或领导来组成一个小团队，然后让他们进行或领导计划阶段的早期工作。由核心成员和领导组成的小团体会确定项目资源需求的细节，同时确定项目团队的组成和规模，还有在项目的整个生命周期中项目团队的这些属性要进行哪些变化。

理想情况下，项目经理希望自己亲手选择项目团体中想任用的具体人员；但现实来讲，极少数的项目经理可以享受到这份"奢华"待遇。在大部分项目中，项目团队成员的挑选和分配不仅要根据专业知识和经验，还要取决于他们是否有空儿。

在很多项目或者承包组织中,所拥有的不同专业知识或者技能的类型往往是有限的。同时进行多个项目的那些组织,可能没有足够的满足所需技能的人员。多个项目可能会竞争相同的人力资源,或是特定的个人。所以项目经理就只能局限于有哪些或是有多少空闲的、可供挑选和分配的人员中了。在其他情况下,一个承包商可能向客户提交了一份建议书来做这个项目,并且他预计自己的企业里有具体的人员可以符合项目的要求。但是,如果客户在选择承包商时有延误的话,或者说承包商同时还从另一个客户那里接到另一份项目合同,那么那些承包商原以为可以工作的人员也就不一定再空闲了。所以即使人力资源需求计划明确了项目所需的专业知识和技能以及需要的数量和时间,在选择项目团队成员时,主导的制约因素或许还是合适的人才在合适时间的可用性。在那些无论何时都在进行多个项目的组织中,当一些项目完成了,人员就会被派遣到新的项目组开始新的工作。一些人员可能自始至终在一个项目中专职工作,而其他人员可能被分配到很多并行的项目中完成一部分工作,而另外一些人可能只需在特定的时期为一个项目工作,而非整个项目周期。

项目经理可能需要运用他的谈判技巧从组织各单位的经理人手中为团队获取特定的人才,这些组织各单位负责管理由不同类型的人力资源构成的资源池(设计师、摄影师、工匠和商人、市场专家、工程师、教员等)。比方说,项目经理可能不得不退让并任用两个兼职的人来完成某些活动,而不是用一个全职的人,因为在项目需要时,没有既拥有所需技能又能全职工作的人。在第13章的"项目管理组织结构"中,可以看到与此相关的更多信息。

如果项目所需的人才在项目组内或者是承包商组织中都找不到,那么项目经理可能就需要聘请分包商或者是咨询人员来填补技术上或是数量上的漏洞。在其他情况中,项目组织可能只需简单地雇佣一些有特定经验、专业知识或者是技能的员工,当然前提是他们拥有并且预见到会有更多的项目,可以在未来继续将新员工分配到其他项目。如果有持续的需求,那么组织将有信心雇佣更多全职的员工,而不是将工作外包给分包商或是咨询单位,这样做可以培养内部的专业人才而不是依赖外界资源。

在项目的整个过程中,项目团队应该在可行的前提下尽可能地保持小规模。项目团队成员越多,就越有可能导致团队的低效。比如,如果项目中的人数超过所需的人数,那么有些人就可能在一些任务上花费超过所需的时间,接着一些工作任务就可能会被拖延、被扩大或者造成范围蔓延,这些都会增加实际支出,也会提高超出工作或项目预算的可能性。因此,根据需要将全职雇员的人数减到最小,适当外雇一些兼职或短期工作的员工,是比较好的做法。

11.2 项目团队的发展及其有效性

11.2.1 项目团队发展成长的阶段

两个人之间发展一段私人关系是需要时间的。最开始,你们可能对彼此感到好奇,但是又对放下自己的防卫和向另一个人敞开自我感到惶恐。当你们开始对彼此了解得更多一点点时，你可能注意到两个人在态度和价值观上的差异，于是分歧就可能产生，你可能对于这段关系是否能够或是应该继续而感到焦虑。当越过了这些差异时，你们会对彼此了解更多，接着会成为朋友；当你们有了更多待在一起的时间，你们会培养出一段亲近的关系，这种关系能够帮助你们坦诚相待，接纳彼此之间的差异，并且享受一起参与富有精神乐趣的活动。

同样地，团队发展也要经历不同的阶段。在许多项目中，此前素未相识的人们被分配到同一个项目团队中工作，这组个体必须发展成一个高效的团队才能成功完成项目目标。

B. W. 塔克曼（B. W. Tuckman）定义了团队发展的四个阶段：形成（forming）、震荡（storming）、正规（norming）和表现（performing），如图11-1所示。

1. 形成

形成阶段是团队发展进程中的起始步骤，它使个体成员转变为团队成员。类似于一段交友关系的早期，这是一个团队成员开始相互认识的阶段。在这个阶段，团队成员总体上有着积极的预期，急于着手开始需要完成的工作。团队开始成形，并试图对要完成的工作进行明确并制订计划。然而，这时由于个人对工作本身和他们相互关系的高度焦虑，几乎没有进行实际工作。团队成员也不确定他们自己的职责及其他项目团队成员的角色。在形成阶段，团队需要明确方向。成员们要靠项目经理来提供引导和构建团队。

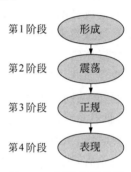

图 11-1 团队发展阶段

这一阶段的情绪特点包括激动、希望、怀疑、焦急和犹豫。每个人在这一阶段都有许多疑问：我们的目的是什么？其他团队成员是谁？他们怎么样？每个人都急于知道他们能否与其他成员合得来，能否被集体接受。由于无法确定其他成员的反应，他们会对参与集体犹豫不决。成员会怀疑他们的付出是否会得到重视，担心他们在项目中的角色是否会与他们的个人及职业兴趣相一致。

在形成阶段，项目经理需要给团队提供引导和组织结构。在给团队指出方向的过程中，项目经理必须清楚地传达项目目标，并创造一个项目成功所能带来的结果和福利的愿景。项目在工作范围、质量要求、预算和进度安排上受到的限制也必须要阐明。项目经理还需要讨论项目团队的组成：团队成员因何被选用，他们互补的技能和专业知识，以及每个人在助力完成项目目标的工作中所扮演的角色。在这一阶段，项目经理必须完成的另一个任务是建立结构。这项任务包括明确团队工作的初识规程，并且落实例如沟通渠道、批准和记录等事项。这些规程可能在后面的几个发展阶段由团队自己来提升。为了减轻一部分成员的焦虑感，项目经理应该详述自己的管理风格和对项目团队成员工作与行为的期望。项目经理还应该在形成阶段尽早和团队举办一场项目启动会（这一问题在本章的后面还将予以详述），使团队着力于一些初始工作也是十分重要的。在这一阶段，项目经理要让团队参与到项目计划的制订中来。

2. 震荡

团队发展的第二阶段是震荡阶段。就像青少年时期一样，通常对于每个人来说它都是艰难的，但你必须经历它，你不能绕过也不能逃避它。

这一阶段，项目目标和工作范围变得更加明确。成员们开始运用技能着手执行分配到的任务，工作进程开始缓慢推进。现实也许会与个人最初的设想不一致。例如，任务比预计更繁重或更困难，成本或进度计划的限制可能比预计更紧张。成员开始着手工作后，他们会对于依靠项目经理的指导或命令越来越不满意。比如，他们可能会消极对待项目经理及在形成阶段建立的一整套操作规程。团队成员这时会测试项目经理和一些基本原则的限制性与灵活性。在震荡阶段，冲突产生、气氛紧张，团队需要在应对及解决矛盾的方法上达成一致意见。这一阶段团队动力不足，士气较低，成员们可能会抵制团队的形成，因为他们要表达与拥护团队相对立的个性。

震荡阶段的特点是人们有挫败、愤怨或者敌对的情绪。个体在开始工作时，每个成员根据其他成员的情况，对自己的角色及职责产生更多的疑问。当开始遵循操作规程时，他们会怀疑这类规程的可行性和必要性。成员们希望知道他们拥有多大的权力和控制力。

在震荡阶段，项目经理仍然要发挥导向性，但比形成阶段的力度要小。他要对每个人的职责及团队成员间的相互行为进行分类和进一步明确。这时有必要开始让团队参与解决问题，并共同做出决策，以便给团队授权。项目经理要接受及容忍团队成员表达的任何不满，而不能变得怀有戒心或者自行其是。这是项目经理创造一个理解和支持的工作环境的好时机，更重要的是允许成员表达他们所关注的问题。项目经理要做疏导工作，致力于解决矛盾，决不能希望通过压制来使不满情绪自行消失。如果不满不能得到解决，它会不断集聚，以后会导致使团队发生功能震荡的行为，将项目的成功置于危险之中。

3. 正规

经受了震荡阶段的挣扎后，项目团队就进入了发展的正规（规范）阶段。在这一阶段，团队成员之间、团队与项目经理之间的关系得以确立，绝大部分个人矛盾已得到解决。总的来说，这一阶段的矛盾程度要低于震荡时期。同时，随着个人期望与现实情形，即要做的工作、可用的资源、限制条件以及其他参与人员的统一，人们的不满情绪也就减少了。项目团队接受了这个工作环境，项目规程得以改进和简化。控制和决策由项目经理转移到项目团队身上，凝聚力开始形成，团队的集体感开始产生。个体感到自己作为团队的一分子而被接受，他们也接受了其他人成为团队的一部分。每个成员对彼此为了完成项目目标而做出的贡献产生赞赏之情。

由于团队成员彼此此信赖，信任在这一阶段开始得到培养。信息、想法和感受的分享程度更高了，合作水平也有所提高。团队成员会给予也会要求反馈，并感觉到他们能够自由和建设性地表达他们的情感和批评观点。当团队经历一个社会化的过程时，一种友爱的感情开始萌发，超越工作范围的私人友情也可能得到发展。

在正规阶段，项目经理应尽量减少指导性工作，更多地扮演支持者的角色。此阶段工作进展加快，效率提高，项目经理应对项目团队所取得的进步予以认可。

4. 表现

团队发展成长的第四阶段，即最后一个阶段，是表现阶段。项目团队积极工作，急于实现项目目标。这一阶段的工作绩效很高，团队对工作成就有集体感和荣誉感，信心十足。项目团队能开放、坦诚、及时地进行沟通。在这一阶段，团队根据实际需要，以个人或临时小组的方式进行工作，团队成员相互依赖度很高。他们经常合作，并愿意在自己分内的工作之外尽力相互帮助。团队成员能感觉到被完全地授权,当出现问题时,就由合适的团队成员组成临时小组来解决问题,并决定解决方案该如何实施。随着工作取得进展并受到认可,团队成员获得满足感。个体成员会意识到,他们正因为从事项目中的工作而获得职业上的发展。

在表现阶段,项目经理完全授责授权,赋予团队权力。他的工作重点是帮助团队执行项目计划,并对团队成员的工作进展和成就予以认可。这一阶段,项目经理集中关注工作范围、项目预算、进度计划等方面的业绩。如果实际进度落后于计划进度,项目经理的任务就是协助支持修正行动的制定与执行,同时,项目经理在这一阶段也要扮演好导师的角色,帮助项目工作人员获得职业上的成长和发展。

图 11-2 形象地说明在团队发展和成长的四个阶段,工作绩效和团队精神的不同水平。团队经历每一阶段所需的时间和付出的努力受几个因素的影响,包括团队中人员的数量、团队成员以前是否一同工作过、项目的复杂程度以及成员的团队工作能力。

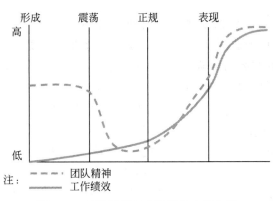

图 11-2 团队发展各个阶段的功能水平

巩固所学

3. 在大部分项目中,项目团队成员的挑选和分配不仅仅根据_____和_____,还往往取决于他们_____。
4. 在项目的整个_____中,项目团体应该在_____的前提下尽可能保持_____。
5. 在形成阶段,由于个人对_____焦虑,几乎_____进行实际工作。
6. 在形成阶段,每个人都有许多_____。
7. 在形成阶段,项目经理为项目团队提供_____和_____。
8. 在震荡阶段,_____产生,_____紧张。
9. 在震荡阶段,成员们希望知道他的有多大的_____和_____。
10. 在震荡阶段,项目经理要做_____工作,致力于_____。
11. 在正规阶段,_____和_____减少,_____开始形成,团队的_____感觉开始产生。

12. 在正规阶段，_____得到培养，大量地交流_____、_____和_____，_____更高了。
13. 在正规阶段，_____加快，_____提高。
14. 在表现阶段，团队_____度很高，他们经常_____，并愿意在自己分内的工作任务之外尽力相互_____。
15. 在表现阶段，项目经理完全_____职责与权力，赋予团队权力。
16. 团队成长发展的四个阶段是什么？
17. 项目的_____会议应该尽_____在团队发展的_____阶段举行。

11.3 项目启动会议

项目经理应该为项目团队安排一个启动会议（Kick-off），也可称为项目的迎新会。会议应该在团队发展的形成阶段尽早举行。这是一个相当重要的、可以认识团队成员、减轻成员焦虑、管理预期和激励团队的会议，它为整个项目奠定了基调。图 11-3 展示了这种会议的一份日程安排。接下来介绍的是在这些日程中可能会涉及的一些话题。

项目启动会议日程安排
1. 欢迎和介绍
2. 项目概述
3. 角色和责任安排
4. 项目程序和进程
5. 项目预期
6. 总结陈词

图 11-3　项目启动会议日程安排

1. 欢迎和介绍：项目经理应表达出精练、温暖并充满热忱的欢迎。团队发展过程中重要的第一步就是让所有的参与者，包括项目经理本人，都进行自我介绍，并对其经历和专业简单说两句。这样不仅使他们参与到了项目启动会议之中，同时也让团队成员彼此有所了解。快速地绕场一周，让每个人只说出自己名字的做法是错误的，如此这般只会减弱成员的价值以及对项目的潜在贡献。日程中的欢迎和介绍这项活动应当预留足够的时间来进行，因为它是团队未来的发展和团队建设中的重要一环。当然，为防止个别成员超时严重，项目经理在会议前发布日程的同时，就应指出每个成员用于讲述经历和专业是有特定时间限制的。

2. 项目概述：项目经理应就项目章程、项目提案、合同以及其他背景文件或信息进行详述。这些文件在会议之前就应发放给参与者，以便他们有足够的时间来浏览文件，并准备好自己的看法和问题来参加会议。这项活动也应在日程表中预留足够的时间，以便对所提出的问题都能加以关注。项目经理需要运用娴熟的助推能力，以保证讨论不偏离正轨。在第 12 章关于"有效的会议"这一节将介绍更多详细内容。在项目概述阶段，项目经理可能会邀请赞助商或顾客出席，阐述该项目的重要性。

3. 角色和责任安排：在项目启动会议上应该讨论到每个参与者的角色和责任安排，以便成员明确彼此的角色。在责任安排上认为或实际出现的重叠或脱节都需要澄清说明。角色和责任安排如果是可行的，应公示出一份初始项目组织框架图来说明项目报告关系,如若方便,还应提供对相应项目职位的描述。

4. 项目程序和进程：这一话题涉及对档案记录要求、批文要求、程序、沟通协定等问题的讨论。如果该项目组织采取轮换掌权制,则要着重针对能否有效避免范围的蔓延(scope creep)再重新审核一遍。如果是关于项目的一份沟通计划,则应发放给所有参与者。在项目进程中,凡是可能涉及的文件都应列在了沟通计划中,并标明每份文件的所有者、发放对象、发放频率以及谁需要通过或对该文件做些其他处理。在第12章中将详细介绍有关项目沟通计划这部分内容。日程表中的项目程序和进程还包括对解决问题以及化解冲突这两个流程的讨论。任何与项目程序和进程相关的文件常以电子文件的形式在所有项目参与者之间传递。同样,为增进团队建设,在这一过程中,项目经理可以组织参与者分小组进行针对项目程序和进程的活动。例如,制定基本规则,或为未来项目团队会议制定行为守则,而后让各小组共享他们的成果清单。

5. 项目预期：项目经理应对团队的发展阶段进行讨论,以便在成员凝聚成高绩效团队的过程中(尤其是在震荡阶段),无论经历何事,都能对项目预期加以管理。这同样也是证明项目经理领导力的时刻,同时能够激励项目参与者像团队一样工作、尊重他人、珍视彼此的贡献、对自己和他人提出高期望、开诚布公并及时交流、保持行为道德等。

6. 总结陈词：最后项目经理应再询问一次各参与者是否仍要发言或存有疑问,以保证每个人在会议结束后都已经对自己的角色和即将开始的工作有了明确的预期。会议应结束得昂扬、有高度,体现团队对成功完成项目的渴望与激情,以及期待能在享受这次经历的过程中提高和拓展技能。另外,在会议最后共进午餐/晚餐也是很有价值的团建活动,团队成员能够进行社交,加深进一步的了解。

根据项目的规模和复杂程度以及参与者人数的不同,项目启动会议可能花费数小时或几天。给以足够的时间,在过程中不要催促,都是很重要的,这些时间花得值得。如果项目团队是一个成员们在地理上相隔甚远的虚拟团队,那就要用电子通信工具来保证每个人都能参加到这次会议中。在第12章中将详细介绍多种通信工具的内容。

对于大到需要跨数年完成的项目,项目经理可能需要定期召开上述类似的会议,听取阶段性报告,或是随着新成员的加入做出及时的调整。在某些情况下,项目经理可能会选择召开针对个体的一对一会议。同样,当有新成员加入时,项目经理应该对此发出通知,并在下一次项目会议上对他们进行正式介绍。

 ## 11.4　有效的项目团队

项目团队不仅仅是指被分配到某个项目中工作的一组人员,它是指一组互相依赖的人员齐心协力进行工作,以实现项目目标。要使这些成员发展成为一个有效协作的团队,既要项目经理付出努力,也需要项目团队中每位成员的付出。正如本章开头所指出的,项目团队工作是否有效将决定项目的成败。尽管需要有计划,需要项目管理技能,但人员——项目经理及项目团队,才是项目成功的关键。项目成功确实需要一个有效的团队。

11.4.1 有效的项目团队的特点

有效的项目团队的特点包括以下五点：
- 对项目目标的清晰理解；
- 对每位成员的角色和职责的明确期望；
- 目标导向；
- 高度的合作互助；
- 高度信任

1. 对项目目标的清晰理解

为使项目团队工作有效，要高度明确工作范围、质量标准、预算和进度计划。对于要实现的项目目标，每个团队成员必须对其结果及由此带来的益处有共同的预期。

2. 对每位成员的角色和职责的明确期望

有效的项目团队的成员知道怎样将他们的工作结合起来，因为他们都参与了项目计划的制订。团队成员欣赏彼此的知识与技能，肯定彼此为实现项目目标所做出的贡献。每位成员都承担职责，完成他在项目中的任务。

3. 目标导向

有效的项目团队中的每位成员都强烈希望为取得项目目标的成功而付出努力。通过以身作则，项目经理要为大家确定努力工作的标准。团队成员抱有极高的积极性和强烈的意愿，为项目成功付出必要的时间和努力。例如，为了使项目按计划进行，必要时成员愿意加班、牺牲周末或午餐时间来完成工作。

4. 高度合作互助

一个有效的项目团队通常要进行开放、坦诚、清晰和及时的沟通。成员愿意交流信息、想法及感情。他们不以寻求其他成员的帮助为羞，成员能成为彼此的力量源泉，而不仅限于完成分派给自己的任务。他们希望看到其他成员成功地完成任务，并愿意在他们陷入困境或停滞不前时提供帮助。在其他成员主动伸出援手时，他们由衷地表示感谢。他们能相互给出和接受彼此的反馈及建设性的批评。基于这样的合作，团队富有创造性和解决问题的能力，并能及时做出决策。

5. 高度信任

有效的项目团队的成员理解他们之间的相互依赖性，承认团队中的每位成员都是项目成功的重要因素。每位成员都可以相信，其他人做他们要做的和想做的事情是可靠的，而且会按预期标准完成，大家都彼此信任。团队成员互相关心，由于承认彼此之间存在的差异，成员就会轻松地做自己。不同的意见得到鼓励和尊重，并允许自由地表达出来。成员不必担心因为提出一些可能产生争议或冲突的问题而遭到报复。有效的项目团队是通过建设性的、及时的反馈和积极地正视问题来解决问题的。冲突是不能被压制的，相反，要以平常心对待它，把它当作成长和学习的机会。

> **巩固所学**
>
> 18. 有效的项目团队对项目_____有清晰的理解,并对_____和_____有明确期望。
> 19. 有效的项目团队是_____导向,每位成员都强烈希望为_____付出努力,有极高的_____和强烈的_____。
> 20. 有效的项目团队高度_____,他们解决问题的方法是通过建设性的、及时的_____和积极地_____来解决问题的。

表 11-1 是项目团队有效性检测表。建议团队成员在项目过程中定期应用这一评估方法,汇总所有团队成员的打分后,团队与项目经理一起进行讨论,对得分较低的予以改进。

表 11-1 团队有效性检测表

你的项目团队有效性如何

	很差		有一些		很好
1. 你的团队对其目标有明确的理解吗?	1	2	3	4	5
2. 项目工作内容、质量标准、预算及进度计划有明确规定吗?	1	2	3	4	5
3. 每个成员都对他的角色及职责有明确的期望吗?	1	2	3	4	5
4. 每个成员对其他成员的角色和职责有明确的期望吗?	1	2	3	4	5
5. 每个成员了解所有成员为团队带来的知识和技能吗?	1	2	3	4	5
6. 你的团队是目标导向的吗?	1	2	3	4	5
7. 每个成员是否强烈希望为实现项目目标而做出努力?	1	2	3	4	5
8. 你的团队有高度的热情和力量吗?	1	2	3	4	5
9. 你的团队是否能高度合作互助?	1	2	3	4	5
10. 是否经常进行开放、坦诚而及时的沟通?	1	2	3	4	5
11. 成员愿意交流信息、想法和感情吗?	1	2	3	4	5
12. 成员是否能不受拘束地寻求别人的帮助?	1	2	3	4	5
13. 成员愿意相互帮助吗?	1	2	3	4	5
14. 团队成员能否做出反馈和建设性的批评?	1	2	3	4	5
15. 团队成员能否接受别人的反馈和建设性的批评?	1	2	3	4	5
16. 项目团队成员中是否有高度的信任?	1	2	3	4	5
17. 成员是否能完成他们要做或想做的事情?	1	2	3	4	5
18. 不同的观点能否公开?	1	2	3	4	5
19. 团队成员能否相互承认并接受差异?	1	2	3	4	5
20. 你的团队能否建设性地解决冲突?	1	2	3	4	5

11.4.2 团队有效工作的障碍

尽管每个项目团队都有潜力来高效率地工作,但通常会存在一些障碍,使得团队难以实现其力所能及的效率水平。下面是一些对项目团队有效工作的障碍,以及克服这些障碍的建议。

对项目管理有效工作的障碍包括：
- 目标不明确；
- 角色和职责不清晰；
- 项目结构不健全；
- 缺乏工作投入；
- 沟通不足；
- 领导不力；
- 项目团队成员的流动；
- 不良行为

1. 目标不明确

项目经理应该详细说明项目目标及项目工作范围、质量标准、预算和进度计划。他要对项目结果及其产生的益处做出完美的勾画，并在第一次项目会议上沟通交流。在这次项目会议上，项目经理要知道团队成员是否真正理解了这些情况，并回答任何他们可能提出的问题，然后把这些情况，包括在首次项目会议上所做的解释说明，一起以书面形式分发给项目团队中的每位成员。

在项目进展情况总结会议上，项目经理要定期讨论项目目标。在会议中，他要经常了解成员对必须完成的工作任务存在哪些问题。仅在项目开始时，就项目目标向团队做一次说明是远远不够的。项目经理一定要经常地、不厌其烦地提及这一目标并加以宣传。

2. 角色和职责不清晰

成员们可能会觉得他们的角色和职责含糊不清，或与一些成员的职责重复。在项目开始时，项目经理要与项目团队的每位成员单独会谈，告诉他被选中参加项目的原因，说明对他的角色及职责的期望，并说明他们与其他成员的角色和职责之间的相互联系。就某些项目来说，职位描述可能提供的只是一些关于成员角色、责任范围、权力等级以及绩效期望的概述。项目团队成员可以自由地要求项目经理阐明模糊不清的地方以及明显存在的职责重复。在团队制订项目计划时，利用诸如工作分解结构、职责矩阵、甘特图或网络图（在第二篇中论述过这些方法）等工具明确划分每个成员的任务。这类文件要印发给每个成员，并保证随时可以查阅，以便团队成员不仅能知道自己的任务，还能了解其他成员的任务及这些任务如何有机地结合在一起。

3. 项目结构不健全

团队成员可能觉得团队里每个人都有各自不同的工作方向，或没有建立起团队工作的规程，这也是项目经理要让团队参与制订项目计划的原因。

像网络图这种工具可以说明，为实现项目目标，如何把每个人的工作有机地结合起来。在项目开始时，项目经理应制定基本工作规程，规定诸如沟通渠道、审批及文件记录工作等事宜。每项规程及制定缘由都要在项目会议上向团队做出解释说明，这些规程也要以书面形式传达给所有团队成员。如果某些成员不能遵守规程或逃避规程，项目经理就要突出强调人人必须坚持遵守规程的重要意义。但是，如果某些规程对项目工作的高效进行不再有效，项目经理要接受有关废止或理顺规程的建议。

4. 缺乏工作投入

团队成员可能看起来对项目目标或项目工作不太投入。应对这种冷淡的态度,项目经理需要向每个成员说明他的角色对项目的重要意义,以及他能为项目成功做出怎样的贡献。项目经理也要知道团队成员的个人及职业兴趣,并设法使项目任务有助于满足这些兴趣。他应该知晓每个成员的激励因素,并创造出一个充满激励的工作环境。项目经理需要对每个成员的工作成就予以认可,对他们的进步给予支持和鼓励。

5. 沟通不足

沟通不足就是团队成员对项目工作中发生的事情知之甚少,成员之间不能有效地交流信息。项目经理的一项重要工作就是按公布的计划日程定期举行项目工作情况总结会议,要求不同项目团队成员对他们的工作情况进行简要总结,鼓励积极参与并提出问题。所有项目文件,如计划、预算、进度计划及报告材料,要不断更新,并及时分发给全体团队成员。项目经理要鼓励团队成员在必要时组织起来交流信息,进行合作并解决问题,而不是等待正式项目会议。同时,把项目团队的所有成员置于同一个办公区域内工作,也可以加强成员间的沟通。

6. 领导不力

项目经理一定要不时地向项目团队问一些诸如"我做得怎样",或"我应该怎样改进我的领导工作"等问题,积极征求团队对他工作的反馈,以免使团队认为他没有进行有效的领导工作。然而,他首先一定要创造一个良好的项目工作环境,使人们能自由地做出反馈而不必担心遭到报复。项目经理要在早期项目会议上声明,要求团队成员定期对他的工作情况做出反馈,并欢迎人们提出提高领导力的建议。例如,一位项目经理可能会表示,他非常希望提高领导能力,以便能为项目成功做出更大贡献。当然,如果建议合适,项目经理一定要认真加以实行,不论这个建议是否意味着需要进行额外的培训、改变他的行为举止或者是修改项目规程。

7. 项目团队成员的流动

如果团队组成经常变化,也就是说新人员不断被分配到项目中,同时原有的人员离去,这种过于活跃的人员流动就不利于团队凝聚起来。一个任务期长、成员人数较少的团队,比任务期短而人数较多的团队更有效率。项目经理要尽量为项目团队获取在专业知识和技能上多才多艺的人员,以便他们能在多个领域为项目做出贡献,从而长期为项目工作。尽管项目经理应该尽量避免在项目中使用大量技能单一、工作时间短的人员,但在有些情况下,把一个特殊的专门人才分派到项目中从事某一项任务或短期的工作,也可能是最适宜的。

8. 不良行为

有时,某些成员会做出一些不利于团队有效发展的行为,例如,怀有敌对情绪、欺凌、过分胡闹、素质低下或发表贬低他人的言论等。项目经理就要与这类人谈话,指出他的不良行为,并向他说明这种行为是令人无法接受的,因为它对项目团队正在产生不利影响。如果合适的话,可以为这个成员提供指导、培训或咨询。但无论如何,项目经理一定要使成员明白,如果不良行为继续下去,该成员将被项目团队开除。当然,如果必要,项目经理要做好准备,坚决奉陪到底。

> **巩固所学**
>
> 21. 项目经理应该经常详细说明项目_____，要经常了解成员对必须完成的工作任务存在哪些_____。
> 22. 项目经理要与项目团队的每位成员单独会谈，告诉他被选中参加项目的_____，说明对他的_____及_____的期待。
> 23. 在项目开始时，项目经理应制订基本工作_____，如果某些规程对项目工作不再_____，项目经理要接受有关_____或_____规程的建议。
> 24. 项目经理应该知晓对每个成员的_____，并营造出一个充满激励的_____。
> 25. 项目经理的一项重要工作就是按公布的计划日程定期举行项目_____会议，鼓励_____并提出问题。
> 26. 项目经理应该经常寻求别人的建议以提高其_____能力。
> 27. 一个任务期_____、成员人数_____的团队，可能比任务期_____而人数_____的团队更有效率。
> 28. 影响项目团队有效性的障碍有哪些？

11.4.3　做一个有效的团队成员

做一个有效的团队成员，对每个成员来说，都是一种充实而令人满意的成长经历。然而，成长是不会自发产生的，需要有责任感，认真工作，思想开放，并要有进一步自我发展的愿望。尽管项目经理是项目成功的最终负责人，但项目团队的每位成员都要分担这个责任。项目团队的每个成员作为团队的一员，共同享受成就以及追求成就所带来的一切挑战。他们都要协助营造并培育一个积极有效的项目环境。

有效的团队成员会做好计划、控制并对他们各自的工作承担责任。他们对自己有高度的期望，会争取在预算范围内、计划进度前完成工作任务。他们能很好地利用时间，促使和推动事情发生，而不是听之任之。有效的团队成员不会简单地埋头于一项任务，直到别人说停才停下来。相反，他们能够自我指导，将每项工作任务进行到底。他们以高质量地完成工作为荣，而不是做一些糟糕的工作或半途而废，等着其他成员来完成、整理或重做。每位团队成员都相信其他成员能够按时优质地完成各自的任务而不拖延或阻碍其他成员的工作。

有效的团队成员会积极参与并能有效沟通。他们不会坐等被人询问，而是在会议中积极参与，表达自己的见解。他们主动与其他团队成员及项目经理进行明确、及时而毫不含糊的沟通。他们相互倾听并提出建设性的反馈，特别是他们觉得有责任及早发现问题或潜在问题，而不会因问题的产生而指责其他成员、客户或项目经理。有效的团队成员不仅是问题的发现者，更是问题的解决者。发现问题后，他们会提出各种解决方案，愿意并准备好与其他团队成员合作来解决问题，即使这已超出他们的职责范围。有效的团队成员不会有"那不是我的问题"或"那不是我的工作"这种态度，相反，他们愿意参与其中，帮助团队实现项目目标。他们有一种"我们"的观念,就连用词上都会偏向于使用"我们"而非"我"。

有效的团队成员会尽力营造一个积极而又建设性的项目环境,不给流言、牢骚、派系或者分裂等现象滋生的空间。他们能觉察到项目团队组成的差别,尊重团队的所有成员,也尊重其他人的观点,他们不会让骄傲、自满或固执的情绪影响到合作、互助与谦让。有效的团队成员把项目成功看得比个人利益更重要,他们随时准备好为队友送上祝贺与认可。

如前所述,团队中没有"我"的概念,也就没有个人的胜败。如果项目成功了,每个人都是赢家。

> **巩固所学**
>
> 29. 有效的团队成员可以计划、控制并对他们各自的工作_____。他们对自己有高度的_____。
> 30. 有效的团队成员_____并能_____。他们不仅是问题的发现者,更是_____。
> 31. 说一个你曾经参加过的项目,这个项目团队成员的哪些特点使你们成为一个有效的工作者?

11.4.4 团队建设

著名的垒球队经理凯西·施腾格尔(Casey Stengel)曾经说过:"获得球员很容易,但让他们一道打球就很困难了。"团队协作,就是一组成员合作,为实现一个共同目标共同付出努力。团队建设——把一组人员组织起来实现项目目标——是一个持续不断的过程,它是项目经理和项目团队的共同职责。团队建设有助于创造一种开放和信任的气氛,成员有统一感,并强烈希望为实现项目目标做出贡献。在第10章中,我们曾讨论过项目经理为培养和促进团队建设所能做的工作。这里,我们将学习项目团队为促进团队建设工作所能做的一些事情。

团队成员间的社交活动会促进团队建设。团队成员之间相互了解越深,团队建设就会越出色。为了确保个体成员能经常相互交流沟通,需要创造团队成员能够促进社交的情境。团队成员可以创造出一些这样的情境:

项目团队可以要求团队成员在项目进程期间都在同一个办公环境下进行工作。当团队成员被安排到一起时,他们就会有许多机会走到彼此的办公室或工作区进行交谈。同样,他们也会在如走廊这样的公共场所更经常地碰面,从而有机会停下来进行交谈。这种自发的非正式交谈非常有助于增长见识,也会有助于建立同事关系。谈话未必总是和工作相关的,团队成员很有必要在不引起反感的情况下,了解彼此的个人情况,在项目过程中能建立起一定的个人友谊。安排整个团队在一起工作,就不会出现因为团队一部分成员在大楼或工厂的不同地方工作而产生"我们对他们"的思想。这种情形会导致项目团队变成一些小组,而非一个实际的团队。地理上相隔太远的虚拟团队是没可能做到在同一个办公环境下工作的,这时需要用有效的电子联络工具与协议来帮助虚拟团队的建设。关于合作沟通工具,请参考第12章的内容。

项目团队可以举办社交活动来庆祝项目工作中的事件,例如,取得重要的阶段性成果(比如客户的设计评审会成功结束了,或者获得了客户对项目主要内容的认可);也可以是单纯为放松压力而定期举办的活动。例如,下班后的比萨聚会、共进午餐、会议室的便餐、周末家庭野餐、社区或慈善志愿活动、观看一场体育活动或剧院演出等,都是团队为促进团队建设和队内社交可以组织的活动。重要的是让团队中每个成员都参加这类活动,也许有些成员无法参加,但一定要确保每个人都受到邀请并鼓励他们参加。团队成员要利用这个机会,尽量与更多其他团队成员(包括参加活动的家庭成员)相互结识,增进了解。一个很好的经验准则是,努力与不太熟悉的人坐在一起聊天,提出一些问题,听他谈论,寻找共同兴趣,这些都有益于建立起关系。重点是要尽量避免在每次活动中老是聚集在一起的人们形成小团体。参加社会化活动,不仅有助于培养同事间的情感,也能使团队成员在项目工作中更容易进行开放、坦诚的交流沟通。

除了组织社交活动外,团队还可以定期召开团队会议。相对项目会议而言,团队会议的目的是公开讨论下列问题:作为一个团队,我们工作得怎么样?有哪些因素妨碍团队工作(比如,工作规程、资源限制、优先权力或沟通障碍)?我们如何克服这些障碍?我们怎样改进团队协作?如果项目经理参加团队会议,对他应一视同仁。团队成员不应向经理寻求答案,经理也不能利用职权凌驾于团队共识之上。因为这是团队会议,而不是项目会议,只讨论与团队相关的问题,不讨论项目问题。

团队成员要利用各种方法加强团队建设,例如,在项目进程当中有新成员加入团队时,项目团队更需要努力让他们感受到他们是受欢迎的,并将他们融入集体之中。比如团队成员可以为新人举行一个非正式的欢迎会,或者路过新人的办公室时停下来,对他们表示欢迎和进行自我介绍。他们不应当指望由项目经理独自承担团队建设的责任。

> **巩固所学**
>
> 32. 团队建设是_____和_____的共同职责。
> 33. 团队成员间的_____会促进_____。个体成员需要经常相互_____。

11.4.5 尊重团队的多样性

全球化、人口变化以及对特定技能人员的需求使项目团队的构成,或者说多样性在悄然发生变化。多样性,意即人们之间的不同之处。多样性要求团队成员能认可、理解、尊重彼此的差异,并在团队成员之间营造一种为了达成像项目目标这样的共同目标而能够相互认可、尊重甚至利用这种多样性的环境。然而,差异确实可能给团队绩效造成阻碍。存在差异的双方更容易出现沟通不力与误解。如果项目团队成员没能将彼此的差异视为正面的力量,那很有可能导致士气的低迷、信任的流失、产能的下降、人际之间高度紧张的关系以及彼此的猜忌怀疑,从而严重阻碍团队的整体绩效。团队成员应该有被重视感和归属感。团队之中的多样性能够为项目带来独特的见解和视野。每一个成员的体验、技能和价值观对于团队来说都是独一无二的。这种多样性能够将解决问题和做出决定的过程变得更富创造性、更快并具有更高的质量。

或许项目团队的多样性比你想象得更普遍,下面就是一些多样性的评价维度:

1. 年龄段

在很多团队中各年龄段的人都有,年轻的,年长的,或是青壮年。有时一个团队中会涉及三四代人。不同的成长经历塑造了每一代人不同的价值观和思维角度,因而引起他们关注的因素也各不相同。年长的成员可能会更看重稳妥性并具有极强的工作伦理道德意识。这些人往往乐于遵守规章制度,并且更喜欢面对面的交谈。而对于年轻的成员,他们更看重工作与生活之间的平衡,时而不拘小节。他们对严密监视深恶痛绝,更喜欢用电子联络方式与人沟通。

2. 外貌

我们往往轻易就能说出团队成员的诸多不同,比如体重、身高、面部特征、发型、衣着、饰物、穿孔(耳洞、鼻环等)或文身等。而当某些团队成员根据这些外在的特征来推断其他成员的能力或者绩效,团队效率就会受到影响。

3. 文化差异

受国际化的驱动,项目团队成员可能来自世界各地,项目也可能被拆分给各大洲的分包单位。此外,移民子女也在逐步接受更高等的教育,获得技术型职位。因此,许多项目不可避免地由来自全球各地、各种族背景的成员组成。团队成员之间不仅语言的熟练度不同,更可能连生活习俗和准则都不同。在一方看来毫无敌意的言行,在另一种文化下审视就会被认为是冒犯性的。团队成员的不同还体现在:时间观念(是否准时)、交流方式(如何打招呼,是否有眼神交流,手势的不同,私人空间的大小)、对什么是合适的礼仪的理解(正式程度,上下层级之间的礼仪)。当然也涉及对妇女及长者担当职位的不同观点。当他人挣扎于语言或发音问题时,团队成员应当表现得有耐心一些。

4. 性别

随着越来越多的女性投入到生产力大军中,尤其是一部分还进入到诸如信息或科技领域这类需要高技能的职位上,可以说项目团队中女性所占比例越来越高。在社会化进程中男女分工的不同导致了如今男性和女性在行为与交流方面的差异,而不同的交流方式很有可能引发误解。

5. 健康状况

不同团队对其成员的健康状况重视程度不同。这里的健康问题包括身体的、精神层面的以及行为方面的紊乱。有些差别是显而易见的,比如(表皮)修复或拄拐,然而有些则不太容易被观察到,如心脏病或过度焦虑。团队成员应接受彼此在健康问题上重视程度的不同,并且避免因他人身体健康的局限而给他"贴标签",或在评价他们的能力和贡献时打折扣。

6. 工作地位

在很多项目团队中,成员的经验、技能和资质头衔各异。团队成员不应根据他人的头衔或职位妄加揣度其潜在的贡献。如果因为主观地觉得对方职位低,或不具权威性,而在会议中将一些团队成员排除在外,那就很有可能错失了很多富有创意的新点子。

7. 婚姻状况和家庭状况

团队成员中婚姻家庭状况往往更有差异。他们有的可能很晚才结婚,或刚刚离异;可能结过很多次婚,或孤寡;可能重新组建起家庭,或夫妻二人都要外出工作;可能单身抚养孩子,抑或没有孩子。团队成员不应根据他人的婚姻家庭状况妄加揣度其能力,比如假想一个单身人士能投入更多时间来进行富于挑战性的工作。团队成员应当接纳包容其他成员的特殊要求,如要求准时结束会议,以便在特定时间之前去幼儿园接孩子。

8. 种族

随着全球化的进程,各国间的移民以及接受高等教育并获得技术型职位的少数民族成员数量得以增加。传统意义上认为不具代表性的种族的人越来越多地出现在项目团队中。团队成员对待来自不同种族的成员时应避免成见。在项目团队讨论和项目进程中,来自不同种族的人们能够提出不同的、更丰富多元化的观点。

9. 宗教信仰

全球化不仅使项目团队中出现不同民族和种族的成员,而且也带来了不同宗教信仰的成员。全球范围中有许多宗教门类,如佛教、基督教、印度教、伊斯兰教、犹太教等。每种宗教都有独特的习俗,如每日做祷告、圣日的沿袭或饮食上的忌讳,等等。可能有些人是宗教及这些习俗的忠诚捍卫者(忠实信徒)。项目团队成员应尊重并包涵彼此的宗教习俗,以便如期完成项目。

10. 其他方面

项目团队成员间其他方面的差异包括:性取向、政治倾向、个人习惯(如是否抽烟)、个人兴趣爱好(如爱好打猎或旅行),等等。正如前文中提到的那些差异一样,哪怕可能并不赞同这些习惯或行为,但是为了在项目团队中创造信任和支持的氛围,从而使整个团队成功完成项目,这些方面的差异也应受到尊重。

成见(戴着有色眼镜)就是人为地将人们分成不同的团体,并据此判断他们的特征。而事实上这些特征并不适用于团队中的所有人。项目团队成员不应根据彼此的不同而随意假设或怀有成见地看待其他成员的表现和行为。不要根据性别、年龄或种族等将团队成员的表现归因于他们的不同特征。例如,"那项活动相当枯燥,而且要关注很多细节,Kim 应该很合适,因为亚洲女性都挺擅长这类任务的。"相同的道理,当事情出了差错,要责备团队成员时,也不要与他们生理上的缺陷或语言不精等方面的差异相挂钩。例如,"他没能按时完成任务是因为他的心脏问题,使他不能与其他成员保持步调一致。"或者,"她的观点没表达清楚,害我们得把一切重头再做一次,都怪她语言不精。"

团队成员不要因为多样性而将某些成员排除在外,或降低对他们的期望值。比如说分配给他们一些低难度的工作,或者认为女性团队成员会由于对家庭的责任而无法担负额外的工作责任。彼此的差异并不代表劣势或优势。不要因差异而轻视成员的意见或贡献,比如在征求意见时忽视年轻成员、文书人员或工匠的意见。

不要用针对他们不同特质的方式来说明、标示或指代团队成员。例如,要避免使用"他就是那个坐轮椅的""那个老家伙""那个西班牙人",或者"有文身的那姑娘"等。团队成员也应避免做一些有贬低性的或者麻木冷漠的评论,或加入那些贬损其他人人格的行为,例如,对一个人的名字拼写或发音开玩笑,而非向其本人请教应当如何正确发音。再比如,也不要对某人的穿着或配饰——如穆斯林男子用的头包巾,或鼻环——品头论足,更有甚者,对他人的宗教习俗——如吃饭前念祷词——妄加评论。

对团队成员或某类特定人群开玩笑是不适当的。这种行为常常会加深成见,说出来的话,写下来的字(如电子邮件),使用的称呼(如"那些人""他们"),表达的方式(如用轻视的语调),或使用的肢体语言(如得意地笑、高扬眉毛或摇头),上述这些都会造成影射。哪怕不是有意而为,某个成员语言中使用的短语或习语也可能使另一成员感到疑惑或尴尬。尽管一些人可能认为这样的评论很有趣,但在另一些人看来这就有攻击性和伤害性了。另外,也可能是因为一个成员有熟人朋友或家庭成员属于那类不能开玩笑的人群(玩笑会首先伤害到的人群,例如,有身体残障的人群),因而团队成员觉得自己好像也受到了冒犯。

涉及多样性的不适宜举止包括:封闭的观念,成见(戴有色眼镜),给他们"贴标签"(主观分类),排斥他们,拿他们找乐,侮辱他们,骚扰他们,胁迫或歧视他们。作为被冒犯到的成员,或者说是这类行径的受害人,他们可能当时并无回应,默不作声,但团队间的仇恨慢慢累积,很有可能威胁到团队的凝聚力、士气以及总体绩效。如果一个团队成员因他人的言行而感到受到了冒犯,他或她应当对冒犯者直陈,还可以利用这个机会好好教育对方为什么这样的言行会冒犯到别人。任何关于差异的问题或冲突都应被立即说出来并解决掉,以免一段时间后问题越来越严重,直至"爆炸"。如果一个团队成员的欠妥行为涉及了多样性的过多方面,或成员持续遭受来自其他团队成员的这类行为,这时就应该和团队经理或组织管理层讨论一下,这类问题该如何处理,是以个体的名义?以涉及的那一类人的名义?还是以整个团队的名义?和团队多样性相关的问题如果不立刻直陈可能会对整个项目团队以及工作环境造成严重影响,导致冲突的频繁发生,敌意氛围的蔓延,沟通上的牵强附会,或是恶劣的表现,同样也会引发某些团队成员焦虑和紧张程度的上升。个人或特定人群很可能因此提出正式诉讼,或甚至可能缠上针对项目承包商和/或某些团队成员的官司。惩戒性的举措也可能因此降至项目团队成员身上,包括:从项目团队中剔除,或雇佣关系的终结。

项目组织怎样合作才能为多样性创造出一种支持性的、积极的氛围,并将这种氛围延续下去呢?下面列出了一些项目组织、项目经理以及单个项目团队成员可以采取的一些举措。

项目组织可以做两件事:一是关于多样性白纸黑字制定明文政策;二是在工作场所内提供关于如何应对多样性的培训。

制定政策的目的是为了构建这样的一个工作环境:(1)所有团队成员都能得以进步发展;(2)彼此的不同之处能够得到尊重和珍视;(3)每个团队成员参与并贡献的权利得到尊重;(4)每个团队成员都会因其独一无二的贡献而得到尊重和珍视;(5)对那些违背尊重原则,或令人难以忍受的行为,采取零容忍的态度。

尊重多样性的障碍包括缺乏意识(洞察力)以及缺乏理解。因此,应通过培训来增强意识,增进理解,并帮助减弱误解和冲突。在项目最开始的时候针对多样性举办培训来将组织的政策、对(往期)不合作的案例学习以及将角色分工告知每位成员是十分有益的方法。举行这样的培训其实就是在传达一种信息,即:项目组织十分重视对多样性的尊重。培训可能的结果是团队成员面对多样性提问时更舒心(不别扭、不尴尬),并在工作场合中有更多的接触和互动。这里有一个项目进程中额外的非正式培训的例子:不同国籍的团队成员共进午餐,不仅带来本国特色食物一同分享,而且向大家介绍一些他们的习俗。

项目经理必须支持并培养出一个对尊重多样性没有障碍,并鼓励每个成员积极参与的、充满尊重和支持的工作环境。他必须确立并清晰地传达这种期望,并列举所期待的行为是什么样的。项目经理应在项目开始时的项目会议上以及在项目过程中,时不时地论及尊重和珍视多样性的重要性,并在新成员加入团队时将这种期待当作对他们的新定位来传达。

团队成员也可以做一些事情来表达对尊重多样性和所有成员贡献的支持。团队成员可以做出一些个人的承诺来对其他成员的多样性表示理解和尊重,不对其他团队成员的价值或潜在贡献妄作假设,意识到并承认自己对某类人群存在的偏见。通过向那些与自己不同的人学习来展示自己的尊重,寻找"学习机会"的场合。通过参加培训、阅读会(读书活动)、社交活动、非正式的讨论等形式努力提高对多样性的众多维度的认知和理解。例如花点时间去在一个更轻松的背景下了解其他团队成员在工作之余的样子,敞开心扉,展示专业化的行为,用文明的礼仪体谅他人。

项目团队的多样性就是关于承认、理解并尊重彼此的不同,创造一个认可、尊重并激发这种差异,从而有益于达成共同目标的工作环境。它应该被项目团队看作是能促进沟通合作、培养更好的关系、创造舒适的工作环境、推动团队绩效的一股力量。团队的多样性为项目带来了独特的见解和视角,每位成员都将经验、技巧以及价值观贡献给团队。这种差异的存在使得问题的解决和决策的制定更具创意、更快并拥有更高的质量。团队成员根据彼此独特的差异来相处。拥有像项目目标这样的共同目标,能够将多元化的人群团结起来。

下面是关于尊重团队多样性要记住的关键点:
- 不要因团队成员不同的特征而对他们的价值以及贡献妄加评论和判断。
- 三思而后说。一旦话从口出,就没法收回了,而你极可能因此失去别的团队成员对你的尊重。

巩固所学

34. 团队的多样性能为项目带来_____和_____。
35. 评价多样性的几个维度是什么?
36. 团队成员不应该根据_____而_____或_____其他成员的行为和_____。
37. 项目组织可以做的两件事是:关于多样性制订_____和在工作场合_____。
38. 尊重多样性的障碍在于:缺乏_____和缺乏_____。
39. 为什么说项目团队应该将尊重多样性看作是一股力量?

11.5 道德行为

比尔在帕特的办公室停了下来说:"嘿,帕特,我们今天下午出去打高尔夫球怎么样?老板不在身边。如果任何人问起,我们就说我们到工地去检查去了。我们一直努力工作,这是我们应得的,所以我们不必占用我们的私人时间去做这些。无论如何,我们比某些人工作效率高得多。我告诉老板我们手里的这些任务本来需要 10 天的,但由我们来做只需 6 天即可完成,事实上我已经算过了,无论如何 6 天我们都能完成。因此,我们挣得了一些属于我们自己的时间。"

比尔的行为道德吗?帕特应该做什么?如果你是一个小公司的老板,发现你的一些员工这样做,你会怎样做?

当人们企图将不正确的行为合理化的时候,往往会告诉自己:"这不会伤害到任何人""每个人都会这样做"。为了证实他们的做法,有人还会试着找别人来一起做,或者周知他人。在这些人看来,要是除了他们自己之外还有别人也同意这种做法,那这么做一定行得通。

道德行为不仅在项目组织内部是必要的,而且在商业上同客户、供应商、分包商的关系经营上也是至关重要的。客户和供应商希望同他们做生意的承约商或项目组织是值得信任的,在项目经理或团队成员同客户交流的信息方面信任也尤为重要。封锁消息或弄虚作假都是不可接受的,特别是在涉及潜在安全后果时。当然,确实存在报告的灰色区域。例如,什么时候你会告诉顾客存在一个潜在的问题——在发现问题时就立刻告诉呢?还是在你先尝试解决问题之后呢?或是在你刚刚做好解决问题的计划的时候呢?要是客户一眨眼之间就反应过度怎么办?在这种情况下一定要以一种及时的方式诚恳地进行交流,客观,同时避免不必要的惊慌和误导。

在任何项目的进程中,都有发生不道德行为或不当行为的可能,比如:
- 在申请书中有意低价报价,而在获得合同后又向顾客高价索取费用;
- 从那些给你回扣或礼物的供应商那里购买原料,而不是基于公平公开的竞争价格;
- 不诚实地报告工作时数,从而向客户索要过多的费用;
- 增加或伪造出差费用报告;
- 抄袭他人作品并因此得到好评;
- 有意地使用边角料或不安全的资料或设计;
- 将项目的供应物或项目的设备为自己所用;
- 对项目团队施加压力来索要比实际工作或多或少的时数,目的是误导管理者或顾客认为项目的费用在预算之内;
- 有意地批准不准确的测试结果;
- 贿赂检查者批准不可能通过检查的工作。

关于道德行为,项目中有很多场景都值得商榷。例如,如果一个项目进度没跟上,那是因为承约商或项目团队在最初提供了不真实的时间估计吗?还是他们单纯乐观地认为项目可以在估计的进度内完成呢？它实际上指的是"意图"或是"明知故犯"——其目的是有意误导吗？有意歪曲、欺骗或错误地掩饰就是完全不道德的表现。

一个项目组织要做些什么来激励道德行为和减少不道德行为发生的机会呢？

当然，项目经理必须设立标准和期望并列举道德行为。如果项目成员看到项目经理采取了某些从道德角度看经不起推敲的行为，他们会认为自己按照同样方式做事也没关系。项目经理必须致力于持续正确和公平地做事，并将这样的期望也传递给项目成员。

一个项目组织可以采取两种行动来帮助阻止任何错误的事情发生，即制定书面的道德行为政策和在工作地点提供道德行为培训。一个道德行为政策应该包括：期望、报告错误行为的流程、发生不道德行为的后果。项目管理协会提出的《道德和专业行为规范》就是对项目从业人员的绝佳指导，这也为项目组织制订道德行为的有关政策提供了框架。

提供关于道德行为的培训使项目团队知晓组织的政策。混合案例学习和角色扮演有助于对政策的理解。经过道德培训的员工较少有错误的行为。这样的培训传达了这样的信息，即项目组织对道德行为是高度重视的。再有，当项目团队来了一位新成员，项目经理应该开一次会议将道德行为的重要性和对其期望作为会议的一部分来讨论。

项目团队成员需要被告知，如果他们对一个可能的道德行为或利益冲突的情况不确定或犹豫时，他们应该将该事在项目经理采取行动之前上报给项目经理。项目组织也应该建立不会危害检举人的流程，这样当有人认为其他人的任何行为不道德时都可以向上报告。例如，这样的过程包括个人可以匿名报告事件的程序，或者能向独立的部门报告或讨论这样的事情，如人力资源经理。如果一个错误的案件被报告了，例如，某人断言在项目团队中的一个人伪造了出差费用报告，在采取任何纪律性行动之前，组织必须彻底调查这样的断言是事实还是道听途说。

道德行为是每个人的职责，而不仅仅是项目经理的职责。项目团队的每位成员必须对他的行为负责。个人的正直是工作道德规范的基石。总是想逃脱责任将会使他的道德基石受到腐蚀。项目团队的其他成员需要将同行共事的压力施加在这样的个人身上，通过传递他们不会赞同、赦免、接受或成为同党的信息来帮助这样的个人调整他的不良行为。

在项目上引导道德行为的关键一点是：不要做任何你不想让你的家人、朋友、邻居、同事在报纸上在社交网络上听到或见到的不道德的事情。

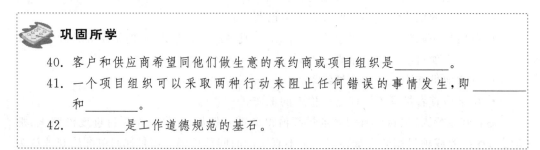

巩固所学

40. 客户和供应商希望同他们做生意的承约商或项目组织是_____。

41. 一个项目组织可以采取两种行动来阻止任何错误的事情发生，即_____和_____。

42. _____是工作道德规范的基石。

11.6 项目工作中的冲突

项目工作中的冲突是必然存在的。人们也许认为冲突一无是处,应尽量避免。但是,有不同的意见是正常的,因此也是可以接受的。试图压制冲突是一个错误的做法,因为冲突也有其有利的一面,它让人们有机会获得新的信息,另辟蹊径,制定更好的问题解决方案,加强团队建设,这也是学习的好机会。作为团队建设工作的一部分,项目经理和项目团队要明白,在项目工作过程中,冲突必然产生,并就对策形成一致意见。这类讨论要在项目开始时进行,而不是等到出现冲突或已经产生不满情绪之后。

下面讨论项目工作中冲突的来源,以及处理这些冲突的方法。

11.6.1 冲突来源

在项目过程中,冲突来源于各种情形。它可能涉及项目团队成员、项目经理甚至是客户。以下是项目工作中潜在冲突的七种来源。

1. 工作内容

关于如何完成工作、要做多少工作或工作以怎样的标准来完成会存在不同的意见,从而导致冲突,如下面这些例子:

- 在一个开发订单跟踪系统的项目中,某位团队成员认为要应用条形码技术,而另一位成员却认为应使用按键数据输入站。这是一个关于工作技术方法的冲突。
- 一个小镇庆祝活动项目,一位团队成员认为只需给镇上每家邮寄一份庆祝活动的广告就行了,但另一位成员却认为要向全区所有居民邮寄并在报纸上刊登广告。这是关于工作量的冲突。
- 某个项目工作的一部分是建一座房子,承约商已经在这座房子的每间屋子里刷好了涂料。然而客户在检查后不满意,认为一层涂料不够,要求承约商再刷一层,但不承担附加费用。这是关于工作质量标准的冲突。

2. 资源分配

冲突可能会由于分配某个成员从事某项具体工作任务或因为某项具体任务分配的资源数量多少而产生。在开发订单跟踪系统的项目中,承担开发应用软件任务的成员可能想从事数据库工作,因为这能给他拓展知识和能力的机会。在小镇庆祝活动的项目中,负责油漆工作的团队成员可能会认为,应分配给他们更多的志愿工作者来帮助他们及时完成工作。

3. 进度计划

冲突可能来源于对完成工作的次序及完成工作所需时间长短的不同意见。例如,在项目开始的计划阶段,一位团队成员预计完成工作任务需要 6 周时间,但项目经理可能回答:"太长了,那样我们永远无法按时完成项目,你必须在 4 周内完成任务。"

4. 成本

在项目进程中,经常会由于工作所需成本的多少产生冲突。例如,假设一家市场调研公司为其客户进行一项全国范围的调查,并向客户提出了预计费用。但当项目进行了约

75%以后,又告诉客户这一项目的费用可能会比原先预计的多出20%,或者假设为使一个延迟的项目按计划完成,需要分配更多的人员,但这时费用已超出预算。谁来承担超支的费用?

5. 先后次序

当某个人员被同时分配在几个不同项目中工作,或当不同人员需要同时使用某种有限资源时,可能会产生冲突。例如,假设某位成员被分配到公司的一个项目团队中兼职工作,理顺公司某些工作规则。但是,他的正常工作量突然增加,无法在项目任务上花费预期数量的时间,因而使这一工作进度受阻。他的项目任务和他的正常工作,哪项应优先?再假设某公司有一台非常先进的电子计算机,能进行很复杂的科学数据分析,几个项目团队同时需要使用这台计算机,以保证他们各自的进度计划,不能使用这台计算机的团队将延迟进度,那么,哪个项目团队有优先使用权呢?

6. 组织问题

有各种不同的组织问题会导致冲突,特别是在团队发展的震荡阶段。可能对项目经理关于建立文件记录工作及审批的某些规程存在不同意见。冲突也会由于项目中沟通的缺乏或意思含糊、缺少信息交流,以及没有及时做出决策等情况而产生。例如,如果项目经理坚持所有沟通都得通过他,就可能发生冲突。另一种情况也可能是没有足够多的项目工作情况评审会议。在某个会议中透露出的信息如果早几个星期知道,会对其他成员大有帮助。结果,某些团队成员也许得重新做这些工作。最后,由于项目经理的领导工作方式,他与某些或所有团队成员可能产生冲突。

7. 个体差异

由于价值观、个人态度以及性格上的差异,团队成员之间会产生冲突。在项目进度落后的情况下,如果某位项目成员晚上加班以使项目按计划进行,他就可能会对另一个成员总是按时下班回家与妻子一起吃晚饭感到不满。

项目进程中有些时候可能没有冲突,有些时候会有许多来源不同的冲突需要处理。冲突在项目工作中是不可避免的,但如果正确处理,也有其有利的一面。

11.6.2 冲突处理

冲突不能完全靠项目经理来处理解决,团队成员间的冲突应该由相关成员来处理。处理恰当,冲突也有其有利的一面。它能将问题暴露出来,使其及早得到重视;它能促进讨论,澄清成员们的观念;它能迫使成员寻求新的方法;它能培养人们的创造性,推动问题解决的进程。如果正确处理,冲突会促进团队建设。然而,如果处理不当,冲突会对项目团队产生不利的影响。它能破坏沟通,使人们不再相互谈论、交流信息;它会使成员不大愿意倾听或尊重别人的观点;它可能破坏团队的团结,降低信任和开放度。项目经理和项目成员理应聚焦于这类冲突问题,而非抓住相关成员的性格特征不放。

学者布莱克(Blake)、穆顿(Mouton)、基尔曼(Kilmann)和托马斯(Thomas)给出了人们处理冲突的五种方法。

1. 回避或撤退

回避或撤退的方法就是卷入冲突的人们从这一情况中撤出来,避免发生实际或潜在的争端。例如,如果某个人与另一个人意见不同,那么第二个人只需沉默就可以了。但这种方法也可能使得冲突积聚起来,并在以后逐步升级。

2. 竞争或逼迫

竞争或逼迫的方法是把冲突当作一种非胜即败的局势,这种观念认为,在冲突中获胜要比保有人们之间的关系更有价值。在这种情况下,人们会使用权力来处理冲突。例如,项目经理与某位团队成员就应采用何种技术方法设计一个系统而发生冲突。这时,项目经理只需说:"就按我说的去做。"以等级当作挡箭牌,从而占得上风。但用这种方法处理冲突,会导致人们的怨恨心理,恶化工作气氛。

3. 调停或消除

调停或消除的方法就是尽力在冲突中求同存异,最低程度地聚焦在对差异的关注上,对可能伤害感情的话题不予讨论。这种方法认为,保有人们之间的相互关系要比解决问题更重要。尽管这一方法能缓和冲突形势,但它并没有将问题彻底解决。

4. 妥协

妥协的方法就是团队成员寻求一个调和折中的方案,着重于分散差异。项目团队寻求一种方案,使每个成员都能得到某种程度的满意。但是,这种方案并非一个最好的方案。例如,项目团队成员对各项项目任务确定预计完成时间,一位成员说:"我认为这项任务需要 15 天。"另一个却说:"不可能,用不了这么长时间,也许五六天就行了。"于是,他们很快分散异议,同意 10 天完成,但这也许并非最好的估计。

5. 合作、正视和解决问题

通过这种方法,团队成员正视问题,求得一种双赢的结局。他们既正视问题的解决,也重视保有人们之间的关系。每个人都必须以一种建设性的态度对待冲突,并愿意拿出诚意与他人共同解决冲突问题,就每人对冲突的不同看法广泛交流信息,把异议都暴露出来,尽力得到最好、最全面的解决方案。基于新情况进行交换,每个人都愿意放弃或重新界定他的观点、意见,以便形成一个最佳方案。要使这种方法有效,必须要有一个良好的项目环境。在这种环境下,人们彼此信任,关系纯粹,相互以诚相待,不必担心遭到报复。

异议可能升级为冲动的争论。人们在解决冲突时,决不能过于情绪化或处于激动状态。要善于处理而不是压制情绪,应该花一些时间理解别人的观点和想法。在下一小节中将介绍合作解决问题的一条有效途径。

避免或缩小某些不必要的冲突的主要措施有:及早让项目团队参与制订计划,明确说明每个成员的角色和职责,开放、坦诚和及时地沟通,制定明确的操作流程,项目经理和项目团队对团队建设做出真诚努力。

 巩固所学

43. 项目中常见的冲突来源有哪些?

44. 处理恰当,冲突也有_____的一面。

45. 处理团队内部冲突的五个方法是什么?

11.7 解决问题

团队在完成项目的过程中，总会遇到一些问题。一般来说，项目过程中会产生各种各样的问题，只是问题的严重性不一样。例如，项目会比进度计划晚几个星期，严重影响到客户要求的完工日期；或者，项目可能陷入预算困难中——已经使用了 50% 的资金，却只完成了 40% 的工作量。有些问题是技术性的：一个新型感光系统无法提供需要的数据资料或精确度，或者一件新型高速自动化设备总是出现故障，损坏昂贵的部件。项目团队能否有效解决问题会影响和决定项目的成败。因此，必须要有一种规范、创造性和有效的解决问题的方法。下面介绍解决问题的一个"九步骤方法"，并对"头脑风暴法"——这个在解决方法的几个步骤里非常有用的技术进行讨论。

11.7.1 解决问题的九步骤方法

1. 对问题做出说明

开始时应该对问题做出书面的描述说明，这很重要，它明确了问题的含义和内容。这种问题说明使得解决问题的团队成员能对他们要解决问题的本质形成一致意见。对问题的说明越具体、越确切越好。因为这能帮助成员聚焦在问题解决进程中随后的步骤上。对问题的说明也要包括对问题程度的定量描述。因为说明里的这些数字、标准都可以作为将来评价、判断问题是否得以真正解决的依据。

- 糟糕的问题说明的例子是："我们落后于进度计划了。"良好的问题说明的例子是："我们已落后进度计划两周了，离客户的要求日期还有 4 周。如果我们不采取措施，就很可能延迟两周完成。如果那样，根据合同，客户有权降价 10%。"
- 另一个差劲的问题说明的例子是："感光系统无法工作。"好一些的说明是："感光系统在测量部件的圆弧形边时出现数据错误。"

2. 找出问题的可能原因

一个已经或正在发生的问题会有许多原因，技术性的问题更是如此，如一个开发多用户计算机系统的项目，它的问题是不能把数据从中央计算机传送到各个用户工作站。原因可能是硬件或软件的问题，或者可能是由于中央计算机或一些工作站出了问题。找出问题可能原因的一个常用方法是头脑风暴法，这一方法稍后将进行讨论。

3. 收集数据，确定最有可能的原因

在问题解决过程初期，团队常常忙于应付问题的症状，而顾不上研究问题的原因，特别是当问题要用症状来描述时。例如，一个人去看病，告诉医生说他头疼，医生知道有多个原因引起头疼，如紧张、肿瘤、饮食变化或环境问题。于是医生就向病人提问题，或对他做些检测，收集到有关一些最可能原因的资料，医生利用这些资料排除某些可能原因。一定要让团队超越症状表面，在进入下一步——得出可行方案之前，收集到足够的实际情况。否则，大量时间可能都花在为症状制定解决方案，而不是从根本上解决问题。收集资料，不管是通过询问的办法，还是会见成员、进行测试、阅读报告或分析数据资料，都要花费时间。但是，一定要完成这个工作，使团队能集中精力于解决问题中接下来的步骤。

4. 得出可行方案

在解决问题的过程中,这一步骤非常有趣味性和创造性,但这也是关键的一步。团队成员要认真仔细、不要轻率地接受最先提出的方案或者最明显的方案。如果这种最先提出的或最明显的方案行不通,他们在失望之余,还得重头再做。例如,某个项目的实际进度比计划晚了两个星期,最明显的方案可能是向客户申请,是否能同意项目延期两周完成。然而,这一方案可能会适得其反。如果项目经理找到客户,询问能否同意项目延期完成,客户的反应可能会很强烈,威胁决不再与该公司做生意,并打电话给项目经理的老板,抱怨项目延迟。下面要讨论的头脑风暴法在这一步骤里会非常有用,它可以帮助发现一些可能的方案。

5. 评估可行方案

从第四步里得出各种可能方案后,有必要对它们进行评估。可能会有许多不错但却截然不同的方案。每个可行性方案都要进行评估。这时的问题就变成"根据什么进行评估"。因此,一定要制定评估标准。在这一步骤里,负责解决问题的团队要首先对进行评估的可行性方案建立起标准。有了评估标准之后,团队要用到类似于表3-2的评估计分卡。每项标准根据其重要性,有不同的权重。例如,实施方案费用这一项的权重可能会比预计实施所需时间这一项的权重大得多。如同第三步,为了能完善地评估可行方案,需要收集资料,这要花费些时间。例如,某个方案要用到一些零部件或原材料,了解这些零部件或原材料成本的情况会费些时间,特别是当你从其他经销商或供应商那里得到估计价格时。负责解决问题的团队里的每位成员根据评估计分卡对每个可行方案进行评估。下一步骤将用到这些计分卡。

6. 决定最佳方案

团队成员在第五步里完成的解决问题的评估计分卡,将用于决定最佳方案。团队成员将依据这些评估计分卡进行讨论。计分卡并非决定最佳方案的唯一因素,只是在决策过程中要用到它们。在这里,一个拥有丰富的相关专业知识人才的团队才能显示出其重要性。最佳方案决策的依据是解决问题的团队成员与评估计分卡密切相关的知识和技术水平。

7. 修订项目计划

有了最佳方案后,就必须为实施这一方案制订计划。要明确具体任务,包括成本费用和工时,每个任务所需的人员和资源也要明确。负责实施这一方案的项目团队成员要拓展这些计划信息,然后把这些情况与项目总体计划结合起来,以确定这个方案对项目其他部分的影响。需要特别注意的是,选中的这个方案是否会引起其他问题。例如,解决感光系统技术性问题的最佳方案可能是向经销商订购一个新部件,但如果经销商制造并运送这个部件要花两个月的时间,那么这一方案可能使得整个项目赶不上进度计划,无法按项目要求日期完工。如果在第五步里没有考虑到这个危险因素,解决问题团队将不得不重新审评方案,并决定这是否还是最佳方案。

8. 实施方案

制订出实施最佳方案的计划后,相应的团队成员就要行动起来,着手开展各自的工作。

9. 判断问题是否得以解决

方案实施后,重要的是判断问题是否真正得到了解决。这时,团队需要用到第一步里对问题的说明,把实施方案的结果与问题说明里的情况进行比较。团队要问自己:"这个方案是否达到了我们预期的目标?问题解决了吗?"问题可能部分得到解决,也可能根本没有解决。例如,为感光系统安装了新的部件后,系统的数据仍不正确。如果问题没有解决,解决问题项目要回到第二步和第三步中,找出问题的根源。

根据问题的大小和复杂程度,上述九步骤解决问题法可能需要几小时或几个月的时间。解决问题的团队要包括最了解问题的成员和所需要的专门技术人员。有时,必要的专门技术人员可能来自于团队以外,如能提供独到见解的顾问。

 巩固所学

46. 解决问题的九个步骤是什么?

11.7.2 头脑风暴法

头脑风暴法是在解决问题时常用的一种方法,具体来说就是团队的全体成员自发地提出主张和想法。团队成员在选择解决方案之前,一定要确信已经想出了尽可能多的方案和意见。利用头脑风暴法,可以想出许多创意,而且应用它时也很有趣。头脑风暴法能产生令人激动的、富有创造性的方案及更高的承诺。这个方法在九步骤解决问题法的第二步——找出问题的可能原因,和第四步——得出可能方案里是十分有用的。

头脑风暴法更注重想出主意的**数量**,而不是**质量**。这样做的目的是要团队想出尽可能多的主意,包括新奇的或突破常规的。

团队成员围桌坐在一起,用电脑放幻灯片,由一个助理在记录卡或黑板上做记录。首先,由某个成员说出一个主意。例如,某个项目进度晚了两周,为此举行头脑风暴会议。第一个成员说:"加班工作。"接着就轮到下一个成员,他的主意也许是:"寻求一些临时的援助。"如此这般。这个过程不断进行,每人每次想出一个主意。如果轮到某位成员时他没想出主意,就说一声"过"。有些人会根据前面其他人的提法想出主意。这包括把几个主意合成一个或改进其他人的主意。随着主意不断增多,助理会把这些主意记录在记录卡或黑板上,并呈现给所有人。这一循环过程一直进行,直到想尽了一切主意或限定时间已到。

应用头脑风暴法时,要遵循两个主要的规则:不进行讨论,不做判断性评论。一个成员说出他的主意后,紧接着下一个成员说。人们只需要说出一个主意,不要讨论,也不要评判,更不要进行兜售似的介绍。其他参加人员不允许做出任何支持或判断的评论,也不要向提出主意的人进行提问。显然,像"那绝不会起作用""这是个愚蠢的做法"或"老板不会赞成这么做"等这类扼杀性的评论是不允许的。同时,也要明确参加人员不要使用身体语言,如皱眉、咳嗽、冷笑或叹气来表达评判意见。

头脑风暴法在使解决问题获得最佳可能方案时,是很有效的,也是很有意思的。

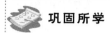

巩固所学

47. 头脑风暴法，更注重想出主意的_____，而不是_____。

11.8 管理时间

项目工作中的项目成员们常常要忙于分配任务、进行沟通、准备文件、出席会议及出差旅行。因此，一个业绩良好的团队非常有必要管理好时间。下面这些建议将帮助你有效管理好时间。

（1）每个周末，找出几个（2～5个）下周要完成的目标。把目标依次列出来，排在第一的是最重要的（但不是最紧迫的）。考虑一下你有多少时间可用，查看下周的工作日程表，是否有会议或沟通交流活动。绝不能把你要做的事情都列出来，那样就过于繁杂。把这个表放在视线范围内，以便能经常看到。

（2）每天结束时，列出第二天要做的事情。这些列出的事情一定要有助于实现本周的目标。把事情按顺序列好。同样，排在第一的是最重要的（但不一定是最简单或最紧迫的）。列出要做的事情清单之前，看看这一天的工作日程表，有多少时间可以用来完成列出的这些事情。你可能会由于需要参加会议或会见而减少可利用的时间。你也应该在每天的工作日程表里准备一些自由时间，以便应付可能出现的偶然事件。如果没有足够的时间，就不要把你想完成的每件事情都列出来，那样做只能更令人沮丧。

只把你实际能完成的事情列出来。不要认为没完成的每件事都可以留到明天，你会发现留下来的事情要比完成的多。

要把这个清单写下来，而不是记住。写下来就会投入去做。

（3）上班时的第一件事是看一下这个清单，一整天都要看到这个清单。把其他事情放在一边，开始做清单上的第一件事。一定要专注和自我约束，这非常重要。不要把注意力转向不太重要或没有意义的事情上，如阅读邮件或文件。完成一件事情后把它从清单上划去，这样会有一种成就感。然后接着做第二件事情。需要强调的是，不要为了完成清单上的事情而选做一些不太重要的工作。

（4）控制干扰。不要让电话、电子邮件或随意的来访者打扰你工作。你可以每天留出一定的时间打电话、回电话或收发电子邮件，不要让它一整天打扰你工作。有时要关上门，告诉人们别打扰你。当你做表上的某件具体事情时，要清理好其他工作，不要有尽快完成以便开始其他工作的想法。

（5）学会说"不"。不要参加那些既浪费时间又对完成目标没有意义的活动。你可能不得不拒绝参加会议或旅行、为委员会工作或参与评审文件的邀请；你也许不得不缩短在走廊上聊天的时间。要会说"不"，否则，你会穷于应付，忙碌一生而一事无成。

（6）有效利用等待时间。例如，随时带一些阅读材料，以便在机场、交通堵塞或牙医办公室里等待时利用。

（7）尽量一次处理大部分文书工作。每天结束时，浏览收到的信件和电子邮件，以免

分散你进行表上工作的精力。邮件里也许有些东西会使你在准备明天的做事表时增加一些内容。浏览时,采取一些行动:
- 如果是垃圾邮件,不必读,直接抛弃或删除。
- 读完后,该扔就扔,该删就删。只把那些你需要时从别的地方找不到的文件存储起来。
- 如果要求回答,就在文件上写上答复后返回给发送人,或者写一个简短的邮件回复。
- 如果文件需要花些时间阅读,那么就在将来的做事清单上花些时间(如果它对你的每周目标有重要作用的话),或者把它放在手提包里,可以在你等待时读一读。(参见上述第六条)

(8)周末,如果你完成了全部目标,就奖赏自己,但不要自欺欺人。奖赏自己是因为你完成了所有目标,而不是因为工作辛苦繁忙却没有完成目标。在你的观念里,奖赏应是一个动力,是与完成目标直接相关的回报。如果没有完成每周目标,你就不该奖励自己。否则,奖赏就毫无意义,也不能成为完成目标的动力。

巩固所学

48. 你可以做些什么来有效地管理时间?

现实世界中的项目管理

谷歌:建立完美团队的要求

什么造就一个完美的团队?如果团队由一群兴趣相近的人组成,专长于项目的主题,或是受到同样报酬的激励,这些对于完美团队的形成重要吗?有没有定义一支高效团队的具体特质呢?如果有,为了拥有最好的团队经验和最高的团队输出,能否对这些特质进行选择呢?

谷歌(Google)亚里士多德项目(Project Aristotle)开始着手寻找能够建立一支完美团队的规范。他们探索了业余爱好、教育背景、社会化模式、工作以外的友谊、外向与内向行为以及关于沟通途径与人格类型的大量数据。

在大量搜集和检验数据之后,他们发现想找到构建完美团队的模式是不可能的。谷歌人力资源分析部门的一位经理 Abeer Dubey 说道:"我们观测了全公司的180支团队,我们拥有了很多数据,但是没有什么能证明一种特定的人格或技能或背景的混合方式能够发挥什么作用。等式中的'谁'这一项似乎并不重要。"

谷歌中一些成功的队伍是由在职场外也有所社交的成员组成的,另一些成功的团队却是由一群陌生人组成。高效团队的管理强度各不相同,有些项目经理领导力强,有些则是运用弱化等级制的矩阵型环境来管理团队。Dubey 发现,"在谷歌,我们很擅长找出模式,但是这个问题并没有明显的模式。"

由于他们没有找到一种模式来解释生产率、效率或是团队的其他标准,亚里士多德项目的研究员转向探索学术文章与团队成员言论中的主题。他们发现了一些关于不成文的规矩、团队文化、行为强化、绩效激励、对造成分心事物的阻拦以及团队成员性格的论述。

在学术论文中，研究团队发现了由美国卡内基梅隆大学、麻省理工和联合学院的一组心理学家所进行的一项研究，他们试图定义并系统地度量项目团队的智力。他们发现一些团队拥有十分聪明的成员，但这些成员仍然只是个体，而没有提升整个团队的IQ；其他团队由IQ相对较低的成员构成，但他们协力工作，使得整个团队的IQ得到了提升。在研究过程中，他们进行了一项测试，要求被测试者解读照片中人们的眼睛，并说出他们认为照片中的人想法或者感觉如何。研究者和谷歌亚里士多德项目团队发现，有趣的是，来自更为成功团队的成员比那些来自效率较低团队的成员在本项测试中平均得分更高。心理学家得出结论，成功的团队会向成员传递一种理解的感觉，使他们能够理解一个人是沮丧还是开心，而且这些团队提供了一个心理上安全的环境。

为了在谷歌验证这一结论，亚里士多德项目与一位在加入谷歌前曾是一位特警（S. W. A. T）的项目经理进行合作，他没有计算机学习背景，但懂得管理。Matt Sakaguchi 曾经领导了一支协作并不是特别好的团队，他被分配到了一个新的团队中，并且想更多地了解如何让他的新团队更好协作。亚里士多德项目组给了他一个调查，让他在团队成员中进行，该项调查中包括询问成员是否理解自己的角色和职责，以及他们的工作是否对团队有所影响等问题。

令 Sakaguchi 感到惊讶的是，调查结果表明他的新团队正在经历着不满，而他却没有发现他们的这些感觉。Sakaguchi 把他的团队带到工作场所以外的地方，一起讨论调查结果以及应该采取什么措施。他用一个自己正在面对的健康问题的故事开始了讨论，成员们都目瞪口呆——他们与 Sakaguchi 工作了十个月，却从来没有注意到这个问题。其他成员也说出了自己面临的健康问题和社交处境。他们迅速营造了一个能够让成员安全地分享他们一直以来所受困扰的环境。作为一个团队，他们建立了新的准则来增进交流，付出更多努力来包容他人，并且留意他人的情绪。Sakaguchi 同意针对团队中每个人在谷歌使命中的角色提供更多的信息。谷歌通过亚里士多德项目得到的成果是，没有人愿意在上班的时候被要求背离自己的性格和在家里的内心世界。人们每天在工作上要花费一个特定部分的时间，他们需要一个在心理上感到安全的、没有恐惧和指责的环境来分享事物。谷歌懂得了成功建立在成员们的经历以及他们给彼此带来的感受之上，这其中必要的复杂对话和情绪警觉是无法用数据收集和选取来最优化的。成功团队中的个体成员会倾听于彼此，并且对别人的个人和职业状况有所关心。

资料来源：Based on information from Duhigg, C. (2016). What Google learned from its quest to build the perfect team. The New York Times Magazine. Retrieved from http://www.nytimes.com/2016/02/28/magazine/what-google-learned-from-its-questVto-build-the-perfect-team.html?_r=0

关键的成功要素

- 项目获得成功需要一个有效的项目团队。尽管需要计划及项目经理的工作技能，但人员才是项目成功的关键。
- 仅把一组人员集合在一个项目中共同工作，并不能形成团队。要使这些成员发展成为一个有效协作的团队,既要项目经理付出努力,也需要项目团队中成员的付出。
- 项目过程中,在保证可行性的前提下,项目团队规模越小越好。
- 项目启动会议应该尽早召开,从而周知成员,安抚他们的紧张情绪,管理项目预期,并对团队起到激励的作用。
- 有效的项目团队的特点包括:对项目目标的清晰理解,对每位成员角色和职责的明确期望,目标导向,高度的合作互助及高度信任。
- 项目团队的每位成员都要协助营造并培育一个积极有效的项目环境。
- 有效的团队成员对自己有高度期望。他们会做好计划、控制并相信他们各自的工作。
- 有效的团队成员拥有开放、坦诚而又及时的沟通。他们愿意交流信息、想法和感情。他们彼此间做出建设性的反馈。
- 有效的团队成员不仅限于完成分派给自己的任务,他们也是彼此之间的力量源泉。
- 成员之间的多样性为项目带来独一无二的想法和思维角度。
- 每一个团队成员都要认同、理解、珍视并尊重不同团队成员间的多样性。
- 多样性是增强沟通、培育更紧密的关系、创造舒适的工作环境以及促进团队绩效的动力。
- 在与顾客、供应商以及分包商的业务合作关系中,道德问题尤为重要。
- 作为团队建设工作的一部分,项目经理和项目团队要明白,在项目工作过程中,冲突必然发生,并就应对之策形成一致意见。
- 有效的项目团队解决冲突的方法是通过建设性的、及时的反馈积极地正视问题。冲突是无法压制的,相反,要以积极的态度对待它,把它当作成长和学习的机会。
- 处理恰当,冲突也有其有利的一面。它能将问题暴露出来,使其及早得到重视。它能引发讨论,澄清成员们的观念。它能培养人们的创造性,更好地解决问题。
- 冲突不能完全靠项目经理来处理解决,团队成员之间的冲突应该由相关成员来处理。
- 每个人都必须以积极的态度对待冲突,并愿意就面临的冲突广泛交换情况。
- 为有效地管理时间,团队成员要明确每周目标,每天制定一个工作清单。

 本章小结

团队是一组个体为实现共同目标而相互依赖,一起工作。团队工作就是项目团队成员为实现这个共同目标而付出的共同努力。项目团队的工作是否有成效直接关系到项目的成败。项目团队要经过不同的发展阶段。形成阶段是团队发展过程的第一个阶段,是人们从个体向团队成员的转变过程,在这一阶段,团队成员开始相互结识;在震荡阶段,会出现冲突,气氛紧张,这一阶段的动力和士气较低,成员甚至可能抵制形成团队;但是,经历过震荡阶段后,团队就进入发展过程的正规阶段,团队成员之间、团队与项目经理之间的关系就确定下来了,大部分个人之间的冲突已得到解决;团队发展成长的第四个,也就是最后一个阶段是表现阶段,在这一阶段,团队积极工作,渴望实现项目目标,成员有整体感。

有效的项目团队通常有以下特点:明确理解项目目标,明确对每个人的角色和职责的期望,目标导向,高度的合作互助,高度信任。影响团队效率的障碍有:目标不明确,对角色和职责界定不清晰,项目组织结构不健全,缺乏工作投入,沟通不足,领导不力,项目团队成员的流动及不良行为。

团队建设——组建一个个人的集合体来实现项目目标——是一个持续进行的过程,它是项目经理和项目团队的共同职责。团队成员之间的社会化有助于团队建设。为促进成员们的社会化,团队成员可以要求在项目工作期间把他们安排在一个办公区里。项目团队可以通过参加各种社交活动来促进社会化。

项目工作中产生冲突是不可避免的。在项目期间,冲突可能来自于各种情况。它可能涉及项目团队成员、项目经理,甚至是客户。项目中对如何进行工作、应该完成多少工作、工作以什么样的质量标准完成、由谁来完成某项工作、工作需要多长时间、多少费用等这些问题的不同意见,都是潜在冲突的来源。冲突也会由于人们的偏见及价值观和态度的分歧而产生。

冲突不能仅靠项目经理来处理和解决,团队成员间的冲突要由相关成员来处理。只要正确处理,冲突也有其有利的一面,它使问题显露出来并得到解决。

团队在完成项目的过程中必然会遇到一些问题和难题,九步骤解决问题法是个非常有效的方法。它包括说明问题、找出问题的可能原因、收集资料并明确最可能原因、明确可行方案、评估可行方案、决定最佳方案、修订项目计划、实施方案、判断问题是否得到解决。在解决问题的过程中经常用到头脑风暴法,它是让团队全体成员自发想出主意。这种方法更注重主意的数量,而不是质量。

一个绩效良好的项目团队很有必要管理好时间。为有效管理时间,团队成员要明确每周的目标,每天制定一个工作清单,集中精力完成当天的工作清单。要控制干扰,谢绝参加那些对实现目标没有意义的活动。团队成员也要有效利用等待的时间,一次性处理好文件工作,并要为实现目标奖励自己。

 思考题

1. 讨论团队发展的各个阶段,说明每个阶段的过程、存在的问题和工作效率水平。
2. 项目启动会议有什么好处?根据你的项目经验,阐述项目启动会议能够如何加以改进。
3. 有效的团队有哪些特点?这些特点同样适用于一个有效的家庭、交响乐团或职业球队吗?试说明理由。
4. 影响团队有效性的一般障碍有哪些?想出你曾工作过的一个项目团队,讨论影响其成功的障碍。
5. 为什么说团队里不能有"我"的概念?你同意这种说法吗?为什么?

6. 说出能促进团队建设的三种活动。这些活动是否一定要由项目经理发起和组织？

7. 说出一些团队的多样性，列出为了达成项目目标应如何应对多样性的方法。

8. 项目经理在处理问题中应扮演什么样的角色？为提高道德水准应如何做？描述你遇到的道德决策问题以及这样决策的结果。

9. 讨论项目过程中产生的冲突种类，说出你曾经历过的这些冲突的两种情形。

10. 描述项目中处理冲突的方法。在问题 8 所描述的两种情形下，冲突是如何解决的？

11. 当地一家银行安装了一套新的信息系统，经理发现某些客户的交易不能顺利进行。经理知道这个问题会导致严重的金融难题，使得客户极不满意。试说明他应如何运用九步骤解决问题法来解决这个问题。

12. 和朋友一起进行应用头脑风暴法的练习，尽可能多地列举出曲别针的用处。

13. 人们怎样才能有效管理时间？你通常应用这些建议中的哪一些？设法在下星期把你的时间管理得更好些，严格按本书里的建议执行。周末，写一份经验总结。

上网练习

1. 由海图屋公司（Charthouse©）制作的影片《如鱼得水》（*The Fish! Philosophy*）讲述了四种简单而相互联系的方法来帮助人们与团队、客户，或者其他像同班同学、家人、朋友、同事等人建立更强大的关系。在网上搜索关于《如鱼得水》的资料，针对每种方法，至少列举出五项团队成员为了建立更强大的团队关系可以采取的措施。

2. 搜索关于冲突来源及冲突解决策略的相关资料。总结你所收集到的信息，并与本章所讲内容进行比较。

3. 搜索关于时间管理的资料。至少打印出一个网站上列举的内容，并说说你认为的五个最重要的有效管理时间的策略。

4. 搜索一篇关于项目团队的案例。在建设该团队的过程中，项目经理是成功的吗？为什么？至少描述一个项目经理或项目团队在项目中有可能面临的道德困境。

5. 访问项目管理机构的主页，找到"项目管理中的道德问题"页面，搜索有关道德问题的资源，总结并概括项目管理机构的职业道德和专业操守守则。

案例分析1　团队效能

科林（Colin）和拉乌夫（Raouf）两人在最近某次会议上，像往常一样无视发言者的讲话而自顾自地聊天。这时明显被激怒的亨利（Henri）看着科林说："在我二十年的工作经历中，我从来没有见到过这么差劲的硬件设计。一个一年级的大学生都能做得比这更好。"亨利对着科林提高声调，"怪不得我们比进度计划落后了一个月，现在我们又要为了重新设计花更多的时间和金钱。科林，如果你自顾不暇的话，就应该向别人寻求帮助。周五等杰克（Jack）回来的时候我会和他再检查一下情况。就这样吧，散会。我们得把时间花在工作上，而不是在这里开会的时候闲谈。"团队中的其他人都对亨利这一通激愤的指责感到震惊,但这也不是第一次了。他们都为科林感到难过,然而其他人之前已经经历过了亨利的震怒。

亨利是硬件系统团队的队长。科林是被分配到这个团队的硬件系统设计师。杰克是项目经理,他最近几天出差去见客户了,并让亨利代替他召开项目周例会。

会后,科林去了拉乌夫的办公室。拉乌夫是一名应用软件设计师。他们俩从去年开始建立起了友谊,发现彼此在几年前都毕业于同一所大学,目前和法蒂玛(Fatima)都是项目团队中比较年轻的员工。科林对拉乌夫说:"要是我只能做最后一件事,真想抓住那个蠢货。"

"冷静点,科林。你说得对,他就是个蠢货,所有人都知道他根本不清楚自己在做什么,而且他已经自顾不暇了,我们都对他心中有数。"拉乌夫答道,"但是你看他在杰克面前从来不那样表现,只有在杰克不在或者不参会的时候亨利才这样。"

"好吧,反正我周五见到杰克的第一件事就是告诉他亨利的事情,没人需要在所有人面前受他这种气。"科林说。

"也许你应该先和亨利谈谈。"拉乌夫建议道。

科林轻声笑道,"是的,没错!"

"你觉得杰克会怎么做呢?"拉乌夫问。

科林回答,"我希望能解雇他。"

"我有点怀疑他会不会被解雇,"拉乌夫说,"杰克似乎总是会给亨利机会,好像杰克对不起他似的。"

"也许杰克应该为集体利益考虑,把这个害群之马踢出去!"科林答道。

杰克周五早上回到了办公室。他正要脱夹克的时候,科林出现了。"杰克,在一次项目会议上你说你有一项'敞开大门'的政策,所以我就来跟你说说亨利的问题。"科林说道。杰克开始打开收拾自己的公文包,出差一整周给他留下了许多需要赶上进度的事务。他看到科林很烦躁,就说:"当然了,科林,但在去跟合同部见面修订合同之前,我只有十分钟听你讲。"

科林脱口而出:"不会很久的。我就是想说在你出差期间,亨利在全团队人面前指责我是一个糟糕的设计师。他怪我把项目进度拖后了一个月。他总是干这种事,你为什么要让他逃脱惩罚呢?没有人喜欢他。你不能甩掉他或者派他去别的项目吗?"杰克吃了一惊,他答道:"科林,你看上去很烦躁。等到周一我有更多时间的时候,我们再一起讨论这个问题吧,你也可以在周末的时候冷静一下。"

"没什么好讨论的。事情就是这样,如果你不相信我,可以问问任何一个人。"科林一边回答一边走出了杰克的办公室。

杰克让他的行政助理罗丝玛丽(Rosemary)安排当天下午晚些时候和亨利开个会。罗丝玛丽平时热衷于在杰克的办公室外面偷听别人的对话。在会上,杰克把科林的话告诉了亨利,他知道最近亨利因为自己的儿子贩毒被捕而一直承受着很大的压力。亨利告诉杰克:"在我看来,好像是科林反应过激,而且夸大其词了。在会上,我告诉科林他的设计中有一些小缺陷,建议他和其他同事一起再检查检查。你知道的,这些年轻人就是这样,他们必须得学会为自己的行为负责。"

"那关于项目进度落后计划的事呢？这我可是第一次听说。"杰克问道。

亨利回答："嗯，我并不是说这就是科林的错。跟你说实话吧，法蒂玛和她的小组里那些软件高才生并不是工作最努力的。我是说，我经常看见他们四处玩闹，喋喋不休，还来烦扰我的硬件团队。项目进度不落后才怪呢。反正，不要担心科林，他还年轻，需要学着脸皮厚一点。我会跟他谈谈的，告诉他不要再和软件组的人待在一起，免得沾染恶习。"

同一个周五下午，科林四处询问大部分的年轻队员下班后要不要一起去喝一杯开心一下，他们包括大部分的软件组成员和杰克的行政助理罗丝玛丽。她被科林深深吸引，并且一直希望他能邀请她出去玩。她告诉科林，她偷听到亨利对杰克说由于法蒂玛和软件组花了太多时间四处玩闹而不是好好工作，才造成了项目延迟。当晚晚些时候，科林走过去与坐在一起的法蒂玛和拉乌夫聊天，科林告诉他们："我有第一手消息说，亨利告诉杰克项目远远落后是因为你们软件组。我建议你们去跟杰克谈谈。亨利就是在毒害这个项目，如果杰克相信了他，我们就都会在项目结束之前被解雇的。嘿，我有胆量去找杰克，现在你们也要有勇气这么做。我们得团结起来一起对抗亨利，必须有人让杰克知道亨利就是个装腔作势的人，他在祸害整个项目团队而且造成了队内不和，这才是项目延迟的原因。简而言之，只要亨利在这个团队中，项目就永远不会成功。这会影响到我们所有人的事业前程——因为我们和一个失败的项目有关联。等到杰克看到我们所有人都在对抗亨利的时候，他就不会有其他选择了。"

 案例问题

1. 在亨利对科林进行言语攻击时，科林在会上或是会后本应该做些什么？
2. 在拉乌夫和科林谈话之时或者之后，还有哪些他本可以做的事来阻止情况恶化？
3. 杰克有没有更好的办法来应对他和科林的会面？在杰克见到科林之后和他见到亨利之前，他还能做些什么？他在和亨利会面的时候，有哪些事情是他本应该做的？
4. 法蒂玛应该做些什么？

 小组活动

将全班同学分成四个小组，每个小组分配一个案例问题进行讨论和解答。

每个小组必须要确定一名发言人来向全班同学汇报该组的答案。

 # 案例分析2　新团队成员

直箭系统公司（Straight Arrow Systems Corp.）位于洛杉矶，主要从事开发和建立顾客系统的工作，其主要顾客是军事市场。它目前的一个项目是构建一个人员识别和追踪系统（personnel identification and tracking system），也就是PITS。

鲍勃（Bob Slug）是硬件开发工作组的组长。他的团队人员流动率比正常水平要高一些。今天，鲍勃刚刚结束了一场为他的新团队成员布拉德（Brad）举行的简短迎新会。这是布拉德来直箭公司的第一天，他刚刚从南加州的一所大型高校毕业。他的父亲在军队中工作。上大学前，他随着父亲的驻地在许多国家生活过。

"在今天下午的项目周例会上我会把你介绍给其他成员,在此之前,我想大概给你介绍一下每个人的一些背景,以便让你知道你在和什么样的人一起工作,"鲍勃眼珠一转,对布拉德继续说道,"他们当然是一群很不一样的人物,有时候我也很好奇我们怎么可能把一件事做成。最后你可能会听说我们是有一些人员流动的,但我认为这是最好的安排。你懂我的意思,有些人就是没法融入进来。"

"首先,这位亚洲女士:YoKo还是什么的,我不会读她的名字,所以我就叫她优优了,"鲍勃轻笑着,接着说,"那些人很擅长细节化的工作,所以我肯定是分配她去再次审查其他人的一些工作了。对了,不管她什么时候带午餐来,你能想象得到,整个工作区都是难闻的味道。谁知道他们到底吃的都是些什么东西。"

"然后这位是奥姆。多可爱!她看上去就像还在读高中一样。她总是戴着耳机,所以也很难把她当回事。她说话的时候都是用一些'专业术语',这些年轻人就是不懂该怎么交流。他们每天要做的事就是在电脑面前坐着,但她还总是问我她做得怎么样。我说,我又不是她妈妈。反正我雇用她是被说服的,因为管理层说我的团队里女性不够多,然后他们还要奇怪为什么我的团队有人员流动,因为接下来,你知道的,她也会怀孕后离职去生孩子。"

"接着这是贾德,有文身的那个孩子。我还需要再说什么吗?"鲍勃边摇头边说,"如果他连自己的身体都不尊重,我怎么指望他会尊重我的权威?他可能使得他父母的日子也很难过。""显而易见,泰瑞尔是那个黑人。他话不多,可能因为他是团队里唯一一个黑人,所以感到难以融入吧,而且你知道他们有多喜欢跟别人出去玩。我倒希望他会离职,所以我没有给他分配任何长期的工作任务。"

"杰伊就是戴着头巾的那个,他真的想戴着那个东西吗?我是说,得了吧,这是在美国。我对他也很好奇,他和女性在一起的时候总是看着地面,也从来不跟她们中的任何一个人握手。他怎么能克制住不去看奥姆呢?"

"这位是坦尼亚,她有了几个小孩,但我不确定她有没有结婚。反正,我没法指望她,因为她总是以小孩生病为由外出。而且她也不能加班,因为她得去保姆那里接小孩。年幼孩子的妈妈就应该在家里待着陪伴孩子,就像我妻子一样。"

"然后你会看到约瑟总是在用西班牙语打电话,所以没人知道他在说些什么。很显然,他并没有尽到自己的本分,而且我想团队里的其他人也都讨厌他。顺便提一句,他有五个孩子。是的,他是天主教徒。"鲍勃大笑着说。他继续道:"他是另一个让我因为被施压才雇用的人。"

"接着这是肯尼斯。我能说的就是在他身边小心点,我觉得他在找一个男朋友,你懂我意思,他有点'娘娘腔'。"

"然后这位是胖子布伦达,你不会认错她的,"鲍勃咧嘴笑着说,"当我们要跟客户开会的时候,我一定会确保布伦达有其他事情做,我不想让客户对团队留下任何不好的印象。另一方面,我也尽量确保奥姆会来参加会议,她真的是个好'门面',你懂我吧。"鲍勃一边说,一边眨眼。

"斯坦恩就是那个看上去有一百岁的老男人,他很久以前早就该退休了。他太老了,已经想不出来什么好点子了,我干脆就不费事去问他。他就是要在这里耗着多赚点养老金,大家都心知肚明的。"

"弗雷德是坐轮椅的那个人,他还行,但是永远都在完成事务来跟上进度。我必须要确保不会给他任何太具挑战性的任务,否则他会给剩下的团队都拖后腿的。"

"最后,这是桑迪,没人喜欢她。她在和其他队员建立关系的时候度过了一段很艰难的日子,好像她不相信任何人,怪不得她会离婚。有人说她有个在吸毒的孩子,我觉得这并不意外,她自己就不是一个最好的榜样。她好像也从来不在任何队员身边待着。这能告诉你什么呢?"鲍勃说着,扬起了眉毛。

"我有这么一群破轮胎,管理层怎么能指望我去开好这辆大巴呢?"

"谢天谢地,我的团队里还有比尔,我认识他很久了。我们一起读的州立大学,而且我们两家人去的是同一座卫理公会教堂。我俩还一起参过军,所以我知道他是靠得住的任务能手。"

鲍勃接着说:"我希望你能明白,布拉德,我不是有偏见之类的那种人。我就是一个心直口快的人,看到什么我就说出来了。有些人可能不喜欢这样,但是至少他们知道我立足于哪里。他们就是他们,我不知道他们每个人来自哪里,我当然也不会在我家附近或者周日的教堂里见到他们,但他们就是缺乏应有的职业道德,像我和比尔这种的。他们就是有一些奇怪的价值观。他们中的大多数人如果不改变态度的话,永远都不会前进的。我得用我手里有的人来完成工作,但是做成任何一件事都很难,更别说总是要担心这些人会被你说的话惹恼,然后跑去跟管理层抱怨或者威胁要起诉你。现在不像过去那么美好了,那时候所有人都是一样的。坦白说,我并不认为他们喜欢和彼此一起工作,因为他们就是不能透过差异看本质。他们有些人甚至觉得我是个异类,你能相信吗?"

"所以你看,跟这个困住我的团队在一起,按时完成我们的硬件开发任务真的是个挑战。有时候,我真的觉得这个项目就是个深坑!要是我有更多像我和比尔一样的人,事情就会简单多了。"

"布拉德,看起来得由你、比尔和我一起带动整个团队了。我们是唯一与他们不同的人。我希望我能指望你捡起这个烂摊子,帮助我们把硬件开发的工作带回进度的正轨。还有布拉德,别对任何人提起我对你说过的关于这些人的话,因为要是这些话传到他们耳朵里,他们可能都会被激怒,然后又要跑去找管理层抱怨了,那我可就失去对你的信任了。"

案例问题

1. 就珍视团队多样性而言,鲍勃是在进行什么行为?布拉德接下来的做法有哪些选择?他应该怎么做?
2. 团队中的成员可以做些什么?
3. 在这个案例中,哪些做法可以改善多样性的氛围?
4. 你认为如果鲍勃的主管知道了鲍勃的行为,她会怎么做?

小组活动

将课程学员分成三或四个小组来讨论这个案例并回答上述问题。

每个小组确定一名发言人来向全班同学汇报本组的答案。

# 参考文献

Aga, D. A., Noorderhaven, N., & Vallego, B. (2015). Transformational leadership and project success: The mediating role of team-building. *International Journal of Project Management*, 34(5), 806-818.

Alberola, J. M., Del Val, E., Sanchez-Anguix, V., Palomares, A., & Teruel, M. D. (2016). An artificial intelligence tool for heterogeneous team formation in the classroom. *Knowledge-Based Systems*, 101, 1-14.

Blake, R., & Mouton, J. (1978). *The new managerial grid*. Houston, TX: Gulf Publishing Co.

Debernard, A., Cavender, R., Velasquez, E., & Spielvogel, E.. In safe hands. *PM Network*, 30(3), 22-23.

Duhigg, C. (2016). What Google learned from its quest to build the perfect team. *The New York Times Magazine*. Retrieved from http://www.nytimes.com/2016/02/28/magazine/what-google-learned-from-its-quest-to-build-the-perfect-team.html?_r=0.

Enninga, T., & van der Lugt, R. (2016). The innovation journey and the skipper of the raft: About the role of narratives in innovation project leadership. *Project Management Journal*, 47(2), 103-114.

Ekrot, B., Kock, A., & Gemünden, H. G. (2016). Retaining project management competence Antecedents and consequences. *International Journal of Project Management*, 34(2), 145-157.

Fellows, R. & Liu, A. (2016). Sensemaking in the cross-cultural contexts of projects. *International Journal of Project Management*, 34(2), 246-257.

Higginbottom, K. (2014). How to Support transgender employees in the workplace. *Forbes Leadership*. Retrieved from http://www.forbes.com/sites/karenhigginbottom/2014/06/24/how-to-support-transgender-employees-in-the-workplace/#5b82bdf758b1.

Hoegl, M., & Muethel, M. (2016). Enabling Shared leadership in virtual project teams: A practitioners Guide. *Project Management Journal*, 47(1), 7-12.

Jacobsson, M., & Hällgren, M. (2016). Impromptu teams in a temporary organization: On their nature and role. *International Journal of Project Management*, 34(4), 584-596.

Jungmann, F., Hilgenberg, F., Porzelt, S., Fischbach, M., & Wegge, J. (2016). Team work and leadership in an aging workforce: Results of an intervention project. In B. Deml, P. Stock, R. Bruder, & C. M. Schlick(Eds.), *Advances in ergonomic design of systems, products and processes* (pp. 57-70). Berlin Heidelberg: Springer Berlin Heidelberg.

Kraft, K., & Prytherch, H. (2016). Most significant change in conflict settings: Staff development through monitoring and evaluation. *Development in Practice*, 26(1), 27-37.

Lee, C. K., Yiu, T. W., & Cheung, S. O. (2016). Selection and use of alternative dispute resolution (ADR) in construction projects Past and future research. *International Journal of Project Management*, 34(3), 494-507.

Lin, T., Chen, C., Hsu, J. S., & Fu, T. (2015). The impact of team knowledge on problem solving competence in information systems development team. *International Journal of Project Management*, 33(8), 1692-1703.

Monzon, A., Chow, T., Guthrie, P., Lu, Z., Chuma, C., He, H., & Kuzkov, S. (2016). Methods for promoting knowledge exchange and networking among young professionals in the aerospace sector IAF s IPMC Workshop 2013-Insights. *Acta Astronautica*, 118, 123-129.

Project Management Institute. (2017). *A guide to the project management body of knowledge* (PMBOK© Guide)(6th ed.). Newtown Square, PA: Author.

Thomas, K., & Kilmann, R. (1975). The social desirability variable organizational research: An alternative explanation for reported findings. *Academy of Management Journal*, 18(4), 741-752.

Tuckman, B., & Jensen, M. (1977). Stages of small-group development revisited. *Group & Organization Studies*, 2(4), 419-427.

Turner, J. R. (2016). Team cognition conflict: A conceptual review identifying cognition conflict as a new team conflict construct. *Performance Improvement Quarterly*, 29(2). doi: 10.1002/piq21219.

Turner, M., & Mariani, A. (2016). Managing the work-family interface: Experience of construction project managers. *International Journal of Managing Projects in Business*, 9(2), 243-258.

van Marrewijk, A., & Smits, K. (2016). Cultural practices of governance in the Panama Canal expansion megaproject. *International Journal of Project Management*, 34(3), 533-544.

第 12 章

项目沟通及文件记录

本章内容支持《PMBOK 指南》中的如下项目管理知识领域：
- 项目沟通管理
- 项目集成管理
- 项目资源管理
- 项目利益相关者管理

现实世界中的项目管理

监控沟通

当旧金山巨人队赢得 2014 年美国职业棒球大联盟世界系列赛冠军时，球迷们想要通过胜利游行来做个纪念。旧金山巨人棒球队的子公司 Giant Enterprises 的副总裁莎拉·亨特（Sara Hunt）负责管理团队的公共非棒球赛事。

亨特评论说，你不想太早开始计划，但你也想给自己足够的时间为所有参与者创建一个安全环境来平稳开展工作。

亨特需要为加利福尼亚州旧金山的街道上超过一百万的粉丝做好多方面的游行计划。路线应该途径哪些街道？贵宾站应该设在哪里？哪些电视和新闻团队将报道该活动，他们应该在哪里设置他们的设备？炸弹、踩踏、地震、停电可能带来哪些安全隐患？现场应该有哪些应急人员？

亨特早就为活动期间有问题部分计划了其他活动，她希望她能确保采纳足够广泛的观点，并通过充足的沟通来处理任何关键性问题。其中一项活动是为圣弗朗西斯科巨人企业客户举办私人音乐会。在演出期间，音响系统出了问题。随着工作人员迅速修复系统，亨特同时监控着社交媒体，以衡量观众对失声的反应。与会者报告了针对即兴表演的兴奋程度。而一旦音响系统恢复，亨特和她的活动团队决定让观众在恢复到音响音量之前享受一段时间的即兴演奏作为过渡。

冠军队的胜利游行是成功的。除了粉丝之外，该活动的其他利益相关者还包括公关人员、市政官员、巨人团队代表和成员、活动团队成员和制作人、城市警察和消防官员以及市公共工程部门。亨特将成功归功于利益相关者之间的牢固关系和明确沟通。面对任何危机或危险情况，都有相应的系统来处理。亨特表示，无论是地震还是踩踏事故，都需要整合和动用合适的应急资源，以便迅速而彻底地做出反应。

游行等一些活动需要快速规划。记录和经验回顾可以帮助规划短期活动。而其他事件，如教皇在宾夕法尼亚州费城、肯尼亚、乌干达和中非共和国访问需要的规划期更长，风险评估水平也更高。这些项目内的沟通非常广泛。教皇访问宾夕法尼亚州的费城时，动用了美国历史上最大规模的安全保护部队力量。他访问乌干达时需要与来自该国若干不同部门和地方的 12 800 名官员进行沟通。

成功的项目依赖于监控和控制沟通。随着技术工具的发展，其中一些沟通属于常规项目渠道，而另一些则是新的。亨特观察到，使用实时信息带来的效果令人震惊。它对我们现在管理事件的方式产生了巨大影响。无论项目规模大小和计划时间长短，都需要良好的沟通计划和沟通管理计划。

本章概要

本章讨论有效完成项目的一个重要因素——沟通。沟通发生在项目团队与客户或赞助商以及其他利益相关者之间，项目团队成员之间，以及项目团队和其上级管理层之间。沟通涉及两个人或一群人。它可以是口头的或书面的，也可以是面对面的，或使用一些媒介，如电话、有声邮件、电子邮件、短信、信件、备忘录、视频会议、文档开发系统或共享的 Web 2.0 工具。它可以是正式的，如在一次会议上做报告或讲演；也可以是非正式的，如大厅的会谈或电子邮件信息。本章将讨论多种交流沟通的方式，你将了解以下内容：

- 加强人员之间沟通的建议，例如面对面的讨论和书面交流；
- 有效聆听；
- 各种项目会议和让会议更有效的建议；
- 正式的项目讲演及有效讲演的一些建议；
- 项目报告和编写有用报告的建议；
- 监视和控制项目文档的更改项目沟通计划；
- 与利益相关者沟通；
- 协作沟通工具。

学习目标

学习完本章后，你应该能够：

- 讨论并应用技巧来增强个人口头和书面沟通能力；
- 描述有效聆听的四个障碍，并应用技巧来提高听力和理解力；
- 准备和促进有效的项目会议；
- 准备并进行信息丰富而有趣的演示；
- 准备有用、可读和可理解的报告；

- 说明如何控制对项目文档的更改；
- 创建项目沟通计划；
- 与项目利益相关者进行有效沟通；
- 描述用于加强项目沟通的协作工具。

12.1 人员沟通

沟通不畅通常是未能完成项目范围、进度、预算或客户满意度目标的根本原因。有效的沟通和及时的信息交流是必不可少的，也是成功项目管理的生命线。

有效和频繁的个人沟通对于保持项目进行，识别潜在问题，征求改善项目绩效的建议，及时了解客户是否满意，维护利益相关者参与以及避免意外是至关重要的。个人交流可以通过语言或非语言行为发生，例如肢体语言。它可以是面对面的或通过某种媒介，包括电话、语音邮件、电子邮件、短信、信件、备忘录、视频会议、文档开发系统或共享的 Web 2.0 工具。个人沟通可以是口头或书面形式的。

12.1.1 口头沟通

人员的口头沟通可以是面对面的，也可以通过电话进行。它可以通过有声邮件或电视会议等方式实现。通过口头沟通，我们可以以一种更准确、便捷的方式获得信息。这种沟通为讨论、澄清问题、理解和及时反馈信息提供了场所。面对面的沟通同时提供了一种在沟通时观察身体语言的机会，即使是电话沟通也能让听者听出语调、声音的抑扬变化和声音的感情色彩。身体语言与语调变化是丰富口头沟通的重要因素。与电话沟通相比，面对面的沟通可以更好地加强人际沟通。

身体语言不仅被讲话人使用，同时也被听者作为向讲话人提供反馈的一种方式而应用。肯定的身体语言包括直接的眼神接触、微笑、手势、前倾和表示致谢或同意的点头。否定的身体语言可能是皱眉、两臂交叉、没精打采、坐立不安、走神或东张西望、胡写乱画或打哈欠。在人际沟通中，无论他们是团队成员、客户还是其他利益相关者，人们需对反映参与者文化差异的身体语言保持敏感。当与来自其他文化和国家的人沟通时，你需要了解他们有关问候、手势、礼物赠与和礼仪等习俗，例如，对于手势、与您交流的人的接近程度、点头和触摸在不同的文化中具有不同的含义。

在口头沟通时，人们必须谨慎，不要使用可能被理解成是性别歧视、种族歧视、偏见或攻击性的评述、言辞或短语。不应直接对某人做出批评，否则会使之不快。在群体环境下做出的评论对其中的某些人来说可能是攻击性的，他们可能发现某些言辞对他们自己或他们的一个熟人具有伤害性。有关民族习惯、姓氏、方言、宗教信仰、身体特征或仪表、特殊习惯等的评论可能是令人不悦的，即使这种攻击不是有意的或这种评论只是开玩笑而已。所以在发表言论之前要想一想，因为你一旦发表了某种意见就不能够撤回了。

在项目早期，高度的面对面沟通对促进团队建设、发展良好的工作关系个建立共同期望和建立信任是特别重要的。把项目团队安排在同一个场所有利于沟通，因为到某人的办公室问些事情,比打电话给某人并且可能要等几天才得到答复要容易得多。然而,在面对面沟通不可能办到时,语音邮件就是可以让人们及时进行口头沟通的一种方式。安排项目团队成员在一起一般是不容易办到的,尤其是当团队包括来自不同地区的成员和承约商时。在这种情况下,如果电视会议可用的话,便是一种最好的方式。

项目团队成员需要主动与其他团队成员和项目经理进行及时的联系,以获取和提供信息,而不是坐等到几周以后将要召开的项目团队会议。特别是项目经理,应该定期走出办公室拜访每个项目团队成员。他应主动拜访客户和公司上层管理人员,进行面对面沟通,而不是等着直到被通知去开会。如果拜访客户需要长途旅行的话,项目经理就应该采取定期电话讨论的方式进行沟通。

口头沟通应该频繁、及时、清晰、简洁、坦白、明确。当就一个问题或一件事进行沟通时,言辞过于得体反而容易误导对方,使对方不清楚你在期望什么。与一个人沟通方式可能与另一个人的方式不同。例如,一个人的情绪状态可能会影响他接收信息的方式。你应该通过征求反馈信息来检查别人对你传达问题的理解。如果不能确定你表达的要点是否被人理解,则可请他们表述对你所讲的话的理解;同样,如果你对别人试图传达的要点不明白,就把你所理解的意思表达出来,以达成共识。

最后,口头沟通的时间选择是很重要的。例如,你不应该在某个同事正在做其他重要事情时,闯进他的办公室并打断他。在这种情况下,你应该问问他什么时候有时间,并说明你需要跟他谈多长时间及要谈些什么,这样他就会知道是需要 10 分钟来讨论一个普通的主题,还是需要 1 小时来谈论一个重要的主题。同样,当打电话给另一个人时,你必须在开始就说明你想讨论的主题和需要多长时间,然后询问他现在是不是一个好时机,或者你是否应该在更方便的时候再打去电话。

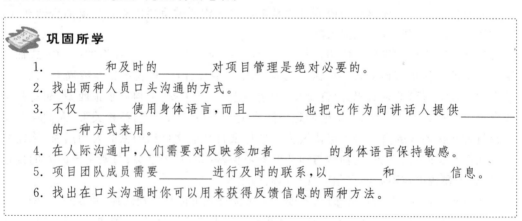

巩固所学

1. _____ 和及时的 _____ 对项目管理是绝对必要的。
2. 找出两种人员口头沟通的方式。
3. 不仅 _____ 使用身体语言,而且 _____ 也把它作为向讲话人提供 _____ 的一种方式来用。
4. 在人际沟通中,人们需要对反映参加者 _____ 的身体语言保持敏感。
5. 项目团队成员需要 _____ 进行及时的联系,以 _____ 和 _____ 信息。
6. 找出在口头沟通时你可以用来获得反馈信息的两种方法。

12.1.2 书面沟通

人员间的书面沟通常常通过项目团队之间的内部沟通以及与客户或公司外部其他人(如分包商或某些利益相关者)的外部沟通来进行。书面沟通也常通过电子邮件传输或以硬盘拷贝形式发送。需要签名的正式项目文件(如合同和修订)通常以硬盘拷贝形式发送。

当无法召开会议或信息需要及时传送时,电子邮件是与一组人员进行有效交流沟通的方式。书面沟通仅在必要的情况下使用。因为项目参与者通常很忙,他们没有时间去看那些包含在琐碎的备忘录中的、在下次项目会议上能通过口头沟通获得的信息。

在确认决策和行动时,以电子邮件作为面对面会谈或电话交流的后续行动,可能比个人的记忆力更合适一些。当以电子邮件来确认口头沟通时,应该给那些没有参与这次沟通但又需知道这条信息的人一份副本。另外,如果一个项目团队成员离开项目,则候补人员需对有关以前行动和决策的沟通记录有所了解,这时书面沟通就更重要了。

书面沟通大多用来进行通知、确认和要求等活动。例如,通知项目团队,客户将在某日来访,或者要求团队成员向客户提供有关季度项目进度报告的书面情况。

备忘录和信件必须清楚、简洁,不能包含长篇大论或冗长的、与主题无关的附带内容。项目参与人员忙于分内的工作任务,他们会认为文书工作或处理电子邮件与其说会有帮助,不如说是会阻碍工作。

书面沟通是正式的回应,所以要专业。拼写错误、语法和标点符号问题、语言不恰当,都会给人留下负面的印象。与工作相关的电子邮件不应包括表情符号或文本消息缩写,这些都被认为是不专业的,因为并非所有的信息接收者都可以理解缩写,或者可能误解它们,像 KWIM :-) 这样的。不要发送情绪化的电子邮件,而是选择保存草稿,第二天重新进行审核,这样你就可能有机会修改它,以缓解情绪并显得更专业一些。

巩固所学

7. 人员书面沟通有哪两种形式?

12.2　有效聆听

沟通的目的应该是达成理解。"我知道你理解了我说的话,但你没有意识到的是,你认为你所听到的并不是我的本意。"

交流沟通并不是简单地听和说。它的核心不是语言,而是理解;不仅需要被理解,而且还需理解。说话的人总是希望听者可以理解自己说的什么。有效沟通的一半是聆听,不会聆听将会使导致沟通障碍。

下面是一些有效聆听的常见障碍:
- 假装聆听。你也在听和想,但是速度比一般人讲话快。这将导致漫无头绪、厌烦或只想着你该如何回答。
- 注意力分散。如果你想做其他事情,如回电话、读书或是发短信,而有人正在跟你讲话,那么你就不能集中精力听这个人讲话。另外,身旁经过的人或窗外发生的事情也容易分散注意力。
- 偏见和固执。只听你支持的观点而拒绝不同意的事物是一种选择性的聆听。聆听中的偏见也可能来自对演讲者服饰、相貌、语调或特殊习惯的感觉。

- 不耐烦。如果你急于让讲话者进入主题或等待机会打断其发言,你就听不进讲话者在讲什么了。
- 急于得出结论。如果你在讲话人还没有结束讲话时就开始对他讲的东西下结论,你就无法静下心来听完整个故事或所有事实。

聆听不仅仅是给他人讲话的机会,它是一个主动而非被动的过程。主动去听可以增进理解并减少矛盾。下面列出了一些提高聆听技巧的建议:

- 集中精力听。看着讲话人会帮助你集中精力,并且你可以观察讲话人的身体语言。
- 积极主动地聆听。向讲话人提供语言或非语言反馈信息,这里包括身体语言,如点头表示同意所讲的东西、微笑或表示注意的前倾;也可以是不要求讲话人回答的语言评论,如"很有意思""我明白了"或"嗯";还可以对讲话人所讲的话进行解释,如"你所说的是……"或"你的意思是……"这种解释将会给讲话者解除误解的机会。
- 提问。当你想要澄清这人所讲的事情或想获得关于此事更多信息时,可以追根究底地提问,如"关于那件事,你能多告诉我一些吗?"。
- 不要打断。当一个人在讲话时,听清整个思路或在适当的间歇提出问题或评论。在一个人提供完信息之前,不要打断或转换主题。

如果项目团队成员想使相互沟通及与客户的沟通有效,良好的聆听技巧是非常重要的。

巩固所学

8. 在沟通中,不会_____将会导致_____。
9. 列出一些有效聆听的常见障碍。
10. 为提高聆听技巧,你应该做哪些事情?

12.3 会议

会议是促进团队建设和强化团队成员的期望、角色及对项目目标投入的工具。这一节将介绍在项目期间召开的各种类型的会议以及一些确保会议有效的建议。

12.3.1 项目会议的类型

最常见的项目会议类型是:

- 项目启动会议
- 情况评审会议
- 解决问题会议
- 技术设计评审会议

- 项目后评价

参考第 11 章的内容可以了解更多关于项目启动会议的信息,参考第 9 章的内容可以了解更多关于项目后评价的知识。

客户和项目承约商通常在签订的合同中明确对定期的情况评审会议和特定的技术评审会议的要求。

1. 情况评审会议

项目情况评审会议通常由项目经理主持或召集,会议成员一般包括全部或部分项目团队成员以及客户或项目团队的高级管理人员。会议的基本目的是通报情况、找出问题和制定行动方案。项目情况评审会议应该定期召开,以便早日发现问题或潜在的问题,防止危及项目目标实现的意外情况发生。例如,项目情况评审会议在项目团队中可以每周召开一次;与客户进行的项目情况评审会议周期可以长一些,如每月一次或每季度一次,这完全根据项目的整个持续时间和合同要求而定。

项目情况评审会议日程实例如表 12-1 所示。下面是每个日程细目需要讨论的主题:

- 自上次会议以来所取得的成果。明确已经实现的关键项目"里程碑",并检查以前会议活动细目的执行情况。
- 成本、进度计划和工作范围的进展情况。进展情况应该与基准计划进行比较,且必须以已完成任务和实际支出的最新信息为基础,这一点是很重要的。
- 成本、进度计划和工作范围的趋势。项目执行过程中要明确好的或不好的趋势,即使一个项目已经超前了几天,但是前几周计划进度表忽略了的事实表明现在必须采取纠正措施,以免项目无法在规定日期完成。

表 12-1 项目情况评审会议日程

	项目情况评审团队会议议程	
8:00 AM	自上次会议以来的成效 • 硬件 • 软件 • 文件	Steve Alex Wendy
8:30	成本、进度计划和工作范围 • 进度情况 • 趋势 • 预测 • 差异	Jack
8:50	更新风险评估	Teresa
9:00	必要的纠正措施	视情况而定
9:15	改进的机会	所有人员
9:30	讨论	所有人员
9:50	行动细目分配	Jack
10:00	体会	

- 成本、进度计划和工作范围的预测。根据目前的进展情况、趋势和要完成的项目任务,检查预测的项目完工日期和项目完工成本,并把它们与项目目标和基准计划进行比较。
- 更新风险评估。针对一个事件发生的可能性或是任何已确定存在的风险的潜在影响,决定其是否有变动。尤其要注意检查每个风险的触发点,以此确定是否有即将发生的风险。要识别任何新产生的风险。
- 成本、进度计划和工作范围的偏差。明确有关项目工作包和项目任务的成本及进度的实际进展与计划进展的所有偏差。这些变化可能是正的,如提前完成计划;也可能是负的,如已超出了完成工作所给定的预算金额。负面偏差有助于准确找出目前的问题和潜在的问题。应特别注意一些负面偏差进一步扩大的项目部分。
- 纠正措施。在某些情况下,找出问题和潜在问题的纠正措施正是在情况评审会议上产生的。例如,获得客户或管理人员的批准,继续购买某种原材料;获得加班授权,以便使项目赶上进度。还有些情况则要求单独召开解决问题会议,由有关的项目团队成员提出纠正措施。
- 改进的机会。这应该与问题及相应的纠正措施一同确定。例如,项目团队的一个成员指出,使用另一种材料或设备也可以满足技术指标,而这种材料或设备实际上比团队原计划要用的那种便宜;或者一个团队成员建议,通过复制现有的计算机软件或对其稍加改动而不是开发全新的计算机软件,可以节省出大量时间。
- 行动细目分配。具体行动细目应被明确并分配给具体的团队成员。对于每一项行动细目,必须注明负责人及预计的完工日期。完工日期应当由行动细目负责人进行估计,因为开会时,一旦在其他人面前做出了承诺,人们常会竭尽全力去按时完成。

必须说明一点,在情况评审会议上获得信息是项目经理真正了解项目进展情况的一种方式,但不是唯一方式。他需要通过与项目团队成员单独沟通,以核实在情况评审会议上的讲话内容。同时,项目经理应该要求能见到有形产品或交付物,如图样、模型或报告。这不仅能证实细目的真正完成度(不仅仅是几乎或基本完成),而且还能表明项目经理真正对每个人的工作都感兴趣,承认个人工作对成功完成项目目标的重要性。

2. 问题解决会议

当项目团队成员发现问题或潜在的问题时,应立即和其他有关人员召开一个问题解决会议,而不是等到情况评审会议上解决。尽可能早地发现和解决问题对项目的成功非常关键。

在项目开始时,对于由谁、在什么时候召开问题解决会议及实施纠正措施所需权限大小等问题,项目经理和项目团队应当设立准则。

问题解决会议应采用一个好的解决问题的方法,如下所述:

- 描述问题。
- 找出问题的潜在原因。
- 收集数据并找出最可能的原因。
- 找出可能的解决方案。

- 评价备选方案。
- 确定最佳解决方案。
- 修订项目计划。
- 实施解决方案。
- 确定问题是否得到了解决。

这一九步骤问题解决法已在第 11 章中进行了较详细的讨论。

3. 技术设计评审会议

包含设计阶段的项目，如信息系统项目、网站设计项目或是医院翻新平面图的设计，可能需要数次技术设计评审会议，以确保客户同意或批准项目承约商提出的设计方案。

以一家公司为例，该公司雇用一名顾问负责设计、开发并实施信息系统，从订单登记到付款全程跟踪客户的订货情况。公司可能要求该顾问在项目下一阶段——详细的系统开发及硬件、软件的购买阶段进行之前，与相关公司代表一起评审设计系统。在项目的后期阶段，公司可能希望某些员工评审并认同该顾问开发的计算机界面和输出格式，以确保它们能满足将来使用该系统的人们的需要及期望。

大多数技术性项目一般采取两种设计评审会议：

- 当承约商已经完成最初的概念说明、图形或流程图时进行的最初设计评审会议。该会议的目的是在承约商订购交货期较长的原材料之前，获得客户对设计方案符合技术要求的批准（从而不至于延误项目进度）。
- 当承约商已经完成详细说明、图形、屏幕和报告格式等诸如此类的工作时进行的最终设计评审会议。该会议的目的是在承约商开始建设、装配和生产项目交付物之前获得客户的批准。

巩固所学

11. 项目情况评审会议的主要目的有哪些？
12. 判断正误：
    当项目团队成员发现问题或潜在的问题时，他们应等着在计划安排中的下一次项目情况评审会议上再把它们提出来讨论。
13. 对于技术项目，有两种设计评审会议：_____ 设计评审会议和 _____ 设计评审会议。

12.3.2 有效地开会

在会前、会中、会后，召集或主持会议的人可以采取多种措施以确保会议是有效的。

1. 会前

- 确定会议是否真正必要，是否有另一种方式如电话会议更适合一些。
- 确定会议的目的。例如，该会议是为了交流信息、计划、收集情况或意见、制订决策、说服或宣扬、解决问题，还是为了评估项目进展情况？

- 确定谁需要参加会议，说明会议目的。参加会议的人数应是能达到会议目的的最少人数。项目团队成员通常忙于他们的工作任务，不想参加那些他们无所贡献又无所收获的会议。被邀请参加会议的人应该知道为什么他们被邀请参加。
- 事先将会议议程表分发给与会者。

会议议程应包括：

- 会议目的；
- 会议涉及的主题（各项细目应按重要性大小列出，以确保最重要的细目先进行）；
- 每个主题的时间分配及谁将负责该主题、发言或主持讨论。

与客户进行的项目评审会议议程表实例如表12-2所示。议程表应附有与会者在会前需要评审的文件和资料。必须在通告分发和会议日期之间给予足够的时间，以便让参加者为会议做充分准备。一些与会者则需要收集和分析数据、准备讲演或分发材料。

表 12-2　客户项目评审会议日程表

项目情况评审团队会议议程

时间	议题	负责人
8:00 AM	开会讨论	Jeff
8:15	技术评审	
	• 系统设计	Joe
	• 培训	Cathy
	• 安装计划	Jim
10:00	休息	
10:15	项目进展情况	Jeff
	• 进度	
	• 成本	
11:00	变更建议	Joe
11:45	决策及行动细目	Jeff
12:00	讨论（午餐盒饭）	
1:00 PM	休会	

- 准备直观教具或分发的材料。PPT、图形、图表、表格、图解、图片和实体模型都是有效的直观教具，这些材料常常使讨论集中于一点，防止闲聊和误解。一张图表胜千字！
- 安排会议室。会议室应足够大，不会让人们感到拥挤或不舒服。座位布置必须使所有与会者能看到别人，这可以促进参与。选用的直观教具和附件（如影像放映机、屏幕、录像机、翻转图表、黑板）都应放在会议室内，并在会前进行检查。如果演讲者要用PPT幻灯片，把文件在会议开始前就下载到电脑里可以节省时间。如果会议很长，应当备些点心。例如，为了使会议讨论在工作午餐之后继续进行，可以提供盒饭。

在某些情况下，会议室上可明确标出"项目室"，表明在这里召开项目会议，或项目团队成员在这里碰头，进行解决问题的讨论。有时这种项目室的墙上贴有项目计划、进度计划、进展情况图和系统图解等，以便全体项目团队成员参考。

2. 会议期间

- 按时开会。如果会议领导等待迟到者，人们就会形成晚到场的习惯，因为他们知道会议无论如何是不会按时召开的。相反，如果会议按时召开，人们就会形成按时到达的习惯，以避免在会议进行时迟到的尴尬。
- 指定记录员。必须指定某人（最好在会议前）做记录。记录应该简洁，并且能概括大概决议、行动细目、任务分派和预计完工日期。详细的会议记录在记录和以后查阅时都很麻烦，因此应当避免。
- 要求所有的与会者关闭他们的手机、iPod 和其他电子通信设施，以确保所有人都将注意力集中到此次会议上。
- 评论会议的目的和议程表。要简洁，不要做长篇大论。
- 主持而不是支配会议。项目经理不能主持所有的讨论，而应该让其他与会者主持他们相应主题的讨论。一个好的主持者应该做到：
    - 保持会议顺利进行并在计划时间内结束；
    - 鼓励与会者，特别要鼓励那些犹豫不决的人；
    - 限制那些想讲太多、自我重复或偏离正在讨论主题的与会者的谈论；
    - 控制打断（别人讲话）和私下交谈；
    - 明确形成的要点；
    - 总结讨论并进入议程表的下一个主题。

项目开始时，在项目团队会议上讨论会议准则是有益的，比如项目启动会议，这使每个人都了解在项目会议期间哪些行为是希望发生的。团队会议的行为准则如表 12-3 所示。

表 12-3 团队会议行为准则

小组质量管理
行为准则

- 聚焦所讨论的主题。
- 按时到会和休会。
- 每次只让一个人讲。
- 每个人都有参与的责任。
- 做好准备。
- 坦率、诚实、诚恳。
- 限制使用挖苦和嘲讽的言辞。
- 会议的总体气氛是积极向上的。
- 消除消极性。
- 提出建设性的批评。
- 集中注意力。先理解，然后是被理解。
- 不要闲聊。
- 主意属于大家，而不是个人。
- 做出决定后，团队步调要一致，要团结。
- 加强积极行为。
- 保持冷静。如果失去冷静，你就错了——其他人也一样。

- 总结会议成果。在会议结束时,确保每一个与会成员对会议的决定和行动有清晰的认识。会议的领导者应变换一下词汇帮助与会者避免误解。
- 不要拖长会议的时间。参加会议的人可能还要处理其他事情或者参加下一个会议,如果这些人的日程上没有别的安排,可以让在场的这些人讨论新的问题。这些应该是低优先级的安排,日程表的标题排列总是从最重要到最不重要的。
- 评价会议进程。偶尔,在会议结束时,与会者会讨论发生了什么及决定是否做出改变以提高将来会议的效率。

表 12-4 是一张评估会议有效性的检查表。项目团队成员可以在项目期间定期完成这些评估文件。在总结所有团队成员所给的评分后,包括项目经理在内的团队所有成员应该讨论如何改善得分少的地方。

表 12-4 会议有效性检查表

会议的效果如何?

	很差		有一些		很好
1. 议程表是否发送及时以保证出席?	1	2	3	4	5
2. 议程顺序安排合理吗?	1	2	3	4	5
3. 给每一细目安排的时间充足吗?	1	2	3	4	5
4. 会议室布置合适吗?	1	2	3	4	5
5. 适当的人员参加了会议吗?	1	2	3	4	5
6. 会议按时开始吗?	1	2	3	4	5
7. 与会者知道他们为什么被邀请吗?	1	2	3	4	5
8. 理解会议目标吗?	1	2	3	4	5
9. 每项议程细目的目标清楚吗?	1	2	3	4	5
10. 会议按计划进行且不允许离题吗?	1	2	3	4	5
11. 所有与会者均得以参加吗?	1	2	3	4	5
12. 与会者相互聆听吗?	1	2	3	4	5
13. 领导强调控制吗?	1	2	3	4	5
14. 会议是一种积极向上的气氛吗?	1	2	3	4	5
15. 会议是按时结束吗?	1	2	3	4	5
16. 决议和行动细目形成文件并分发了吗?	1	2	3	4	5
17. 会议对时间有效利用了吗?	1	2	3	4	5

3. 会后

在会后 24 小时之内公布会议成果。总结文件应该简洁,如果可能,尽量写在一页纸上。总结文件应该明确所做的决定,并列出行动细目,包括谁负责、预计完工日期和预期的交付物。同时,可以列出参加和缺席的人员。应将会议成果分发给所有被邀请参加会议的人,不管他们是否到会。会议记录不包括会议讨论的详细记载。表 12-5 是一个会议行动细目表的实例。

有效会议同成功的项目一样,需要有好的计划与执行。

第 12 章 项目沟通及文件记录 359

表 12-5 行动细目表

行动细目（自 3 月 1 日项目情况评审会议）		
行动	负责人	时间
1. 评审系统要求文件	Tyler	3 月 10 日
2. 安排与客户的评审会议	Jim	3 月 11 日
3. 将对计算机的订单从 15 改为 20	Maggie	3 月 19 日
4. 评价数据输入的条形码和光学特征辨认系统	Hannah	3 月 19 日

巩固所学

14. 为使会议有效，召开或主持会议的人在会前应采取哪些措施？
15. 判断正误：
    等所有的人都到会后会议再开始，哪怕是超过了会议计划开始的时间，这是一个很好的想法。

12.4 讲演

项目经理和项目团队成员常常需要做正式的讲演。听众可能是客户组织的代表、项目组织的高级管理层、项目团队本身特定利益相关者团体或公众（例如会议）的代表。例如，在一个会议上，听众可以是一个人（客户），也可以是一次全国性会议上的几百名与会者。讲演可能持续 10 分钟、1 小时或更长的时间。主题可以是对项目的总体看法、项目目前的进度、威胁项目目标成功实现的一个严重问题，如预计的进度计划延误或成本超支，还可以是试图说服客户扩大或改变项目的工作范围或者对利益相关方团体对安全问题的关注做出回应。在这种情况下，你作为讲述者，是大家注意的焦点。下面是帮助你在做准备和讲演时的一些建议。

1. **为讲演做准备**
   - 确定讲演目的。是通知还是说服？你想实现什么？例如，你是想让客户了解项目，还是希望让客户同意在项目工作范围上所提出的变更？
   - 了解听众。他们的知识水平及对主题的熟知程度如何？他们的职位如何——是高级经理和关键决策制定者，还是你的同仁？他们对该项目的潜在影响是什么？
   - 做一个讲演提纲。只有在你做出提纲之后，你才能写出讲演稿。反反复复读它，但不必尽力去记住它。
   - 使用听众听得懂的简单语言。不要用听众可能听不懂的术语、首字母缩写词、专门或技术性术语，不要试图通过词汇能力来打动听众，不要用可能被认为是性别歧视、种族歧视、有偏见或攻击性的、带有讽刺或不文明的言语。
   - 准备一些在讲演时用的或要参考的便条或最终提纲。用些"小抄"还是允许的。

- 准备直观教具并进行测试。所谓直观的教具,比如PPT,可以提升你讲演的档次。要保证幻灯片字体足够大,以确保在讲演的房间里从最远的位置都能看清你的幻灯片。直观教具如图表、图解和表格等必须简单,不能太繁杂,内容不能太多,图解不要太详细。每张图表或幻灯片中应只有一个主题,每张幻灯片不多于四行,每行不多于八个词。否则,观众会将更多的精力集中在你幻灯片上所写的而不是听你所说的。多颜色的图表要比简单的黑白颜色更吸引人,但是选择颜色时要仔细——使用很难分辨的多颜色或颜色组合,会让听众不知所云。如果使用视频,则应该简短,通常应少于六分钟。观众不会倾向于观看视频,他们会主要选择听你的讲解;不要依赖视频来代替你说话。
- 练习,练习,再练习——比你认为应该做得还要多。你可能想在同行面前初步试讲一次,从他们那儿得到反馈,并就如何提高讲演水平征求他们的意见。以下列举一些他们可以用来评价你讲演的标准:
  - 组织:开始,介绍,概要,逻辑流程,过渡,总结,结尾。
  - 内容:综合性/完整性,细节的程度,清晰度,讲演长度。
  - 专业行为:眼神交流,传递形式,手势,职业仪态和形象。
  - 讲演:正确使用语法,清晰地发音,声线和声调,热情,讲演节奏,运用术语。
  - PPT和直观教具:可读性,简洁,易于理解,图表运用,其他展示。
- 复印散发材料。如果听众不必做太多笔录,他们就能集中精力于聆听上。
- 事先准备好直观设备。不管它是一个电脑、幻灯机、麦克风、放讲稿的小台架,还是视频影像放映机,你都不希望在最后一刻才发现它不能用。确保每个人都留存有足够的副本资料。
- 当会议室空着或无人使用时,进去感受一下环境。站在要发言的位置上(会议室前面、放讲稿的小台架前,或在台上),检查影像放映机和麦克风。

2. 讲演过程

- 感觉有点紧张是意料之中的,所有的讲演者都有这种感受。记住,对于讲演的问题,你比大多数听众了解得更多。
- 关掉你的手机或其他电子设备,这些可能会让你或是你的观众们分心。
- 要熟知你的开场白是什么。开始几句是很关键的,要对它们记得分毫不差。必须以一种自信和轻松的方式把它表达出来,这是与听众建立信任的机会。如果开始几句讲得就很拙劣,听众就听不下去。
- 在你讲话时使用3-T(Tell)方法:
  首先,告诉听众你要讲些什么(你的概要);
  其次,讲给他们听(你讲的主要内容);
  最后,告诉他们你讲了些什么(你的总结)。
- 面对听众讲,不要对着讲演稿。尽可能与客户保持较多的目光接触,尽量不要看讲演稿(提前反复练习会让你感到从容自如)。
- 讲话要清楚、自信,不要讲得太快或太慢。讲话用短的、易于理解的句子,不要用长的、复杂的、不连贯的句子。在一个重要论点之后或转向一个新的论点之前,要适当停顿。适当运用语调变化有助于陈述观点,不要使你的讲话显得单调。站直,充满自信和热情地说话。
- 运用适当的肢体语言强化你的表达。运用手势、面部表情和身体语言,不要老站在一个地方,如果合适就多走动些。在一个大礼堂里,有一个便携式的话筒要比一个固定在放讲演稿的小架子上的话筒好些。如果你确实需要来回走动,讲话时你要面对听众,不要背对听众讲话。
- 不要读你的 PPT 页面给观众听。阐述每一个直观教具表明的中心思想,如果可能,举一些例子。观众不想听你阅读幻灯片。他们想听你所表达的内容(而不是念出来的)。
- 不要站在直观教具面前。不要站在阻挡听众观看影像放映机屏幕、翻转用图或其他东西的位置。
- 按逻辑推理讲述"故事",以此建立起他人对演讲的兴趣。逐步加快讲话的速度。
- 提纲中要列明要点。不要离题或偏离主题和概要,否则将浪费时间,并使听众感到迷惑不解。
- 讲要点时,向听众解释它们为什么重要。
- 在转向提纲的下一个细目前,总结一下你对上一个细目的观点。
- 提前准备结束语。结尾和开头一样重要。结尾要紧随讲演的目的,要以有说服力和自信的方式结束演讲。
- 在适当情况下,留出时间与听众交流。问一问是否有问题,应在讲演开始就说明是否在结束时有提问的时间,或是否在讲演时听众可以随时提问题。如果对讲演有一个固定的时间安排或议程,后一选择是很危险的。然而,如果是在小会议室召开的一个关于客户的讲演,不时回答问题要比让客户把所有问题保留在结束时再提更合适。实际上,发言的部分策略可以把客户引入讨论中,以了解他的看法。
- 回答问题时,要真诚、率直、有信心。如果不知道答案或不能泄露答案,不妨说实话,这样回答是合法的。回答问题时,不要有防御心理。

巩固所学

16. 在准备讲演时,有哪些重要的事情要做?
17. 在会议发言时,脑子里应记着哪些重要的事情?

12.5 报告

在传递有关项目的信息时,书面报告和口头报告是一样重要的。项目组织必须准备的报告的类型、内容、格式、报告期和分发,一般由客户在合同中指明或在项目沟通计划中确认。

有些报告可能是为许多人准备的,因此了解谁将收到报告副本是很重要的。因为报告对象可能差别很大,可能包括对项目非常了解的人,也可能包括仅从他们收到的定期报告中知道一点内容的人。收到报告的人可能有不同的技术水平,一些人可能不理解某种技术语言或术语。

写报告要以读者为出发点,而不是写报告的人,记住这一点是非常重要的。

以下讨论的是项目报告的两种常用类型及有效书写报告书的建议。

> **巩固所学**
>
> 18. 项目报告要以_____为出发点,而不是_____。

12.5.1 项目报告的类型

两种最常用的项目报告类型是:进度报告和最终报告。

1. 进度报告

一定要记住进度报告不是活动报告,不要把活动或事项与进度和成果相混淆。客户特别感兴趣的是项目的完成,即为完成项目目标取得了哪些进展,而不是项目团队正忙于哪些活动。

有关项目进度的报告,可以由项目团队成员为项目经理或他们的职能经理(在矩阵组织中)准备,由项目经理为客户准备,或由项目经理为高级管理层准备。

进度报告通常针对一个特定的时段,叫作报告期(reporting period)。这个期限可以是一周、一个月、一个季度或任何对项目来说合适的时间段。大多数进度报告仅包括在报告期间发生的事情,而不是自项目开始以来的累积进度。

表 12-6 是一个项目进度报告纲要的实例。项目进度报告中包含的细目包括以下几点:

- 自上次报告以来的成果。这部分应该指明已达到的关键项目里程碑,也可能包括为项目期设定的特定目标的完成(或没有完成)的报告,比如特定里程碑的完成或是可交付物的完成情况。
- 目前项目的执行情况。有关成本、进度和工作范围的资料要与基准计划进行比较。
- 解决以前发现的问题的进展。如果在前期进度报告中提出的问题没有取得进展,应该说明原因。
- 自上次报告以来的问题和潜在问题。问题可以包括:①技术问题,如模型不能工作或测试结果与期望不一致;②进度问题,如由于一些任务比预期花费更长时间、原材料运输延迟或天气不好导致建设延期;③成本问题,如由于原材料成本比原来估计要高、完成任务耗用的工时比原来的长而产生成本超支。
- 计划采取的改进措施。这部分应详细说明在下一个报告期内为解决每一个潜在问题应采取的改进措施,它应包括对项目目标在工作范围、质量、成本、进度计划等方面是否受到威胁及采取了哪些改进措施的说明。

- 在下一个报告期内期望达到的里程碑。这些目标要与最新商定的项目计划一致。

表 12-6　项目进度报告纲要

从 7 月 1 日到 9 月 30 日的项目进度报告

内容表

1. 自上一次报告以来的成绩
2. 项目实施的当前情况：(1)成本；(2)进度；(3)工作范围
3. 对以前明确的问题解决的进度
4. 自上次以来的问题或潜在问题
5. 计划纠正措施
6. 下一报告期内预期实现的里程碑

进度报告中的所有信息对于读者来说都不应该是陌生的。例如，任何发现的问题在准备书面进度报告之前已经过口头讨论过了。

2．最终报告

项目最终报告通常是项目总结。它不是进度报告的累积，也不是对某个项目整个过程中发生事情的详尽描述。最终报告包括以下几方面：

- 客户的最初需要；
- 最初的项目目标；
- 客户的最初要求；
- 项目的简要描述；
- 初始项目目标实现的程度、质量要求、预算和进度安排。如果没有实现，应附有说明；
- 作为项目结果，客户的实际利益和预期利益的对比；
- 今后的考虑。这部分内容包括为提高或扩大项目成果，客户在将来可能考虑的活动。例如，如果项目是建造一座办公大楼，今后要考虑的事情可能是要增建停车场、健美中心或日护理中心。如果项目是组织一个艺术节，今后要考虑的事情可能是改变每年的时间或采取行动以改善交通流量；
- 一张可以提供给客户的所有交付物的清单(设备、原材料、软件、图样和报告等文件)；
- 系统或设备最后通过测试的测试数据，在此基础上客户接受该项目结果。

巩固所学

19. 进度报告的基本目的是报告有关项目_____，而不是项目研究团队正在从事的_____。

20. 判断正误：
    项目最终报告是项目期所做进度报告的汇总。

12.5.2 准备有用的报告

当准备项目报告时,考虑下列准则将有助于向报告接收者提供有用和有价值的信息。

- 报告要简明。不要试图以数量来打动报告接收者。报告的长短不等于项目进度或完成。如果报告简明扼要,才会有更大的阅读机会。而且,准备报告是一项很费时间的活动,因此,项目经理应尽量使项目团队在制定项目报告时的数据输入时间最小化。
- 所写的和所讲的要保持一致。用短句和容易理解的句子,不要用复合句、复杂冗长的句子。段落很长会使读者跳读文章,以致错过重点。使用简单的语言,不要用读者可能不懂的术语或缩写词。朗读报告要有声有色。它是不是有可读性并且易于理解? 或是听起来是否呆板、有歧义?
- 在报告中和每一段中先写出最重要的论点。有些读者有一种倾向,他们只读每一段的第一句话,然后一扫而过。
- 如果可能,就用图,如图表、图解、表格或图片。记住,一张图表值千字。不要把图表弄得太烦琐,每张图表只需有一个概念或论点。最好用几张清楚的图表来说明几个问题,而不是凌乱地画在一张图上。
- 像注意报告内容一样,要注意格式。报告应该是公开的、吸引人的,并以一种读者容易理解的形式组织起来; 它不是乱七八糟的,也不用读者很难看清的小号字。它不含有不清楚的资料副本、图标或已经小到难以辨认的字号格式。

如同口头交流一样,书面报告应该给听众留下深刻的印象———这些印象可能是好的,也可能是不好的。做报告必须进行审慎的思考,应该把做报告看成是留下好印象的机会,而不是把它当成一项难以承担的、费时的活动。定期从接收报告人那里收集有关信息反馈,看看有关报告在满足他们的需要和兴趣方面的实用性如何,并请他们对改进报告提出一些建议。

巩固所学

21. 在准备报告时,应考虑哪些重要的准则?

12.6 项目文件及变更控制

在项目期,除了项目报告外,许多其他文件可能由承约商的项目团队或者由客户提供,其中包括设计草图、规格说明、工程图、材料列表、维护说明、培训材料、平面图和用于控制机器人运动的软件。项目文件可以是文本、图样、表格、一览表、手册、图片、录像带或软件。它们可以在一张大纸上(如一张工程制图或蓝图),也可以是电子格式,例如 PPT 文档或模拟视频。项目文件的修改可能是由于客户或项目团队进行了变更。有些变更很小,也有一些变更是较大的,会影响项目的工作范围、成本和进度计划。微小变更的例子如由于一位捐助者给所有摊位捐助天棚,从而使节目摊位的图样更新了,布置改变了。较大变更的例子如客户参观正在建设的房子时,要求对某些窗户的位置、大小和类型进行变更。这种情况下,承约商应该停下针对那些特定窗户的工作,并通知客户由于变更而引起的任何附加的成本或进度延期,这是很重要的。这些变更必须以书面文件提供给客户,而客户必须在工作继续进行并订购任何所需的原材料以前同意这些变更。

在项目的整个过程中,各种项目文件应针对变更做出修改。在一个项目的初期,需要建立起一个文件跟踪体系,事关文件的变动是怎么成文、被批准和传达的,这个体系要让全体项目参与者都知道。对项目团队来说,了解哪一个项目文件是最新版本是很重要的,因为这样才能根据最新信息和文件正确执行工作。例如,如果建筑师刚做了改正,要改动内墙的位置,那么,买方不希望建设方再使用过去的图样。

在每种文件的每页上都记上以下三点是一个好习惯:①最近修改的日期;②修改的顺序号;③变更人的姓名的开头字母。它有时被称作一种配置控制系统。例如,为办公室布置用的平面图,其右下角的注释应指明:

Rev. 4,12/29/17,ES 这表明最近一次平面图的修改是第 4 次修改,修改日是 2017 年 12 月 29 日,由伊丽莎白·史密斯(Elisabeth Smith,ES)修改。因为文件都是用像 Microsoft word 这样的软件编写的,程序就可以定位文件中的细节变化。

与及时修改版次的日期和文件日期一样重要的是,最新文件应及时发到有关的项目成员手中。当文件做了更改时,最新文件必须立即发送给那些工作将受到更改影响的项目团队成员手中。同时,当分发校订过的文件时,应带上一张便条,说明对以前文件所做的改动。这将有助于人们接受文件——他们不必返回头去比较新文件与原文件,从中找出更改之处。如果一个文件仅是稍作修改,只需分发做了更改的那几页;如果变更很大时,那么就应该分发重新修订的整个文件,而不仅仅是修订后的页面,这才是有意义的。相关的信息,请参阅第 10 章中有关管理变更的部分。

> **巩固所学**
>
> 22. 在项目的_____期,文件的_____体系需要建立起来以了解文件是如何_____,_____和_____的。
> 23. 当文件做了_____时,_____必须立即发送给那些_____将会受到_____影响的团队_____手中。

12.7 项目沟通计划

不是所有的利益相关者或是项目团队成员都想要或者需要所有项目文件。一个项目沟通计划就从项目的所有利益相关者中为项目文件的产生和分配划定了范围。该计划确定了不同的文件类型,包括每个文件的负责人是谁,什么时候或经过多长的周期该文件需要发布出来,文件要发布给谁看,还有接收者的预期反应是什么。项目的章程或者合同通常涵盖了赞助商或客户关于特定文件的要求,包括频率、是否需要客户批准、在客户群体中谁是应该收到文件副本的人,并且是哪个文件。任何项目中涉及的额外主体,例如分包商、顾问或是供应商,项目组织都应该针对文档、许可、发布来制定要求,这些要求也会包括在分包合同和采购订单中。

表12-7是一个关于项目沟通计划的初始模板,该模型每一行都包括了与特定项目文件有关的信息,包括以下内容:

文件项目章程、合同和附加条款,项目沟通计划,要求,项目范围,质量方法,工作分解结构,责任分配模型,网络图,时间进度表,预算,风险管理计划,项目程序,工程变更通知,设计文件,图纸,说明书,材料清单,安装手册,培训手册,考核计划,考核结果,正式验收,议事日程,会议记录,可提供时间和已完成报告,出差申请和费用报告,进程报告,分包合同和变更方案,采购订单和发货单。

作者或组织者:应是负责创建或准备文件的人的姓名或是职务。

要求完成日期或频率:可以是文件必须完成并发放到接收人手中的具体时间。例如像初步说明这样的要验收的项目文件,客户都会要求完工日期,并且这些文件同项目的按进度付款相联系。其他的像进度报告这样的文件,通常要定期完成并发布,可以是两周一次,一月一次,或每个月15号。还有一些文件,比如合同修订、采购订单、修改图纸或者说明书等,可能就没有限定日期或是定期发布,但是基本上随时都可能会用到它们。

接收者:包括接收文件的人的姓名和职务。这一项可视为一个文件的通讯组列表。

行动要求:说明了在接收者接到文件后各自应该采取的行动。比如把一个文件发给利益相关者可能只是为了收集信息,也可能提供给接收者来评审和给出一个文件,这个文件可以是一个设计或是报告。

注释说明:这一项可能包含特殊的注解或是针对特殊情形的文件,比如在一周内要交的申请,要翻译成西班牙语的文件,涉及专利权或是机密的文件,如此等等。

项目沟通计划需要在利益相关者或其信息需求发生变化时,或者发现新参与者或新文件时进行更新。

表12-7 项目沟通计划

文件	作者或组织者	要求的日期或频率	接收者	行动要求 (I. C. 或 A)	注释说明

注释:I:信息 C:评审和建议 A:评审和通过

12.8　与利益相关者沟通

项目团队应该鼓励利益相关者提出意见、参与讨论和辩论，这将为项目提供支持。与利益相关者进行沟通需要项目团队采用有效的口头和书面沟通，特别是有效聆听，以实现相互理解。利益相关者的态度和做法应该是尽早、积极、及时地解决问题，而不是对抗、推迟、忽视或解雇。项目经理需要提供与每个利益相关者定期双向沟通的机会，而不仅仅是在确定问题或疑虑时。项目经理和团队需要倾听，思想开放，认识深刻，专业行事，而不是主导讨论，反应过度，变得具有防御性，或失去对情绪的控制。在大多数情况下，不同利益相关者应该分开处理，因为每个利益相关者都有自己独特的利益和关注点，而不是作为一个群体。

和不同项目利益相关者进行定期沟通非常重要。项目团队需要定期向利益相关者通报项目状态、更新和变更，否则他们可能会对他们认为重要的问题的状态做出错误的结论。此类信息应以书面形式提供或发布在项目网站上，以尽量减少口头讨论和演示或谣言产生误解的可能性。

项目团队不应仅仅在与利益相关者的会议上提供信息，而应提供问题讨论和评论的机会。在会议期间，项目团队成员应该使用积极的倾听技巧。会议结束后，项目经理应通过提供对利益相关方问题和疑虑的回复的书面副本进行跟进，或在项目网站上发布此类信息。这也将最大限度地减少通过口头方式传递给未参加会议的任何个人的信息时可能产生的误解、错误信息或重新解释。

利益相关者的参与和支持对项目的成功实施和项目目标的实现至关重要。定期和开放的沟通、信任和尊重、开放和积极的双赢态度，这都是成功的利益相关者参与的关键。

 ## 12.9　协作沟通工具

会议中要进行讨论，并为团队协作提供了机会。然而，并不是总能有时间召开面对面的会议，这是不现实的，尤其是在许多团队成员都包括在内并且行程受限的情况下，比如要出差。虚拟项目团队在地理上可能会表现出分散的状态，团队成员会分布在综合性办公区间的不同区域，或是同一个州的不同城市的办公室中，也可能会跨国或分布在几个不同的大陆。也正是因为有了远程交流，才实现了众多成员在居住地工作的可能性。

协作沟通工具有很多，例如电话会议、内容管理系统、外联网、互联网上的项目合作工作，包括 Web 2.0 工具，以及允许项目团队的全部或部分成员（包括分包商和客户）相互沟通和合作的组件，这些沟通工具的合理运用对于在不同地区的团队成员来说十分重要，正是由于这些地域分布的差异使得团队成员很难聚集在一起召开面对面的会议。这些工具促进了项目信息的共享并提高交流合作、团队协作、产出和项目团队的绩效。协作沟通工具涉及的范围很广，包括主要依赖于写作和阅读的电子邮件，以电话会议形式进行的音频工具，和同时基于视频和音频的视频会议。因为项目交流并非面对面进行，电子邮件成为最常用的项目信息传递和发布的方法。通过归类通讯组列表，信息在项目团队或是不同的下属团体间的发布将更快和更有效率。

诸如智能手机和平板电脑的电子通信设备可能具有的功能和应用程序可以为团队成员提供更大的访问和灵活性，同时使用各种交互式电信技术和协作工具，如电子邮件、互联网访问、视频会议、文档管理和 Web 2.0 协作工具。这些设备可提高工作效率，即时访问信息，并使用户能够更有效地管理其工作时间。

远程会议实现了项目团队成员之间信息的实时交换。它包括了一些媒介，比如电话会议和电视会议，可以用一种比电子邮件更具交互式的方法帮助促进信息的共享。远程会议减少了差旅费用并且允许团队成员在不需要出差参加会议的情况下提高生产力。电话会议允许人们在不同的位置通过声音/音频来交流，而电视会议丰富了交流的方式，既有音频又有视频。电视会议可以覆盖很多区域，这些地方通常都配有摄影机和显示器，供聚集在这里的团队使用。网络视频会议是将每个参与者联系起来的方式，成员通过自己的私人电脑和网络摄像头实现沟通，它是另外一种通过网络召开实时会议的工具。这种技术对于那些需要参加远程会议却无法到装备有视频会议相关设备地方的成员尤其有用。网络或桌面视频会议还允许成员之间共享数据、文件或视频，比如电子数据表、PPT 和网络直播，以便于其他成员会议期间在自己的私人电脑上就可以观看。就像准备一个面对面的会议一样，会议期间要提前准备并给成员分发会议议程，提供会议期间要参考的资料（比如项目文件、演示的幻灯片等）。当策划一个远程会议时，你必须注意到所有成员所在的时区差异。

文件管理系统可以为团队信息提供主要的资料库并且掌握团队成员的工作成果，并将它们置于一种内容管理的环境下。所谓内容管理系统就是用来管理来自网络、文件或档案的内容。这种系统可以让成员们共享、创建、添加并编辑文件，比如项目报告、技术规范或是安装手册。它还可以提供文件管理的相关信息，比如记录谁什么时候打开哪个文件的记录表，做了什么样的变动等。有一些系统也可以实现批准文件的自动回复，比如电子邮件通知。

计算机的服务器可能会专用于特定的项目，或者可能会保留一定的空间以供文件和档案的共享，例如要求文件、建议书、说明书、合同、草图、表格、计划、行程表、预算、常规的项目日历、会议日程和活动事项、项目报告、演示材料，等等。外联网是一种"私人"的网络，它能够确保安全地通过互联网在项目团队、分包商和顾客之间分享项目的资料库。它可以通过网络限定注册的用户，只有当他们登录后才能获得项目信息或是文件的准入。网上项目工作空间允许对所有综合的项目信息进行访问，并提供众多的报告和协调工具。群组软件是另一种协作工具。它是一种帮助成员完成共同任务的软件。群组软件可以支持团队创意的产生，利用头脑风暴解决问题以及决策制定。这种软件的一个例子就是团队决策支持系统，一种促进组织决策制订的软件。对于创意产生和头脑风暴尤其有用。与会者同时输入他们的想法，此时系统会根据实际情况选择是否允许匿名提交。这种软件也允许团队对不同的表格或条目进行分类、排序、注释。包括图表在内的测试结果报告可以自动生成。

> **巩固所学**
>
> 24. 项目的_____计划在项目_____中定义了项目_____的_____和_____。
> 25. 和不同项目_____进行_____非常重要。
> 26. 远程会议包括比如_____和_____等一些工具。

现实世界中的项目管理

在海峡中沟通变更

你的项目因某个问题而被延误了！一段该问题的视频被泄露给了媒体。视频像病毒一样迅速传播开来，让数以百万计的人群都看到了。公众被激怒了。这时你会做些什么？如何降低由此带来的损失？需要做些什么沟通来让公众重拾信心？

巴拿马运河管理局就面临了这种挑战。在2015年，一个拓宽巴拿马运河的项目因为船闸渗漏问题引发了长达数周的延误。这个病毒式传播的视频导致了许多来自数百万利益相关者的质疑。承包商必须迅速行动，以确定和实施一个解决方案。

"这个项目有400万业主"，瓜迪亚（Jorjela La Guardia）说。他是巴拿马国巴拿马市的巴拿马运河管理局的船闸项目管理部的执行经理。他继续说道："在这个国家，这是一个非常具有情感色彩的话题。它不是一个不可解决的问题，但却是一个非常显眼的问题。"

巴拿马运河在1914年开放，是在美国工程兵的指导下，由大多数外籍劳工建成的。随着集装箱货轮变得越来越大，已经不适合通过运河的船闸了。"我们无法抓住我们能做的所有业务。我们正失去一些业务。"瓜迪亚说道。

这个第一次大型改建项目就在这样的背景下开始了。它包括4个主要的项目领域，并由一个项目管理办公室来督导。作为一个预计历时8年，耗资56亿美元的项目，它需要迅速推进，以便在预算和进度要求下来拓宽50英里（80公里）长的运河河道。

如同所有大型项目那样，这个项目也面临着巨大的延误风险。除了船闸渗漏，建筑施工也暂停了，以便谈判谁会支付超过预算的高达500万美元的费用。"如果有什么事情是值得改变的，一定会得到批准，但确实是有必要才行。"马洛塔（Ilya Marotta）说道。他是巴拿马国巴拿马市的巴拿马运河管理局的执行副总裁，得到授权来审批变更请求，只要不超过500万美元的额度。另一个延误包括承包商面临的6个月的延期，发生在一个水泥罐装的开始阶段。

项目预计在总计超时18个月的情况下得以完成。项目本来能够减少一些时间，然而，这些变更也有潜在降低工作质量的可能。项目包括了10 000项活动，在项目管理办公室有350个项目团队成员，另外加上项目承包商的。最后决定，90%的劳力都来自巴拿马本国。

每周的项目会议，对照项目基准文件追踪项目任务，使用严格的变更管理做法，以及留住人才安心在项目管理办公室工作,保证了对项目的有效沟通、监测和控制。沟通助力了快速决策,加速了项目的执行,让日常工作得以顺利进行。"这个项目这么大,必须快速推进,为了提高效率和成本绩效,以便在目标时间框架内完成项目,决策必须快速做出。"马洛塔说道。

有些货轮因为不适合通过运河,被标记为 post-panamax(超巴拿马型),其数量占到了世界总集装箱货轮运输量的 45%,而且预计到 2030 年会占到 62%。这个 50 英里(80 公里)长的水路现在能支持超巴拿马型货轮通过其船闸。项目管理办公室所做的项目沟通使其成了可能,并且帮助化解了可能引发项目范围蔓延和更多延误的问题。

信息来源:Parsi. N.(2016). Channel changer. PM Network,30(4),52-57.

关键的成功要素

- 有效和经常的人员沟通对项目管理的成功至关重要。
- 在项目早期,面对面沟通对促进团队建设、发展良好的工作关系和建立共同期望特别重要。
- 在人员沟通中,要注意反映文化差异的身体语言和习惯。
- 不要使用可能带有性别歧视、种族歧视、偏见或攻击性的评述、言辞或短语。
- 交流沟通的核心是理解——不仅需要被理解,而且还需要理解别人。使沟通有效的另一半是聆听。忽略聆听将会使沟通失效。
- 口头沟通应该诚实、清楚,慎用术语,不带有攻击性。
- 使客户满意需要与客户保持沟通,告诉客户已决定是否对预期内容进行变更。应随时询问客户对项目进展的满意度。
- 定期使客户和项目团队明晰项目情况及潜在问题。
- 项目情况评审会议应定期召开。项目开始时,在项目团队会议上宣布会议准则以使每个人都了解在项目会议期间哪些行为是希望发生的。
- 沟通项目进度时注意区分对项目完成哪些是有效的,哪些是劳而无功的。
- 报告要以书面形式指出读者对什么感兴趣,而不是写报告的人对什么感兴趣。
- 报告应简明扼要。对报告的格式、组织形式、可读性给予同内容一样的重视。
- 在项目开始的早期,准备一个项目沟通计划以确保所有的利益相关者可以获得他们需要的文件和信息。
- 在项目开始的时候,需要建立文件跟踪系统来跟踪文件是怎样变更的,一如如何被批准和认可的。
- 当文件做了更改时,更新文件必须立即发送给那些工作将受到更改影响的项目团队成员手中。

本章小结

项目沟通有不同的形式,如个人交流、会议、讲演、报告和项目文件。沟通可以是面对面的,也可以使用媒介,如电话、有声邮件、电子邮件、电视会议或通用软件系统。它可以是正式的，也可以是非正式的。个人沟通以是口头的，也可以是书面的。口头沟通可以是面对面的，也可以通过电话进行。通过口头交流，信息可以以一种更准确、更及时的方式传递。这种交流为讨论、澄清问题、理解和立即反馈信息提供了机会。身体语言和语调是口头交流的重要工具，交流中必须考虑身体语言和反映文化差异的风俗习惯。口头交流应该是诚实、清楚、慎用术语和没有攻击性的。征求或提供反馈信息可以增进理解。

个人书面沟通一般通过对内用备忘录、对外用信件的方式进行。这种方式可以用于与群体进行有效沟通，但是不能用于日常琐事。书面沟通应该清晰、简洁，且大多用来进行通知、确认和请求。

聆听是使沟通有效的重要部分。忽略聆听将使交流失败。有效聆听的常见障碍包括假装聆听、注意力分散、偏见和固执、缺乏耐心和急于得出结论。聆听能力可以通过集中精力听讲、主动听讲、提问和不打断别人讲话等方式得以提高。

项目会议是项目沟通的另一个场所。三种最常用的项目会议是情况评审会议、解决问题会议和技术设计评审会议。情况评审会议的目的是通知情况、明确问题和建议行动细目。在这种会议上经常提到的内容有：自上次会议以来所取得的成就；成本、进度计划和工作范围的进展、趋势、预测和偏差；纠正措施；改进机会；行动细目分配。解决问题会议在问题或潜在问题产生时召开。它用来描述一个问题、找出潜在原因、收集数据、找出可能的解决方案并对之进行评价、确定最佳方案、修订计划、实施解决方案并对其进行评价。技术设计评审会议是对那些包括设计阶段的项目而言的。它常常包括最初设计评审会议——在这种会议上，客户检查最初的概念性设计，以及最终设计评审会议——在这种会议上，客户全面检查详细的设计文件。这些会议是在继续项目工作的剩余部分之前获得客户批准和同意的一种途径。

在任何会议开始之前，必须确定会议的目的及需要谁参加会议、准备和分发日程表、准备材料、布置会议室。实际会议应该按时开始，而且必须做记录并检查日程。会议领导应促进而不是支配会议。会后，必须印发会议决策和活动细目。

项目经理和项目团队成员常常要做正式讲演。在准备讲演时，确定讲演目的、明确目标听众、做出提纲、准备便条和选定直观教具、印刷发放的材料，并且要多加练习，这些都是很重要的。必须在开始就告诉听众要给他们讲些什么，然后讲给他们听，最后总结发言，告诉他们讲了些什么。讲演发言必须清楚、简单、有趣，并能在预定的时间内结束。

在项目期经常要求写书面报告，最常用的两种项目报告类型是进度报告和最终报告。进度报告常包括自上次报告以来的成果、项目目前的进度情况、发现的潜在问题和计划实施的改进措施、在下一个项目期间必须完成的目标。最终报告提供项目总结，而且常包括一些细目，如最初需要、最初项目目标和要求、项目产生的收益、项目评审、产生的交付物一览表。所有的报告必须清晰、简洁，并按要讲的形式书写。书面报告要以读者而不是准备报告的人为出发点。

在整个项目过程中，会产生多种类型的项目文件，如手册或图样。它们可能会因为客户或项目团队做出变更而需做相应修改。在项目开始时，需要为流程和程序建立文档控制系统，以定义如何记录、批准和传达对文档的更改。

一个项目沟通计划为利益相关者在整个项目过程中确定了项目信息的生成和发布情

况,例如有多少种文件,每个文件由谁来负责创建,何时或以何种频率发布文件,发布给谁,以及每个接收者预期所做出的反应。

与利益相关者进行沟通需要项目团队采用有效的口头和书面沟通,特别是有效的倾听以实现相互理解。应尽早、主动、及时地解决利益相关者的关切,而不是对抗、推迟、忽视或解雇。项目经理需要提供与每个利益相关者定期双向沟通的机会,而不仅仅是在确定问题或需要关注时。项目经理和团队需要倾听,思想开放,认识深刻,行为专业,而不是主导讨论、过度反应,变得具有防御性,或失去对情绪的控制。利益相关者的参与和支持对于项目的成功实施和项目目标的实现非常重要。

协作沟通工具为项目团队的所有或一些成员开展相互交流提供了途径,这些人也包括分包商和顾客。由于召开面对面的会议对于一个成员分布在不同区域的虚拟项目团队来说很不方便,也不实际,因此这种工具就显得十分重要。它能促进团队信息的共享,并能提高团队的交流合作、团队协作、生产力和绩效。它还可以支持并促进团队创意的产生、头脑风暴、问题解决、决策制定以及文件的生成和管理。

思考题

1. 讨论为什么口头交流对项目成功很重要,并说出几种加强这种交流的方法。
2. 为什么有效聆听技巧在有效交流中很重要?怎样才能提高你的聆听技巧?
3. 观察与你进行交流的人的身体语言,说出哪些起积极作用,哪些起消极作用。
4. 讨论为什么对一个项目团队的多样性保持敏感是很重要的,特别是就沟通而言。
5. 列出商业环境中电子通信服务的 10 个最佳实践(做和不做)。
6. 情况评审会议的目的是什么?它什么时候召开?这种会议包括哪些内容?
7. 为什么召开问题解决会议?谁召开这种会议?说出几种要使用的方法。
8. 为做好会议准备,会前应做些什么?为确保会议有效,在开会期间应做些什么?描述个人电脑、手机和其他技术是怎样提高或降低会议的有效性的。
9. 如果要求你给某人就怎样准备和进行一个重要的会议发言提些建议,你会说些什么?对于列出的每一步,说出它为什么重要。
10. 为什么进度报告是项目交流的一个组成部分?它应包括哪些内容?它和最终报告有什么区别?
11. 为什么控制项目文件的变更很重要?怎样才能实现有效控制?
12. 描述协作沟通工具和 Web 2.0 工具这两个术语的含义,并提供其中一些工具的列表。这些工具如何帮助改善项目沟通?

上网练习

1. 搜索有关"有效项目沟通"的网站。至少对一个站点进行总结并与本章内容进行比较。你在该站点有何新发现?
2. 搜索有关"有效聆听"的网站。学习几种未在本章列出的有用的技巧。

3. 搜索有关"有效会议策略"的网站。学习几种未在本章列出的有用的技巧,并且至少学习一种可以主持电子或者网络会议的工具。描述这种工具的特征。

4. 搜索有关"项目报告"的网站。至少打印出并描述一个网站,该网站应包括讨论如何去写一个有效的项目报告或者提供一页软件包评审表,以此来帮助经理完成项目报告。

5. 为改善沟通,如今许多项目都有了自己的网站,并使用 Web 2.0 工具促进共享。在互联网上搜索至少一个基于互联网的协作沟通软件工具。描述这个工具的功能。您认为该产品可用于改善项目沟通吗?

案例分析 1　办公室沟通

凯茜(Cathy Buford)是一个项目团队的设计负责人,要为一个非常苛刻的客户实施一个大型、复杂的技术项目。乔(Joe)是一名被分配到她的设计团队的工程师。

大约早上 9 点 30 分,乔走进凯茜的办公室。她的头在不断下沉。她在努力地工作。

"嘿,凯茜,"乔说,"今晚去看小联盟比赛吗?如你所知,我今年自愿去当教练。"

"嗨,乔,我真的很忙。"凯茜对他说。

凯茜整理了一些文件,试图把注意力集中在她的工作上。

而后,乔继续坐在凯茜的办公室里。"我听说你的孩子是一个很好的球手。"

凯茜整理了一些文件,试图把注意力集中在她的工作上。

"嗯,我想是这样的。但是我太忙了。"

"啊,是的,我也是,"乔说,"我不得不休息一段时间。"

凯茜说,"正好你在这里,我其实一直在想,也许你应该用条形码或光学字符识别技术来评估数据录入。它可能会……"

乔打断她的话,"看看外面的那些乌云,我希望今晚的比赛不要下雨。"

凯茜继续说,"这些技术的一些优点是……"她继续讲了几分钟。"你怎么看?"

"嗯?不,它们不会有作用的。"乔回应道。"相信我。此外,这位顾客是位低技术含量的人,他会增加项目成本。"

"但是,如果我们能向客户表明,这可以为他节省资金并减少输入错误,"凯茜坚持认为,"那么他可能会支付额外的费用来增加这些技术。"

"节省他的资金!"乔惊呼道。"如何做?通过裁员?我们在这个国家已经经历太多的裁员了。政府和政客们对此也没有采取任何行动。你投谁的票并不重要。他们都是一样的。"

"顺便说一下,我仍然需要你继续完成进度报告",凯茜提醒他,"我明天需要把它用电子邮件发给客户。如你所知,我需要 8~10 页。我们需要一份厚厚的报告来告诉客户我们有多忙。"

"什么?没有人告诉我。"乔说。

"几个星期前,我给设计团队发了一封电子邮件,说我在上星期五之前需要每个人的进度。"凯茜回答说,"你可能会在明天下午的项目状态评审会议上使用你预先准备的材料。"

"明天的会议我得做报告？我今天第一次听说这件事。"乔告诉她。

"这是上周发布的议程。"凯茜说。

"我没时间来处理收件箱里所有的电子邮件，"乔嗤之以鼻，"好吧，我只能即兴发挥了。我放一些六个月前我演讲用的幻灯片吧，也没有人会知道其中的区别。不管怎样，这些会议都是浪费时间，没有人关心它们，每个人都认为他们每周为此浪费两个小时。"

"不管怎样，你能在今天结束前给我发进度报告的电子邮件吗？"凯茜问道。

"我得早点离开去看比赛。"

"什么比赛？"

"你没有听我说话吗？小联盟比赛。"

"但是也许你现在就应该开始做这件事。"凯茜建议道。

乔说，"我必须先打电话给我的助理教练吉姆，先谈谈今晚的比赛。然后我会写几段话。嘿，等一下，我马上给吉姆打电话！"乔拿起了凯茜的电话，打电话给吉姆，继续问吉姆关于比赛的几个问题。凯茜试着把注意力集中在她的工作上，因为乔的声音非常大。

结束通话后，乔说道，"当我给你提议时，你不能在明天的会议上做笔记吗？这应该为您提供报告所需的内容。"

"不能等到那时候。这份报告必须在明天邮件发出了，今天我会工作到很晚。"

"所以，你不能来看比赛？"

"记得把你的报告发给我。"

"我不是被雇来当打字员的！"乔说道，"我可以写得更快，你可以让别人帮你打字。不管怎样，你可能还是想要编辑它。向客户提交的最后一份报告看起来与我的完全不同，看来你全重写了一遍。"

凯茜回头看了看她的桌子，并试图继续她的工作。

 案例问题

1. 本案例中提出的一些沟通问题是什么？
2. 凯茜应该怎么做？你觉得乔会怎么做？
3. 凯茜和乔怎么能更好地处理这种情况？
4. 可以采取哪些措施来防止凯茜和乔之间的沟通问题？

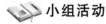 **小组活动**

由两个参与者在课堂上表演这个场景，紧接着进行课堂讨论，看看怎么解决上述四个问题。

 ## 案例分析 2　国际沟通

"塞缪尔，这是安吉丽的再次呼叫。现在是星期三上午9点。我要跟你说话。我暂时没有收到你的消息，我需要对项目进行更新。我想与你讨论的建筑物中的设备位置也有一些变化。在过去的几周里,我试着给你发了好几次电子邮件,但收到的消息均是我的电子邮件无法送达。你的电子邮件有问题吗?请今天打电话给我。我必须在周一向董事会报告,我需要知道项目的状态。"

结束语音留言后,安吉丽挂断了电话。她很不高兴,因为数周以来,她一直在尝试与塞缪尔取得联系。她心想,"就这样吧!如果他今天没有回电话,那我早上第一件事就是打电话给老板。"

安吉丽是新任命的电子技术(ElectroTech)公司新工厂的经理,汤姆森工业公司(Thomson Industries)正在为爱尔兰的 ElectroTech 设计和建造该工厂。她目前还在位于波士顿的 ElectroTech 总部办公,但一旦建设开始,她将搬迁到爱尔兰。

塞缪尔是汤姆森工业公司的项目经理。汤姆森工业公司是新工厂设计和建造的主要承包商。他的办公室在达拉斯。虽然他过去管理过几个项目,但都规模较小,而且在达拉斯地区。他渐渐地熟悉了大多数分包商,并在各种项目上与他们合作。ElectroTech 项目是迄今为止分配给他的规模最大也是最复杂的项目。例如,在该项目中,为工厂供应设备的两个主要分包商位于德国和日本。

在项目开始时,塞缪尔召集了一次简短的团队会议并自信地告诉他们,"波士顿和爱尔兰与达拉斯没有什么不同。就德国和日本的分包商而言,我的方法将是直截了当的。根据我们的规格制造设备并按时交付,否则他们无法获得报酬。就这么简单。没有借口,没有谈判。电子技术公司(ElectroTech)合同中有一个奖励条款,就是可以提前完成,我打算利用好这个条款。因此,我们必须与所有分包商一起打下这场硬仗。我们不能让他们的任何延误搞砸我们获得奖金的机会。另外,我们需要非常强硬地对待客户的任何变更,否则这将给他们一个延迟的理由和不支付奖金的借口。"

我们有一些非常优秀的高级人员分配到这个项目,所以我们应该能够快速启动。每个人都应该知道需要做什么,所以我们不必花费大量时间在讨论和解决问题的会议上。我们可以将所有时间都集中在完成工作上而不是空谈。不要用文书工作或电子邮件让我陷入困境。我需要有足够的时间跟踪我们的预算和时间表,保持联系我们的分包商,保持电子技术公司不做出一系列变更,并让我们自己的管理层不受影响。

午餐后塞缪尔回到了他的办公室。他的行政助理彭妮说,我检查了你的语音信息,安吉丽又留下了一个。她说她需要和你谈谈有关变更的事情。她还说了一些关于你的电子邮件无法正常工作的事情。

塞缪尔回应道:"变更,我知道了!这就是为什么我不想跟她说话的原因。就像一个女人一样,总是改变她的想法。感谢上帝,男人不这样做,或者我们永远不会做这类事情。至于我的电子邮件,我让拉里处理了一下我的电脑,所以无论谁给我发电子邮件,都会收到一条无法送达的消息回复。过一段时间,他们就会得到这样的信息:我对收到每个人充满琐事和细节的电子邮件不感兴趣。"

彭妮告诉塞缪尔:"你真的应该查看你的电子邮件,有些可能非常重要。"

塞缪尔回过头来说:"我已经管理了大量成功的项目,也都没有发送多少电子邮件。更多的工作和更少的谈话是项目成功的关键。"

彭妮说:"也许我可以请拉里把你的电子邮件转发给我,至少我可以对这些邮件进行一下筛选。"

"如果你愿意,可以的,"塞缪尔回答道,"你只需要为自己多做工作。如果某些事情非常重要,人们会想尽办法与我取得联系。在我们使用电子邮件之前,你认为我们如何管理?此外,随着你对我的语音邮件进行筛选,我可以控制自己的时间,决定我需要和谁以及何时交谈,不要纠结于给我打电话的人并且告诉我他们为什么不能自己处理。无论如何,他们总会想办法完成它。他们必须养成在出现问题时自己设法解决问题的习惯,而不是向老板跑去并抱怨它。"

塞缪尔没有回复安吉丽的语音信息。第二天早上,安吉丽打电话给汤姆森工业公司和塞缪尔老板的项目副总裁迈克尔(Michael Jetson)。她抨击塞缪尔不回电话和电子邮件的行为。如果塞缪尔还是不接触她,她威胁要暂停汤姆森未来的所有付款。

迈克尔走进塞缪尔的办公室。塞缪尔正在审查项目成本报告。"塞缪尔,我接到了电子技术公司的安吉丽的电话。她非常沮丧。她说你没有回电话,她需要和你谈谈。"

塞缪尔回应说,"是有这么回事。你知道我为什么不乐意接近她吗?因为她想做出一大堆改变,这将延迟这个项目的整体进度,并搞砸了我们提早获得奖金的机会。"

"我告诉她你会回复她,塞缪尔,所以今天请联系她。"迈克尔说,"这对我们来说是一个重要的项目,我不想要一个不满意的客户。"

"迈克尔,你知道女人是怎样的。她们对事物总是情绪化。我会联系她,让她平静下来。如果她能告诉我她打算打电话给你而不是撇开我,那会更好,但这就是你遇到的女人!"塞缪尔回答道。

迈克尔离开塞缪尔的办公室后,彭妮从日本分包商那里收到了一份传真。日方说:"我们已经审查了您发送给我们的最近修订的设备规格,发现在我们不知情的情况下改变了一些性能要求,使之发生了重大变化。而让我们感到遗憾的是,除非我们进行大量的工程重新设计,否则无法满足这些要求。我们希望与您见面讨论额外的设计工作所需的额外费用,以满足您的修订规范。"

塞缪尔对此说道:"这是个笑话。我们不给他们额外的一分钱。他们在分包合同中获得了大量资金,可以维持所需的设计经费。我不打算与他们谈判以支付更多的钱。他们最好能意识到,在美国,我们不会这样做,或者至少我不这样做。彭妮,给他们起草一封信,我签名,告诉他们我们没有看到提供额外资金的依据。他们知道最初的规格是初步的,应该预料到一旦事情得到开展就需要进一步的工程设计。这封信要简短而坚定。我不想留下任何参与拯救面子的谈判的口实。"

"还有两件事,彭妮,"塞缪尔说,"明天和周围的人安排项目会议。我必须知道一些正在发生的事情的近况。我需要知道是否有人在我不知情时与日本人或安吉丽谈话。我告诉你,如果我发现事情已经发生,会议结束后,有些人会受到惩罚。难道他们不知道需要让我对他们的工作知情吗?其二,打电话给安吉丽,看看她是否可以在周五飞往达拉斯参加会议。我没有时间去她那儿。星期五晚上,我和一位老朋友约了网球比赛。是她需要和我交流,所以让她来这儿,也许这会让她冷静下来。另外,还可以在商场附近的新餐厅预订一顿饭。我将在午餐时用甜言蜜语说服她喝几杯,之后我会建议她去商场购物,然后再回到波士顿。购物是女性解压所必要的,对吧,彭妮?"

案例问题

1. 塞缪尔犯了什么沟通错误?
2. 如果安吉丽接到彭妮的电话要求她来达拉斯与塞缪尔会面,该怎么办?
3. 迈克尔在与塞缪尔谈论安吉丽的电话时,还有什么可以说或做的吗?彭妮应该对塞缪尔的沟通方式和不敏感的评论做些什么吗?
4. 管理像这样的跨国项目,良好沟通计划的要素是什么?

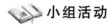 **小组活动**

将课程参与者分成三到四组,对案例问题进行解答。每个小组应确定一名发言人,向整个班级做出解答。

第 13 章

项目组织的类型

本章内容支持《PMBOK 指南》中的如下项目管理知识领域:
- 项目集成管理
- 项目资源管理

现实世界中的项目管理

来自矩阵型组织的报告

新闻编辑室的组织类型取决于报纸或网络期刊所属的地理位置。德国和英美新闻编辑室通常采用以流程为导向的职能型组织结构。文章和专栏的内容质量取决于办公室和记者的能力。一些中欧国家的新闻编辑室更强调全面性,并采用部门式结构,即一个团队观察一个领域,并向编辑团队提供信息,以便将观察结果转化为文章,在报纸或在线期刊上发表。

然而,新闻工作发生了变化。新闻记者、数据分析师、交互设计师和摄影师所创造的交互式、应用数字技术的文章,则需要更多的团队合作。随着数字化内容数量的变化以及动态环境"更上一层楼",瑞士的一个新闻编辑室将其组织转变为使用矩阵式组织结构并跨区合作的团队。

新闻机构没有使用项目型组织结构来管理其有限的结构化项目、新闻文章,而是选择矩阵型组织结构,围绕正在进行的主题形成跨部门团队,在该团队中完成限定的项目。

在他们从职能型组织结构变更为矩阵型组织结构时,项目经理在团队中的权威性降低了。在职能型组织结构中,项目经理在层级组织中具有明确的角色。向矩阵式组织的过渡导致项目经理权威性下降,但沟通管理增多了。

新闻团队发现,矩阵型组织结构的优势在于更多横向沟通渠道,增强了信息管理,提高了灵活性,增加了新闻团队成员专业化的机会,提高了在工作中使用和整合技术的能力。

矩阵型组织存在着需要解决的障碍和弊端。小组成员没有单一的职权范围来报告,因此他们不知道应该从谁那里接受任务或绩效评估。有时,由于背景和经验的不同,可能会发生冲突。由于项目经理的权威性下降,有可能导致更多的会议和更多工作人员的参与，决策迟迟悬而未决，从而导致管理成本上升。

一位新闻团队成员谈起主编时认为，其非常擅长向他们的同事通报跨职能团队将要讨论的主题和事件，同时说，"来自不同部门的经理会说，'嘿，我们一起做吧！'"

过渡确实需要时间来调整。记者习惯于在他们的小项目团队中工作，并非正式地通知他们的同事一些事情。有了矩阵型组织结构，他们每天都会召开会议并进行报告；一些成员认为这种报告是一种负担，因为他们可能也需要向他们自己所在的部门报告。有时，不同团队的记者会处理类似的话题，需要一段时间才能减少重复。他们将协调和沟通要求视为增加的成本，同时也是与其职责的冲突。

记者们确实感受到了灵活性的提升。当报告需要来自多个部门的成员一起合作开展跨部门项目时，他们会在需要时短时间内完成工作，完成后返回到定期分配的部门。这些跨部门的机会有助于在组织内培养新的领导者。在职能型组织结构中，不是项目领导者的记者发现他们也可以领导一个跨团队组织。这需要时间与团队中的其他记者互动，以协调团队并决定任务分配。使用标记系统有助于了解和选择团队成员，每个人都被标记了新闻业以外的关键词，如语言、爱好、家庭关系和其他技能。跨部门组织的管理者可以找出具有团队所需技能的合适人选。

这些团队在转型期间确实面临冲突，很大程度上是由于人们工作方式的变化。对于习惯于作为单一作者撰写文章的人来说，与团队一起撰写文章是截然不同的。有时候，角色模糊的情况会带来压力，尤其是项目经理和工作需求的变化。有人提出了这样的问题：谁可以负责文章的管理，并创建一个跨部门团队来收集信息并报告调查结果？

一些冲突和抵制是由于不愿意放弃权力，或害怕地位丧失造成的。然而，随着时间的推移，将有可能建立更有能力的新领导层。他们确实了解到，为了满足读者体验中日益复杂的需求，使文章和新闻报道数字化，管理中矩阵型组织的跨部门性质是必要的。

资料来源：Grubenmann, S. (2016). Matrix organisation: The design of cross-beat teamwork in newsrooms. Journalism Practice, 119. doi: 10.1080/17512786.2016.1140588

本章概要

尽管可以通过多种方法组织人们进行项目工作，但最常见的组织结构是职能型、项目型和矩阵型。这里所举的事例是关于工业公司的，其概念可以应用到其他行业，如服务业、政府事业及公共机构、非营利性组织（如医院、教育机构和福利机构）。你将了解以下内容：

- 三种组织结构的特点；
- 每种组织结构的优缺点；
- 项目管理办公室的职能。

学习目标

学习完本章后，你应该能够：

- 解释三种项目管理组织结构类型；
- 论述每种项目管理组织类型的优势和劣势；
- 描述一个项目管理办公室在矩阵型组织结构中的作用。

13.1 职能型组织

当一个组织中每个部门的每个成员执行相同职能，或具有相同专业技能时，这样的组织结构被定义为职能型组织结构。图 13-1 显示了一家生产销售标准电子产品的工业企业的职能型组织结构（functional organization structures）。运用这种职能型组织结构的企业基本上生产、销售标准产品。例如，一家制造、销售电子医疗设备的公司很可能就采用这种组织结构。在职能型组织结构里，各部门成员有相同的职能，如设计或制造；或有相同的技能，如图形设计或机械装配。每个职能团队，或者叫作职能部门，为支持公司的业务目标，全力执行自己的任务。他们的工作重点是使公司产品在技术和成本上处于领先优势，同时也注重利用每个职能部门的专业技能为公司产品做出重要贡献。

采用职能型组织结构的公司有时也定期开展项目工作，但主要是公司内部项目，包括开发新产品、设计公司信息系统、重新设计办公场所或改进制造流程、实施节能减排项目，或是更新公司政策和程序手册。对于这些项目，由公司管理层从营销、设计、制造和采购这些下级职能部门中选出成员，组成多职能项目团队。分配到项目中的成员可能是专职人员，也可能是兼职人员；可能为项目工作一段时间，也可能一直工作下去。但绝大多数情况是，人们在为项目团队兼职工作时，继续从事他们正常的职能工作。某位团队成员——可能是某个职能经理或副总裁，被任命为项目领导或经理。

在职能型组织中，因为成员仍然在行政上为他们各自的职能经理工作，所以项目经理对项目团队没有完全的权力。项目经理可能拥有项目权限，但对于分配给项目团队的人员，职能经理仍保留行政方面与技术方面的权力。而且，由于成员根据他们的技术专业来看待对项目的贡献，所以，他们仍从属于职能经理。如果团队成员之间发生矛盾冲突，通常通过组织的权力结构予以解决，这会延缓项目进度。另一方面，如果公司总裁授权项目经理在团队成员发生争议时可以做出决策，那么，这种决策可能有利于项目经理自己的职能团队，而不是基于整个项目的最佳利益。例如，关于某项新产品的设计发生争议，来自工程职能部门的项目经理做出决定，减少工程设计成本，增加制造成本。在向公司总裁报告项目进度时，项目经理做了一些其他职能部门的团队成员认为不公正的评论，如："如果制造部门能多想一想其他生产方法，会使产品成本更低一些。工程部门已经减少了设计成本。"这种情况下，只得由公司总裁亲自处理冲突了。

由于项目并非采用职能型组织结构的公司日常工作的一部分，所以，必须使分派到项目任务突击队中的每个成员明确理解他们的角色和职责。如果项目经理没有足够的权力做出项目决策，他就要靠领导能力和说服能力来建立共识、处理冲突，使任务突击队成员团结起来实现项目目标。另外，项目经理要定期花一些时间向公司的其他职能经理反映项目最新情况，感谢他们对项目工作人员的支持。

有时，任务突击队进行的项目完全属于某个具体的职能部门。例如，技术文件记录部门经理要形成一个由编辑人员和资料专家组成的任务突击队，为所有技术资料制定一个共同标准。在这种情况下，这个特定项目经理完全负责这个项目，处理冲突要比在多职能项目团队里便捷多了。

第 13 章 项目组织的类型

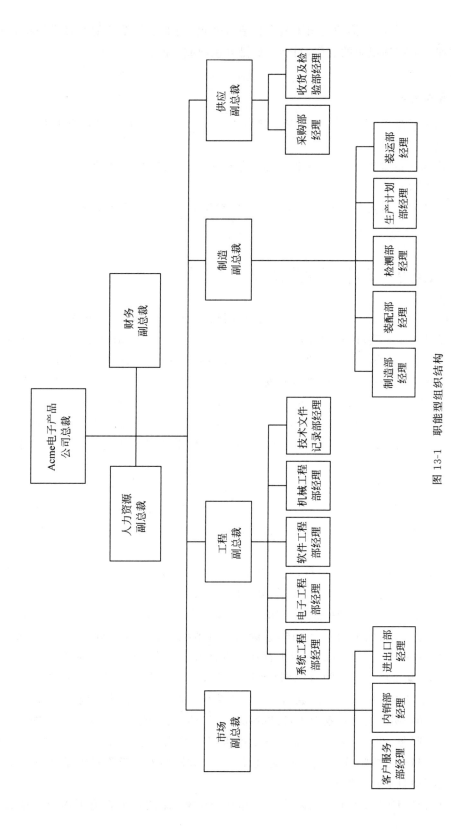

图 13-1 职能型组织结构

采用职能型组织结构的公司可能会将项目外包，例如信息系统的开发或是特定的工作包（比如一个培训视频的创作，目标人群是分包商或顾问）。

巩固所学
1. 职能型组织注重利用每个职能部门的_____为公司的产品做出重要贡献。
2. 判断正误：
   在职能型组织中，人们在为项目任务突击队兼职工作时，继续从事他们正常的职能工作。
3. 采用职能型组织结构的公司有时也定期开展_____项目工作。

13.2 项目型组织

在采用项目型组织结构的公司里，每个项目作为独立实体运行，并配置了专有资源。图 13-2 是某公司的项目型组织结构（project organization structure）图。该公司的业务是向城市和乡村提供快速运输服务。一个普普通通的客户订单就是一个几百万美元的项目，需要花几年时间进行设计、制造及安装。这个公司的经营业务就是项目，它不生产标准产品。在任何一个时段，它都在进行好几个处于不同阶段的项目。随着项目逐步结束并完成，公司希望得到新的项目合同，组织要为具体项目招聘人员。如果有合适的专业技能知识，他们可以在项目一完工就重新分配任务。每个项目团队致力于一个项目。完成项目后，团队成员要么被分派到另一个项目中去，要么被解雇。

在项目型组织里，完成每个项目目标所需的所有资源完全分配给这个项目，专门为这个项目服务。专职的项目经理对项目团队拥有完全的项目权力和行政权力。由于每个项目团队严格致力于一个项目，所以，项目型组织的设置完全是为了迅速、有效地对项目目标和客户需要做出反应。

项目型组织无论从单个项目，还是整个公司讲，都是成本低效的。每个项目必须为专门工作的团队成员付酬，即使是在项目某些阶段他们工作很轻松，也得如此。例如，项目在某处的延迟造成某些资源几个星期的闲置，项目资金必须得分摊这项费用。如果闲置时间过久，这一项目就可能无利可图，并会占用其他项目的利润。对整个公司来说，项目型组织由于在多个同时进行的项目上存在资源任务的重复，从而造成成本低效。因为资源不能共享，某个项目专用的资源即使闲置不用，也无法应用于另一同时进行的类似项目。同样，不同项目团队的成员也几乎不可能共享知识或专业技术技能，因为每个项目团队都是独立的，团队成员只效力于自己的团队。当然，也可能有一些公司内部的辅助职能为所有项目服务。例如，从图 13-2 上可以看到，人力资源职能为所有项目服务，因为没必要让每个项目自己招聘员工。这样，通过设立一个共同的人力资源职能部门，公司就可以统一人力资源政策及工作流程。

在项目型组织中，为了最大限度地利用项目资源，保证在预算范围内成功地完成项

第 13 章 项目组织的类型

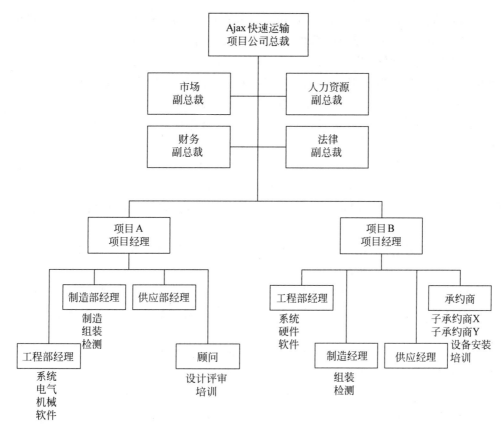

图 13-2 项目型组织结构

目,需要有详尽而准确的计划和一个有效的控制系统。

项目型组织结构常见于一些涉及大型项目的公司。这类大型项目价值高、期限长。项目型组织结构主要应用于建筑业及航空航天业。

巩固所学

4. 在项目型组织里,完成每个项目目标所需的所有资源_____分配给这个项目,专职的项目经理对项目团队拥有完全的_____和_____。
5. 项目型组织是成本_____。
6. 项目型组织结构常见于一些涉及_____项目的公司。

13.3 矩阵型组织

矩阵型组织结构是职能型组织结构和项目型组织结构的混合体。在矩阵型组织内,需要临时成立项目小组,职能部门负责配给特定的项目小组其短期内需要的资源,而该项目小组的负责人则是组织内部临时委任的。图 13-3 显示了一家销售用户计算机终端自动信息系统的公司的矩阵型组织结构（matrix organization structure）。该公司所接的每个顾客订单都是一个独特要求的系统,有些系统很小,仅售5万美元,设计、生产需要4—6个月；但有些系统要耗资好几百万美元,用3年左右的时间完成。如图13-2里的阿贾克斯快速运输公司（Ajax Rapid Transit Project,Inc.）一样,专业化计算机系统公司（Specialized Computer Systems,Inc.）也是从事项目业务。但是,它的业务有许多是小规模的项目,任何一个时候都在进行,各个项目只是在规模及复杂程度上有所不同。项目总是不断地完成、开始。

矩阵型组织既有项目型组织结构注重项目和客户的特点,也保留了职能型组织结构的职能特点。矩阵型组织结构中每个项目和职能部门各司其职,共同为公司和每个项目的成功贡献力量。项目经理对项目的结果负责,而职能经理则负责为项目的成功提供所需资源。

矩阵型组织是有效利用公司资源的基础。作为技术人员大本营的职能部门（如系统工程、检测等部门）,具有充足的技术力量支持项目不断进行。

项目经理来自于组织的项目部门。公司接到新系统的订单后,项目副总裁为项目委派一个项目经理。一个项目经理可以同时管理几个小型项目,但大型项目就要由专职项目经理来负责。

接下来,项目经理要与有关职能经理协商,从各个职能部门中为项目配备工作人员。这些人员根据实际需要,为项目工作一段时间。部分人员专职为项目工作,其他人员只为项目兼职工作；部分人员可能会被分配到整个项目中；其他人可能只为项目的一个部分工作,甚至在整个项目中断断续续地工作,这要根据项目何时需要他们的技术及项目预算允许他们工作时间长短而定。在一个矩阵型项目组织中,某个职能部门的人员通常在几个同时进行的项目中兼职工作,例如,如图13-3所示,杰克（Jack）、凯西（Cathy）、罗斯（Rose）、克里斯（Chris）和亚历克斯（Alex）都在两个项目中兼职。有些项目不需要某种专门技术,例如,项目A和项目C不需要任何机械工程作业,项目A也不需要培训。

几个项目可以共享员工的工作时间,从而能有效利用资源,使全公司及每个项目的综合成本减至最低。

人员完成某一项目或具体任务后,就会被分配到新的项目中。这样能使实际应用到项目工作中去的职能性工作的时间效用最大化（在人员的项目预算范围内）,尽量减少未被利用的时间（因为这种时间的工资成本只能由公司负担,这样会减少公司的赢利）。当然,一定要为假期、节日、疾病、培训和设计进行新项目方案留出空余时间。

一定要注意,如果职能人员未被利用的时间累计很多,那么即使每个项目都在预计时间内完成,公司也可能亏损。如果一家公司没有足够多的项目而导致一些职能部门的人员闲置,就会发生这种情况。在其他项目结束的同时,公司应不断获得新的项目,以便使职能员工有较高的实际工作时间率。如果未被利用的时间太多,就只好解雇员工了。公司要经常寻找机会,从新、老客户中获得项目,或者像在第3章里讨论的那样,编写申请书,回复"需求建议书"。

第 13 章 项目组织的类型

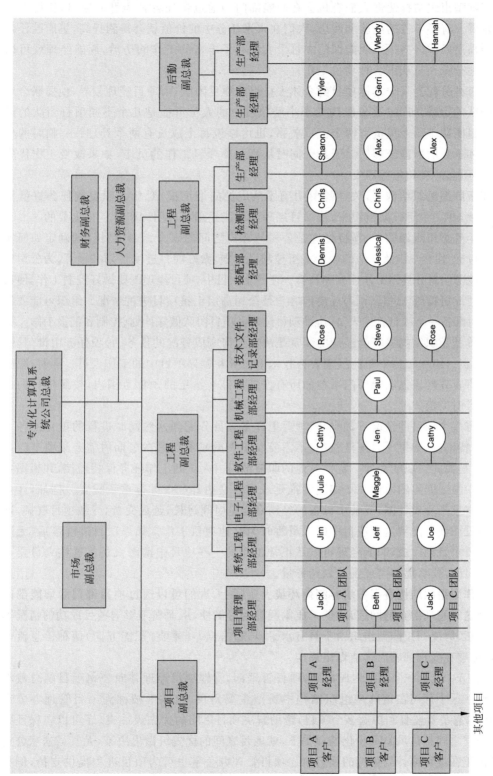

图 13-3 矩阵型组织结构

矩阵型组织结构使得人们有机会在职能部门中通过参加各种类型的项目，获得职业上的发展。有了丰富的经验和阅历，人们在未来任务中的价值就会得到提高，更能胜任公司内的高层职位。当一个职能部门中每个人都有了丰富的工作阅历后，职能经理就可以更灵活地分派人员从事各种项目工作。

所有被分配到某个具体项目的全体人员组成项目团队，由项目经理领导，他要联合和统一团队的力量。同时被分配到几个小型项目中的人员可能是几个不同项目团队的成员。项目团队中每个成员有两个汇报关系，也可以说每个成员有两个经理——临时的项目经理和永久的职能经理。对于某个同时从事几项项目工作的员工，如果改变工作优先级，则会引起冲突和焦虑不安。

在矩阵型组织结构下，关键是要明确团队成员向谁汇报，对什么职责或任务进行汇报。因此，在一个矩阵型组织中，使项目经理与职能经理各自明确职责是很重要的。

在矩阵型组织结构中，项目经理是公司与客户之间的媒介。由项目经理确定如何实现项目目标，使客户满意。他的职责是指导制订计划，做好项目进度计划和预算，为公司的各个职能部门划分具体工作任务和预算。在整个项目中，项目经理既要做好控制工作，使项目按进度计划和预算进行，同时还要向客户及公司高层汇报项目进度情况。组织可能要给每个项目配备一个项目管理人员，协助项目经理和项目团队做好计划、控制和汇报工作。

矩阵型组织结构里职能经理的职责是决定如何完成分配的任务、每项任务由谁（具体人员）负责。组织结构中职能经理要在技术上指导和领导项目中的工作人员。同时，职能经理也有责任确保该职能部门承担的所有任务都能在给定的预算范围内，按照项目的技术要求准时完成。

在有多个项目的情况下，职能经理要把许多人员分配到这些同时进行的项目的各个部分中，特别是，如果项目规模较小，不需要专职人员或项目只在短期内需要某项专门技术时，更是如此。职能经理一定要对他的职能部门内人员的工作任务保持监控，并根据各个项目中情况变化的需要——如进度拖延或客户变更等——进行重新配置。例如，客户迟迟不审批工程设计图，或某个设备的经销商运输时间过长，延迟交货，导致项目耽搁，这时就应设法使分配到这个项目中的人员暂时为其他项目工作。如果项目进度落后，无法按客户要求日期完成，职能经理可以从正常工作的一些项目中调派人员。这些人员要么有空闲时间，要么提前完成了计划任务量。

矩阵型组织结构有利于培养制衡环境。实际上，人们可以通过项目部门和职能部门这两种途径发现潜在的问题，降低了压制问题的可能性，从而在不影响项目成功的情况下进行更正、解决。矩阵型组织由于具有水平（项目方向）和垂直（职能方向）两种信息流通渠道，能够在发现问题后迅速做出反应。

图 13-3 显示一个组织构成单元，项目管理部，管辖项目经理并向公司项目副总裁汇报工作。这个部门在矩阵型组织结构中扮演主要角色，也常常被称为项目管理办公室（PMO），它负责监督和协调多个项目，帮助解决项目之间的优先级冲突，还可以在保证顾客和公司之间整体风险最小化的前提下，就项目之间的优先级做出决策，尤其当这家公司有其他正在进行或计划进行的项目时。项目管理办公室也可为项目进程提供支持，例如为项目团队提供项目管理课程的培训，为项目提供行政支持人员。项目管理办公室还设

立一致的规程并且创建最优实践和模板,这些模板可用于项目计划、监督和控制,数据收集,文件归档和项目报告。例如,它可以是归档的项目文件储存库和项目管理经验教训的知识储存库。项目管理办公室通常都为项目管理信息系统提供核心支持。

> **巩固所学**
>
> 7. 矩阵型组织具有_____结构注重项目和客户的特点,但也保留了_____结构的职能特点。
> 8. 在矩阵型组织里,_____部门为支持项目不断进行提供了_____的大本营。
> 9. 矩阵型项目组织由于可以在几个_____中_____员工的时间,就能有效利用_____,从而使成本减至最低。
> 10. 在矩阵型组织结构中,_____中每个成员有两个汇报关系:临时的_____经理和永久性的_____经理。
> 11. 在矩阵型组织结构中由项目经理确定做_____,_____完成,多少_____等这些问题,实现项目_____,使客户满意。
> 12. 矩阵型组织结构里职能经理的职责是决定_____完成任务,每项任务由_____负责。
> 13. 矩阵型组织由于具有_____和_____两种_____渠道,能够在发现问题后迅速做出反应。
> 14. _____在_____组织结构类型中扮演重要角色。它负责_____和_____多个项目。

13.4 优缺点分析

前面讨论了有关职能型、项目型及矩阵型组织的特点,针对这三种组织结构,表 13-1 列出了它们各自的优缺点。

表 13-1 组织结构优缺点比较

	优点	缺点
职能结构	• 没有重复活动 • 职能优异	• 狭隘、不全面 • 反应缓慢 • 不注重客户
项目结构	• 能控制资源 • 向客户负责	• 成本低效 • 项目间缺乏知识信息交流
矩阵结构	• 有效利用资源 • 职能专业知识可供所有项目使用 • 促进学习、交流知识 • 沟通良好 • 注重客户	• 双层汇报关系 • 需要平衡权力

13.4.1 职能型组织结构

职能型组织是在同一个组织单位里,把同一知识领域的专业人员组织在一起,这样就减少了重复工作。它具有专业化的好处,即成员有一个在他们具体职业知识和技能上交流进步的工作环境。例如,一个计算机工程单位里的所有人员都可以共享软件,一起讨论开发计算机系统的方法。

然而,由于职能型组织的每个职能部门只关心自己的业绩,使整个组织具有一种狭隘性。它并不注重与其他职能部门的团队协作,职能部门之间很少相互进行有益的交流。职能型组织也不以项目为主,制定的决策可能相对短视,不是出于对整个项目最佳利益的考虑。等级结构使沟通、解决问题及制定决策进展缓慢。比如说,产品出现问题,工程部门认为是由于制造部门没有正确地生产制造,制造部门则声称是由于工程部门设计不合理或交付给制造部门的工程设计图有错误。这样的问题会在管理等级的各层传来递去,最终还得由公司总裁来解决。职能型组织不太注重客户。在这种组织里,人们强烈忠诚于自己的部门,而不是项目或客户。

13.4.2 项目型组织结构

在项目型组织里,项目团队的所有成员都为项目经理工作,因此项目经理可以完全控制资源,包括决定工作如何完成、由谁完成的权力,不会与其他项目在优先次序及资源问题上发生冲突,因为这个项目的所有资源都专门为这一项目服务。项目型组织对客户积极响应。例如,如果客户改变了项目的工作范围,项目经理有权立刻重新分配资源,以适应变化。

由于不能充分利用资源,项目型组织结构可能是成本低效的。项目型组织中的所有人员都是专职工作的,或许某些工作进展得很缓慢,团队成员的工作效率很低。如果工作进展缓慢,就可能会在员工中产生一种在工作中消磨时间的倾向。假如没有其他事可做,人们会把一周能做完的事情磨蹭到两三周,使项目成本增加。另外,如果有一些人员在一定时期内无事可做,他们的闲置工时也是公司的一项成本,这也会降低公司的赢利。影响组织成本低效的另一个因素是,缺乏利用并行项目活动的机会。例如,如果几个团队联合订购原料和物资,而不是单独进行,经销商的价格就可能会更优惠一些。

在项目型组织结构中,知识和技能在项目之间的交流程度很低,成员们专心为自己的项目工作。这种结构没有职能部门那种让人们进行职业技能和知识交流的场所。另外,项目结束后,如果没有新的项目供人们分配工作,就得解雇员工。在这种情况下,人们从项目中学到的东西就对公司没有多大用处了。在一个项目型组织里,团队成员在项目临近结束时,对重新分配这一问题会感到非常焦虑,尤其是因为他们没有职能部门这样的归宿。

13.4.3 矩阵型组织结构

矩阵型组织结构力求发扬职能型结构和项目型结构的优点,同时克服二者的不足之处。在矩阵型组织的结构里,来自各个职能部门的人员在必要时可以为某个具体项目兼职,或者让他们只分配有限的时间给特定项目,从而能有效利用资源。而且,具体职能部门的人员通常同时在两个或更多的项目中工作。由于员工隶属于职能部门,所以在必要的情况下,他们能够为适应项目的变化而在各项目之间流动。例如,如果某个项目因拖延而停工,职能经理为避免工时闲置加大公司成本,可以将一些团队成员调配到其他项目中去。

矩阵型组织结构的基础核心职业技能可供所有项目应用,这样,这些技能就能获得很好的利用。同一职能部门的人员具有共同的职业训练,可以互相合作学习。项目结束后,员工回到自己的职能部门,等待分配新的项目任务。他们的知识与公司融为一体,会在将来的项目中得以应用。人们通过在多个项目中的磨砺,会学到很多东西,有很大发展进步。他们的知识与技能可以在各种项目之间进行交流。

同时,矩阵型组织结构也有利于改善沟通,从而可以更及时地发现问题,解决冲突。项目团队成员可以通过两条渠道向项目经理和职能经理反映情况,提醒注意潜在问题。这两种沟通渠道更有利于发现问题,避免压制。

最后,矩阵型组织注重客户。项目经理是项目团队与客户沟通的中心环节,组织的职能部门支持项目进行。

矩阵型组织结构里的项目团队成员有两个汇报关系:临时性地向项目经理汇报,但在行政管理方面,仍要向他们的职能经理汇报。如果某个成员同时在数个项目中工作,这个成员就会有好几个经理。这时,会由于工作优先次序而产生不安和冲突。这些人员对他们的职能部门有长期效忠的义务,但项目团队也需要他们的忘我奉献,这可能会使前一种关系变得紧张一些。应用矩阵型组织结构,公司一定要制定工作纲领,保证在项目经理和职能经理之间的权力适当平衡。项目经理和职能经理在涉及工作优先次序、项目中具体人员的分配、工作中的技术方案,以及项目变化等方面有可能产生矛盾冲突。如果权力不平衡,在解决这类问题时,就很可能不是从对公司或客户的最佳利益考虑出发的。

 巩固所学

15. 职能型组织结构的一些优缺点是什么?
16. 项目型组织结构的一些优缺点是什么?
17. 矩阵型组织结构的一些优缺点是什么?

现实世界中的项目管理

通过项目管理办公室达成战略目标

严格的项目管理帮助公司管理进度和预算,并整合控制措施,简化流程。团队协同工作,以实现组织的成功。巴西里约热内卢的阿克恩管理安全服务公司(Arcon Managed Security Services)认为,其项目内部需要增加稳定性,因为它已经帮助监测和评估了全球20多亿起潜在的网络安全事件。拉米罗·罗德里格斯(Ramiro Rodriguez)是许多国有企业和跨国公司的技术解决方案专家,被选中领导新成立的阿克恩项目管理办公室

(PMO),使组织的项目管理程序更加成熟。

作为项目管理专业人员（PMP）©和项目管理办公室的负责人，罗德里格斯为公司的项目经理提供支持，以配合组织的战略。由于在专业方面的努力发展，项目管理办公室团队的所有成员都获得了项目管理专业人员（PMP）资质认证。他们具有共同的核心知识，致力于实现项目管理实践的标准化。项目管理办公室为关键绩效指标的制定提供指导。

每个项目经理在任何时候都被分配了多达20个项目来监督。在项目管理办公室成立之前，这些项目都独立进行，造成了大量重复性工作。同时，项目组合的管理缺乏总体性指导。阿克恩内的团队管控与项目执行是由独立的项目经理负责。在知识管理系统中，没有用于记录经验教训或存储其他关键要素（如标准化文档）的集中式项目数据库。

团队共同构建了一套项目方法，用于从分析阶段到结束阶段指导他们的项目。这些方法增强了他们确定项目风险、项目任务和分配职责的能力。标准化文件和模板的开发，节省了时间，并减少了独立的项目任务。罗德里格斯评论说，"这一切都创造了一个基准，以便我们在前进的过程中改进流程。"

与客户进行沟通，在客户和可能的项目结果之间帮助协调利益，是项目管理办公室向项目经理及其团队提供的重要支持。项目管理办公室帮助项目经理阐明客户需求，以确保项目结果的合理性和可行性。"良好的沟通取决于清晰度和透明度"，罗德里格斯强调说。

项目管理办公室部署了一个项目仪表板工具，用于向项目经理及其团队传达状态更新。项目经理可以评估项目涉及的资源。由于减少了独立项目、通过仪表板监测和控制项目、实施标准化程序以及改进项目管理方法，项目管理办公室报告项目成本预计减少16％。随着项目管理办公室的部署，阿克恩项目管理系统的升级帮助阿克恩实现了其战略目标，同时为其全球客户提供了有效防范网络攻击的安全防护。

关键的成功要素

- 在一个矩阵型组织中，使项目经理与职能经理各自明确职责是很重要的。
- 应用矩阵型组织结构，一定要制定工作纲领，保证在项目经理和职能经理之间的权力平衡。
- 在整个项目过程中，项目团队应尽可能保持小规模。

本章小结

组织人们进行项目工作，最常用的三种结构是职能型、项目型和矩阵型结构。这些结构可以应用到众多的工商企业、公共组织和非营利性组织。

职能型组织由执行相同职能，或具有相同专长技能的成员组成。职能型组织主要适用于生产、销售标准产品的工商企业——这类企业很少有外部项目，重点是突出公司产品的技术优势和成本竞争力，以及每个职能部门在专业技能上对产品所做的贡献。获得项目后，组织从各个相应的职能部门抽调人员，组成多职能的项目团队或任务突击队，负责进行项目任务。在这种结构里，由于各成员在行政上仍然由他们各自的职能经理管理，所

第 13 章 项目组织的类型

以,项目经理对团队并没有充分的管理权力。如果团队成员之间产生冲突,通常要通过组织的管理层解决。应用职能型组织结构的公司通常会定期组建项目任务突击队(小组)进行公司内部的项目,或者将项目或特定工作外包给外部资源,如分包商或顾问。

在应用项目型组织结构的公司中,每个项目独立运行,并为其配备专用资源。应用项目型组织结构的公司通常会同时进行多个项目,但不生产标准产品。人员是雇来从事项目工作的。每个项目团队专门从事一个项目,项目完成后,团队成员如果有合适的技能,会被分配到另一个项目中。专职的项目经理对项目团队有完全的项目和行政管理权力,由于每个项目团队完全致力于一个项目,所以,项目型组织的设置有利于项目目标和客户需要,能迅速、及时地做出反应。从公司的角度考虑,项目型组织由于在几个同时进行的项目上存在资源或任务的重复,会导致成本低效。同时,不同项目团队的成员之间很少有机会交流知识或技术技能。涉及一些价值高、期限长的大型项目的公司通常会采取这种项目型组织结构。

矩阵型组织是一种混合型结构,它是职能型和项目型结构的混合。其中来自职能部门合适的资源会被临时分配给特定项目,并设立来自组织的项目经理。同时有多个规模及复杂程度不同的项目的公司,适合采用这种组织结构。它既有项目结构注重项目和客户的特点,又保留了职能结构里的专业技能。矩阵结构下的每个项目及职能部门都有职责通力合作,为公司及每个项目的成功做出贡献。另外,矩阵型组织能有效利用公司的资源。通过在几个项目间共享人员的工作时间,可以充分利用资源,力求公司及每个项目的成本最小化。所有被分配到某一具体项目中的人员组成项目团队,归项目经理领导,由他联合和统一团队的力量。

在矩阵型组织结构里,项目经理是公司和客户之间交流的媒介。项目经理确定必须要做哪些工作、什么时候完成、需要多少资金,从而实现项目目标,使客户满意。项目经理负责领导项目计划的制订,包括项目进度和预算,并分配具体的工作计划。每个职能经理负责决定每项任务如何、由谁完成。

在矩阵型组织中,项目管理办公室起着重要作用。它负责监督和协调不同的项目,能够帮助解决项目之间的优先级冲突,还可以帮助做出关于项目优先级的决策。项目管理办公室也提供项目管理课程的培训,为项目提供行政支持人员,建立一致的规程并且创建最优实践和模板,这些模板可用于项目计划、监督和控制。

职能型组织结构的优点是没有重复活动,功能卓越;缺点包括狭隘孤立、反应缓慢、不太注重客户。项目型组织结构的优点是能控制资源,对客户能快速响应;缺点是成本低效,项目之间缺乏知识交流。矩阵型组织结构的优点是能有效利用资源,职能部门的专业技术可以为所有项目利用,促进学习和交流知识,沟通良好,注重客户;缺点是存在两种汇报关系,需要平衡权力。

 思考题

1. 什么是职能型组织?它的优缺点有哪些?
2. 什么是项目型组织?它的优缺点有哪些?

3. 什么是矩阵型组织？它的优缺点有哪些？
4. 生产标准产品的公司通常采用哪种组织结构形式？说明原因。
5. 讨论职能型组织在开发新产品时可能会遇到的一些问题。
6. 为什么项目型组织被认为像独立的微型企业？
7. 为什么项目型组织有时被认为是性价比不高的选择？
8. 哪种组织结构被认为是一种混合体？为什么？
9. 矩阵结构为什么能促进职业生涯？
10. 矩阵型组织里，项目经理的职责是什么？
11. 矩阵型组织里，职能经理的职责是什么？
12. 矩阵型组织里，项目副总裁的职责是什么？
13. 项目管理办公室的职责是什么？什么组织类型最适合项目管理办公室？为什么？

上网练习

1. 搜索关于"职能型组织结构"的网站。至少对一个网站进行总结，并与本章内容进行比较，有什么新发现？
2. 搜索关于"项目型组织结构"的网站。至少对一个网站进行总结，并与本章内容进行比较，有什么新发现？
3. 搜索关于"矩阵型组织结构"的网站。至少对一个网站进行总结，并与本章内容进行比较，有什么新发现？
4. 搜索关于"项目管理办公室"的网站。至少对一个网站进行总结，并与本章内容进行比较，从这个网站获得了什么新的见解？
5. 搜索"项目管理成功与失败"的案例，将你找到的故事、案例和你的想法写成一篇文章，并描述项目组织类型是怎样影响一个项目的结果的。

案例分析1　多项目

多项目有限公司（Multi Projects, Inc.）是一家拥有400名员工的知名咨询公司。它同时为各种客户提供服务，开展多个项目。多项目公司具有良好的声誉，近30%的业务量来自回头客。它将目标放在了成长型公司未来的业务上，并在这方面也取得了成功。由于这种发展，公司一直非常繁忙，员工们努力跟上工作进度，让客户满意，并竭尽全力去满足新客户的需求。事实上，公司一直在招聘新员工。在过去的两年里，公司已经从300人增加到400人。

多项目公司具有矩阵型组织结构。项目经理被分配给新安排的项目。一个项目经理可以同时分配到多个项目，具体情况取决于项目的规模。项目价值从20 000美元到100万美元不等，持续时间也从一个月到两年不等。大多数项目持续时间约为六个月，价值约为60 000至80 000美元。该公司提供一系列咨询服务，包括市场研究、制造系统设计和高管招聘。其客户是大中型企业,包括银行、制造商和政府机构。

多项目公司刚接到格罗文(Growin)公司的电话,格罗文公司希望推进多项目公司近六个月前提出的项目。多项目公司的合伙人原以为这个项目已经不可能了,所以对刚接到的好消息感到非常惊喜。他们也非常有兴趣为格罗文公司开展第一个项目,因为它是一家快速发展的公司。多项目公司有机会在未来与格罗文公司合作开展更多项目。

杰夫·阿姆斯壮(Jeff Armstrong)被任命为格罗文公司的项目经理。他已经在多项目公司工作了大约一年,并且一直渴望分配到一个具有挑战性的项目来管理。他正从事于格罗文项目计划的工作。

泰勒·博尼拉(Tyler Bonilla)是一名高级系统工程师。他在多项目公司工作了八年,声誉很好。他效力过的客户通常会要求将他分配到他们的新项目中。他热爱他的工作,即使非常忙碌。他目前正在为古德尔德公司(Goodold)的一个项目工作,这是一个以前的客户。古德尔德说,与多项目公司(而不是另一家咨询公司)开展业务的原因之一是泰勒在项目上所做的出色工作。

詹妮弗·费尔南德斯(Jennifer Fernandez)是系统工程经理。她在多项目公司工作了大约 15 年。泰勒向詹妮弗汇报,但由于工作量繁重,同时需要出差,除了每月的员工会议外,他不会经常看到詹妮弗。

朱莉·卡普里奥罗(Julie Capriolo)是古德尔德公司的项目经理。她在多项目公司工作了大约两年。泰勒被分配到她的项目全职工作。该项目时间紧迫,每个人都要加班。朱莉感到很有压力,但她有一个很好的项目团队——她非常信赖泰勒。她曾从一位曾与杰夫合作过的朋友那里听说过杰夫非常雄心勃勃,并且他会尽一切努力使自己看起来很有面子。朱莉并不关心这一点,因为她和杰夫有不同的项目,并且不经常碰面。

杰夫在被任命为格罗文公司项目的项目经理的那天,在走廊里遇到了泰勒。他告诉泰勒,"我们得到了格罗文的项目。"

"太好了。"泰勒回答。

杰夫继续说,"你知道,他们将这个项目给我们而不是另一家咨询公司的一个重要原因,是因为我们承诺你将成为该项目的首席系统工程师。当我们与他们见面提出我们的计划时,你给他们留下了深刻的印象。你何时方便开始该项目的工作?"

"很遗憾,我正在古德尔德的项目上,非常忙碌。"泰勒说,"我将在那个项目上再待四个月。"

"不行!"杰夫大声喊道,"这个项目对我、对我们来说都太重要了。我会处理这件事的。"

"你最好和詹妮弗谈谈。"泰勒告诉他。

杰夫在詹妮弗的办公室停了下来并打断了她,尽管她在忙。"我想让泰勒·博尼拉加入我的格罗文项目团队。他想从事这个项目,但他说我应该和你谈谈。"

"这是不可能的,"詹妮弗说,"他未来四个月已经被分配给了朱莉·卡普里奥罗的古德尔德项目。"

"朱莉?她是谁?没关系。我会找到她并解决这个问题。也许你还有其他人可以分配到她的项目中。"杰夫回应道,他很快冲出她的办公室去寻找朱莉。

"那是我的决定,不是你的决定,也不是朱莉的决定!"詹妮弗喊道。但那个时候杰夫已经走了,听不到她所说的话。

朱莉正在会议室与她的项目团队会面。杰夫敲门并开门。"朱莉在吗?"他问。

"我是朱莉。"她回答。

"抱歉打断一下,我需要尽快和你谈谈。有非常重要的事情。"看着正在开会的泰勒,杰夫说,"泰勒,我和朱莉谈话之后回头见啊。"杰夫然后关上门回到他的办公室。朱莉被打断时明显有些心烦意乱。

会后,朱莉打电话给杰夫,"你想跟我说什么紧急事情?"

"关于重新安排泰勒到我的项目。他很感兴趣,我已经和詹妮弗谈过了。"杰夫回答。

"这是不可能的,"朱莉说,"他对古德尔德项目而言至关重要。"

杰夫说,"对不起,但是如果格罗文项目成功,相比古德尔德公司,我们将从格罗文那里得到更多的生意。"

朱莉说,"已经6点了,我必须出去一周,但是我一回来就会和詹妮弗讨论这个问题。"

"是的,当然。"杰夫回答。

第二天,杰夫召集了与詹妮弗和泰勒的会议。他首先告诉他们,"我召开这次会议是为了考虑泰勒什么时候可以开始从事格罗文项目,而你(看着詹妮弗)如何让别人来接替他的项目。"

詹妮弗说:"我认为朱莉应该来这里讨论这个问题。"

"她做不到。显然她离开了一个星期,而我仍需要继续进行格罗文项目,"杰夫告诉她,"我们需要为下周和他们的会议做准备。此外,泰勒是我们讨论的中心,他更愿意在格罗文项目上工作。对吧,泰勒?"

"好吧,既然你问我了,实际上我已经厌倦了在古德尔德项目中工作。"泰勒回答说,"我没学到任何新东西。我的意思是,虽然这没什么大不了,但我更想改变一下。"

詹妮弗很惊讶,"泰勒,你从未向我提起这件事。"

杰夫打断了她,"我觉得问题已经解决了。詹妮弗,你把其他人分配到古德尔德项目,可能对其他人来说,这会有点挑战性,并在朱莉回来时告诉她一下。与此同时,我和我的伙伴泰勒有很多工作要做,以便在下周与格罗文的人更好地会面。"

案例问题

1. 为什么杰夫急于开始格罗文项目?
2. 杰夫应对这种情况的方法有什么问题?
3. 詹妮弗应该怎样解决这种问题?
4. 从这个故事中可以看出矩阵型组织有哪些优点和缺点?

小组活动

讨论以下问题:

1. 詹妮弗接下来应该怎么做?
2. 泰勒应该怎么做?

3. 可以采取哪些措施来防止案例分析1中发生的这种情况?
4. 这四个人怎么能更好地处理这种情况?

案例分析2　组织产品开发

史蒂文斯公司(Stevens Corporation)是一家多元化制造公司,拥有多元化产品,服务于航空航天、汽车和医疗市场。其医疗器械部门位于中西部,并拥有一个雇佣了1 000多名员工的工厂。它向医院和医学实验室销售各种医疗器械,如分析仪、监测设备和检验仪器。它是市场领军者,其业务量保持稳定,拥有非常好的声誉,并且产品价格优惠。然而,该业务的增长速度落后于史蒂文斯其他部门,也不像董事会设想的那样快速。他们觉得该部门的管理层已经变得自满。有几个新的竞争者已进入市场,其产品功能更多,价格更低。去年,首席执行官告诉医疗器械部门总经理卡里姆(Kareem),他必须开始研发新的增强型产品,以防新的竞争对手夺去市场份额。

卡里姆在该部门工作了整整20年,是一名电子工程师,曾参与许多现有产品的开发工作。他认为,他们的产品仍然是优质的,营销部门需要更好地说服客户,与未经证实的竞争对手产品相比,史蒂文斯产品仍然是最有价值的。他还认为制造部门可以通过与供应商进行更激烈的谈判以及改进流程来降低成本。

他认为史蒂文斯的声誉最终会将新竞争者的产品赶出市场。同时,为使首席执行官和董事会平静下来,他对于是否分配更多资源给产品开发工作而犹豫不决。他希望维持该部门的利润率,从而确保他的年终奖金。

卡里姆的方法是建立四个产品开发团队。每个团队被分配到一个不同的产品,这些产品正受到竞争对手产品的威胁,其目标是开发与竞争对手匹敌或打败竞争对手的增强型产品。他简单地分配了他的四个部门经理来领导四个产品开发团队。他认为这会带来良性竞争。这四个部门经理是:

丹妮娅(Tanya)——营销经理

哈立德(Khalid)——电子工程经理

李(Lee)——计算机系统工程经理

托尼(Tony)——制造部门经理

卡里姆一直在向CEO(首席执行官)提出有关产品开发状况的更多问题。卡里姆知道进展缓慢,但他并没有把重点放在这件事上,因为他相信史蒂文斯将比它的竞争对手更胜一筹。他认为这些竞争对手的低价产品正在赔钱。

卡里姆上周与部门经理举行了年度绩效评估会议,向他们询问了产品开发项目的情况。

以下是他们每个人告诉他的内容:

市场部经理丹妮娅说,包括卡里姆在内的所有经理都不把产品开发项目放在首位,因为他们都忙于日常工作。她说,产品开发工作应该是市场驱动的,而不是工程驱动的。由哈立德和李领导的其他产品开发团队对市场部的任何想法都不感兴趣。他们只想开发高度复杂的、过度设计的产品。这些产品过于复杂,无法供客户使用。她还说,托尼只对如何使任何新产品更便宜感兴趣,而不一定使产品更优质,因为他把降低制造成本作为最终目标。丹妮娅建议卡里姆设立一个产品开发经理的新职位,这个经理应该直接向她报告,并对所有的产品开发项目负全部责任。

她告诉卡里姆,其他部门的几个关键人员应该重新分配给产品开发经理,专门从事产品开发项目。丹妮娅还表示其他三位部门经理似乎共同反对她,因为她是一名女性,并且进入部门时间不长。她指责他们是一群从未在工厂外与客户交谈过的"老好人",虽然他们已经在工厂里工作了20多年。丹妮娅说,如果卡里姆不批准聘请一位向她汇报的产品开发经理,她将重新考虑是否留在史蒂文斯公司。她在业界享有盛誉,许多公司会欢迎她。卡里姆知道这将会让他花很长时间重新聘请一位市场营销经理,而且他不得不支付比他让丹妮娅来到史蒂文斯更高的薪水。

电子工程经理哈立德告诉卡里姆,产品开发项目没有进展,因为计算机系统工程部门总是在争论产品特性是应该用硬件还是软件来完成。他说,李已经宣布他打算在年底退休。当李退休时,他不应该被替换;相反,计算机系统工程部门应该合并到哈立德的部门。他说,这样他就能更好地控制产品开发项目,因为所有的产品改进都需要工程和设计方面的专门知识,所以无论如何都应该由工程部门来领导。他认为没有必要让营销部门或制造部门参与进来。他认为营销部门的工作应该是销售工程开发的产品,而制造部门的工作是制造设计产品。他还说,如果不替换李,卡里姆还可以省下一些为了高价聘请营销经理所支付的钱。

计算机系统工程经理李告诉卡里姆,他已经评估了竞争对手的产品,最大的不同在于他们的产品是基于软件的,而史蒂文斯的产品是基于电子的,就像他们多年来所做的那样。李提醒卡里姆,多年前他们都设计了这些电子产品。但是如今环境改变了,出现了新的技术和方法,史蒂文斯必须以软件为基础重新设计其产品。他建议卡里姆在自己年底退休时,应该任命尼科尔(Nicole)为计算机系统工程部的新经理。李认为尼科尔年轻、聪明,比部门的任何人都更了解软件设计,在领导产品开发项目方面可以做得很好。她拥有计算机工程硕士学位和工商管理硕士学位,致力于使史蒂文斯产品满足顾客需求。尼科尔经常与丹妮娅讨论营销、客户和竞争对手。李告诉卡里姆,如果尼科尔没有被提拔,她可能会离开史蒂文斯去另一家公司,甚至去竞争对手那里,在那里她可能会更好地发挥才能。

制造部门经理托尼告诉卡里姆,他(卡里姆)需要更多地参与到产品开发项目中来,并开始团结大家。他说,营销部门、哈立德和李正试图对产品进行太多的改变,这只会提高价格或降低利润率。托尼认为,其他经理对成本或制造过程的变化毫不关心。托尼建议卡里姆开始定期召开产品开发情况会议,了解实际情况。他说,其他部门经理只关心他们自己的部门,他们不愿意与其他团队分享信息或合作。结果,所有的产品开发团队都在受苦,而且情况每天都在变得更糟。他告诉卡里姆,团队之间的友好竞争开始变成了彻头彻尾的恶性竞争。他再次警告卡里姆在这种情况开始拖累公司整体盈利能力之前要做点什么,并且CEO已经有所行动,甚至提议将该部门卖给竞争对手。

最后,首席执行官致电卡里姆参加会议,并告诉他最新的营销报告显示医疗器械部门连续两个季度失去了市场份额,并想知道为什么卡里姆尚未在市场上推出任何新的产品增强功能。卡里姆承认,他没有参与产品开发工作,也没有给予他们应有的优先级。他认为竞争对手会先放弃。卡里姆汇报了建立产品开发团队的方法以及他刚从部门经理那里得到的反馈。首席执行官很不高兴,并告诉卡里姆,他过分依赖以同样的方式做事,他最好寻找新的方法,否则他的职位不保。

首席执行官告诉卡里姆,形势非常危急,董事会失去了耐心。去年董事会聘请她担任CEO时,他们期望她将史蒂文斯从一个优秀的全国性公司转到一个伟大的全球性公司,而且所有其他部门都在朝着这个方向发展,而医疗器械部门则毫无起色,尽管全球市场在不断扩大。

首席执行官告诉卡里姆,她将聘请一名管理顾问来评估他所在部门的情况,并向她提出有关如何组织和加速产品开发工作的建议。

案例问题

假设你是首席执行官聘请的管理顾问。

1. 你如何开始进行与卡里姆和部门经理有关的任务?
2. 列出你会提出的问题。
3. 假设部门经理和你说了相同的情况,你会对CEO做出什么建议(包括改变组织结构,改善产品开发项目的管理)?
4. 对于各个部门或者新的职能部门如何合作开展新产品开发项目,你有何建议?

小组活动

分成3~4个小组,回答案例问题。每个小组应选择一名发言人来向全班进行展示。

教 学 支 持 服 务

圣智学习出版公司（Cengage Learning）作为为终身教育提供全方位信息服务的全球知名教育出版公司，为秉承其在全球对教材产品的一贯教学支持服务，对采用其教材的每位老师提供教学辅助资料。任何一位通过 Cengage Learning 北京代表处注册的老师都可直接下载在线提供的、最为丰富的教学辅助资料，包括教师用书、PPT、习题库等。

鉴于部分资源仅适用于老师教学使用，烦请索取的老师配合填写如下情况说明表。

--✂--

教学辅助资料索取证明

兹证明 _____ 大学 _____ 系/院 _____ 学年（学期）开设的 _____ 名学生□主修 □选修的 _____ 课程，采用如下教材作为□主要教材或□参考教材：

书　名：_____
作　者：_____　　□英文影印版　□中文翻译版
出版社：_____
学生类型：　□本科 1/2 年级　□本科 3/4 年级　□研究生　□MBA　□EMBA　□在职培训
任课教师姓名：_____　通信地址：_____
职称/职务：_____　E-mail：_____
电话：_____　邮编：_____
对本教材建议：_____
_____
_____
_____

　　　　　　　　　　　　　　　　　　　　　　　　系/院主任：_____（签字）
　　　　　　　　　　　　　　　　　　　　　　　　　　　　　（系/院办公室章）
　　　　　　　　　　　　　　　　　　　　　　　　_____年____月____日

--✂--

* 相关教辅资源事宜敬请联络清华大学出版社或圣智学习出版公司北京代表处。

Tsinghua University Press
清华大学出版社
北京市海淀区清华园学研大厦 B 座 509 室
邮编：100084
Tel：8610-83470332/83470142
E-mail：tupfuwu@163.com

Cengage Learning Beijing Office
圣智学习出版公司北京代表处
北京市海淀区科学院南路 2 号融科资讯中心 C 座南楼 12 层
1201 室　邮编：100190
Tel：(8610)8286 2095/96/97　Fax：(8610)8286 2089
E-mail：asia.infochina@cengage.com
www.cengageasia.com

教师服务

感谢您选用清华大学出版社的教材！为了更好地服务教学，我们为授课教师提供本学科重点教材信息。请您扫码获取。

>> **样书赠送**

管理科学与工程类重点教材，教师扫码获取样书

 清华大学出版社

E-mail：tupfuwu@163.com
电话：010-83470332 / 83470142
地址：北京市海淀区双清路学研大厦 B 座 509

网址：https://www.tup.com.cn/
传真：8610-83470107
邮编：100084